ETUDE GÉOGRAPHIQUE

STATISTIQUE, DESCRIPTIVE ET HISTORIQUE

DES

ETATS UNIS MEXICAINS

PAR

ANTOINE GARCIA CUBAS

Auteur de diverses œuvres scientifiques et littéraires,
Chevalier de la Légion d'Honneur.

OUVRAGE PUBLIE PAR ORDRE DU MINISTERE DES TRAVAUX PUBLICS.

MEXICO

IMPRIMERIE DU MINISTÈRE DES TRAVAUX PUBLICS
Rue Saint André, num. 15.

1889

Monsieur le Ministre:

Avec satisfaction, j'ai l'honneur de porter à votre connaissance, que le travail que vous avez bien voulu me confier, est terminé.

Non seulement j'ai révisé et corrigé l'œuvre du "Tableau Géographique, Statistique et Historique du Mexique,—qui traduit en Français, doit être envoyé à l'Exposition de Paris,—mais encore, l'ai absolument rectifié et augmenté d'autres articles de grand intérêt.

Comme information, j'accompagne l'Introduction, qui est la synthèse de l'œuvre, révélant par des données numériques, les progrès réalisés par le Pays, dans toutes les branches de l'administration publique, ayant employé pour la comparaison, les données officielles de l'année 1880.

Veuillez, Monsieur le Ministre, si cette introduction obtient vôtre haute approbation, ordonner son impression et croire à mon profond respect.

Mexico, le 23 Février 1889.

ANTONIO GARCÍA CUBAS.

A Monsieur le Ministre des Travaux Publics.

INTRODUCTION.

Revisée scrupuleusement l'œuvre que j'écrivis sous le titre de "Tableau Géographique, Statistique et Historique des États–Unis Mexicains," et augmentée d'un grande nombre de données et faits, je n'ai rien négligé, pour la rendre digne de l'objet auquel la destine le Ministère des Travaux Publics, en ordonnant une nouvelle édition, traduite en Français.

Ce livre vient démontrer, avec l'infléxible logique des chiffres, l'acroissement notable, acquis par le pays, dans toutes les branches de l'administration publique.

Les diverses matières dont il traite, se référent à la Géographie, Statistique et Histoire de la République. La première partie traite de la situation, límites et extension du Pays; institution, division politique, revenus et dépenses, propriété foncière, divisions ethnographique et ecclésiastique, principales villes, configuration et aspect physique du territoire, montagnes, roches dominantes, hydrographie, climat et productions; description de la Vallée de Mexico et du District Fédéral; la ville de Mexico antique et moderne.

La deuxième partie comprend les matières suivantes: population en général et des États en particulier, colonies, industries des habitants, voies de communication, chemins de fer, télégraphes, postes et lignes internationales de vapeurs; ports, phares, commerce extérieur et mouvement de navires; instruction publique, bibliothèques, musées, associations, observatoires et publications périodiques; agriculture, mines et frappe de monnaies.

La troisième partie, soit la revue historique, comprend comme divisions:

1ª Archéologie, qui donne à connaître les principaux monuments de la civilisation antique du pays.

2ª Immigration et Histoire ancienne.

3ª La conquête.

4ª Domination espagnola.

5ª Mexico indépendant.

Les notes historiques et organisation de l'armée et de la marine de la République, se doivent à la vaste instruction et à la plume experte du général Sóstenes Rocha.

La comparaison des informations statistiques du présent œuvrage, avec les analogues qui se trouvent dans le tome 5e. des Annales de 1880 vient à l'appui de mon affirmation, sur l'accroissement notable, dans toutes les branches de l'administration publique.

La population depuis 1880 jusqu'à 1888 à augmenté de 1.487,701 individus, soit 185,962 par année, ce qui correspond à peu près à 2 p%, terme moyen, alors que antérieurement, elle était à peine de 1 p%.

Ce résultat démontre les effets de la tranquillité publique.

Les revenus de la Fédération, ainsi que ceux des Etats, se sont considérablement accrus.

Les premiers étaient en 1880 de....................................	$21.936,156
Et en 1888 de...	32.126,509
D'ou il résulte une augmentation de...........	10.190,353
Les seconds représentaient dans la première de ces années la somme de......................	7.011,962
Et dans la deuxième..	11.203,761
Soit une différence de............................	4.191,799

Les rapports officiels ne peuvent être tenus comme exacts, pour fixer la valeur de la propriété foncière, mais seulement comme estimatifs pour le paiement des contributions. Cependant, l'augmentation que l'on note entre 1880 et 1888, provient de la rectification du recensement cadastral et surtout des nombreux édifices nouvellement construits à Mexico. La valeur de la propriété total dans la République était de 366.055,052 en 1880, et d'après recensement de $473.519,871 en 1888, c'est à dire avec une différence de 107.464,819 de piastres.

Il n'y à pas d'informations sur l'industrie ouvrière antèrieure, ce qui ne me permet pas de procéder à des comparaisons.

Cependant, les nouevelles fabriques établies dans le pays,—dont deux à Mexico,—et la consommation toujours croissante des tissus de fabrication nationale, démontrent qu'également, dans cette partie, il y à un notable développement.

Je vais traiter d'une amélioration des plus importantes et qui contribue le plus, par son progrès notable, à la bonne marche et avancement de l'agriculture, des mines, de l'industrie et du commerce, ressorts principaux de la prospérité publique.

L'attention du pays et ses efforts, ont surtout porté sur l'établissement de voies ferrées. Depuis l'année 1837, l'idée fut d'unir la ville de Mexico au port de Veracruz, au moyen d'un chemin de fer, mais rien ne put se faire jusqu'en 1842, époque à laquelle, en vertu d'une concession commencèrent les travaux, qui marchèrent lentement, ce qui donna pour résultat qu'en 1851, il n'y avait encore de construit que la partie de Veracruz à San Juan et en 1857, que celle de Mexico à Guadalupe. De nouvelles concessions accordées aux entreprises, permirent de suivre vigoureusement les travaux, qui continuèrent, presque sans interruption, jusqu'à l'inauguration solennelle le 31 Décembre 1872 et la voie fut livrée au service publique, le 1er. Janvier 1873.

Le chemin est magnifique, tant pour l'audace de son tracé, que pour ses œuvres d'art, dans le chemin, plus que difficile, des montagnes et vraiment beau, pour les sites pittoresques qu'il parcourt.

Le grand mouvement des chemins de fer, au Mexique, date de l'année 1877, depuis laquelle les entreprises se sont multipliées, stimulées par les amples franchises accordées et l'importance des subventions, concédées par le gouvernement.

Il y avait 15 lignes exploitées en 1880 et en 1888, 47 lignes rapprochèrent les distances.

Les premières mesuraient 1,055 kilomètres seulement et les secondes 7,506 kilomètres!! Enorme différence de 6,451 kilomètres dans le court espace de 8 années.

Même augmentation pour les lignes télégraphiques, puisque, en l'année 1850, Don Juan de la Granja fit le premier essai, communiquant du Palais National de Mexico, avec l'école des Mines et qu'à ce jour l'accroissement a été si considérable.

La ligne télégraphique, à cette époque, ne mesuraient que 1,000 mètres et est convertie aujourd'hui en fils qui couvrent l'extension du territoire, avec le chiffre élevé de 44,395 kilomètres!

Ce résultat a été obtenu par l'action directe du Gouvernement général et des États et par contrats avec des entreprises particulières:

	Kilomètres.
Les fils télégraphiques étaient en 1880 de...............	16,910
Lel fils télégraphiques étaient en 1888 de...............	44,395
Différence...	27,485

Dans ces chiffres, sont compris les câbles de la côte.

Les messages, sur les lignes du Gouvernement général montèrent à:

En 1880 à...	281,697
En 1888 à...	671,444
Différence..	389,747

Les services des Postes à eu également son mouvement progressif, tant pour la correspondance, que pour ses produits, devant s'attribuer son augmentation aux réformes des ordonnances postales, aux rabais des tarifs, pour l'affranchissement et à l'établissement de nouveaux bureaux de Postes, dont le nombre, aujourd'hui, n'est point au dessous de 1,000.

Le mouvement de la correspondance, pour l'intèrieur du Pays, a été:

	Pièces.
En 1880 de	5.788,182
En 1888 de	27.390,288
Différence	21.602,106

Le mouvement de la correspondance a été, pour l'extérieur, de:

	Pièces.
En 1880 de	1.366,608
En 1888 de	1.627,538
Différence	260,930

Les produits ont été:

En 1880 de	$605,652
En 1888 de	805,436
Différence	199,784

La tranquillité publique a favorisé la réalisation des amélioration matérielles, ce qui en donnant de l'élan aux affaires, est arrivé à augmenter les plus grand mouvement à la correspondance.

Les mines, une des principales branches de la richesse publique, ont été l'objet d'une constante et régulière exploitation, assujétie seulement aux fluctuations conséquentes, au plus ou moins de richesse des veines métallifères. Les dénonciations incessantes de nouvelles mines, ainsi que la frappe de monnaie et l'exportation, toujours croissantes de pierre et terre de mineral, démontrent que cette branche a acquis également, un accroissement notable.

La frappe de monnaie effectuée dans la République, depuis l'établissement des Maisons de Monnaie, jusqu'à l'année 1888, monte à la respectable quantité de $3,318.175,821 comme suite:

Or...$	122.693,757
Argent..	3,188.850,183
Cuivre..	6.631,881
	3,318.175,821

Les derniers bilans commerciaux et les tableaux du mouvement maritime, donnent les détails nécessaires pour bien apprécier l'importance du commerce extérieur, lequel augmente non seulement en rapport des importations et exportations, mais également, à la communication de nos ports et relations avec un plus grand nombre de pays.

Selon le Mémoire du Ministère des Finances, le montant des marchandises importées à la République pendant l'année fiscale 1886-87 a été de $52.252,275 qui ont causé la somme de $19.845,015 de droits. Cette quantité est supérieure d'au moins $5.000,000, aux droits d'importation de l'année antérieure et à plus de $6.000,000 comparativement à l'année fiscale, 1884-85. Cette augmentation correspond à celle de l'exportation, qui, dans l'année 1885-86, monta à la somme de $43.647,717 39, et l'année suivant de $49.191,930, avec une différence en plus de $5.544,212 61,

Les ports de Veracruz, Coatzacoalcos, Alvarado, Frontera, Celestun, Jicalango, Tampico, Campeche, Sisal et Progreso, dans le Golfe; ceux de Guaymas et Mazatlan, dans le Pacifique, protégent l'entrée des embarcations, dans leurs rades, par la lumière des Phares, ainsi que pour faciliter l'arrivée, le chargement et déchargement, il a été éxécuté des travaux importants et ceux considérables qui s'éxécutent actuellement dans le port de Veracruz.

Je vais traiter de l'Instruction publique, branche de la majeure trascendance et qui constitue la prospérité du peuple.

C'est l'honneur d'un gouvernement de répandre l'instruction parmi le peuple, jusqu'aux régions les plus reculées du territoire.

L'obtention de ce grand principe, est favorisé par l'heureuse influence de la paix, grâce à laquelle les écoles se multiplient, le nombre des élèves augmente, la civilisation triomphe et la nation en recueille les fruits d'un peuple instruit.

Quelle différence nous présente aujourd'hui le tableau de l'instruction publique, abritée sous le manteau de la paix, que celui qui nous était offert durant les temps agités de nos révolutions politiques!

Il suffit de comparer les tableaux statistiques, pour prouver ce fait éloquent et surtout progressiste:

Nombre des Écoles en 1880...............................	8,536
Nombre des Écoles en 1888...............................	10,726
Différence...........................	2,190
Nombre des élèves en 1880...............................	435,953
Nombre des élèves en 1888...............................	543,977
Différence...........................	108,024

L'instruction secondaire se poursuit également, dans toutes les capitales et principalement dans la ville de Mexico, l'enseignement supérieur, rempli toutes les conditions éxigées par les progrès modernes.

Dans la partie relative de cette ouvrage, on peut apprécier l'importance des établissements, ainsi que celle des Mussées, Bibliothèques, Observatoires et associations.

J'ai traité, avec le plus grande extension, sans altérer le caractère sommaire de l'œuvre, tant la partie Géographique, que la Statistique et Historique. En faisant la synthèse, des principaux faits dans cette introduction, je n'ai eu en vue que de faire ressortir les progrès réalisées par le pays.

Heureux si, par cet œuvrage, j'arrivais à faire disparaître complètement les préoccupations mal fondées qui pourraient encore subsister, à l'etranger, concernant ma Patrie!

Mexico, le 22 Février 1889.

Antonio Garcia Cubas.

Sécrétariat d'État, Ministère des Travaux Publics, Colonisation, Industrie et Commerce.—Mexico.—Section 2ème.—Nombre 1,817.

Citoyen Antonio Garcia Cubas:

Avec vôtre lettre du 23 Février dernier, ce Ministère a reçu l'introduction de l'œuvre "Tableau Géographique, Statistique et Historique du Mexique," qui, traduite en Français, doit être envoyée à l'Exposition de Paris, augmentée de faits et articles, selon ce dont vous nous informez.

Lecture de cette introduction a été faite, à la dernière réunion célebrée par la Commission Mexicaine, de cette Exposition et il a été accordé de vous adresser des remerciments pour vôtre laborieuse perséverance, à la formation de cette œuvre, vous félicitant pour les renseignements intéressants qu'elle contient et aussi ordonnant son impression, pour la rendre publique.

Liberté et Constitution. Mexico le 4 Mars 1889.

P. o. d. S.
M. Fernández.

I

POSITIONS GÉOGRAPHIQUES ET LIMITES.

Les Etats-Unis Mexicains sont situés entre 14° 30′ et 32° 42′ de latitude Nord et entre 12° 21′ E. et 18° de longitude O. de Mexico, soit 86° 46′ 8″ et 117° 7′ 8″ à l'ouest du Méridien de Greenwich.

Le Mexique est borné au Nord par les Etats-Unis d'Amérique; au Sud-est, par le Guatémala; à l'Est, par le Golfe du Mexique; au Sud et à l'Ouest, par l'Océan Pacifique.

La ligne frontière qui sépare le Mexique des Etats-Unis, part, à la hauteur de l'embouchure du Rio Bravo, d'un point dans la Mer, distant de la Côte de trois lieues. La ligne frontière suit l'axe du fleuve, jusqu'à son intersection avec le parallèle 37° 31° 47′. Elle se dirige ensuite en ligne droite, vers l'Ouest, à cent milles de distance, puis incline au Sud jusqu'au 31° 20′ de lat. N.; elle suit alors le parallèle à l'Ouest jusqu'au 111° de longitude O. de Greenwich, et continue en ligne droite jusqu'à un point du Rio Colorado situé à 20 milles en aval de son confluent avec la rivière Gila. Elle remonte vers le Nord jusqu'au dit confluent et se dirige vers l'Ouest en suivant la ligne délimitée entre la Basse et la Haute Californie.

La ligne frontière qui sépare, au Sud, le Mexique du Guatémala et adoptée en vertu du traité conclu le 17 octobre 1883, entre les deux nations, a pour origine un point pris dans la mer à 3 lieues de distance de la Côte, vis à vis de l'embouchure du Suchiate.

1º La ligne frontière suit en remontant le chenal le plus profond de la rivière, jusqu'à son intersection avec la verticale qui passe par le sommet du Volcan Tacaná, à 25 mètres de distance du pilier de la douane de Talquian, située sur le territoire Guatémaltèque. 2º La ligne déterminée par le plan vertical, mentionné plus haut, se dirige en suivant le cours moyen du Suchiate jusqu'à son intersection avec le plan vertical qui passe par les sommets de l'Ixbul et du Buenavista. 3º La ligne tracée par le plan vertical qui coupe les sommets de l'Ixbul et du Buenavista dont les positions géographiques ont été déterminées par les soins de la Commission Scientifique Mexicaine, suit en direction linéaire à 4 kilomètres en avant; 4º elle longe vers l'Est, le parallèle de ce dernier point jusqu'à son intersection avec le fleuve Usumacinta, dans son chenal le plus profond. Au cas où le parallèle ne rencontrerait pas ce fleuve, la ligne frontière se prolongerait jusqu'au Chixoy. Dans la première hypothèse, elle suivrait le chenal profond de l'Usumacinta ou le cours moyen du Chixoy jusqu'au confluent des deux rivières; dans le cas contraire, elle partirait de l'intersection de l'une ou de l'autre des deux rivières avec le parallèle mentionné plus haut, jusqu'à l'intersection de l'une des deux rivières avec le parallèle situé à 25 kilomètres au Sud de Tenosique, dans l'État de Tabasco, mesurés du centre de la place de ce village; 6º la ligne frontière continue de l'intersection du parallèle et de l'Usumacinta jusqu'au méridien qui passe au tiers de la distance qui sépare Tenosique de Sacluc mesurée du centre des places principales de ces deux localités; 7º de l'intersection de ce méridien avec le parallèle antérieur jusqu'au 17° 49′ 8″ de latitude N. De ce point, elle se dirige ensuite vers l'Est en suivant ce dernier parallèle.

En vertu du traité de paix conclu entre le roi d'Angleterre et le roi d'Espagne le 3 Novembre 1783 et amplifié le 14 Juillet 1786, une colonie anglaise s'est établie sur le territoire de Bélize, situé au Sud-Est du Yucatan, pour l'établissement de la coupe des bois.

D'après les derniers calculs planimétriques, la superficie totale du territoire Mexicain est de 1.946,292 kilomètres carrés.

INSTITUTIONS POLITIQUES, ADMINISTRATIVES
ET JUDICIAIRES.

En vertu de la loi constitutionnelle qui reconnait les droits de l'homme pour principes fondamentaux, le Gouvernement de la République est démocratique, représentatif et fédéral.

D'après la loi sanctionnée le 5 Février 1857 la République est formée, en ce qui concerne son régime intérieur, d'États indépendants et souverains; ils sont unis par une fédération reposant sur les principes constitutionnels.

La souveraineté nationale réside originairement et essentiellement dans le peuple, d'où tout pouvoir public émane. Cette souveraineté est exercée, en ce qui concerne la Fédération, par les trois pouvoirs de l'Union. Celle des États, par des pouvoirs locaux toujours selon l'esprit de la Constitution qui prévient que ces pouvoirs ne pourront en aucun cas contrevenir les stipulations du pacte fédéral.

Conformément à la Constitution, les hommes naissent libres et les esclaves recouvrent la liberté en touchant le territoire national.

La Constitution garantit la liberté de l'Enseignement, de l'émission de la pensée, l'exercice de toutes les professions, la liberté de la presse, sauf certaines restrictions prescrites par la morale, la vie privée, la paix publique.

Tout travail y est libre et comporte salaire. La Constitution reconnaît le droit de pétition, celui d'association, la liberté du port d'armes etc.; d'entrer et de sortir librement de la République sans la formalité du passeport; de voyager sur son territoire, d'y changer de résidence sans remplir aucune formalité.

Los titres nobiliaires, les prérogatives et les honneurs héréditaires y sont abolis, ainsi que les jugements rendus par des tribunaux spéciaux sur des lois particulières.

Elle exclut l'application de lois d'effet rétroactif et repousse la conclusion de traités d'extradition concernant les prisonniers politiques; elle repousse la violation du domicile, sans un ordre de l'autorité compétente, ainsi que la prison pour dettes de caractère purement civil.

Tout délit entraînant une peine corporelle y est puni de prison. Aucune détention préventive n'excédera 3 jours à moins que le mandat d'arrêt ne soit pleinement justifié. Elle fixe les garanties de l'accusé en justice criminelle, la compétence exclusive de l'autorité judiciaire dans l'aplication des peines qui ne sont pas purement correctionnelles et qui échappent à la compétence de l'autorité administrative. Elle proscrit les peines infâmantes, la mutilation, la marque, le fouet le tourment. Elle consacre l'abolition de la peine de mort, pour les délits politiques, ne la conservant que pour un très petit nombre de crimes, tels que: trahison, attaque à main armée sur les routes, incendiaires, parricides, assassinats avec préméditation. Elle fixe au maximum de 3 instances, la procédure à suivre en matière criminelle; personne ne peut être jugé deux fois pour le même délit. Elle proclame l'inviolabilité de la correspondance, ainsi que le respect de la propriété, sauf le cas d'expropriation pour cause d'utilité publique, en vertu d'une loi déterminée et suivant indemnisation. Elle interdit aux Militaires d'exiger le logement en temps de paix et aussi en temps de guerre, si ce n'est en satisfaisant les formalités exigées par la loi. Elle interdit aux corporations civiles ou religieuses la faculté d'acquérir ou d'administrer des biens-fonds. Elle proscrit le monopole, l'affermage, ainsi que toutes mesures tendant à protéger l'industrie, réservant uniquement le monopole officiel de la frappe des Monnaies, le service des postes, ainsi que le service des Brevets d'invention ou perfectionnements utiles.

Elle concède enfin au président de la République, d'accord avec le Conseil des Ministres et avec l'approbation du Congrès de l'Union, ou pendant la prorogation, celle de la Commission de permanence, la faculté de suspendre les garanties constitutionnelles en cas d'invasion, de graves perturbations intérieures ou de dangers pouvant mettre en péril la société.

Tous ceux qui, en dedans, ou en dehors du territoire mexicain, naissent de parents mexicains, les étrangers qui obtiennent des lettres de naturalisation, ceux qui y acquièrent des biens-fonds ou qui ont des enfants Mexicains, sont Mexicains lorsqu'ils ne manifestent pas leur résolution de conserver leur nationalité.

Comme tels, ils doivent prendre la défense de la Patrie et contribuer aux dépenses publiques.

Ils sont désignés de préférence aux étrangers et à égalité de circonstances pour emplois ou commissions officielles; tous en général, étrangers ou nationaux, jouissent des droits et des garanties énoncés dans la Charte constitutionnelle.

Les additions décrétées le 25 Septembre 1873 entraînent la séparation de l'Eglise et de l'État, refusant au Congrès d'édicter des lois qui établissent ou défendent telle ou telle religion.

Elles instituent le mariage comme un contrat civil et substituent au serment religieux, le serment civil. Elles défendent l'établissement de congrégations ou de corporations religieuses quelqu'en soient le titre et l'objet proposé.

Le Pouvoir suprême de la Fédération est divisé en pouvoir législatif, pouvoir exécutif et pouvoir judiciaire.

Le pouvoir législatif est constitué par le Congrès général,

ce dernier divisé en deux chambres investies de facultés générales; chacune d'elles a ses attributions parfaitement déterminées. La chambre des députés ou représentants de la nation est composée de membres élus pour deux ans. Chaque collège électoral de 40,000 habitants ou de plus de 20,000 envoie à la chambre un représentant.

Les États, ainsi que le District Fédéral sont représentés au Sénat par deux sénateurs chacun. Ces derniers sont élus au second degré pour quatre ans. Le Sénat se renouvelle par moitié tous les deux ans.

Le Congrès compte chaque année deux sessions ordinaires, la première du 16 Septembre au 15 Décembre et doit compter un minimum de 30 séances; la deuxième, du 1er. Avril au 15 Mai, doit compter au moins 15 séances.

Cette dernière session est consacrée de préférence à l'examen et au vote du Budget et à la révision des comptes de l'exercice antérieur, présentés par l'Exécutif.

Le pouvoir exécutif réside en un seul individu, qui porte le titre de Président des États-Unis Mexicains. Il est élu populairement pour quatre ans et entre en fonctions le 1er. Décembre.

Le Président est assisté, dans l'accomplissement de ses hautes fonctions, par six Secrétaires d'État; il est autorisé à les choisir librement.

Les Secrétaires d'État sont les suivants: 1º Affaires Étrangères. 2º Intérieur. 3º Justice et Instruction Publique. 4º Travaux Publics. 5º Finances. 6º Guerre et Marine. Ils signent les ordres, réglements et décrets du Président.

Le Secrétaire d'État aux Affaires Étrangères est chargé de tout ce qui touche aux relations avec l'extérieur: consulats, fixation et conservation des frontières, naturalisation des étrangers, inscription des maisons de commerce et compagnies étrangères, légalisation de signatures, du grand sceau de la nation, des archives générales, du cérémonial et des publications officielles.

Du Ministère de l'Intérieur relèvent les élections générales, le Congrès de l'Union, les réformes constitutionnelles, le respect de la Constitution, les relations avec les États, la division territoriale, la tranquillité publique, la garde nationale, les ammisties ou grâces, le registre civil, le droit de cité, le droit de réunion, la liberté de la Presse, la liberté et la police des cultes, la police de sûreté et de salubrité, les Postes, les fêtes nationales, les épidémies, la vaccine, le gouvernement politique et administratif du District Fédéral, l'assistance publique, les hôpitaux, les crèches, les salles d'asile, les Pénitenciers, les bagnes, les maisons de correction, les impressions officielles.

Du Ministère de la Justice et de l'Instruction publique relèvent: la Cour Suprême, les Tribunaux de Circuit et de District, les affaires contentieuses qui sont du ressort des Tribunaux fédéraux; les expropriations pour cause d'utilité publique, les codes, les collections officielles de Lois et Décrets, l'organisation judiciaire du District Fédéral et des territoires (excepté les Écoles d'Ingénieurs et d'Agriculture qui correspondent au Ministère des Travaux Publics), la liberté de l'enseignement, les titres professionnels, les collèges nationaux, les écoles spéciales, les Académies et les sociétés scientifiques, artistiques et littéraires; les bibliothèques, les musées, les antiquités nationales, les avocats, les notaires, les commutations de peine et les grâces.

Le Ministère del Travaux Publics a dans ses attributions: le service de Statistique; ceux de l'agriculture, le commerce, l'industrie, l'exploitation des mines, les Brevets, les travaux publics, les chemins de fer, les télégraphes, les phares, la colonisation, les terrains vagues, les monuments publics, les expositions agricoles, industrielles et minières, l'assèchement de la Vallée de Mexico, la conservation et l'entretien des édifices publics; les déterminations géographiques et astronomiques, les voyages et explorations scientifiques, les poids et mesures, l'école du Génie et celle d'Agriculture.

L'administration des recettes générales, les tarifs douaniers, les hôtels des monnaies, le service des emprunts, celui de la dette publique, la sécularisation des biens du clergé, la nationalisation des biens de main-morte relèvent du Ministère des Finances.

L'Armée permanente, la marine de l'État, la garde nationale lorsqu'elle est au service de la Fédération, l'École Militaire, l'école navale, les hôpitaux militaires, les colonies militaires, les forteresses, les casernes, les arsenaux, les dépôts et magasins de la Fédération relèvent du Ministère de la Guerre et de la Marine.

Le pouvoir judiciaire est constitué par la Cour Suprême, et les tribunaux de District et de Circuit. La première se compose de onze juges ou conseillers titulaires, de quatre surnuméraires, d'un procureur général et d'un procureur fiscal.

Leur charge est élective et pour une durée de six ans.

En vertu de la Constitution le président de la Cour Suprême était vice-président de la République; une réforme apportée à la Constitution par la loi du 3 Octobre 1882 porte qu'en cas de vacance temporaire ou définitive, la présidence échoit de fait au président ou vice-président du Sénat ou à celui de la Commission de permanence.

Les tribunaux fédéraux résolvent tous les difffférents aux litiges suscités 1º par les lois ou les actes de l'autorité qui violent les garanties individuelles; 2º par les lois ou les actes de l'autorité fédérale qui portent atteinte à la souveraineté des États; 3º par les lois ou les actes des autorités des États qui empiétent sur l'autorité fédérale.

Les Juges de District, représentants de l'autorité judiciaire fédérale près des États résolvent en première instance les causes occasionnées par la violation des garanties individuelles; la résolution définitive en seconde instance est de la compétence de la Cour Suprême.

Les États qui ont adopté dans leur constitution locale les principes fondamentaux de la fédération, divisent les pouvoirs publics en: législatif, exécutif et judiciaire, sous la dénomination de législature, Gouvernement de l'État et Tribunal Suprême.

VILLES PRINCIPALES.

VILLES DE PLUS DE CENT MILLE HABITANTS.

VILLES.	ÉTATS.	Habitants.
C. Mexico.................	District Fédéral............	850,000
„ Guadalajara............	Jalisco.......................	105,000
„ Puebla..................	Puebla......................	100,000

VILLES DE PLUS DE CINQUANTE MILLE HABITANTS.

VILLES.	ÉTATS.	Habitants.
C. Guanajuato.............	Guanajuato.................	73,581

VILLES DE PLUS DE VINGT MILLE HABITANTS.

VILLES.	ÉTATS.	Habitants.
C. Leon.....................	Guanajuato.................	50,000
„ Mérida...................	Yucatan.....................	50,000
„ Zacatecas................	Zacatecas...................	45,000
„ San Luis Potosí.........	San Luis....................	36,000
„ Monterrey...............	Nuevo Leon................	36,000
„ Aguascalientes..........	Aguascalientes.............	32,000
„ Querétaro................	Querétaro...................	30,000
„ Morelia...................	Michoacan..................	30,000
„ Oaxaca...................	Oaxaca......................	28,500
„ Durango..................	Durango.....................	27,000
„ Colima...................	Colima......................	26,000
„ Saltillo...................	Coahuila....................	26,000
„ Chihuahua...............	Chihuahua..................	25,000
„ Pachuca..................	Hidalgo.....................	25,000
„ Veracruz (port)..........	Veracruz....................	24,000
„ Celaya...................	Guanajuato.................	21,000

VILLES DE PLUS DE DIX MILLE HABITANTS.

VILLES.	ÉTATS.	Habitants.
C. Orizaba.................	Veracruz....................	20,000
„ Zapotlan el Grande.....	Jalisco.......................	18,000
„ Campeche (port)........	Campeche..................	16,000
„ Mazatlan (port).........	Sinaloa......................	16,000
„ Hermosillo...............	Sonora......................	15,000
C. Fresnillo (mines de)....	Zacatecas...................	15,000
„ Allende San Miguel.....	Guanajuato.................	15,000
„ Toluca...................	Mexico......................	15,000

DIVISION POLITIQUE, EXTENSION ET POPULATION DES ÉTATS.

La Confédération Mexicaine se compose de: 27 Etats, 2 Territoires et le District Fédéral.

ÉTATS DE LA FRONTIÈRE.

ETATS.	Extension Kilomètres carrés.	Habitants.	CAPITALES.	Habitants.
Sonora	200,845	184,790	Hermosillo	15,000
Chihuahua	231,267	225,652	Chihuahua	21,000
Coahuila	153,600	150,622	Saltillo	20,000
Nuevo Leon	65,000	236,074	Monterey	36,000
	650,712	747,138		

LITTORAL DU GOLFE.

ETATS.	Extension Kilomètres carrés.	Habitants.	CAPITALES.	Habitants.
Tamaulipas	76,000	161,121	Ciudad Victoria	8,000
Veracruz	62,820	621,476	Jalapa	14,000
Tabasco	25,500	104,747	San Juan Bautista	8,000
Campeche	54,000	93,976	Campeche	16,000
Yucatan	73,000	829,621	Mérida	50,000
	291,320	1.810,941		

LITTORAL DE L'OCÉAN PACIFIQUE.

ETATS.	Extension Kilomètres carrés.	Habitants.	CAPITALES.	Habitants.
Sinaloa	93,730	223,684	Culiacan	8,000
Jalisco	70,625	1.250,000	Guadalajara	105,000
Colima	7,004	72,591	Colima	26,000
Michoacan	60,000	784,108	Morelia	30,000
Guerrero	59,231	353,193	Chilpancingo	6,000
Oaxaca	74,546	768,508	Oaxaca	28,500
Chiapas	77,000	241,404	San Cristóbal	10,500
	442,136	3.693,488		

ÉTATS DU CENTRE.

ETATS.	Extension Kilomètres carrés.	Habitants.	CAPITALES.	Habitants.
Durango	110,170	255,652	Durango	27,000
Zacatecas	65,354	465,862	Zacatecas	45,000
Aguascalientes	7,500	140,180	Aguascalientes	32,000
San Luis	67,325	516,486	San Luis Potosí	36,000
Guanajuato	32,500	1.007,116	Guanajuato	73,531
Querétaro	10,200	203,250	Querétaro	30,000
Hidalgo	20,089	506,028	Pachuca	25,000
México	21,480	798,480	Toluca	15,000
Morelos	4,274	141,565	Cuernavaca	8,000
Puebla	33,000	833,125	Puebla	100,000
Tlaxcala	3,902	138,478	Tlaxcala	8,000
	375,724	5.006,222		
DISTRICT FÉDÉRAL	1,200	475,737	México	350,000
Territoire de la Basse Californie	155,200	31,167	La Paz	4,000
» de Tepic	30,000	131,019	Tepic	14,000
TOTAL	1.946,292	11.395,712		

De la population générale, correspond selon le dernier recensement, un 48 p% au sexe masculin et 52 p% au sexe féminin

Soit: 5.469,942 hommes.
5.925,770 femmes.

TOTAL. 11.395,712

Comparant ce résultat avec le chiffre de 9.908,011 correspondant à l'année 1880, publié dans les Annales du Ministère des Travaux publics, il résulte une augmentation de population de 1.487,701 habitants, soit 185,962 par an, ou 1,9 p%. Tel résultat paraîtrait exagéré, s'il n'était tenu compte, en plus de l'augmentation naturelle et les rectifications correspondant aux derniers et très exacts travaux de statistique des principaux États de la Fédération.

VILLES.	ÉTATS.	Habitants.
C. Silao	Guanajuato	15,000
,, Irapuato	Guanajuato	15,000
,, Jalapa	Veracruz	14,000
,, Tepic	Territoire de Tepic	14,000
,, Tula	Tamaulipas	14,000
,, Valladolid	Yucatan	14,000
,, Lagos	Jalisco	13,500
,, Parras	Coahuila	13,000
,, Matamoros (port)	Tamaulipas	13,000
,, Tuxtla San Andrés	Veracruz	13,000
,, Papasquiaro Santiago	Durango	12,000
,, Matamoros Izúcar	Puebla	12,000
,, Sayula	Jalisco	12,000
,, Zamora	Michoacan	12,000
,, Cadereyta Jiménez	Nuevo Leon	12,000
,, Tacubaya	Distrito Federal	12,000
,, Tuxtla Santiago	Veracruz	11,000
V. La Luz et ses mines	Guanajuato	11,000
C. San Cristóbal	Chiapas	10,500
,, Valle de Santiago	Guanajuato	10,500
,, Salvatierra	Guanajuato	10,300
C. Ameca	Jalisco	10,000
,, Chalchicomula	Puebla	10,000
V. Salamanca	Guanajuato	10,000
C. Tlacotalpan	Veracruz	10,000
,, La Barca	Jalisco	10,000
,, La Piedad	Michoacan	10,000
V. Papantla	Veracruz	10,000
C. Tacámbaro	Michoacan	10,000
,, Parras	Coahuila	10,000
,, Linares	Nuevo Leon	10,000
,, Montemorelos	Nuevo Leon	10,000
,, San Juan del Rio	Querétaro	8,500
,, Tenancingo	México	8,500
,, Atlixco	Puebla	8,000
,, Tehuantepec	Oaxaca	8,000
,, Uruapan	Michoacan	8,000
,, Etzatlan	Jalisco	8,000
,, San Juan Bautista	Tabasco	8,000
,, Ures	Sonora	8,000
C. Pátzcuaro	Michoacan	8,000
,, Tehuacan	Puebla	8,000
,, Tampico (port)	Tamaulipas	8,000

VILLES.	ÉTATS.	Habitants.
C. Ciudad Victoria	Tamaulipas	8,000
,, Alamos (mines de)	Sonora	8,000
P. Metztitlan	Hidalgo	8,000
,, Culiacan	Sinaloa	8,000
,, Cuernavaca	Morelos	8,000
,, Tlaxcala	Tlaxcala	8,000
,, Pénjamo	Guanajuato	7,600
,, Teocaltiche	Jalisco	7,500
,, San Luis de la Paz	Guanajuato	7,500
C. Tezuitlan	Puebla	7,500
P. Santa Cruz	Guanajuato	7,200
,, Autlán	Jalisco	7,000
C. Dolores Hidalgo	Guanajuato	7,000
,, Tuxtla Gutiérrez	Chiapas	7,000
,, Iguala	Guerrero	7,000
,, Comitan	Chiapas	7,00
,, Puruándiro	Michoacan	7,000
,, Tonalá (port)	Chiapas	7,000
,, Tlaxiaco	Oaxaca	7,000
V. Lerdo	Durango	7,000
,, San Francisco del Rincon	Guanajuato	7,000
Cocula	Jalisco	7,000
V. San Felipe	Guanajuato	6,700
P. Moroleon	Guanajuato	6,500
V. Yuriria	Guanajuato	6,500
P. Jiquilpam	Michoacan	6,200
V. Juchitan	Oaxaca	6,100
C. Córdoba	Veracruz	6,000
Mascota	Jalisco	6,000
C. Tixtla	Guerrero	6,000
,, Chilpancingo	Guerrero	6,000
,, Tapachula	Chiapas	6,000
V. Pichucalco	Chiapas	6,000
C. Tulancingo	Hidalgo	6,000
Yautepec	Morelos	6,000
Acámbaro	Guanajuato	6,000
C. Jerez	Zacatecas	6,000
,, Huatusco St. Antoine	Veracruz	6,000
,, Coatepec	Veracruz	6,000
V. Jalacingo	Veracruz	6,000
C. Tekax	Yucatan	6,000
,, Izamal	Yucatan	6,000
,, Isla del Cármen (port)	Campeche	6,000

REVENUS DE LA FÉDÉRATION.

Dans l'année fiscale 1886–1887, les revenus fédéraux ont produit la somme de 32.126,509.07 piastres, comme suit:

Importations et exportations.

Droits d'importation...	$17.268,650 16
Droits de consommation, reçus par l'administration des revenus du District et Territoires...............................	316,273 49
Droits de tonnage, pratique et emmagasinage................	61,507 26
Droits d'exportation sur la Orchilla.............................	12,885 78
Droits d'exportation sur les bois.................................	93,973 85
Droits de transit	4,605 66
Droits de Patente de navigation..................................	992 00
Droits que perçoivent les consuls, vice-consuls et agents consulaires..	106,003 28
	$17.864,891 48

Contributions intérieures.

Revenus du Timbre...	7.538,150 51
Contributions foncières, patentes et professions.............	1.040,148 26
Droits de transport...	1.241,437 24
Droits sur l'argent et l'or, en barres ou en poudre...........	156,899 34
Produit de la Loterie Nationale...................................	325,149 18
Impôts sur héritages...	99,790 58
Droits de fonte, essai et frappe des Monnaies................	80,887 70
Contributions sur appointements ou soldes...................	885,560 59
	$11.368,018 40

Services divers.

Produits	des	Postes...	739,782 65
„	„	Télégraphes du gouvernement..............	197,478 87
„	„	Imprimeries.......................................	13,037 79
„	„	amendes...	12,670 86
„	„	dévolutions.......................................	2,837 55
„	„	terrains vagues..................................	507,477 78
„	„	biens nationalisés..............................	256,873 80
„	„	propriétés de la Fédération..................	313,652 55
		A reporter............................	$2.043,761 85

Report.....................................	$2.043,761 85
Produits des légalisations de signatures.....................	4,285 18
,, ,, de l'École d'Agriculture.................................	2,659 71
,, ,, donations...	14,655 17
,, ,, permis d'exercer aux Ecrivains..................	750 00
,, ,, titres aux agents d'affaires.......................	150 00
,, ,, salines...	1,494 25
,, ,, droits pour situation de fonds.................	10,479 24
,, ,, résidus...	497,144 47
Exploitation des dépôts de guano.................................	3,181 71
Pêche de perles, baleines et loutres...............................	1,483 67
Capitaux, biens vacants, propriétés valeurs et biens de la nation...	313,856 11
Archives générales de la Nation.................................	197 83
	$2.893,599 19
Total.......................	$32.126,509 07

DÉPENSES.

Pouvoir Législatif..	$1.052,913 15
,, Exécutif...	49,251 50
,, Judiciaire..	436,887 80
Ministère des Affaires Etrangères................................	417,726 00
,, de l'Intérieur...	3.227,529 20
,, ,, la Justice...	1.431,081 24
,, des Travaux Publics...................................	2.698,116 30
,, ,, Finances...	10.863,485 78
,, de la Guerre...	11.559,714 00
Total.......................	$31.736,205 27

REVENUS DES ÉTATS.

ÉTATS.	REVENUS.	DÉPENSES.
Aguascalientes...................................	$ 103,044	$ 86,226
Campeche.......................................	132,938	130,000
Coahuila...	168,211	183,489
Colima...	126,421	124,474
Chiapas..	154,510	150,000
Chihuahua......................................	317,153	282,275
A reporter..................	$ 1.002,277	$ 956,664

ÉTATS.	REVENUS.	DÉPENSES.
Report	$ 1.002,277	$ 956,664
Durango	255,887	217,555
Guanajuato	1.059,420	1.049,659
Guerrero	254,447	198,505
Hidalgo	440,445	455,812
Jalisco	1.398,273	1.415,211
México	440,973	425,000
Michoacan	457,536	450,000
Morelos	359,654	356,039
Nuevo Leon	113,574	108,199
Oaxaca	714,471	681,918
Puebla	919,634	945,462
Querétaro	216,115	215,702
San Luis Potosí	506,713	503,116
Sinaloa	504,113	503,702
Sonora	296,136	300,000
Tabasco	156,953	155,824
Tamaulipas	100,000	98,000
Tlaxcala	153,362	148,311
Veracruz	771,516	760,874
Yucatan	530,288	530,727
Zacatecas	493,600	477,883
Baja California	58,224	62,850
	$11.203,761	11.011,813
Total des revenus et dépenses du gouvernement Fédéral	$32.126,509	$31.736,205
Totaux	$43.330,270	42,747,518
Revenus et dépenses de l'année 1880	28.948,127	27.257,481
Différence	$14.382,143	15.490,037

VALEUR DE LA PROPRIÉTÉ.

ÉTATS.	Propriétés urbaines.	HORS VILLE.	TOTAL.
Aguascalientes	$1.768,435	3.351,258	5.119,693
Campeche	552,509	691,286	1.243,795
Colima	1.402,175	1.272,052	2.674,227
A reporter	$3.723,119	5.314,596	9.037,715

ÉTATS.	Propriétés urbaines.	HORS VILLE.	TOTAL.
Report............	$3.723,119	5.314,596	9.037,715
Coahuila.................................	2.682,496	7.037,300	9.719,796
Chihuahua...............................	1.846,730	3.507.000	5.346,730
Chiapas...................................	500,000	2.930,212	3.430,212
Durango..................................	2.653,331	4.404,548	7.057,879
Guanajuato...............................	9.665,977	20.405,659	30.071,636
Guerrero..................................	1.993,712	11.503,400	13.497,112
Hidalgo...................................	2.559,311	11.825,426	14.384.737
Jalisco....................................	21.404,529	33.052,342	54.456,871
Mexico....................................	4.444,651	18.946,445	23.391,096
Michoacan................................	16.017,659	17.486,154	23.503,813
Morelos...................................	1.064,059	4.193,315	5.257,374
Nuevo Leon..............................	5.029,463	4.555,327	9.584,790
Oaxaca....................................	6.178,534	5.562,766	11.741,300
Puebla.....................................	15.411,678	14.609,866	30.021,544
Querétaro.................................	5.686,547	5.760,000	11.446,547
San Luis Potosí.........................	5.625,608	7.928,048	13.553,656
Sinaloa....................................	3.530,226	2.478,656	6.008,882
Tlaxcala...................................	1.957,026	5.088,690	7.045,716
Veracruz..................................	18.139,822	5.793,565	23.933,387
Sonora.....................................	2.350,600	4.872,900	7.223,500
Tabasco...................................	2.350,600	4.872,900	7.223,500
Tamaulipas..............................	4.264,665	1.950,270	6.214,935
Yucatan...................................	2.500,000	2.874,608	5.374,608
Zacatecas.................................	5.774,416	9.841,235	15.615,615
Distrito Fédéral.........................	101.917,241	7.931,737	109.848,978
Territoire Baja California............	459,326	3.896,200	4.355,526
Territoire Tepic........................	2.354,800	2.817,580	5.172,380
	$252.086,126	221.433,745	473.519,871

Ces chiffres sont loin de la vérité et n'ont d'autre importance qu'en leur application au paiement des contributions et en raison des déclarations "minimum" des propriétaires.

Dans ces valeurs, ne sont point compris les édifices publics civils et religieux.

II

SECTION ETHNOGRAPHIQUE.

Trois grands groupes composent la population de la République, qui sont:

1º Groupe Européen et Hispano-Américain.
2º Groupe Métis.
3º Groupe Indigène.

1. Groupe Européen et Hispano-Américain	2.165,185	soit	19 p%
2. Groupe Métis	4.900,156	„	43 p%
3. Groupe Indigène	4.330,371	„	38 p%
	11.395,712		100

La différence des langues, des usages et coutumes détermine l'hétérogénéité des trois groupes cités plus haut.

Les individus composant le premier groupe et une fraction notable du second, représentent dans le pays l'élément le plus nombreux et dont la marche progressive est de tous points conforme avec la civilisation européenne. La langue est la langue espagnole, mère de ce groupe important. Les langues française, anglaise, allemande et italienne sont cultivées par la bonne société; toutefois, les deux premières sont de beaucoup les plus répandues.

Les œuvres classiques, littéraires et artistiques, le latin et le grec, les principes généraux de toutes les sciences, forment la base de l'enseignement de ce groupe, sur lequel, d'ailleurs, nous nous étendrons davantage, en temps opportun.

Les professions dites "Libérales" se recrutent dans ce groupe. Il est le possesseur de l'élément vital "le capital" et par conséquent, le plus ferme appui de l'agriculture, de l'exploitation des mines, de l'industrie et du commerce.

Les individus du groupe Métis résident de préférence avec les individus du premier groupe, dans les grands centres de population, où ils exercent toutes sortes de métiers. Ils sont aussi disséminés dans toute l'extension du pays, employés aux travaux de l'agriculture, de l'exploitation des mines ou de l'industrie.

La presque totalité de la classe ouvrière se recrute dans ce groupe important.

La langue espagnole, mêlée de formules provinciales et de mots d'origine indigène, constitue l'idiome de ce groupe important.

La religion catholique est celle de la presque totalité des habitants de la République. Toutefois, le protestantisme fait de sensibles progrès dans le groupe en question. Vive et intelligente, douée de la faculté d'imitation, cette race se distingue par l'excellente qualité de ses produits.

La classe ouvrière révèle son intelligence et son activité dans la typographie, la reliure, la charpenterie, l'ébénisterie, la maréchalerie, le tournage, la coupe des pierres et de bois, la chapellerie, la cordonnerie, la filature des tissus de coton, laine et soie et, en général, dans presque tous les arts mécaniques.

Ils jouissent d'une organisation sociale assez avancée et grâce à l'amélioration de leur milieu et de leur instruction, ils ont aidé au développement du principe d'association, reposant, non pas sur un bouleversement social, mais, bien au contraire, sur des principes de mutualité et de fraternité.

Les grandes villes seulement jouissent de sociétés parfaitement règlementées, celles de moins d'importance ne restent pas en arrière. Les ouvriers se réunissent tantôt pour lire ou discuter des matières instructives tantôt comme un but de distraction.

Presque toutes les associations ouvrières possèdent leur bibliothèque et soutiennent de leurs propres ressources des écoles gratuites.

Bien que les individus de la race indigène aient conservé leurs usages, diamétralement opposés à ceux des autres races, on observe une très notable dégénérescence chez ceux qui vivent dans le voisinage des grands centres; le grand nombre de ceux qui vivent dans la région montagneuse ont au contraire conservé, dans toute leur pureté, leurs costumes antiques et la langue primitive.

Les premiers, inactifs et indifférents, forment un violent contraste avec les seconds. Ceux-ci se consacrent avec activité aux travaux des champs; ils conservent leurs traditions et leurs différents idiomes.

La race indigène est caractérisée généralement par sa défiance, sa dissimulation, son astuce et son entêtement; toutefois certaines circonstances, comme la civilisation, l'ont modifiée.

Quelques tribus comme celles des Comanches et des Apaches qui viennent du territoire Américain faire leurs incursions sur le nôtre sont tout à fait sauvages. Leur caractère est perfide, traître et cruel. Ce sont eux qui sortant de leurs repaires viennent semer la destruction et la mort dans les États du Nord de la République qu'ils infestent fréquemment, endiguant ainsi le développement des riches éléments de cette contrée. Les indigènes, dont le degré de civilisation est plus ou moins avancé, vivent mélangés aux autres races; ils vivent de l'agriculture, de la confection de tissus de coton dans laquelle se distinguent tout particulièrement les indiennes des États de Oaxaca et de Veracruz, de la vannerie, de la poterie ordinaire, de la chapellerie; ils produisent du beurre, du fromage et autres nombreux articles de première nécessité qu'ils portent sur les *tianguis* ou marchés des grands centres.

Mis avec assez d'élégance, et presque toujours vêtus de couleurs vives ils contrastent par leur propreté avec les indiens dégénérés du plateau central.

Les indiens amenés au christianisme par la conquête, tendent néanmoins à l'idolâtrie dans leurs actes religieux; dans beaucoup de localités ils conservent encore l'usage simulé de leurs anciennes cérémonies sous la sauvegarde de la manifestation publique du culte catholique.

Leurs réjouissances sont caractérisées par des danses tenant de la pantomime comme dans les États de Veracruz, de Oaxaca et les lointaines régions de l'État de Tabasco, qu'elles soient sauvages comme à la frontière ou innocentes et gaies comme sur les rives des fleuves. Dans les fertiles régions de la Sierra, ils ont conservé leurs danses imitatives du Cegador, du Tehuacanzi ou du Zempoalxochitl. Pendant de certaines solennités religieuses ils exécutent leurs danses dans les églises devant les images les plus vénérées, comme celle de la vierge de Guadalupe par exemple.

L'indien, en général, aime les boissons fermentées; il est brave, sobre et résistant, il met en relief ces précieuses qualités soit comme chasseur dans les ravins de la Sierra, soit comme soldat intrépide allant au combat après une marche pénible de vingt lieues et plus. Il est de constitution robuste, ce qui explique pourquoi, en dépit d'une alimentation frugale et souvent insuffisante, de leur défaut d'hygiène, entassés pêle-mêle dans des logements étroits et humides, grand nombre d'entre eux atteignent néanmoins un âge très avancé.

Les nombreux membres de la race indigène qui grâce à leur éducation soignée se sont rendus notables dans les bureaux, dans la carrière ecclesiastique, prouvent surabondamment qu'ils peuvent atteindre comme les membres de la race blanche à un haut degré de civilisation.

La dégénérescence de quelques tribus indigènes, provient évidemment des causes mentionnées plus haut et particulièrement des mariages précoces. Le décroissement et la disparition lente proviennent des pestes qui les ont décimées, des guerres que le pays a soutenues, et du croisement avec les races blanche et métis. Cette disparition se manifeste depuis longtemps déjà dans différents États de la République du Nord au Sud. Aussi ne rencontre-t-on que quelques rares tribus indigènes en Chihuahua et dans la Sierra de Tarahumara et leur nombre tend chaque jour à décroître davantage. Ce sont au contraire les États du Sud comme ceux de: Michoacan, Guerrero, Mexico, Hidalgo, Morelos, Puebla, Veracruz, Oaxaca, Chiapas, Tabasco, Campeche et Yucatan, où leur population est le plus dense.

La race indigène, d'après la classification des langues faites par l'illustre philologue M. François Pimentel, forme les familles ethnographiques suivantes:

FAMILLE MEXICAINE.

Comprenant les Mexicains et les Cuitlatèques, habite les États de Sinaloa, Jalisco, San Luis Potosi, Colima, les Côtes de l'État de Michoacan, Guerrero, Morelos, Mexico, Puebla, le District Fédéral, Hidalgo, Tlaxcala, Aguascalientes, Tabasco, Oaxaca et Chiapas.................................... 1.849,766

FAMILLE OPATA-PIME.

Comprenant les Opatas-Pimes, Papagos, Yumas, Yaquis, Mayos, Tarahumares, Coras, Huicholes, Tepehuanes et Acaxces se trouve répartie dans les États de Sonora, Chihuahua, Sinaloa, Durango, Jalisco et Zacatecas.................. 85,000

FAMILLE GUAICURA ET COCHIMI LAIMON.

Anciennement cette famille comptait près de 20,000 individus habitant la presqu'île de la Basse Californie. Le nombre de ceux qui habitent la région septentrionale s'élève à..... 2,500

FAMILLE SERI.

Habite l'île du Requin, voisine des Côtes de l'État de Sonora. Leur nombre, très heureusement, a décru notablement, il s'élève actuellement à peine à................................... 200

FAMILLE TARASCA.

Ancienne tribu puissante et longtemps rivale de la mexicaine. On lui attribue la fondation du royaume de Michoacan. Elle habite l'État de ce nom, ainsi que quelques localités des États de Jalisco et Guerrero. Le croisement de membres de cette famille avec ceux de la race métis en a notablement réduit le nombre qui s'élève toutefois à............ 275,000

FAMILLE ZOQUE-MIXE.

Comprend les Zoque-Mixes et les Tapijulapas, elle est répartie dans les États de Chiapas, Tabasco et principalement dans celui de Oaxaca.. 60,000

FAMILLE TOTONACA.

Habite la Sierra de Huauchinango, au Nord de l'État de Puebla et dans l'État de Veracruz entre les rivières Chachalacas et Cazones.. 90,000

FAMILLE MISTÈQUE-ZAPOTÈQUE.

Race intéressante qui peuple l'État de Oaxaca et une partie de ceux de Puebla et de Guerrero. Elle comprend les Mistèques, les Zapotèques, les Chuchones, les Popolocos, les Ouicatèques, les Soltèques, les Chatinos, les Amusgos, les Mazatèques et Chinantèques................................ 677,088

FAMILLE MATLALZINGA OU PIRANDA.

Fondatrice de la ville de Toluca. Elle se trouve disséminée en petit nombre dans la Vallée de Toluca, dans le village de Charo de l'État de Michoacan, dans ceux de St. Martin et Santa Cruz du district de Temascaltepec del Valle, de S. Juan de Atzinco de Ocuila, de San Mateo Mexicalcingo, Calimaya et San Mateo de Temascaltepec............... 5,000

FAMILLE MAYA-QUICHÉ.

Comprend les Mayas ou Yucatèques, les Punctunc, les Lacandones, les Petenes ou Itzaes, les Chañabales, les Comitèques ou Jocolobales, les Choles, les Quichés, les Tzotziles, les Tzendales, les Mames et les Huaxtèques................ 456,283

FAMILLE CHONTAL.

Habite principalement l'État de Tabasco et se rencontre en moins grand nombre dans les États de Oaxaca et de Guerrero, elle s'étend sur le Guatémala et le Nicaragua.................... 31,000

FAMILLE HUAVE.

Originaire du Nicaragua. Elle est répartie entre les districts de Tehuantepec, Juchitan et le centre de l'État de Chiapas. 3,800

FAMILLE APACHE.

Formée de tribus barbares, telles que les Chiricahues, Joatos, Mimbrègnes, Gilègnes, Mescaleros, Sacramentègnes, Carrizalègnes, Xicarillas, Mogollones, Lipanes, Faraones et Navajoes. Ces tribus fixées sur le territoire Américain, descendent exercer leurs déprédations sur le territoire Mexicain..

FAMILLE OTHOMI.

Les *Othomies* proprement dit, très répandus dans les États de Guanajuato, Querétaro, dans l'Ouest de l'État d'Hidalgo, dans le Nord Ouest de celui de Mexico. Les *Serranos*, dans la Sierra Gorda de Guanajuato; les *Mazahuas* dans les districts d'Ixtlahuaca et de Villa del Valle, dans la Sierra de Tajimaroa, Tlalpujahua et Zitacuaro; les *Pames* dans l'ancienne Mission de Cerro Prieto, de Jacala de l'État de Hidalgo, dans Ste. Marie de Acapulco, de l'État de Querétaro; à la Purisima de Arnedo et à Xichú, de l'État de Guanajuato. Le plus grand nombre d'entre eux est fixé dans les districts orientaux de l'État de San Luis Potosi; les *Jonases* Mècos, qui habitent une petite partie de la Sierra de Guanajuato.

Les Othomies en petit nombre habitent un des faubourgs de la capitale de la République où il forment un contraste avec le reste de la population. Ils habitent encore le village de Ixtenco de Tlaxcala et les montagnes qui séparent la Vallée de Mexico de celle de Toluca. Le nombre des Othomies s'élève à... 794,734

INDUSTRIE.

En dehors de l'agriculture et de l'exploitation des mines qui constituent les branches les plus importantes de l'activité Mexicaine, une grande partie de la population vit du commerce, de l'industrie manufacturière et des arts en général.

Les différentes branches agricoles ainsi que les mines fournissent à l'industrie les matières premières nécessaires; avec le temps vu leur développement progressif elles constitueront une des principales sources de richesses par l'exploitation dont elles deviendront l'objet. Les matières premières sont: le coton, le chanvre, de nombreuses plantes textiles parmi lesquelles on compte l'ixtle et le hennequen, le lin et la ramie produits en grande abondance; l'indigo, le safran, l'orseille et autres lichens tinctoriaux, les bois de campèche, de brésil et zacatlaxcale, les écorces employées en pharmacie comme la salsepareille, pour la tannerie le tan, le dividivi, le campèche et le Huamuchil. Les bois de construction et d'ébénisterie, depuis les plus fins, comme l'acajou, l'ébène, le palissandre, le bois de fer ou teck, le noyer, le cèdre, le bois de rose, jusqu'aux plus communs comme le chêne, le frêne, l'oyamel et autres représentants du nombreux groupe des conirères; les graines et plantes oléagineuses parmi lesquelles, l'olive, le sésame, le lin, l'arachide, le chicalote, le coco, le coquito, la noix, le ricin; les graines mucilagineuses comme la chia; les gommes et résines, du copal, du liquidambar, du linaloé, la gomme arabique, les résines de pin et de sapin. Les cires animale et végétale, la canne à sucre; diverses classes de fruits pour la préparation des liqueurs; les soies animale et végétale, les peaux de laine, la nacre, les perles, l'écaille, la cochenille. Divers minéraux, des pierres précieuses, de beaux marbres, des albâtres, et le marbre commun sous le nom d'onyx de Tecali peuvent être l'objet d'une exportation rémunératrice.

L'industrie manufacturière consiste dans la fabrication de tissus de coton et de laine, dans l'impression des tissus, la filature de soie et la confection de quelques tissus; la poterie fine et ordinaire, la verrerie, la fabrication du papier, des produits chimiques. Le nettoyage du coton, l'élaboration du sucre, des alcools de sucre de canne, de fruits et de maguey parmi lesquels le *Mezcal* et le *Tequila*, le *Pulque*; des excellents vins de Parras, de Paso del Norte et Aguascalientes; les liqueurs, la bière et autres nombreuses boissons fermentées parmi lesquelles nous mentionnerons le vin de coing. La fabrication du savon, de l'huile, la préparation des graisses; celles d'objets d'écaille, argent, nacre, hennequen, cire, chiffons, argile et onyx; la minoterie et l'amidonerie; la carrosserie, la menuiserie et l'ébénisterie; la tannerie et la bourrelerie; la préparation des tabacs et confection des cigares; la chapellerie.

Les ouvriers mexicains excellent dans l'imprimerie, l'ébénisterie et la sculpture sur bois et sur pierre.

Les principales fabriques de tissus de coton et impressions sur tissus sont les suivantes:

FABRIQUES DE TISSUS DE COTON ET D'IMPRESSIONS.

District Fédéral.

	Noms des fabriques.	Production annuelle. Pièces de manta.	Valeur.
1	La Hormiga	90,000	$ 315,000
2	Magdalena	120,000	420,000
*3	San Fernando	57,600	201,600
4	La Fama	76,800	268,800
5	S. Antonio Abad	60,000	210,000
6	De Monnet	48,000	168,000
		452,400	$ 1,583,400

ÉTAT DE PUEBLA.

	Noms des fabriques.	Production annuelle. Pièces de manta.	Valeur.
1	El Patriotismo	130,000	$ 455,000
2	Independencia	36,400	127,400
3	Asuncion	11,600	40,600
4	Constancia	104,000	364,000
5	Cholulteca	52,000	182,000
6	Guadalupe	11,600	40,600
7	Economia	78,000	273,000
8	La Teja	36,400	127,400
9	Amatlan	31,200	109,200
10	Mayorazgo	52,000	182,000
11	Molino de Enmedio	52,000	182,000
12	Santa Cruz (Cholula)	52,000	182,000
13	Beneficencia	52,000	182,000
14	San Diego	11,600	40,600
15	La Carolina (Atlixco)	52,000	182,000
16	Concepcion	11,600	40,600
17	Alsacia	96,000	336,000
18	Providencia	40,800	142,800
19	Victoria	33,600	117,600
20	Molino de Cristo	7,200	25,200
21	Sin nombre	33,600	117,600
22	Sin nombre	9,600	33,600
		995,200	$ 3,483,200

ÉTAT DE MEXICO.

	Noms des fabriques.	Production annuelle. Pièces de manta.	Valeur.
1	Rio Hondo	38,000	$ 133,000
2	La Colmena	72,000	252,000
3	Miraflores	76,800	268,800
		186,800	$ 653,800

ÉTAT DE HIDALGO.

	Noms des fabriques.	Production annuelle. Pièces de manta.	Valeur.
1	Maravilla	16,800	$ 58,800

État de San Luis Potosí.

	Noms des fabriques.	Production annuelle. Pièces de manta.	Valeur.
1	Venado..................................	33,408	$ 116,928

État de Guanajuato.

	Noms des fabriques.	Production annuelle. Pièces de manta.	Valeur.
1	Reforma................................	68,400	$ 239,400
2	Providencia...........................	72,000	252,000
3	Batanes.................................	12,000	42,000
4	La Americana........................	120,000	420,000
		272,400	$ 953,400

État de Veracruz.

	Noms des fabriques.	Production annuelle. Pièces de manta.	Valeur.
1	El Molino (hilaza).................		
2	Lúcas Martin........................	31,200	$ 109,200
3	Probidad...............................	26,400	92,400
4	Industria Jalapeña.................	10,200	35,700
5	Cocoloapam..........................	19,200	67,200
6	La Libertad...........................	,, ,,	,, ,,
		87,000	$ 304,500

État de Querétaro.

	Noms des fabriques.	Production annuelle. Pièces de manta.	Valeur.
1	Hércules................................		
2	La Purisima..........................	150,000	$ 525,000
3	San Antonio..........................		

État de Tlaxcala.

	Noms des fabriques.	Production annuelle. Pièces de manta.	Valeur.
1	San Manuel...........................	2,400	$ 8,400
2	El Valor................................	24,000	84,000
		26,400	$ 92,400

ÉTAT DE GUERRERO.

	Noms des fabriques.	Production annuelle. Pièces de manta.	Valeur.
1	Perseverancia	24,000	

ÉTAT DE SINALOA.

	Noms des fabriques.	Production annuelle. Pièces de manta.	Valeur.
1	La Bahía	9,600	$ 33,600
2	Union	60,000	210,000
3	El Coloso	72,000	252,000
		141,600	$ 494,600

ÉTAT DE CHIHUAHUA.

	Noms des fabriques.	Production annuelle. Pièces de manta.	Valeur.
1	Industria	30,000	$ 105,000
2	Talamantes	12,000	42,000
3	Dolores	48,000	168,000
		90,800	$ 315,000

ÉTAT DE OAXACA.

	Noms des fabriques.	Production annuelle. Pièces de manta.	Valeur.
1	San José	24,000	$ 84,000
2	Chia	48,000	168,000
		72,000	$ 252,000

ÉTAT DE JALISCO.

	Noms des fabriques.	Production annuelle. Pièces de manta.	Valeur.
1	Jauja	24,000	$ 84,000
2	Bellavista	48,000	168,000
3	Atemajac	60,000	210,000
4	Escoba	24,000	84,000
5	Salto	30,000	105,000
	A Reporter	186,000	$ 651,000

Noms des fabriques.	Production annuelle. Pièces de manta.	Valeur.
Report	186,000	$ 651,000
6 La Victoria	36,000	126,000
7 La Productora	24,000	84,000
8 Experiencia (hilaza)		
9 Santiago	12,000	42,000
10 El Rio	24,000	84,000
	282,000	$ 987,000

ÉTAT DE COLIMA.

Noms des fabriques.	Production annuelle. Pièces de manta.	Valeur.
1 Armonía	12,000	$ 42,000
2 Atrevida	36,000	126,000
	48,000	$ 168,000

ÉTAT DE DURANGO.

Noms des fabriques.	Production annuelle. Pièces de manta.	Valeur.
1 El Tunal	12,000	$ 42,000
2 Constancia	48,000	168,000
3 Belem	36,000	126,000
4 El Salto	12,000	42,000
*5 Providencia	12,000	42,000
6 Guadalupe	18,000	63,000
7 Constancia	12,000	42,000
	150,000	$ 525,000

ÉTAT DE SONORA.

Noms des fabriques.	Production annuelle. Pièces de manta.	Valeur.
Industria Sonorense	12,000	$ 42,000

ÉTAT DE MICHOACAN.

Noms des fabriques.	Production annuelle. Pièces de manta.	Valeur.
1 La Paz	36,000	$ 126,000
2 Paraiso	60,000	210,000
3 Union	18,000	63,000
	114,000	$ 399,000

ÉTAT DE NUEVO LEON.

	Noms des fabriques.	Production annuelle. Pièces de manta.	Valeur.
1	Porvenir	24,000	$ 84,000
2	Fama	12,000	42,000
3	Leona	18,000	63,000
		54,000	$ 189,000

ÉTAT DE COAHUILA.

	Noms des fabriques.	Production annuelle. Pièces de manta.	Valeur.
1	Labrador	42,000	$ 147,000
2	Dávila Hoyos	18,000	63,000
3	Libertad	12,000	42,000
4	Aurora	12,000	42,000
5	Hibernia	18,000	63,000
6	Esmeralda	18,000	63,000
7	Buena Fe	12,000	42,000
8	Estrella	170,000	680,000
		302,000	$ 1.142,000

ÉTAT DE YUCATAN.

	Noms des fabriques.	Production annuelle. Pièces de manta.	Valeur.
1	Constancia	15,600	$ 54,600

ÉTAT DE ZACATECAS.

	Noms des fabriques.	Production annuelle. Pièces de manta.	Valeur.
1	La Zacatecana	6,000	$ 21,000

ÉTAT DE AGUASCALIENTES.

	Noms des fabriques.	Production annuelle. Pièces de manta.	Valeur.
1	Purisima		
2	Aurora	36,000	$ 126,000
3	San Ignacio		
		3.567,608	$12.949,628

Le coton provient de la riche région qui s'étend de Sainte Rosalie de l'État de Chihuahua aux rives du rio Nazas de l'État de Durango jusqu'à la "Laguna" de l'État de Coahuila. Les côtes des États de Veracruz, Oaxaca, Guerrero, Colima et Jalisco le produisent en assez grande abondance.

Le coton consommé par les fabriques du pays s'élève à près de 260,000 quintaux par an; la moitié, de provenance étrangère, est importée par Veracruz et autres ports, son prix moyen est de $20 le quintal. La production annuelle en cotonnades, coutils, percales, indiennes, y compris celle de fabriques ayant échappé à la statistique, excède le chiffre antérieur et s'élève d'après une estimation rigoureuse à 3.800,000 pièces de cotonnade, à 280,000 d'indiennes et percales, et à 2.735,000 de coton en écheveaux consommés par les fabricants de rebozos, (châles) couvertures, serviettes, bas et autres objets.

Plus de 50,000 familles vivent de l'industrie cotonnière.

FABRIQUES DE TISSUS DE LAINE.

Les principaux établissements de la République sont au nombre de trois dans le District fédéral.

La Minerva, El Aguila, la fabrique de Monnet produisant en bloc annuellement 162,000 pièces de drap.

Trois dans l'État de Mexico: San Ildefonso, Arroyozarco et Zapayautla. Leur production annuelle est estimée à environ 150,000 pièces, draps et tapis.

Cinq dans l'État de Puebla: El Cristo, la Noria, el Alto, Arrecogidas, El Obraje. Elles produisent 550,000 livres de laines en écheveaux, qui servent à la confection de divers tissus comme zarapes, jorongos, plaids, etc.

Trois dans l'État de Hidalgo: Santiago, Esperanza et Gayol. Elles produisent 125,000 pièces de drap.

Une dans la capitale de la République située dans la rue du Bosque.

Plusieurs fabriques dans l'État de Guanajuato parmi lesquelles la plus importante, celle de Zempoala à Celaya, produisait près de 85,000 coupons de casimir et de drap et environ 50,000 mètres de tapis. Elle est actuellement paralysée.

Le prix des coupons de casimir et de drap varie entre 2 piastres 25 cent. et $4.25, et la vare de tapis de $0.83 á $1.25.

FABRIQUES DE PAPIER.

Les fabriques de papier sont au nombre de sept, celles de Guadalajara et Tapalpa, dans l'État de Jalisco, celle de Cocolapan dans l'État de Veracruz; celles de Santa Teresa, Loreto, Peña Pobre et Belem, dans le District fédéral. Leur production est assez importante puisqu'elle alimente les principales imprimeries pour publications périodiques et ouvrages classiques.

FABRIQUES DE POTERIES FINES.

Les principales sont: celles du Niño Perdido, de l'Avenue de Humboldt et de Cappe et Gassier, dans la capitale de la République.

III

PARTIE ÉCCLÉSIASTIQUE.

L'Église est indépendante de l'État en vertu de la Constitution de 1857, qui reconnaît l'exercice de tout les cultes.

La majorité des mexicains appartiennent à la religion catholique. L'église est gouvernée par 3 archevêques, 18 évêques et un vicaire apostolique.

L'établissement de la première église paroissiale mise sous l'invocation de Nuestra Señora de los Remedios, par Francisco Hernández de Córdoba, remonte à 1517, année de la découverte de la péninsule. Les découvertes successives, surtout celles de Juan de Grijalva, poussèrent la Cour d'Espagne à décréter, le 13 Novembre de la même année, l'érection d'une abbaye, ensuite celle de l'évêché du Yucatan qui resta sans effet; et en dernier lieu la création de l'Archevêché de Mexico, créant six évêchés suffragants du diocèse de Séville. La fondation de l'église Mexicaine remonte à la création de ces six sièges épiscopaux.

DIOCÈSES.	SIÈGES.	Sont compris les diocèses.
Archevêché de Mexico...............	Mexico.	District de Mexico, Morelos et partie de Hidalgo.
1 Evêché de Puebla..................	Puebla.	Puebla, Tlaxcala et partie de Oaxaca.
2 ,, ,, Oaxaca..................	Oaxaca.	Oaxaca et partie de Veracruz et Guerrero.
3 ,, ,, Chiapas..................	San Cristóbal.	Chiapas.
4 ,, ,, Yucatan..................	Mérida.	Yucatan et Campeche.
5 ,, ,, Tabasco..................	S. Juan Baustista.	Tabasco.
6 ,, ,, Tulancingo..................	Tulancingo.	Hidalgo.
7 ,, ,, Veracruz..................	Jalapa.	Veracruz.
8 ,, ,, Chilapa..................	Chilapa.	Guerrero.
9 ,, ,, Tamaulipas..................	Ciudad Victoria.	Tamaulipas.
Archevêché de Michoacan..................	Morelia.	Michoacan, et quelques paroisses de Guanajuato.
10 Evêché de San Luis Potosí..................	San Luis.	San Luis Potosí.
11 ,, ,, Querétaro..................	Querétaro.	Querétaro et six paroisses de Guanajuato.
12 ,, ,, Leon..................	Leon.	Guanajuato.
13 ,, ,, Zamora..................	Zamora.	Michoacan.
Archevêché de Guadalajara..................	Guadalajara.	Jalisco et Aguascalientes.
14 Evêché de Durango..................	Durango.	Durango, Chihuahua et partie de Coahuila et Zacatecas.
15 ,, ,, Linares..................	Monterey.	Nuevo Leon et Coahuila.
16 ,, ,, Sinaloa..................	Culiacan.	Sinaloa.
17 ,, ,, Sonora..................	Hermosillo.	Sonora.
	Zacatecas.	Zacatecas.

Le nombre de paroissiens, temples et chapelles, vicariats et paroisses, celui de prélats qui ont gouverné les diocèses, sont:

	Paroissiens.	Vicariats et Paroisses.	Temples et Chapelles.	Prélats
Archevêché de Mexico...	1.500,000	203	1,654	34
Evêché de Puebla...	1.000,000	187	2,513	31
,, ,, Oaxaca...	760,000	134	1,000	33
,, ,, Chiapas...	200,000	40	500	45
,, ,, Yucatan...	450,000	84	234	36
,, ,, Tabasco...	160,000	12	100	2
,, ,, Tulancingo...	427,000	70	400	2
,, ,, Veracruz...	650,000	64	100	4
,, ,, Chilapa...	350,000	75	379	2
,, ,, Tamaulipas...	220,000	39	41	4
Archevêché de Michoacan...	800,000	58	300	30
Evêché de San Luis Potosí...	650,000	33	171	4
,, ,, Querétaro...	350,000	29	107	3
,, ,, Leon...	800,000	23	100	2
,, ,, Zamora...	250,000	36	100	2
Archevêché de Guadalajara...	1.200,000	106	376	38
Evêché de Durango...	525,000	45	250	24
,, ,, Linares...	278,000	36	135	10
,, ,, Sonora et Sinaloa...	285,000	55	200	12
,, ,, Zacatecas...	380,000	20	100	3
,, ,, Colima...	72,000	00	00	1
Vicariat apostolique de la B. Californie	30,000	00	3	4
	11.337,000	1,349	8,763	326

Le protestantisme a établi les temples suivants, qui appartiennent pour la majeure partie à l'église Evangélique:

District Fédéral...	21
État de Mexico...	5
,, ,, Michoacan...	13
,, ,, Puebla...	13
,, ,, Guanajuato...	4
,, ,, Guerrero...	1
,, ,, Querétaro...	2
,, ,, Jalisco...	2
,, ,, Tlaxcala...	1
,, ,, Morelos...	10
A reporter...	72

		Report	72
,,	,,	Tabasco	2
,,	,,	Hidalgo	3
,,	,,	Veracruz	3
,,	,,	Aguascalientes	1
,,	,,	Tamaulipas	3
,,	,,	Nuevo Leon	1
,,	,,	Zacatecas	2
Territoire de Tepic			1
			88

IV

VOIES DE COMMUNICATION.

CHEMINS DE FER.

Parmi les nombreuses améliorations matérielles dont la République a été dotée pendant les dernières années, la première place appartient incontestablement aux voies ferrées dont le développement a été très considérable, comme nous le verrons plus bas.

CHEMIN DE FER MEXICAIN.

MEXICO A VERACRUZ.

Le premier de la République par sa magnifique construction et ses travaux d'art aussi remarquables que solides. Cette ligne peut être considérée comme un modèle de génie, elle traverse une région aussi accidentée que pittoresque, surtout dans la descente du grand massif de la cordillère orientale.

Traction à vapeur.—Voie large.

Distances en kiloms.

De Mexico à Veracruz.

Station de Buenavista à:

,,	,,	Tepexpan	32,440
,,	,,	Teotihuacan	43,620
,,	,,	Otumba	55,090
,,	,,	la Palma	61,150
,,	,,	Ometusco	67,370
,,	,,	Irolo	76,970
,,	,,	Apam	92,610
,,	,,	Soltepec	112,430
,,	,,	Guadalupe	123,730
,,	,,	Apizaco (partie de l'embranchement de Puebla)	139,940
,,	,,	Huamantla	164,390
,,	,,	San Márcos	181,640
,,	,,	Rinconada	200,080
,,	,,	San Andrés	220,250
,,	,,	Esperanza (bifurque avec celui de Tehuacan)	244,750
,,	,,	Maltrata	271,260
,,	,,	Orizaba	291,800
,,	,,	Fortin	309,830
,,	,,	Córdoba	317,780
,,	,,	Atoyac	337,760
:,	,,	Paso del Macho	347,580
,,	,,	Camaron	360,360
,,	,,	Soledad	381,650
,,	,,	Veracruz	423,750

Embranchement de Puebla.

Distances en kiloms.

Station de Apizaco à

,,	,,	Santa Ana	16,740
,,	,,	Panzacola	35,000
,,	,,	Puebla	46,980

CHEMIN DE FER DE JALAPA A VERACRUZ.

Voie large, traction animale.

Stations.	Distances en kiloms.	Stations.	Distances en kiloms.
Jalapa		Puente Nacional	57.00
Dos Rios	14.00	Paso de Ovejas	67.00
Cerro Gordo	25.00	Tierra Colorada	81.00
Plan del Rio	36.00	Paso de San Juan	87.00
Rinconada	48.00	Tejería	98.00
Veracruz	114.00		

CHEMIN DE FER DE JALAPA A COATEPEC.

Voie large.—Traction animale.

	Kilomètres.
Distance de Jalapa à Coatepec	15

CHEMIN DE FER DE MEXICO A ALVARADO.

Voie large.

Stations.	Distances en kiloms.	Stations.	Distances en kiloms.
Veracruz		Laguna	27.5
Zamorana	5.5	La Piedra	35.5
Arroyo Moreno	9.4	Salinas	45.5
Tejar	14.3	Hicaco	56.5
Medellin	15.5	Felipe Bravo	62.5
Paso del Toro	18.5	Alvarado	70.41

CHEMIN DE FER DE ESPERANZA A TEHUACAN.

Traction animale.—Voie large.

	Distances en kiloms.
Station de la Esperanza (embranchement avec le Chemin de Fer Mexicain) à	
Station de Cañada de Morelos	17,000
,, ,, Llano Grande	27,000
,, ,, Hacienda del Cármen	35,000
,, ,, Miahuatlan	39,500
,, ,, Tehuacan	50,000

CHEMIN DE FER DE CHALCHICOMULA.

Voie large.

Stations.	Kilomètres.
De la Station de San Andrés à Chalchicomula...	10

CHEMIN DE FER DE PUEBLA A VILLA DE LIBRES OU SAN JUAN DE LOS LLANOS.

Voie étroite.

Stations.	Distances en kiloms.	Stations.	Distances en kiloms.
Puebla à Amozoc...	18	San Márcos...	54
Acajete...	30	El Cármen...	74
Venta...	40	San Juan de los Llanos...	93

CHEMIN DE FER DE PUEBLA A SAN MARTIN.

Voie large.

Stations.	Distances en kiloms.	Stations.	Distances en kiloms.
Puebla à los Arcos...	7	San Bartólo...	30
Mihuacan...	17	San Martin...	37

CHEMIN DE FER DE PUEBLA A MATAMOROS.

Voie étroite.

Stations.	Distances en kiloms.	Stations.	Distances en kiloms.
Puebla à Cholula...	13	San Agustin...	38
Santa María...	22	Atlixco...	46

CHEMIN DE FER DE TLAXCALA.

Voie large.

Stations.	Distances en kiloms.
De Santa Ana à San Pablo...	3
Tlaxcala...	5

CHEMIN DE FER DE HIDALGO.

Voie étroite.

Stations.	Distances en kiloms.	Stations.	Distances en kiloms.
Pachuca		San Agustin	32
Xochihuacan	17	Tlanapa	46
Tepa	26	Irolo	60

CHEMIN DE FER A SANTA MARIA.

Stations.	Kilomètres.
De Tepa à Tulancingo	12

CHEMIN DE FER DE ACAPULCO, MORELOS, MEXICO, IROLO ET VERACRUZ.

Voie large.—Traction à vapeur.

LIGNE DE MORELOS.

Stations.	Distances en kilomètres.
Mexico	
Reyes	17
Ayotla	25
Compañía	35
Tenango	47
Amecameca	58
Ozumba	70
Nepantla (P.)	96
Yecapixtla	122
Cuautla	138
Yautepec	161

LIGNE D'IROLO.

Stations.	Distances en kiloms.
Mexico	
Reyes	21
Texcoco	42
Tepetlaxtoc	51
San Atonio	64
Metepec	73
Otumba	81
Soapayuca	86
Irolo	102
San Lorenzo	111
Calpulalpan	121

CHEMIN DE FER DE TLALMANALCO.

Voie large.

Stations.	Distances en kiloms.	Stations.	Distances en kiloms.
Tlalmanalco à Miraflores	4	Chalco	16
La Compañía	13	San Juan	19
Zavaleta	20		

CHEMIN DE FER CENTRAL.

DE MEXICO A PASO DEL NORTE EN CONNEXION AVEC LA LIGNE DE SANTA FE, TOPEKA ET ATCHISON DES ÉTATS UNIS.

Voie large.

Stations.	Distances en kiloms.	Stations.	Distances en kiloms.
De Mexico à			
La Lechería	21	AGUASCALIENTES	585
Cuautitlan	27	Rincon de Romos	624
Teoloyuca	36	Soledad	645
Huehuetoca	47	San Gerónimo	686
El Salto	62	Guadalupe	896
Tula	80	ZACATECAS	706
San Antonio	98	Calera	736
Marqués	122	*Fresnillo*	764
Nopala	130	Mendoza	779
Dañú	138	Gutiérrez	794
Polotitlan	151	Patti	816
Cazadero	161	Cedro	830
San Juan del Rio	191	Colorada	850
Ahorcado	216	Pacheco	876
QUERÉTARO	246	Guzman	895
Calera	264	González	914
Apaseo	278	Camacho	936
Celaya	292	San Isidro	958
Guaje	311	Symon	981
Salamanca	333	La Mancha	1,005
Chico	344	Pozo Calvo	1,026
Irapuato	353	Peralta	1,050
Villalobos	370	Timulco	1,066
Silao	383	Jalisco	1,080
Trinidad	402	Paso Picardías	1,094
Leon	416	Matamoros	1,119
Rincon	431	Villa Lerdo	1,141
San Pedrito	448	Noe	1,159
La Loma	462	Mapimí	1,179
Lagos	475	Peronal	1,203
Santa Bárbara		Conejo	1,225
Santa María	521	Yermo	1,248
Encarnacion	537	Sauz	1,277
Peñuelas	564	Zavalza	1,288

Stations.	Distances en Kiloms.	Stations.	Distances en Kiloms.
Escalon	1,300	Torreon	1,646
Relleno	1,318	Sauz	1,658
Corralito	1,339	Encinillas	1,678
Dolores	1,359	Aguanueva	1,692
Jiménez (Huejuquilla)	1,373	Laguna	1,705
Reforma	1,392	Puerto	1,725
Diaz	1,411	Gallego	1,746
Bustamante	1,430	Chivatito	1,773
Santa Rosalía	1,446	Moctezuma	1,790
La Cruz	1,462	Minas	1,803
Conchos	1,482	Ojocaliente	1,817
Saucillo	1,498	Cármen	1,828
Delicias	1,514	Jan José	1,851
Ortiz	1,521	Ranchería	1,875
Bachimba	1,546	Candelaria	1,893
Horcasitas	1,563	Los Médanos	1,904
Mapula	1,586	Somalayuca	1.922
CHIHUAHUA	1,609	Tierra Blanca	1,938
Sacramento	1,631	Mesa	1,953
		Paso del Norte	1,971

Embranchement de Silao à Guanajuato............ 23

CHEMIN DE FER DE TAMPICO.

Stations.	Distances en kiloms.	Stations.	Distances en kiloms.
Du Muelle de Tampico à			
Moralito	4.	Parejas	47.
Tamás	13.5	Kilomètre 76	76.
Salinas	31.	Palmas	113.
Zacateras	45.5	Kilomètre 115	115.
Kilomètre 165			165.

Stations.	Distances en kiloms.
San Luis Potosí à la Soledad	6

CHEMIN DE FER DE IRAPUATO A GUADALAJARA.

Stations.	Distances en kiloms.	Stations.	Distances en kiloms.
Irapuato...............		Negrete...............	147
Cuitzeo...............	24	La Barca...............	154
Pénjamo...............	50	Limon...............	167
Villaseñor...............	65	Ocotlan...............	180
Cortés...............	85	Poncitlan...............	197
La Piedad...............	92	Atequiza...............	219
Patti...............	112	La Capilla...............	227
Yurécuaro...............	126	El Castillo...............	236
Guadalajara...............	260		

Stations.	Distances en kiloms.
Aguascalientes à Salinas...............	95

Stations.	Distances en kiloms.
San Blas à Huaristemba...............	25

COMPAGNIE DU CHEMIN DE FER DE SONORA.

Voie large — Traction à vapeur.

Stations.	Distances de Guaymas en kiloms.	Stations.	Distances de Guaymas en kiloms.
Guaymas...............		Carbó...............	217.5
Batuecas...............	4.0	Posa...............	237.3
Long Bridge...............	6.6	Querobabí...............	259.8
Batamotal...............	12.4	Puerto...............	272.8
Maytorena...............	24.0	Llano...............	297.8
Santa Rosa...............	32.2	Santa Ana...............	321.0
Ortiz...............	47.7	Magdalena...............	339.3
Moreno...............	72.3	San Ignacio...............	346.3
Torres...............	102.4	Pierson...............	350.1
Willard...............	126.4	Imuris...............	358.5
Junction...............	140.8	Casita...............	382.8
Hermosillo...............	144.4	Cibuta...............	392.6
Zamora...............	169.8	Agua zarca...............	406.9
Pesqueira...............	183.1	Encina...............	415.9
Nogales...............	422.1		

CHEMIN DE FER INTERNATIONAL MEXICAIN.

Voie large.

Stations.	Distances de Piedras Negras en kiloms.	Stations.	Distances de Piedras Negras en kiloms.
Piedras Negras		Gloria	271.40
Fuente	6.54	Bajan	290.99
Rosa	13.60	Joya	303.41
Nava	39.80	Espinazo	323.82
Allende	51.76	Reata	335.90
Leona	66.70	Venadito	359.76
Peyotes	82.34	Sauceda	385.80
Blanco	103.77	Jaral	410.56
Balbach	115.09	Pastora	432.58
Sabinas	116.02	Cármen	454.19
Soledad	132.47	Paila	478.16
Baroteran	143.12	Mimbre	497.83
Aura	157.24	Rafael	514.37
Obayos	172.53	Pozo	527.34
Baluarte	187.66	Bola	539.63
Hermanas	198.35	Mayran	552.11
Adjuntas	219.58	Hornos	562.98
Estancia	233.15	Colonia	576.39
Monclova	237.92	Matamoros	594.01
Castaño	156.48	Torreon	616.55

De Sabinas à San Felipe hay un embranchement de............ 7.44

CHEMIN DE FER NATIONAL MEXICAIN.

Ligne principale.

Stations.	Distances en kilóms.	Stations.	Distances en kilóms.
De México á Tacuba	4,2	Ixtlahuaca	111,2
Naucalpan	9,2	Flor de María	133,5
Rio Hondo	13,7	Basoco	153,8
Dos Rios	27,1	Tultengo	163,7
Salazar	41,0	Solís	174,9
Jajalpa	50,9	Tepetongo	185,8
Lerma	59,2	Pateo	205,3
TOLUCA	72,7	Maravatío	222,9
Palmillas	80,1	Zirizícuaro	243,7
Del Rio	96,8	Tarandacuao	255,6

Stations.	Distances en kiloms.	Stations.	Distances en kiloms.
San José	273,2	La Parida	794,6
Acámbaro	284,7	San Vicente	810,0
San Cristobal	297,5	El Salado	826,4
Salvatierra	316,9	Lulu	841,7
Cacalote	330,5	La Ventura	862,2
Celaya	353,2	Santa Elena	881,8
Santa Rita	358,6	Gómez Farías	908,5
San Juan	365,9	Oro	915,7
Soria	369,7	Carneros	933,0
Chamacuero	376,9	Agua Nueva	942,6
Rinconcillo	385,8	Encantada	955,7
Begoña	398,9	SALTILLO	971,0
San Miguel	407,8	Ramos Arizpe	985,0
Atotonilco	419,3	Santa María	993,0
Tequisquiapan	429,8	Ojo Caliente	1003,0
Erre	435,8	Muertos	1010,0
Dolores Hidalgo	444,8	Rinconada	1022,0
Rincon	450,8	Fierros	1026,0
Peña Prieta	460,3	Soledad	1035,0
Trancas	469,8	García	1046,0
Obregon	479,8	Santa Catarina	1067,0
San Felipe	498,8	Leona	1071,0
Chirimoya	513,8	San Jerónimo	1074,0
Jaral	526,8	Gonzalitos	1077,0
Villa de Reyes	541,3	MONTEREY	1079,0
Jesus María	553,3	Topochinó	1085,0
La Pila	567,8	Ramon Treviño	1087,0
SAN LUIS POTOSÍ	582,8	Topo	1093,0
Peñasco	596,8	Salinas	1112,0
Nopal	611,9	Morales	1119,0
Boca	624,4	Palmetto	1133,0
Enramada	637,9	La Cantera	1134,0
Moctezuma	652,9	Puerto	1137,0
Venado	671,6	Palo Blanco	1147,0
Los Charcos	688,2	Alamo	1160,0
Laguna Seca	704,4	Villaldama	1173,0
Berrendo	716,0	Guadalupe	1174,0
La Maroma	731,2	Bustamante	1179,0
Wadley	747,5	Huisache	1188,0
Catorce	756,8	Golondrinas	1200,0
Poblazon	762,8	Salomé Botello	1212,0
Vanegas	779,4	Brasil	1224,0

Stations.	Distances en qiloms.	Stations.	Distances en qiloms.
Lampazos	1233,0	Huisachito	1301,0
Mojinia	1256,0	Jarita	1318,0
Rodríguez	1277,0	Sánchez	1331,0
Camaron	1290,0	NUEVO LAREDO	1348,0

SUBDIVISION DU SALTO.

Stations.	Distances en kiloms.	Stations.	Distances en kiloms.
México á Tacuba	4,6	Cuautitlan	29,7
Azcapotzalco	6,7	Teoloyucan	37,4
Tlalnepantla	13,3	Huehuetoca	47,8
Lechería	22,1	Salto	67,1

SUBDIVISION DE PATZCUARO.

Stations.	Distances en kiloms.	Stations.	Distances en kiloms.
Acambaro	0	Atapaneo	80,97
Andocutin	31,76	MORELIA	92,17
Hunigo	37,93	Jácuaro	112,07
Queréndaro	50,29	Coapa	121,68
Quirio	64,29	Lagunillas	128,48
Charo	71,90	Chapultepec	141,77
Goleta	77,82	PÁTZCUARO	154,35

Par conséquent, la distance de Mexico á Morelia est de 376,87 kils. et á Patzcuaro de 439,05.

LIGNE DU NORD.

Stations.	Distances en kiloms.	Stations.	Distances en kiloms.
Matamoros	0	Ebano	64
Rosita	10	Corrales	78
Escondido	14	*Reynosa*	85
Capote	26	Anzalduas	94
Longoña	30	Reinosa Viejo	109
Ensenada	38	Las Prietas	114
La Mesa	49	*San Miguel*	120

Stations.	Distances en kiloms.
De Zacatecas á Guadalupe	6,5

Stations.	Distances en kiloms.
De Manzanillo á la Armería...	47

Total de toutes ces lignes: 1685,65.

CHEMINS DE FER DU YUCATAN.

MÉRIDA A PROGRESO.

Stations.	Distances en kiloms.
Station intermédiaire à San Ignacio..................................	36

MÉRIDA A VALLADOLID.

Stations.	Distances en kiloms.	Stations.	Distances en kiloms.
De Mérida á Cholul...............	12	Tixkokob........................	32
Conkal..............................	16	Motul.............................	46

EMBRANCHEMENT A PROGRESO.

Stations.	Distances en kiloms.
De Conkal á Chicxulub...	7
A Progreso...	27

DE MÉRIDA A KALKINI.

Stations.	Distances en kiloms.
A Uman...	16
Chochola...	34
Copomá..	46

DE CAMPECHE A KALKINI.

Stations.	Distances en kiloms.
A Tenabo...	31
Pomuch..	45

Stations.	Distances en kiloms.
De Campeche á Lerma...	6

DE MÉRIDA Á PETO.

Voie étroite.

Stations.	Distances en kiloms.	Stations.	Distances en kiloms.
Kanasin	8	Lepan	38
Acanceh	25	Xcanchakán	47
Tecoh	33	Hunabchen	58
Santa Cruz	63		

DE MÉRIDA Á IZAMAL Y SOTUTA

Voie étroite.

Stations.	Distances en kiloms.	Stations.	Distances en kiloms.
Tupihual	19	Euan	29
Tixkokob	24	Chacsinkin	37

Total des lignes de la péninsule: 336 kiloms.

DE TOLUCA Á SAN JUAN DE LAS HUERTAS.

Voie étroite.

Stations.	Distances en kiloms.
Toluca á Zinacantepec	8
San Juan de las Huertas	13

Stations.	Distances en kiloms.
De Teoloyuca á San Agustin (voie étroite)	27

Stations.	Distances en kiloms.
De Culican á Altata (voie large)	62

Stations.	Distances en kiloms.
De Orizaba al Ingenio (voie large)	4

Stations.	Distances en kiloms.
De Salina Cruz á San Gerónimo (voie large)	61

Stations.	Distances en kiloms.
De Tehuantepec, région du Nord (voie large)	47

Stations	Distances en kiloms.
De Cárdenas á Rio Grijalva (voie étroite)	7,5

Stations.	Distances en kiloms.
De San Juan Bautista á Tamulte (voie étroite)	8

E. Géographique—5

TABLEAU GÉNÉRAL DES TRAMWAYS DE LA RÉPUBLIQUE.

VILLES.	ÉTATS.	EXTENSION EN KILOMETRES.		
		Voie large.	Voie étroite.	Totaux.
Guaymas................	Sonora................	3.203	....	3.203
Mazatlan................	Sinaloa................	....	4.042	4.042
San Blas................	Territoire de Tepic..	....	1.700	1.700
Tepic....................	,, ,,	....	2.500	2.500
Guadalajara............	Jalisco................	....	23.000	23.000
Mexicalcingo...........	,, ...	....	5.350	5.350
Encarnacion de Diaz.	,, ...	....	2.522	2.522
Lagos....................	,, ...	....	1.642	1.62
Morelia..................	Michoacan............	2.672	....	2.672
Zamora à Jacona......	,, ...	....	4.100	4.100
Oaxaca..................	Oaxaca................	....	·3.000	3.000
Mérida..................	Yucatan...............	....	10.000	10.000
Veracruz................	Veracruz..............	8.240	....	8.240
Córdoba.................	,, ...	4.000	....	4.000
Orizaba.................	,, ...	11.000	....	11.000
Orizaba á Nogales...	,, ...	5.550	....	5.550
Túxpan..................	,, ...	1.600	....	1.600
Nuevo Laredo.........	Tamaulipas...........	1.584	....	1.584
Monterey à Santa Catalina................	Nuevo Leon..........	....	10.582	10.582
Durango................	Durango..............	....	10.000	10.000
San Luis................	San Luis..............	....	11.800	11.800
Aguascalientes........	Aguascalientes......	4.000	5.000	9.000
Guanajuato............	Guanajuato...........	....	9.950	9.950
Celaya..................	,, ...	3.935	....	3.935
Leon.....................	,, ...	5.241	....	5.241
Irapuato................	,, ...	....	1.960	1.960
Querétaro..............	Querétaro............	3.600	....	3.600
San Juan del Rio.....	,, ...	9.100	....	9.100
Pachuca................	Hidalgo...............	....	3.728	3.728
Toluca..................	Mexico................	....	2.500	2.500
Puebla..................	Puebla................	12.000	....	12.500
Mexico, ses environs et Tlalnepantla.....	District Fédéral.......	138.931	22.640	161.571
		214.656	136.016	350.672

RÉSUMÉ.

				KILOMETRES.
1	Chemin de fer Mexicain de México à Veracruz (voie large).......			424
2	Embranchement de Puebla................... ,, ...			47
3	Chemin de fer de Jalapa à Veracruz............... ,, ...			114
4	,,	,, ,, Jalapa à Coatepec................ ,, ...		15
5	,,	,, ,, Veracruz à Alvarado............(voie étroite)......		70
6	,,	,, ,, la Esperanza à Tehuacan.......(voie large)......		50
7	,,	,, ,, S. Andres Station à Chalchicomula ,, ...		10
8	,,	,, ,, Puebla à San Juan de los Llanos (voie étroite)		93
9	,,	,, ,, Puebla à San Martin................. ,,		37
10	,,	,, ,, Puebla à Matamoros de Izúcar...... ,,		46
11	,,	,, ,, Santa Ana à Tlaxcala......... ....(voie large)		8
12	,,	,, ,, Hidalgo.—De Irolo á Pachuca....(voie étroite)		60
13	,,	,, ,, Tepa á Santa María à Tulancingo. ,,		12
14	,,	,, Interoceánico, ligne de Morelos......... ,,		161
15	,,	,, ,, ligne de Calpulalpan... ,,		121
16	,,	,, de Tlalmanalco................... ,,		20
17	,,	,, Central, de Mexico á Paso del Norte. (voie large)		1,971
18	,,	,, de Silao á Guanajuato (embranchement) ,,		23
19	,,	,, ,, Tampico au Salto.................. ,,		165
20	,,	,, ,, Irapuato à Guadalajara................ ,,		260
21	,,	,, ,, Aguascalientes à Salinas............... ,,		95
22	,,	,, ,, San Blas á Huaristemba.............. ,,		25
23	,,	,, ,, Sonora, de Guaymas á Nogales....... ,,		422
24	,,	,, Internacional Mexicano, de Piedras Negras au Torreon.................... (voie large)		616
25	,,	,, de Sabinas á S. Felipe (embranchement.) ,,		17
26	,,	,, National Mexicain, de Mexico à N. Laredo (voie étroite).................................		1,848
27	,,	,, Ligne du Salto...............(voie étroite)		67
28	,,	,, ,, de Pátzcuaro................. ,,		154
29	,,	,, ,, du Nord, Matamoros à S. Miguel ,,		120
30	,,	,, de Zacatecas à Guadalupe........... ,,		6
31	,,	,, du Manzanillo à l'Armería.............. ,,		47
32	,,	,, de Mérida á Progreso.................... (voie large)		36
33	,,	,, ,, Mérida à Valladolid.................(voie étroite)		46
34	,,	,, ,, Conkal au Progreso (embranchement) ,,		27
35	,,	,, ,, Mérida à Calkiní..................... ,,		46
36	,,	,, ,, Mérida à Peto........................... ,,		63
37	,,	,, ,, Mérida à Izamal et Sotuta.......... ,,		37
		A reporter..		6,879

				KILOMETRES.
	Report...			6,879
38	Chemin de fer de Campeche à Calkiní.................(voie étroite)			45
39	,,	,, ,, Campeche à Lerma...................	,,	6
40	,,	,, ,, Toluca à S. Juan de las Huertas..	,,	13
41	,,	,, ,, Teoloyuca à San Agustín...........	,,	27
42	,,	,, ,, Culiacan à Altata..................... (voie large)		62
43	,,	,, ,, Orizaba à l'Ingenio..................	,,	5
44	,,	,, ,, Tehuantepec, région du Sud......	,,	61
45	,,	,, ,, ,, région du Nord.....	,,	47
46	,,	,, ,, Cárdenas au Rio Grijalva........... (voie étroite)		7
47	,,	,, ,, San Juan Bautista à Tamulté.....	,,	3
48	,,	,, Urbains et Tramways....................................		351
				7,506

	KILOMETRES.
Chemins de fer en explotation:	
Voie largue...	4,688
Voie étroite...	2,818
	7,506
Extension des voies ferrées exploitées en 1880 selon les Annales du Ministère de Travaux Publics............	1,055
Augmentation en neuf années...............................	6,451

TÉLÉGRAPHES.

Les Lignes Télégraphiques établies dans la République Mexicaine, ainsi que les points mis en communication, sont comme suit:

TÉLÉGRAPHE FÉDÉRAL.

1ère. ZONE.

	Kiloms. Ms.
12 Bureaux: Mexico (Oficine Central), Toluca, Maravatío, Acámbaro, Morelia, Salvatierra, Zacapu, Zamora, La Barca, Tolotlan, La Piedad et Pénjamo....................	2321.260

2ème. ZONE.

Kiloms. Ms.

27 Bureaux: Tepeji del Rio, Arroyozarco, San Juan del Rio, Querétaro, Celaya, Salamanca, Irapuato, Guanajuato, Silao, Leon, Lagos, Encarnacion, Aguaslientes, Rincon de Romos, Zacatecas, Ojocaliente, Salinas del Peñon, Ahualulco, San Luis Potosí, Santa María del Rio, San Diego de la Union, San Luis de la Paz, San José Iturbide, San Miguel Allende, Dolores Hidalgo, San Felipe [Guanajuato], Villa de Reyes.................... 1768.180

3ème. ZONE.

11 Bureaux: Pachuca, Atotonilco el Grande, Tianguistengo, Jaltipan, Huejutla, Tantoyuca, Ozuluama, Tantima, Tamiahua, Túxpan, Papantla................................. 892.470

4ème. ZONE.

14 Bureaux: Otumba, Apan, Apizaco, Nopalucan, Esperanza, Orizaba, Córdoba, Paso del Macho, Veracruz, Paso de Ovejas, Jalapa, Teziutlan, Tlapacoyan, Tlaxcala, 1139.680

5ème. ZONE.

12 Bureaux: Tlálpan, Cuernavaca, Puente de Ixtla, Iguala, Mexcala, Chilpancingo, Dos Arroyos, Dos Caminos, Acapulco, Chilapa, Atlixtac, Tlapa........................ 741.670

6ème. ZONE.

15 Bureaux: Chalco, San Martin Texmelúcan, Puebla, Tepeaca, Tecamachalco, Tehuantepec, Teotitlan, Tecomavaca, Dominguillo, Huautla, Ojitlan, Tuxtepec, Playa Vicente, San Juan Evangelista, Acayucan................ 1122.920

7ème. ZONE.

9 Bureaux: Cintalalapa, Tuxtla Gutiérrez, San Cristóbal las Casas, Comitan, San Vicente, Nenton, Simojovel, Amatan, Tlacotalpan... 599.170

8ème. ZONE.

13 Bureaux: Minatitlan, Ixhuatlan, San José del Cármen, Hato de Oro, Huimanguillo, San Antonio Cárdenas,

		Kiloms. Ms
	Cunduacan, San Juan Bautista, Chilapa, Frontera, Teapa, El Pom, Jicalango...	557.270

9ème. Zone.

9	Bureaux: Laguna del Cármen, Isla Aguada, Champoton, Campeche, Hecelchakan, Maxcanú, Mérida, Progreso, Chenkan...	414.810

10ème. Zone.

21	Bureaux: San Juan de los Lagos, Jalostotitlan, Tepatitlan, Zapotlanejo, Guadalajara, Zacoalco, Zapotlan el Grande, Tonila, Colima, Manzanillo, Tequila, Etzatlan, Ahuacatlan, Tepic, San Blas, Santiago Ixcuintla, Rosa Morada, Acaponeta, El Rosario, Sayula, Villa Union..	1512.590
11	Bureaux: Mazatlan, Quelite, Elota, Quilá, Culiacan, Altata, Badirahuato, Hiedras, Guadalupe y Calvo, Turuachic, Balleza..	750.010

12ème. Zona.

12	Bureaux: Mocorito, Sinaloa, El Fuerte, Alamos, Baroyeca, Buenavista (Sonora) Ortiz), Sonora), Guaymas, Hermosillo, Ures, Magdalena, Nogales....................	1575.440

13ème. Zone.

12	Bureaux: Concordia, Pánuco, Chavarria, El Salto, Durango, Nombre de Dios, Chalchihuites, Sombrete, Sain Alto, Fresnillo, Avino, Cuencamé...........................	984.650

14ème. Zone.

10	Bureaux: Moctezuma, Charcas, Matehuala, Salado, La Ventura, El Saltillo, Patos, Parras, Giezca, Picardías.	900.850

15ème. Zone.

13	Bureaux: Monterey, Cadereyta Jiménez, Cerralvo, Mier, Camargo, Reynosa, Matamoros (port), Bagdad, Ciudad	

		Kiloms. ms
	Guerrero, Nuevo Laredo, Lampazos, Villaldama, Salinas Victoria..	1483.260

16ème. ZONE.

10 Bureaux: Villa de Santiago, Montemorelos, Linares, Villagran, Ciudad Victoria, Jaumave, Tula de Tamaulipas, Santander Jiménez, San Fernando, Santa Teresa. ... 741.630

17ème. ZONE.

10 Bureaux: Peotillos, Cerritos, Ciudad del Maíz, Nuevo Morelos, Tancasnequi, Altamira, Tampico, Presas, Aldama, Soto la Marina.. 779.340

18ème. ZONE.

18 Bureaux: Paso del Norte, San José, Chihuahua, San Pablo Meoqui, Santa Rosalía, Hidalgo del Parral, Valle de Allende, Rio Florido, Cerro Gordo, La Zarca, Peñoles, San Pedro del Gallo, Nazas, Jiménez (Chihuahua), Villa Lerdo, Matamoros de la Laguna, San Pedro Colonia, Jimulco... 4395.310

19ème. ZONE.

10 Bureaux: Silacayoapan, Tlaxiaco, Teposcolula, Nochistlan, Oaxaca, Tlacolula, San Cárlos Yautepec, Tequisistlan, Tehuantepec, Salina Cruz...................... 624.310

20ème. ZONE.

9 Bureaux: Juchitan, Niltepec, Tepanatepec, Tonalá, Pijijiapa, Mapastepec, Escuinitla, Huistla, Tapachula, et San Benito... 599.170

250 Bureaux.   Total kilomètres et ms...... 23,903.990

TÉLÉGRAPHES DES ÉTATS.

Dans lesquels sont inclus 4,488 kiloms. 449 ms., cédés temporairement par le Gouvernement Fédéral:

ÉTAT DE CHIHUAHUA.

	Bureaux.	Kiloms. ms.
De Chihuahua à Cosihuiriachic 11^k 130, de Cosihuiriachic à Concepcion Guerrero 96^k 390 et de là à Pinos Altos 110^k 66. Total..	4	319.586

ÉTAT DE COAHUILA.

	Bureaux.	Kiloms. ms.
De Monterey á Anhelo 87ᵏ 999. De Lampazos à Candela 27ᵏ 235. Total......	4	114.234

ÉTAT DE SINALOA.

De Elota à San Ignacio 34ᵏ 580, de Elota à Cosalá et de là à Guadalupe de los Reyes 82ᵏ 050. Total............	4	116.630

ÉTAT DE MICHOACAN.

De Morelia à Zinapécuaro, Acambaro, Maravatío, Tlalpujahua, Angangueo, Zitácuaro, Laureles, et Tuzantla 9 Bureaux, 287ᵏ 800; de Morelia à Quiroga, Pátzcuaro, Tarétan, Uruápan, Parácuaro, Apatzingan, Aguililla, Coalcoman, Coahuayana et Colima 535ᵏ 571 et 10 bureaux; de Pátzcuaro à Ario et Tacámbaro 96ᵏ 000 et 2 bureaux. Total............	21	919.371

ÉTAT DE GUERRERO.

De Iguala á Taxco et Tetipac 49ᵏ 000 de Chilpancingo à Huamustitlan 200ᵏ 000, de Dos Caminos á Ayutla 84ᵏ 000. Total............	7	333.000

ÉTAT DE OAXACA.

De Oaxaca à Nochistlan, Teposcolula, Tlaxiaco, Juxtlahuaca, Silacayoapan et Huajuapan, ou soit 7 bureaux et 378ᵏ 720; de Teposcolula partent deux embrachements, un à Coixtlahuaca avec 41ᵏ 900 et un autre à Tamazulapa avec 19ᵏ 000. De Teotitlan à Hauatla, Ojitlan et Tuxtepec avec 4 bureaux et 280ᵏ 450. Total............	13	670.070

ÉTAT DE YUCATAN.

De Mérida à Tixkokob, Izamal, Espita et Valladolid, 5 bureaux et 187ᵏ 792. Embrachements de Izamal á Temax 41ᵏ 900, de Espita à Tiximin 31ᵏ 425, de Tixkokob á Motul 16ᵏ 740. Une ligne de Mérida à Acanceh, Ticul, Tekax et Peto 4 bureaux 161ᵏ 469 et une autre de Mérida à Hunucmá 30ᵏ 000. Total............	13	469.426

État de Veracruz.

	Bureaux.	Kiloms. Ms.
Orizaba, Zongolica, Chicontepec, Huatusco et Colonie Manuel González. Total...	5	98.600

État de Durango.

D'Avino à S. Juan del Rio, Canatlan et Papasquiaro 4 bureaux et 172^k 800. De Durango à Mezquital, 2 bureaux 78^k 050. Total................................	6	250.850

État de Zacatecas.

Cet État est un de ceux qui possèdent la plus grande quantité de fils télégraphiques, qui mettent sa capitale, où se trouve son bureau central, en communication avec différentes villes de l'État, par les lignes suivantes: *Ligne d'Orient.*—De Zacatecas à Guadalupe, Ojocaliente, Noria de Angeles, Pinos et San Luis Potosí 6 bureaux et 220^k 925. *Ligne du Sud.*—De Zamora à Jerez (Villa García), Villanueva, Colotlan, Sánchez Roman (Tlaltenango), Teul, Juchipila et Nochistlan. De Sánchez Roman part un embranchement à Tepechitlan et de Juchipila 2, un à Moyahua et l'autre à Apozol et Jalpa; dans ces 3 endroits, il y a des bureaux téléphoniques. 11 bureaux et 394,279. *Ligne d'Occident.*—De Zacatecas à Veta Grande, Fresnillo, Sain Alto, Sombrerete et Chalchihuites. Cette ligne a 2 embranchements, un de Fresnillo à Valparaiso et un autre de Sain Alto à Rio Grande et Nieves: 8 bureaux et 355^k 848. Total. 22   971.052

État de Aguascalientes.

De Aguascalientes à Calvillo 40^k 329............................	2	40.329

État San Luis Potosí.

De Matehuala partent 3 lignes: une à Doctor Arroyo avec 50^k 480, une autre à Catorce avec 37^k 350 et une 3ème. à Cedral avec 40^k 000. Total...............................	4	127.830

État de Querétaro.

De Querétaro à Cadereyta et Jálpan 274^k 133..................	3	274.133

ÉTAT DE GUANAJUATO.

	Bureaux.	Kiloms. Ms
De Leon à San Francisco del Rincon, Jalapa et Piedra Gorda; 4 bureaux et 79^k 061. De Silao à Romita 18^k 835. De Salamanca à Valle de Santiago 25^k 140. Total.......	6	123 036

ÉTAT DE HIDALGO.

Les lignes télégraphiques appartienent à l'État, et sont réparties comme suit: *Ligne du Nord.*—De Pachuca, où est le bureau central, au Mineral del Chico, Atotonilco, Mexquititlan, Mextitlan, Zacualtipan, Molango, Tlanchinol et Huejutla: 9 bureaux et 251^k 4000. *Ligne d'Orient.*—De Pachuca à Real del Monte, Huasca, Tulancingo, Acaxochitlan et Huauchinango: 5 bureaux et 104^k 750, un embranchement de Tulancingo à Zinguilúcan 20^k 000. *Ligne du Sud.*—De Pachuca à Apan: 2 bureaux 62^k 850. D'Irolo à Tecajete: 2 bureaux et 40^k 000. *Ligne d'Occident.*—De Pachuca à Actopan, Ixmiquilpan, Zimapan, Encarnacion et Jacala: 5 bureaux et 188^k 550, avec les embranchement de Zimapan à Bonanza 25^k 140, de Ixmiquilpan à Huichapan 62^k 850, de Actopan à Tula et Tepeji 82^k 850, d'Irolo à Tecajete 40^k 000. Total.. 28   878.390

ÉTAT DE MEXICO.

De Toluca à Tenango et Tenancingo 47^k 250. De Toluca à Ixtlahuaca, San Felipe del Obraje 69^k 000. De Toluca à Temascaltepec et Valle de Bravos 92^k 080. De Temascaltepec à Sultepec 37^k 710. De Chalco à Texcoco 30^k 000. Total.. 10   276.040

ÉTAT DE PUEBLA.

De Puebla à Atlixco 44^k 900. De Puebla à Tecali 39^k 536. De Puebla à San Márcos, Villa de Libres, Tlatlauqui et Mazatepec 190^k 370. De Tlatlauqui à Teziutlan 20^k 955. De Tlatlauqui à Zacapoaxtla 16^k 760. De Zacapoaztla à Tetela et Chignahuapan 67^k 260. De Zacapoaxtla à Zochiapulco 16^k 760. De Apizaco à Tlaxco et Chignahuapan 44^k 470. De Chignahuapan à Zacatlan et Huauchinango 66^k 530. Total............................ 17   516.541

ÉTAT DE MORELOS.

	Bureaux.	Kiloms. Ms
Dans cet État, il éxiste les lignes suivantes: De Cuernavaca à Xochitepec (double fil) et Tetecala 71ᵏ 030. De Xochitepec à Jojutla 25ᵏ 149. De Cuernavaca à Yautepec, Cuautla Morelos et Jonacatepec 73ᵏ 418. Total..........	10	169.597
Totaux..................	181	6,669.617

TÉLÉGRAPHES D'ENTREPRISES PARTICULIÈRES.

La plus ancienne est connue sous le nom de Télégraphe de Mexico à Veracruz; c'est la première qui s'est établié dans le pays, sous le nom de Télégraphe du Commerce.

TÉLÉGRAPHE DE MEXICO A VERACRUZ.

Cette entreprise a ses Bureaux rue du Refugio nº 13 et compte pour le service public avec un circuit et 4 embranchements, comme suit:

	Bureaux.	Kiloms. Ms.
Circuit de Mexico à Chalco, San Martin Texmelúcan, Puebla, San Márcos, Chalchicomula (San Andrés), Esperanza, Orizaba, Córdoba, Veracruz, Jalapa, Perote, San Márcos, Huamantla, Irolo et Mexico, avec...............		863.140
1er. embranchement de Irolo à Pachuca......		52.375
2ème. embranchement de Orizaba à Coscomatepec et Huatusco...............................		58.660
3ème. embranchement de Jalapa à Coatepec.............		14.665
4ème. embranchement de Perote à Teziutlan.............		41.900
Totaux..........................	22	1,030.740

ENTREPRISE DE JALISCO.

Selon les documents que nous tenons à la vue, fournis par la Direction de la Compagnie, les lignes sont les suivantes:

	Bureaux.	Kiloms. Ms.
1ère. de Guadalajara à Mexico............................		700.000
2ème. de San Juan de los Lagos à Zacatecas.................		240.000
3ème. de Guadalajara à Manzanillo.......................		426.000
4ème. de Guadalajara à San Blas........................		384.000
5ème. de Zacatecas à Querétaro........................		700.000
Totaux............................		2,450.000

	Bureaux.	Kiloms. Ms.

Les bureaux sont dans les villes suivantes:

1ère. Ligne: De Guadalajara à Zapotlanejo, Tepatitlan, Jalos, San Juan de los Lagos, Leon, Silao, Guanajuato, Irapuato, Celaya, Querétaro, San Juan del Rio, Tula, Cuautitlan et Mexico. Total...... 15 700.000

2ème. Ligne: De San Juan de los Lagos à la Encarnacion, Aguascalientes, Rincon de Romos et Zacatecas. Total.. 4 240.000

3ème. Ligne: De Guadalajara à Santa Ana, Zacoalco, Sayula, San Gabriel, Zapotlan, Tonila, Colima et Manzanillo. Total...... 8 426.000

4ème. Ligne: De Guadalajara à Tequila, Ahualulco, Ameca, Etzatlan, Ixtlan, Tepic et San Blas. Total...... 7 384.000

5ème. Ligne: De Zacatecas à Guadalupe, Ojocaliente, Salinas, Pinos, San Luis Potosí, Santa Maria del Rio, San Diego de la Union, Dolores Hidalgo, San Miguel de Allende et Querétaro. Total...... 9 700.000

Totaux...... 43 2,450.000

LIGNES DE LA COMPAGNIE DE L'ÉTAT DE VERACRUZ.

LIGNE DE SOTAVENTO.

	Bureaux.	Kiloms. Ms.
De Veracruz à Medellin......		15.780
,, Medellin à Alvarado......		60.710
,, Alvarado à Tlacotálpan......		27.805
,, Tlacotálpan à Cosamaloapan......		50.505
,, Cosamaloapan à San Nicolás......		40.316
,, San Nicolás à San Andrés Tuxtla......		55.574
,, San Andrés à Acayúcan......		101.825
,, Acayúcan à Jaltipan......		28.095
,, Jaltipan à Minatitlan......		20.800
Totaux......	10	401.410

LIGNE DE BARLOVENTO.

	Bureaux.	Kiloms. Ms.
De Teziutlan à Jalacingo......		10.870
,, Jalacingo à Tlapacoyan......		31.830
,, Tlapacoyan à Paplantla......		85.535
,, Papantla à Túxpan......		88.010
Totaux......	5	216.245
Nombre total des bureaux et extension......	15	617.655

RÉSUMÉ DES TÉLÉGRAPHES D'ENTREPRISES PARTICULIÈRES

	Bureaux.	Kiloms. Ms.
De Veracruz à Mexico	20	1,030.740
De Jalisco	43	2,450.000
De l'État de Veracruz	15	617.755
Tataux	78	4.098,895

TÉLÉGRAPHES DES CHEMIN DE FER.

CHEMIN DE FER MEXICAIN.

Double fil conducteur sur la ligne principale et bureaux aux endroits suivants:

Mexico (Station de Buenavista), Tepexpan, Otumba, La Palma, Ometusco, Irolo, Apan, Soltepec, Apizaco, Huamantla, San Márcos, Rinconada, San Andrés, Esperanza, Alta Luz, Maltrata, Nogales, Orizaba, Fortin, Córdoba, Atoyac, Paso del Macho, Camarones, Soledad, Purga, Tejería, et Veracruz. Un seul des fils entre à toutes les stations citées et le second, seulement aux 5 stations suivants: Mexico, Apizaco, Esperanza, Orizaba et Veracruz. Longitude de la ligne 423^k 750 pour le double 847^k 500. Nombre de stations 27.

Embranchement de Puebla.—Un seul fil, bureaux à Apizaco, Santa Ana Chiautempan et Puebla, extension 47^k 000.

Embranchement de Jalapa.—Un seul fil, bureaux à Veracruz, Tejería Paso de San Juan, Paso de Ovejas, Rinconada et Jalapa, extension 114^k 000.

Total: bureaux 34. Extension des lines 1,008^k 500.

CHEMIN DE FER CENTRAL MEXICAIN.

La ligne télégraphique de cette entreprise est divisée de la manière suivante:

1ère. *Division.*—De Mexico à Silao, double fil, avec bureaux intermédiaires à Lechería, Cuautitlan, Huehuetoca, El Salto, Tula, San Antonio, Marqués, Nopala, Dañú, Palotitlan, Cazadero, San Juan del Rio, Auorcado, Querétaro, Mariscala, Apaseo, Celaya, Salamanca, Irapuato, Villalobos et Silao. Bureaux 21, avec 765^k 200 de fils.

De la station de Buenavista aux bureaux de l'entreprise, dans le centre de Mexico, double fil avec 4^k 000; de la station au Palais National 3^k 000.

2ème. *Division.*—De Silao à Calera un seul fil communicant avec les suivants bureaux intermédiaires Trinidad, Leon, Pedrito, Lagos, Santa María, Encarnacion, Aguascalientes, Rincon de Romos, Soledad, Zacatecas et Calera. Bureaux 11, extension 352^k 900.

De Silao à Guanajuato double fil avec 36^k 600 de longitude.

De la station de Leon au bureau de l'entreprise dans la ville, double fil qui mesure 10ᵏ 000.

A Zacatecas, il y a un double fil, de la station au bureau de l'entreprise qui mesure 2ᵏ 000.

3ème. Division.—De Caleras á Jiménez, un seul fil, tenant stations à Fresnillo, Cañitas, La Colorada, Guzmán, Symon, Calvo, Jimulco, Picardías, Mapimí, Conejos, Zavalza, Corralitos et Jiménez. Bureaux 13 et 637ᵏ 800 d'extension.

4ème. Division.—De Jiménez à Paso del Norte, un seul fil avec bureaux à Diaz, Santa Rosalía, Ortiz, Bachimba, Horcasitas, Chihuahua, Sacramento, Sauz, Laguna, Gallegos, Moctezuma, Ojocaliente, San José, Samalayuca et Paso del Norte. Bureaux 15 et 597ᵏ 000.

De la station de Chihuahua au bureau de l'entreprise dans la ville il y a un double fil qui mesure 3ᵏ 500.

Le Chemin de Fer Central possède 65 bureaux, et une longitude de fils télégraphiques, de 3,412ᵏ 000 y compris les embranchements.

Nous n'avons pas d'autres informations officiels des autres lignes de cette entreprise, peut être parcequ'elles ne sont point encore en exploitation.

CHEMIN DE FER NATIONAL MEXICAIN.

Mexico, Tacuba, Naucalpan, Rio Hondo, Dos Rios, Salazar, Jajalpa, Lerma, Toluca, del Rio, Ixtlahuaca, Flor de María, Tultenango, Tepetongo, Pateo, Maravatío, Tarandacuao, Acámbaro, Salvatierra, Celaya, Soria, Chamacuero, San Miguel Allende, Rincon, San Felipe, Villa de Reyes San Luis Potosí, Venado, Charcas, Catorce, Vanegas, Carneros, Saltillo, Santa María, García, Monterey, Salinas, Palo Blanco, Villaldama, Bustamante, Salomé Botello, Lampazos, Rodríguez Jarita et Laredo de Tamaulipas. Stations 45 et 1,348 kilomètres.

Division du Sud.—Partent d'Acámbaro: Andocutin, Quiriq, Morelia, Coapa et Pátzcuaro. Stations 5 et 155 kilomètres.

Division du Salto.—Partent de Tacuba: Tlalnepantla, Lechería, Cuautitlán, Teoloyuca, Huehuetoca et El Salto. Stations 6 et 63 kilomètres.

Division du Nord.—Matamoros, Reynosa et San Miguel de las Cuevas. Stations 3 et 120 kilomètres.

Total: 59 Stations et 1,686 kilomètres.

CHEMIN DE FER INTER-OCÉANICO MEXICAIN.

Ce chemin de fer a pour point initial nôtre frontière de «Piedras Negras» et se rencontre avec le Central à Torreon. Il y a un seul fil télégraphique, touchant aux villes suivantes:

Piedras Negras, Fuentes, Nava, Allende, Pellotes, Sabinas, Barroterán, Ovallos, Hermanas, Monclova, Castaño, Baján, Espinazo, Venadito, Sauceda, Jaral, Pastora, Palla, Rafael, Mairán, Hornos, Matamoros et Torreon. 23 Bureaux et extension de 616^k 000.

Un ramal de 17^k 000 sur la voie ferrée construite à San Felipe, à la naissance charbonnière du Rio Sabinas. Total 24 Bureaux et 633^k 000.

CHEMIN DE FER DE SONORA.

De Nogales à Imuris, Magdalena, Santa Ana, Querobabi, Corbó, Pesqueira, Hermosillo, Torres, Ortiz et Guaymas. 11 Bureaux, et 426^k 100 d'extension.

CHEMIN DE DE FER DE SINALOA ET DURANGO.

De Altata à Guasimillas, Bachimeto, Limoncito, Navolato, Yevavito, San Pedro, Aguaruto, Bachigualato et Culiacan. Total 10 stations et une longitude de 62^k 000.

CHEMIN DE FER INTER-OCÉANICO DE VERACRUZ A ACAPULCO.

Cette entreprise a les lignes et bureaux suivants:

Acapulco. De la Direction, à Mexico, (rue de S. Agustin num. 14) à S. Lázaro, Los Reyes, La Compañía, Tenango del Aire, Amecameca, Ozumba, Yecapixca, Cuautla et Yecapixtla. Total 11 bureaux, et 142^k 300 de longitude.

Ligne au Golfe.—De la Direction, Mexico à Peralvillo, Los Reyes, Texcoco, Tepetlaxtoc, San Antonio, Metepec, Otumba, Suapayuca, Irolo, San Lorenzo et Calpulálpan, un seul fil. Total 11 bureaux et 119^k 250 de fils.

22 Bureaux, et 261^k 550 d'extension.

CHEMIN DE FER DE PUEBLA A VILLE DE LIBRES.

Stations à Puebla, Amozoc, El Pinal, San Márcos, Vireyes et Villa de Libres. Total 6 bureaux et 93^k 000.

CHEMIN DE FER DE VERACRUZ Á ALVARADO.

Stations à Veracruz, Medellin, La Piedra, Hicaco et Alvarado; total 5 bureaux et 70^k 500.

CHEMIN DE FER DE PUEBLA A SAN MÁRCOS.

Stations Puebla et San Márcos, avec 37^k 000.

TABLEAU GÉNÉRAL DES TÉLÉGRAPHES DES CHEMINS DE FER.

Noms des chemins de fer,	Nombres des bureaux.	Extension des lignes télégraphiques.
Chemin de fer Mexicano..	34	1,008.500
,, ,, Central Mexicano...................................	65	1,412.000
,, ,, Nacional Mexicano..................................	59	1,686 000
,, ,, Internacional..	24	633.000
,, ,, de Sonora...	11	426.100
,, ,, de Sinaloa et Durango...............................	10	62.000
,, ,, Inter-oceánico..	22	261.550
,, ,, de Veracruz à Alvarado.............................	5	70.500
,, ,, de Puebla à Villa de Libres........................	6	93.000
,, ,, de Puebla à San Martin.............................	2	87.000
,, ,, Inter-océanico de Tehuantepec...................	10	108.000
Totaux................................	248	2,797,650

RÉSUMÉ GÉNÉRAL DE TÉLÉGRAPHES

DANS TOUTE L'EXTENSION DU TERRITOIRE.

258	du Gouvernement Fédéral..	23,903.990
181	des États...	6,669.617
78	des Entreprises particulières..	4,098.395
248	des Chemin de fer...	6,797.650
765	Stations. Kiloms..........	41,469.652

En plus, la Compagnie Télégraphique Mexicaine et celle du Centre et Sud-Amérique, possèdent les suivantes lignes maritimes et terrestres:

De Galveston à Tampico (câble) avec 492 milles anglais..............		791.ᵏ 783
De Tampico à Veracruz ,, ,, 246 ,, ,, ...		395. 891
Veracruz à Coatzacoalcos ,, ,, 129 ,, ,, ...		207. 601
Salina Cruz à Libertad ,, ,, 434 ,, ,, ...		698. 442
Lignes terrestres:		
De Veracruz à Mexico avec 267 ,, ,, ...		429. 687
De Coatzacoalcos à Salina Cruz ,, 250 ,, ,, ...		402. 328
Total des câbles................................		2,098.ᵏ 717
Total des lignes terrestres...................		832. 015
Total...		2,925.ᵏ 732
qui élèvent les chiffres antérieurs pour toutes les lignes telegraphiques..	44,395	384 ms.
Selon les Annales du Ministère des Travaux Publics, en 1881, il y avait..	16,910	102 ,,
Augmentation à fin 1888.....................	27,485	282 sm.

MESSAGES TRANSMIS PAR LES LIGNES DU GOUVERNMENT FÉDÉRAL
DU 1ᴱᴿ JUILLET 1887 AU 30 JUIN 1888.

	Nombre de messages.	Paroles.	Valeur.
Du public..................	477,288	5.676,267	$ 277,638 74
Avec escompte............	3,096	70,121	1,282 35
Officiels.....................	191,110	6.296,799	587,839 57
Totaux......	671,444	12.043,187	$ 866,760 66

Conforme à l'ouvrage cité, du Ministère des Travaux Publics
(1881) le nombre de messages à été de............................ 281,697

Différence en faveur... 389,748
Les produits se sont élevés à.....................................$ 125,962 45
Différence en plus, dans la dernière année.....................$ 739,798 21

ADMINISTRATION DES POSTES.

Pour le service du Courrier, il a été installé les Bureaux suivants:
A México:—Administration générale.

ADMINISTRATIONS LOCALES.

Aguascalientes...... Ville d'Aguascalientes, Asientos, Calvillo, Calpulalpan.
Baja California... Bahía de la Magdalena, Cabo San Lúcas, Mulegé, Puerto de la Paz, P. de Todos Santos, San José del Cabo, Santa Rosalia et Tijuana.
Campeche........... Bolonchen, Campeche, Champoton, Hecelchacan, Isla del Cármen.
Coahuila............. Cuatro Ciénegas, Jimulco, Matamoros de la Laguna, Monclova, Múzquiz, Parras de la Fuente, Piedras Negras, Saltillo, San Juan de Allende, San Juan de Sabinas, San Pedro de las Colonias, Sierra Mojada, Viezca et Zaragoza.
Colima............... Colima et Manzanillo.
Chiapas.............. Comitan, Chiapa de Corzo, Pichucalco, San Cristóbal Las Casas, Tapachula, Tonalá et Tuxtla Gutiérrez.
Chihuahua.......... Allende, Ascension, Batopilas, Casas Grandes, Concepcion, Cosihuiriachic, Chihuahua, Escalon, Guadalupe y Calvo, Guazapares, Hidalgo del Parral, Huejuquilla, Paso

del Norte, Presidio del Norte, Balleza, Santa Rosalía, Uruachi, Zapuri.

District Fédéral... Azcapotzalco, Guadalupe Hidalgo, San Angel, Tacuba, Tacubaya, Tlalpan, Tlalnepantla, Xochimilco.

Durango............. Cuencamé, Durango, Indé, Mapimí, Nazas, Nombre de Dios, Picardías, San Dimas, San Juan de Guadalupe, San Juan del Rio, Santiago Papasquiaro, Tamazula, Villa Lerdo.

Guanajuato......... Acámbaro, Apaseo, Celaya, Cuitzeo de Abasolo, Dolores Hidalgo, Guanajuato, Irapuato, Leon, Quemada, Pénjamo, Salamanca, Salvatierra, Villa de San Felipe, San Francisco del Rincon, San José de Iturbide, San Luis de la Paz, San Miguel de Allende, Silao et Valle de Santiago.

Guerrero............ Acapulco, Coyuca, Chilapa, Chilpancingo, Iguala, Ometepec, Tasco, Tololoapan, Tixtla de Guerrero, Tlapa.

Hidalgo............. Actopan, Apan, Atotonilco el Grande, Huejutla, Huichapan, Irolo, Ixmiquilpan, Jacala, Mineral del Monte, Mixquiahuala, Molango, Nopala, Pachuca, Tepeji del Rio, Tula de Allende, Tulancingo, Zacualtipan et Zimapan.

Jalisco.............. Ahualulco, Ameca, Atotonilco el Alto, Autlan, Ciudad Guzman, Colotlan, Etzatlan, Guadalajara, Jalostotitlan, La Barca, Lagos, Magdalena, Mascota, San Gabriel, San Juan de los Lagos, Santa María, Sayula, Teocaltiche, Tepatitlan, Tequila, Tonila, Villa de la Encarnacion et Zacoalco.

Etat de México.... Amecameca, Atlacomulco, Cuautitlan, Chalco, Ixtlahuaca, Jilotepec, Lerma, Naucalpan, Otumba, Teotihuacan, Sultepec, Tejupilco, Tenancingo, Tenango del Valle, Texcoco, Toluca, Villa del Valle et Zumpango.

Michoacan.......... Angangueo, Apatzingan, Ario, Coalcoman, Cotija, Huetamo, Jiquilpan, La Piedad, Los Reyes, Maravatío, Morelia, Pátzcuaro, Pungarabato, Puruándiro, Tacámbaro, Tarétan, Uruápan, Zamora, Zinapécuaro et Zitácuaro.

Morelos............. Cuautla, Cuernavaca, Jojutla, Jonacatepec, Puente de Ixtla, Tetecala et Yautepec.

Nuevo Leon........ Cadereyta Jiménez, Cerralvo, Doctor Arroyo, Galeana, García, Lampazos, Linares, Montemorelos, Monterey, Salinas Victoria, Salomé Botello, Villaldama.

Oaxaca............. Cuicatlan, Choapam, Huajuapan de Leon, Jamiltepec, Miahuatlan, Oaxaca, Pochutla, Tehuantepec, Teotitlan del Camino, Tlaxiaco, Tuxtepec et Villa Alta.

Puebla.............. Acatlan, Acatzingo, Amozoc, Atlixco, Chalchicomula,

	Chiautla, Chignahuapan, Dolores, Esperanza, Huauchinango, Izúcar de Matamoros, Puebla, Rinconada, San Juan de los Llanos, San Marcos, San Martin Texmelúcan, Tecamachalco, Tehuacan, Tepeaca, Tepeji de la Seda, Tetela, Teziutlan, Zacapoaxtla et Zacatlan.
Querétaro............	Amealco, Cadereyta, Ahorcado, Jalpan, Querétaro, San Juan del Rio, Toliman.
San Luis Potosi...	Alaquines, Catorce, Cedral, Cerritos, Charcas, Ciudad del Maíz, Ciudad de Valles, Guadalcázar, Matehuala, Rio Verde, Peñon Blanco, San Luis Potosí, Santa María del Rio, Tamazunchale, Tancanhuitz et Venado.
Sinaloa...............	Altata, Concordia, Cosalá, Culiacan, Elota, Fuerte, Guadalupe de los Reyes, Mazatlan, Mocorito, Rosario, San Ignacio et Sinaloa.
Sonora................	Alamos, Altar, Arizpe, Bronces, Guaymas, Hermosillo, Magdalena, Moctezuma, Nogales, Sahuaripa, Santa Ana, Torres, Ures.
Tabasco..............	Cunduacan, Frontera, San Juan Bautista et Teapa.
Tamaulipas.........	Camargo, Ciudad Victoria, Guerrero, Matamoros, Magiscatzin, Mier, Laredo de Tamaulipas, Reynosa, San Fernando, Santander, Jiménez, Soto la Marina, Tampico et Tula de Tamaulipas.
Tepic.................	Acaponeta, Ahuacatlan, Compostela, Ixtlan, San Blas, Santiago Ixcuintla, Tepic.
Tlaxcala.............	Apizaco, Calpulalpan, Huamantla, Chiautempan, Soltepec et Tlaxcala.
Veracruz............	Acayucan, Altotonga, Alvarado, Coatepec, Coatzacoalcos, Córdoba, Cosamaloapan, Chacaltianguis, Chicontepec, Huatusco, Jalacingo, Jalapa, Jaltipan, Minatitlan, Mizantla, Orizaba, Ozuluama, Papantla, Paso del Macho, Perote, San Andrés Tuxtla, Santiago Tuxtla, Tantoyuca, Tlacotalpam, Tlaliscoyan, Tuxpam et Veracruz.
Yucatan.............	Acanceh, Espita, Izamal, Mérida, Motul, Peto, Progreso, Temax, Tekax, Ticul, Tixkokob et Valladolid.
Zacatecas...........	Chalchihuites, Fresnillo, Juchipila, Mazapil, Nieves, Nochistlan, Pinos, Rio Grande, San Miguel del Mezquital, Sain Alto, Sombrerete, Tlaltenango, Villanueva et Zacatecas.

Total 376 administrations auxquelles il faut ajouter d'autres bureaux auxiliares, qui élèvent le chiffre total à 1,000.

Les produits du Courrier pendant l'année 1887-1888 montent à la somme de $ 805,436 comme suit:

Vente de timbres	$ 780,764
Casiers séparés	13,109
Primes pour situation	10,853
Amendes	382
Divers	328
	$ 805,436
Produit en 1880	605,652
Différence en plus	$ 199,784

MOUVEMENT DE LA CORRESPONDANCE.

Pour l'intérieur en 1880	5.788,182 piezas.
Id. id. 1888	27.390,288
Différence en plus	21.602,106
Pour l'extérieur en 1880	1.866,608 piezas.
Id. id. 1888	1·627,538
Différence en plus	260.930

Tels sont les résultats favorables, tant pour les produits, comme pour le mouvement postal et ce, non obstant le rabais considérable des tarifs d'affranchissement.

LIGNES DE PAQUEBOTS À VAPEUR.

DANS L'ATLANTIQUE.

La Ligne de Vapeurs de la Compagnie Alexandre et fils, fait 40 à 50 voyages annuellement, entre New-York et Veracruz, touchant à l'aller et au retour, aux ports de Frontera, Progreso, Tampico, Túxpam et la Havane.

COMPAGNIE DE VAPEURS TRANSATLANTIQUES: Saint Nazaire à Veracruz 12 voyages à l'année.

VAPEURS DE CHEMIN DE FER ET VAPEURS DE LA LOUISIANE ET TEXAS, DE MORGAN: 24 à 26 voyages annuels, entre Veracruz et Morgan City, avec escale à Galveston.

Vapeurs de Leandro Rigel et Cie.: 18 voyages annuels, entre Veracruz, Frontera et Progreso, pouvant arriver à San Juan Bautista Tabasco et communiquant à l'aller et au retour, avec l'île du Carmen, Champoton et Campêche.
Subvention $10,800.

Vapeurs de la Malle Impériale Allemande: 12 voyages annuels entre Hambourg, le Hâvre et Veracruz, touchant à Progreso et Tampico.
Sans subvention.

Vapeurs Harrison: 12 voyages annuels, entre Liverpool et Veracruz, touchant à Progreso, Túxpam et quelquefois à Tampico.
Sans subvention.

Vapeurs West India and Steam Ship Company: 12 voyages annuels, touchant aux ports de Veracruz, Tampico, Progreso, Paillas, les Barbades, St. Thomas, Trinidad, la Guayra, Puerto Cabello, Curaçao, Santa Marta, Savanilla, Cartagena, Port au Prince, Kingston, Colon et la Nouvelle Orléans.
Sans subvention.

Vapeurs de la Malle Royale Anglaise: 12 voyages annuels, entre Veracruz et divers ports d'Europe et d'Amérique.
Sans subvention.

DANS LE PACIFIQUE.

Vapeurs de la Compagnie de Californie: 12 voyages annuels, entre Sans Francisco de Californie et Guaymas, touchant à Todos Santos, Baie de la Magdalena, San José del Cabo, Mazatlan et la Paz.
Subvention $18,000.

Vapeurs de la Malle du Pacifique: 24 voyages annuels dans la ligne directe et 12 dans l'Orientale: San Francisco de Californie, Mazatlan, San Blas, Manzanillo, Puerto Angel, Salina Cruz, San Benito, Champerico, San José de Guatemala, Acajutlas, la Libertad, Amapola, Corinto, San Juan del Sur, Punta Arenas et Panamá.
Subvention $30,000.

Vapeurs de la Compagnie du Chemin de Fer de Sinaloa a Durango: 36 voyages annuels entre Guaymas, Altata et Mazatlan, touchant quelquefois à la Paz.
Sans subvention.

Vapeurs du Chemin de Fer de Sonora: 18 voyages annuels. La Paz, Mazatlan, Manzanillo et quelques autres ports du Centre-Amérique.
Sans Subvention.

Vapeurs de la Ligne Mexicaine: 18 voyages annuels, communiquant les ports de Guaymas, Altata, La Paz, Mazatlan, San Blas, Chamela, Manzanillo et quelquefois Agiabampo.
Subvention $21,600.

COMMERCE EXTÉRIEUR.

Le Mexique entretient des relations commerciales très actives avec l'Angleterre, les États-Unis, la France, l'Allemagne, l'Espagne, et sur une moindre échelle avec la Belgique, l'Italie et quelques-unes des Républiques de l'Amérique du Centre et de celle du Sud.

Les ports de la République, ouverts au commerce extérieur, sont:

DANS LE GOLFE DU MEXIQUE.

	États.
Matamoros	} Tamaulipas.
Tampico	
Túxpam	} Veracruz.
Veracruz	
Coatzacoalcos	
Frontera	Tabasco.
Ile du Carmen	} Campêche.
Campeche	
Progreso	Yucatan

DANS LE PACIFIQUE.

	États.
Guaymas	Sonora.
Altata	} Sinaloa.
Mazatlan	
San Blas	Jalisco.
Manzanillo	Colima.
Acapulco	Guerrero.
Puerto Angel	} Oaxaca
Salina Cruz	
Tonalá	} Chiapas.
Soconusco	

DANS LA PRESQU'ÎLE DE LA CALIFORNIE.

La Paz, Santa Rosalía, le Cap San Lúcas, la Magdalena et Todos Santos.

DOUANES FRONTIERES.

Frontière du Nord.—Tijuana en Californie.—Quitovaquita, Nogales, Sásabe et Palominas en Sonora.—Ascension, Paso del Norte et Presidio del Norte dans l'État de Chihuahua.—Piedras Negras dans celui de Coahuila.—Nuevo Laredo, Guerrero, Mier, Camargo et Matamoros, dans l'État de Tamaulipas.

PHARES.

BENITO JUAREZ. Lat. N. 19°, 12′, 07″. Long. O. de Greenwich 96°, 07′, 13″ 8. (Veracruz) De quatrième ordre dioptrique: Lumière blanche maximum d'éclat de minute en minute; tour bleu clair; hauteur sur les grandes marées 35^{m}89; visible en mer à 28 kilomètres de distance.

Ulua.—Lat. N. 19°, 12′. Long. O. de Greenwich 96°, 06′, de troisième ordre catoptrique, lumière blanche avec éclipses et maximum d'éclat; les éclipses se reproduisent après deaux maximums consécutifs; tour blanche; révolution complète en 45 secondes, hauteur sur le niveau de la mer, 25^{m}24 visible en mer à une distance de 28 kilomètres.

Jicalango (Ile du Cármen). Lat. N. 18°, 37′, 30″. Long. O. G. 91°, 54′, 18″. Lumière blanche avec éclipses de 30 en 30 secondes; visible à 33 kilomètres. Elévation du foyer au dessus du niveau de la mer 30^{m}30.

Campeche. Lat. N 19°, 50′, 30″. Long. O. de G. 90°, 32′, 20″. Sa hauteur sur le niveau de la mer est de 28^{m}72. Sa lumière blanche est visible à 25 kilomètres en mer.

Tampico. Lat. N. 22°, 16′. Long. O. de Greenwich 98°, 2′. Le foyer lumineux est à 43^m au dessus de la marée moyenne. La tour est métallique. L'appareil d'éclairage est dioptrique et de second ordre, la lumière blanche à trois éclats séparés par un espace de 30 secondes. Il est visible en mer par un temps clair à une distance de 20 milles ou 37k.037.

Progreso. Lat. N. 21°, 17′. Long. O. de G. 89°, 39′, 30″. Sa hauteur sur le niveau de la mer est de 17^{m}86, il est du système catadioptrique à lumière fixe et blanche. Sa portée est de 20 kilomètres.

Coatzacoalcos (Barre de) Lat. N. 18°, 07′, 54″. Long. O. de Greenwich 94°, 27′ 07″. Le Fanal en une armature de fer, soutenue par une tour en maçonnerie,—s'élève à 37 mètres au dessus du niveau de la mer. Le fanal est de cinquième ordre catadioptrique, lumière blanche et fixe. Sa lumière arrive à 22 kiloms. 222.

Alvarado. Lat. N. 18°, 46′, 30″. Long. O. de Greenwich 95°, 41′, 00″. La hauteur du foyer lumineux est de 7 mètres et sa portée de 16 kiloms. 667. Le Fanal est de septième ordre, catadioptrique, lumière blanche et fixe.

Frontera. Lat. N. 18°, 36′, 06″. Long. O. de Greenwich 92°, 37′, 18″. Hauteur du Fanal 23^{m}53. Il est de quatrième ordre, catadioptrique, lumière blanche caractérisée par une Rafale de 40 en 40^s avec éclipses partielles intermèdes. Portée de la lumière 23 kiloms. 333.

Celestun. Lat. N. 20°, 51′. Long. O. de G. 90°, 24′, 20″. Hauteur du fanal 10 mètres au dessus du niveau de la mer, il est de sixième ordre catadioptrique, lumière blanche et fixe. Portée 18 kiloms. 518.

Sisal. Lat. N. 21°, 10″. Long. O. de G. 90°, 3′. Hauteur du foyer 20^{m}75 au dessus du niveau de la mer, cinquième ordre catadiotrique, lumière blanche et fixe, visible à 14 kiloms. 815.

DANS LE PACIFIQUE.

Phare de Guaymas. Lat. N. 27°, 50′ 41″ Long. O. de Greenwich 11°, 54′, 14″. Le foyer lumineux s'élève à 105^{m}67 au dessus du niveau de la mer. Il est construit en fer, sur une éminence qui est au S. 22°, 30′, O. de la pointe S. E. de l'île de «Pájaros» et à 18° de la pointe S. O. de la même île directions magnétiques.

Appareil dioptrique de quatrième ordre, de lumière constante, avec étincelles à intervalles de 30 secondes.

Visible approximativement à 45 kiloms.

MAZATLAN. Lat. N. 23°, 10′, 37″. Long. O. de Greenwich 106°, 24′, 45″. Hauteur du foyer sur la marée moyenne 157^m, de quatrième classe, système Fresnel à lumière blanche, fixe; visible à 51 kiloms.

IMPORTATIONS.

Selon le Mémoire du Ministère des Finances, les Importations montent, dans l'année fiscale de 1886 à 1887, à la somme de 52.252,275 piastres, ainsi comme les droits à 19.845,015 piastres. Ce chiffre étant de 5.000,000 de piastres supérieur à celui de l'année antérieure et de 5.000,000 à celui de l'année 1884–85.

L'Importation du premier semestre de 1885 à 1886 s'est élevée à 23.353,219 piastres 81 cs. dans la forme suivante:

	VALEUR.	DROITS.
Marchandises libres de droits..................	1.890,709 74	....
Coton...	7.361,493 40	3.476,829 64
Lin et Chanvre.................................	708,919 69	319,617 25
Laine...	1.728,171 66	868,615 77
Soies...	379,805 97	175,951 92
Soies mêlées...................................	460,684 01	215,189 63
Substances alimentaires.....................	2.744,872 90	1.018,914 65
Pierres et terre................................	105,655 77	38,486 59
Cristaux, verrerie, faïence et porcelaine......	375,170 80	163,356 45
Or, argent et platine.........................	104,889 85	8,845 20
Fer et acier....................................	930,772 06	337,135 17
Cuivre et ses alliages.......................	368,618 99	119,385 54
Etain, plomb, zinc et autres métaux......	47,020 75	17,279 08
Mercerie...	442,397 34	152,475 25
Machines et appareils........................	1.050,641 52	40,507 21
Carrosserie.....................................	73,404 39	20,934 83
Armes, poudre et munitions................	263,287 41	70,931 20
Bois et sa manufacture......................	229,627 65	85,747 65
Papier, carton et ses applications.........	948,823 97	313,262 51
Pelleterie.......................................	271,826 51	98,556 59
Drogues médicinales et produits chimiques....	772,846 63	248,065 78
Objets divers..................................	2.094,078 80	767,217 69
Total..................$	23.353,219 81	8.552,246 41

RÉSUMÉ POUR LES DOUANES.

Des importations à la République, dans le premier semestre de l'année fiscale de 1885 á 1886.

	VALEUR.	DROITS.
Acapulco	286,423 17	92,818 43
Altata	48,053 51	7,329 13
Ascension	3,129 34	931 84
Bahía de la Magdalena	22,464 52	4,346 45
Cabo de San Lúcas	4,282 04	857 19
Camargo	17,520 90	4,280 32
Campeche	106,507 28	27,389 17
Coatzacoalcos	1,366 80	
Frontera	305,673 13	93,843 01
Guaymas	273,180 09	94,459 89
Guerrero	49,557 94	16,835 01
Isla del Cármen	184,216 58	45,889 40
La Paz	127,708 60	26,884 44
Laredo de Tamaulipas	1.188,748 59	402,280 60
Manzanillo	439,680 78	201,925 05
Matamoros	1.074,396 05	503,300 11
Mazatlan	2.051,790 94	828,327 28
Mier	89,109 25	34,922 43
Nogales	308,109 61	82,355 83
Palominas	33,122 62	10,383 37
Paso del Norte	2.867,270 65	729,590 59
Piedras Negras	75,291 91	17,708 99
Presidio del Norte	62,636 22	28,502 03
Progreso	1.195,117 07	238,453 87
Puerto Angel	10,130 08	4,145 33
Quitovaquita	6,941 00	1,101 56
Salina Cruz	17,281 15	2,624 66
San Blas	707,732 41	277,972 15
Santa Rosalía	51,548 95	11,581 40
Sásabe	20,836 49	3,223 44
Soconusco	51,392 56	13,210 59
Tampico	284,028 93	95,830 94
Tijuana	13,841 54	1,255 06
Todos Santos	7,990 15	1,815 99
Tonalá	73,923 43	21,612 93
Túxpan	90,774 51	26,593 14
Veracruz	11.213,100 40	4.596,905 75
Zapaluta	3,340 62	759 04
	23.353,219 81	8.552,246 41

RÉSUMÉ PAR PROCÉDENCES.

	Valeur de place.	Droits de Douane.
Abyssinie	2 55	1 25
Allemagne	2.168,970 36	860,732 21
Arabie	25 35	1 71
Alger	7,883 45	4,988 35
Autriche	29,645 27	12,083 12
Belgique	189,182 87	74,934 84
Brésil	56 74	8 64
Ceylán	34,277 69	21,825 82
Colombie	18,959 95	4,667 65
Costa-Rica	7,884 70	2,349 69
Chili	286 50	107 91
Chine	44,770 09	17,211 86
Danemark	295 30	50 25
Equateur	18,937 85	4,490 99
Egypte	13 53	2 73
Smyrne	51 00	5 00
Espagne	1.038,326 69	345,807 55
Etats Unis	10.353,823 97	3.047,126 26
France	3.903,758 26	1.566,206 69
Guatemala	3,349 62	760 66
Grèce	244 76	80 54
Hollande	103,107 31	33,323 88
Honduras	314 60	24 77
Inde	15,488 16	7,284 55
Angleterre	5.219,637 73	2.483,367 59
Irlande	1,300 00	582 25
Italie	51,549 14	17,334 88
Japon	108 80	4 80
Java	7 00	2 50
Norvège	22,468 40	8,862 60
Panamá	65 00	8 94
Perse	43 05	11 80
Pérou	10 00	2 29
Portugal	2,755 15	517 25
Russie	97 65	17 05
San Salvador	11,118 70	3,931 17
Suède	609 44	150 54
Suisse	80,590 01	27,241 23
A reporter	23.329,916 14	8.545,606 81

	Valeur de place.	Droits de Douane.
Report.....................	23.329,916 14	8.545,606 81
Turquie..	1,500 26	734 56
Uruguay...	8 00	1 36
Venezuela...	21,795 41	5,903 68
Total.....................	23.353,219 81	8.552,246 41

EXPORTATIONS.

Les données relatives à l'exportation réunies avec soin par Mr. Javier Stávoli au Ministère des Finances, nous permettent de consigner avec beaucoup d'exactitude la marche du commerce extérieur pour le premier semestre de l'année 1885 à 1886.

Minéral d'or..	$ ....
,, d'argent......................................	776,906 78
Or monnayé étranger................................	21,263 00
,, ,, mexicain..............................	137,485 32
,, en barres......................................	131,909 50
Argent monnayé étranger............................	27,819 07
,, ,, mexicain.......................	11.198,201 20
,, résidu de fonte.............................	3,190 00
,, mixte, argent et or.........................	61,130 85
,, en barres....................................	2.349,628 29
Sulfure d'argent.....................................	24,508 33
Plomb argentifère...................................	2,680 00
Animaux vivants...................................	265,767 92
Anis...	56,132 50
Sucre..	58,890 50
Cacao...	2,066 66
Café...	553,634 86
Charbon de pierre..................................	105,173 73
Viande salée..	5,491 04
Caoutchouc..	39,146 67
Crins..	22,578 30
Coquillages, nacre, perle..........................	9,534 99
Chicle...	36,211 36
Extrait de bois de teinture.........................	....
Phosphate de chaux................................	9,100 00
Haricots..	29,905 57
A reporter.................	15.928,356 44

Report....................	15.928,356 44
Fruits...	40,873 01
Pois chiches.................................	5,769 27
Grames...	12,120 00
Henequen.....................................	1.403,839 81
Os...	5,740 00
Ixtle..	272,632 87
Laine...	141,247 64
Bois divers....................................	623,909 85
Id. travaillés.................................	6,625 57
Miel d'abeilles...............................	26,163 34
Minéral de cuivre.........................	....
Orchilla...	27,592 55
Perles fines...................................	6,600 00
Peaux..	764,559 66
Plomb...	240,790 41
Racine de Jalap............................	3,461 00
,, de zacaton.............................	86,652 42
Tabac..	192,268 96
Vanille..	282,812 00
Salsepareille.................................	58,909 96
Divers...	99,360 64
Total.................	$ 20.229,784 90

L'exportation se fait par les ports suivants:

Veracruz..	$ 7.507,286
Paso del Norte.............................	5.624,745
Mazatlan.......................................	1.692,275
Progreso.......................................	1.532,264
Laredo de Tamaulipas..................	646,771
Piedras Negras.............................	358,467
Tampico..	337,143
Túxpan...	328,988
Isla del Cármen............................	324,784
Nogales...	299,089
Guaymas.......................................	260,118
La Paz...	234,947
Matamoros....................................	219,843
Frontera..	114,566
Coatzacoalcos................................	92,516
A reporter.................	19.573,252

Report	19.573,252
Mier	81,934
Acapulco	77,017
San Blas	75,336
Tonalá	73,185
Manzanillo	66,501
Salina Cruz	47,061
Palominas	43,912
Campeche	39,151
Sásabe	37,311
Bahía de la Magdalena	25,770
Camargo	23,539
Puerto Angel	19,663
Altata	14,591
Guerrero	13,342
Tijuana	9,479
Cabo de San Lúcas	3,855
Presidio del Norte	3,495
Quitovaquita	1,221
Todos Santos	110
Ascension	50
	$ 20.229,785

DESTINATION DES MARCHANDISES ET VALEURS EXPORTÉES.

Etats-Unis	$ 12.373,683
Angleterre	5.588,172
France	1.293,147
Allemagne	702,437
Espagne	194,183
Colombie	61,076
Venezuela	7,526
San Salvador	4,240
Belgique	3,660
Guatemala	1,025
Pérou	600
Autriche	25
Italie	10
	$ 20.229,784

Le mouvement de la navigation extérieure par les ports de la République —selon les dernières informations du Ministère des Finances— en 1887 a été comme suit:

ENTRÉES.

PORTS.	EMBARCATIONS À VAPEUR.		EMBARCATIONS À VOILE.	
	Navires.	Tonnes.	Navires.	Tonnes.
Acapulco	78	123,596	6	7,071
Atlata	2	457	2	1,260
Bahía de la Magdalena	11	7,447	3	2,211
Cabo de San Lucas	1	677		
Campeche	20	28,616	16	4,470
Coatzacoalcos			29	7,943
Frontera	18	26,110	34	9,352
Guaymas			17	11,934
Isla del Cármen			137	37,413
La Paz			5	1,369
Manzanillo	6	10,009	3	758
Matamoros			2	92
Mazatlan	32	43,618	15	6,760
Progreso	142	205,605	119	16,476
Puerto Angel	11	13,306		
Salina Cruz	7	8,402	10	3,397
San Blas	4	3,405	7	2,833
Santa Rosalía	2	200	14	8.389
Soconusco	14	17,608	1	168
Tampico	47	70,109	26	5,261
Todos Santos	68	12,239	63	2,774
Tonalá	12	14,712	5	477
Túxpan	19	28,359	21	6,487
Veracruz	159	263,043	52	18,307
Totaux	653	877,518	587	155,207

SORTIES.

PORTS.	EMBARCATIONS À VAPEUR.		EMBARCATIONS A VOILE.	
	Navires.	Tonnes.	Navires.	Tonnes.
Acapulco	76	120,122	5	8,076
Altata	1	404	3	1,597
Bahía de la Magdalena	12	8,194	7	2,661
Cabo de San Lúcas	1	677	....	....
Campeche	18	27,535	25	6,048
Coatzacoalcos	....	....	39	10,294
Frontera	20	30,071	30	7,978
Guaymas	....	....	14	10,093
Isla del Cármen	....	....	152	40,673
La Paz	....	....	4	630
Manzanillo	8	16,096	1	300
Matamoros	....	....	2	92
Mazatlan	28	41,192	8	3,099
Progreso	139	192,406	99	13,830
Puerto Angel	11	18,306	....	....
Salina Cruz	4	4,184	13	4,894
San Blas	3	4,391	10	4,375
Santa Rosalía	1	100	6	5,912
Soconusco	15	18,304	1	168
Tampico	46	70,417	23	5,014
Todos Santos	68	12,458	58	1,596
Tonalá	12	14,352	5	477
Túxpan	22	33,468	18	5,494
Veracruz	157	267,706	44	15,843
Totaux	642	875,378	562	149,144

RÉSUMÉ DE LA NAVIGATION EXTÉRIEURE PAR PAVILLONS.

ENTRÉES.

PAVILLONS.	EMBARCATIONS À VAPEUR.		EMBARCATIONS A VOILE.	
	Navires.	Tonnes.	Navires.	Tonnes.
Allemand............	36	47,992	87	30,911
Autrichien..........	....	....	1	242
Colombien..........	4	52	....	....
Costa Rica..........	....	....	1	246
Chinois.............	....	....	8	97
Danemark..........	....	....	28	7,577
Espagnol...........	85	187,429	31	4,806
Français...........	14	25,772	11	4,400
Hollandais.........	....	....	2	939
Anglais............	132	159,962	83	30,127
Italien.............	....	....	4	408
National...........	6	1,869	59	4,282
Nord-américain....	376	454,442	191	43,161
Norwégien.........	....	....	62	22,400
Russe..............	....	....	2	551
Suédois............	....	....	17	5,610
Totaux........	653	877,518	587	155,207

SORTIES.

PAVILLONS.	EMBARCATIONS À VAPEUR.		EMBARCATIONS A VOILE.	
	Navires.	Tonnes.	Navires.	Tonnes.
Allemand............	36	47,117	88	31,533
Autrichien..........	....	....	....	....
Colombien..........	3	50	....	....
Costa Rica..........	....	....	1	246
Chinois.............	....	....	9	114
Danemark..........	....	....	25	6,467
Espagnol...........	85	185,832	24	2,985
Français...........	14	25,802	15	5,767
Hollandais.........	....	....	2	374
Anglais............	128	158,488	79	29,352
Italien.............	....	....	5	1,180
National...........	2	800	58	3,570
Nord-américain....	374	457,289	173	39,905
Norwégien.........	....	....	61	20,782
Russe..............	....	....	2	551
Suédois............	....	....	20	6,318
	642	875,378	562	149,144

RÉSUMÉ DE LA NAVIGATION EXTÉRIEURE PAR NATIONS.

ENTRÉES.

PROCÉDENCES ET DESTINATIONS.	EMBARCATIONS À VAPEUR.		EMBARCATIONS À VOILE.	
	Navires.	Tonnes.	Navires.	Tonnes.
Allemagne................................	37	48,492	38	11,467
Belgique...................................	....	....	3	1,976
Brésil.......................................	....	....	20	6,165
Colombie..................................	94	131,007	13	4,450
Costa Rica...............................	....	....	4	3,218
Chili...	....	....	....	....
Danemark.................................	....	....	21	6,198
Equateur..................................	....	....	1	887
Espagne...................................	45	113,413	45	9,429
Etats-Unis................................	343	370,598	207	43,785
France......................................	14	28,984	30	9,760
Guatemala................................	....	....	4	1,119
Hollande..................................	....	....	2	607
Honduras..................................	....	....	1	269
Angleterre................................	117	183,071	171	48,515
Nicaragua.................................	....	....	6	625
Pérou.......................................	....	....	1	411
République Argentine................	....	....	7	3,809
Venezuela.................................	3	1,923	12	3,504
De la mer.................................	....	....	1	13
	653	877,518	587	155,207

SORTIES.

PROCÉDENCES ET DESTINATIONS.	EMBARCATIONS À VAPEUR.		EMBARCATIONS À VOILE.	
	Navires.	Tonnes.	Navires.	Tonnes.
Allemagne................................	41	59,612	51	17,528
Belgique...................................	....	....	....	....
Brésil.......................................	....	....	2	621
Colombie..................................	90	125,589	....	....
Costa Rica...............................	....	....	3	658
Chili...	....	....	4	2,943
Danemark.................................	....	....	....	....
Equateur..................................	....	....	4	1,261
A reporter.............	131	185,201	64	23,011

E. Géographique—7

PROCÉDENCES ET DESTINATIONS.	EMBARCATIONS À VAPEUR.		EMBARCATIONS À VOILE.	
	Navires.	Tonnes.	Navires	Tonnes.
Report............	131	185,201	64	23,011
Espagne............	55	130,042	22	7,039
Etats-Unis............	351	397,234	214	51,314
France............	12	25,472	22	7,227
Guatemala............	....	....	4	976
Hollande............	....	....	....	....
Honduras............	....	....	5	652
Angleterre............	93	137,429	223	56,573
Nicaragua............	....	....	8	2,352
Pérou............	....	....	....	....
Republique Argentine......	....	....	....	....
Venezuela............	....	....	....	....
De la mer............	....	....	....	....
	642	875,378	562	149,144

RÉSUMÉ GÉNÉRAL.

ENTRÉES.

	EMBARCATIONS À VAPEUR.		EMBARCATIONS À VOILE.	
	Navires.	Tonnes.	Navires.	Tonnes.
Ports d'Europe............	190	343,896	119	48,767
Id. d'Amérique............	463	533,622	465	105,521
Id. d'Afrique............	....	....	1	304
Id. d'Océanie............	....	....	1	602
De la mer............	....	....	1	13
	653	877,518	587	155,207

SORTIES.

	EMBARCATIONS À VAPEUR.		EMBARCATIONS À VOILE.	
	Navires.	Tonnes.	Navires.	Tonnes.
Ports d'Europe............	163	286,626	234	78,312
Id. d'Amérique............	479	588,752	328	70,832
Id. d'Afrique............	....	....	....	....
Id. d'Océanie............	....	....	....	....
De la mer............	....	....	....	....
	642	875,378	562	149,144

RÉSUMÉ GÉNÉRAL DU MOUVEMENT MARITIME.

ENTRÉES.

	EMBARCATIONS À VAPEUR.		EMBARCATIONS A VOILE.	
	Navires.	Tonnes.	Navires.	Tonnes.
Navigation extérieure............	653	877,518	587	155,207
Id. intérieure.......................	1,680	680,714	4,897	163,836
Totaux............	2,333	1.558,232	5,484	319,043

SORTIES.

	EMBARCATIONS À VAPEUR.		EMBARCATIONS A VOILE.	
	Navires.	Tonnes.	Navires.	Tonnes.
Navigation extérieure............	642	875,378	562	149,144
Id. intérieure.......................	1,710	697,783	4,937	167,640
Totaux............	2,352	1.573,161	5,499	316,784

PROVENANCE DES NAVIRES.

Pour Veracruz.......... de New York, la Nouvelle Orléans, Galveston, N. Port, Philadelphie, Mobile, Baltimore, Morgan City, Panzacola.—Londres, Liverpool, Southampton, Swansea.—Le Hâvre, Bordeaux, Saint Nazaire.—Santander, Cádiz, Barcelonne, La Havane.—Hambourg.— Anvers.—Rotherdam.—Genève.—Saint Thomas.

Pour Tampico........... de New York, la Nouvelle Orléans, N. Port, Galveston, Jacksonville, Philadelphie, Mobile, Corpus Christi, Panzacola.—Liverpool.—Hambourg.—Anvers.—Bordeaux.—La Havane et Matanzas.

Pour Túxpan............ de New York, la Nouvelle Orléans, Galveston, Indianola, Panzacola.—Saint Thomas et Bordeaux.

Pour Matamoros....... de la Nouvelle Orléans, Brazos de Santiago.

Pour Coatzacoalcos.... de New York, la Nouvelle Orléans, Mobile, Galveston, Londres, Liverpool, Glasgow, Kingston, les Barbades, la Guayra.—Colon.—Rio Janeiro.—Saint Thomas.—Hambourg.—Demerari.—Fort de France, Bordeaux.—Marseille.—Hambourg.—Barcelonne et la Havane.

Pour l'Ile du Cármen. de Cayenne, Marseille, la Guadeloupe.—Porto Rico.—La Havane, Cienfuegos.—Mobile, N. Port, New-York, la Nouvelle Orléans.—Brême.—Saint Thomas.—Liverpool, les Barbades, Marseille.—Rio Janeiro.—Cardiff.

Pour Campèche.......... de New York, la Nouvelle Orléans, Mobile, Panzacola.—Bélice, Londres, Liverpool.—Marseille.—Saint Thomas.—Hambourg, Barcelonne, la Havane, Matanzas.—La Guayra.—Hambourg.

Pour Guaymas.......... de San Francisco. Honolulu.—Panamá.
Pour la Paz............. de San Francisco et Panamá.
Pour la Magdalena... de San Francisco.
Pour Mazatlan......... de San Francisco et Panamá.
Pour Manzanillo...... de San Francisco, Panamá et Champéric.
Pour Acapulco......... de San Francisco, Panamá, Australie.
Pour Salina Bruz...... de San Francisco.
Pour Soconusco........ de Panamá.

Tous les ports du Pacifique maintiennent des relations avec les principaux ports Européens par la voie de Panamá.

V

INSTRUCTION PUBLIQUE.

Cette branche intéressante, le principal et le plus solide fondement de la prospérité future du pays, reçoit chaque jour un nouveau développement grâce à l'impulsion vigoureuse qui lui est imprimée de toute part. Les autorités politiques mues par une généreuse émulation, ont voulu laisser un souvenir durable de leur passage à l'administration en s'occupant tout particulièrement de l'instruction publique.

En dehors des grandes villes, l'école diffuse la lumière de la civilisation, dans les villages, dans les moindres bourgades. Des établissements publics et privés, des bibliothèques et des musées, de nombreuses publications périodiques, contribuent par leur bienfaisante influence, à répandre dans le peuple toutes les connaissances utiles.

L'enseignement primaire est presque toujours à la charge des Municipalités. Toutefois le Gouvernement soutient directement ou subventionne bon nombre de ces établissements. Un grand nombre d'écoles, dont la création est due à l'initiative privée sont sous la protection et sous la surveillance de particuliers ou de quelques sociétés de bienfaisance, telles que la Lancasteriana, la Catholique.

Les matières comprises dans le programme de l'enseignement primaire sont: la lecture, l'écriture, la grammaire espagnole, le calcul, le système décimal, la géographie, un aperçu de l'histoire Universelle, l'histoire du Mexique, la civilité. Dans les écoles de filles, on enseigne en plus la couture et différents travaux d'aiguille.

Dans presque tous les établissements particuliers l'enseignement s'étend à l'intruction primaire et à certaines branches de l'enseignement secondaire.

Presque tous les États de la Confédération mexicaine ont adopté le principe de l'instruction primaire obligatoire et gratuite. Afin de ne pas rendre par trop illusoire le principe de l'obligation, certaines pénalités sont encourues par les parents ou les tuteurs qui chercheraient à s'y soustraire; on a de plus établi certaines récompenses ou primes données aux élèves qui assistent avec régularité aux cours de l'école.

La méthode d'enseignement généralement adoptée est la mutuelle ou simultanée. Certains établissements ont adopté la méthode objective.

Nous donnons, dans le tableau suivant, le nombre des écoles établies dans la République, ainsi que celui des élèves qui en suivent les cours:

ÉTATS.	NOMBRE D'ÉCOLES.			NOMBRE D'ÉLEVES.		
	Du sexe Masculin.	Du sexe Femenin.	Total.	Garçons.	Filles.	Total.
Aguascalientes...	68	38	106	3,970	2,129	6,099
Campeche...	40	17	57	2,077	867	2,944
Coahuila...	61	60	121	5,782	3,632	9,414
Colima...	35	30	65	1,850	1,500	3,350
Chiapas...	97	35	132	2,222	925	3,147
Chihuahua...	124	36	160	6,457	2,295	8,752
Durango...	123	49	172	6,491	2,722	9,213
Guanajuato...	250	160	410	11,576	7,822	19,398
Guerrero...	489	89	578	15,006	3,093	18,099
Hidalgo...	543	114	657	16,339	3,442	19,781
Jalisco...	483	302	785	31,213	12,276	43,489
Mexico...	887	181	1,068	41,321	10,245	51,566
Michoacan...	292	170	462	21,263	12,740	34,003
Morelia...	128	120	248	9,100	6,001	15,101
Nuevo Leon...	233	117	350	11,043	4,347	15,390
Oaxaca...	535	79	614	37,036	6,327	43,363
Puebla...	889	118	1,007	50,320	15,000	65,320
Querétaro...	101	62	163	6,271	2,922	9,193
San Luis Potosí...	201	61	262	10,434	4,059	14,493
Sinaloa...	140	100	240	5,366	3,744	9,110
Sonora...	100	32	132	3,946	1,646	5,592
Tabasco...	50	20	70	3,000	600	3,600
Tamaulipas...	65	15	80	4,500	1,200	5,700
Tlaxcala...	167	52	219	5,179	1,721	6,900
Veracruz...	798	177	975	25,190	12,141	37,331
Yucatan...	186	84	270	9,745	4,159	13,904
Zacatecas...	565	184	749	22,448	7,771	30,219
District Fédéral...	314	176	490	20,160	13,610	33,770
Basse Californie...	18	10	28	800	500	1,300
Tepic...	45	11	56	3,037	1,399	4,436
	8,027	2,699	10,726	393,142	150,835	543,977
Selon les annales du Ministère des Travaux Publics, 1881, l'instruction primaire représentait les chiffres suivants..	6,441	2,095	8,536	324,006	111,947	435,953
Augmentation pour l'instruction primaire...	1,586	604	2,190	69,136	38,888	108,024

INSTRUCTION SECONDAIRE, SUPÉRIEURE
ET PROFESSIONNELLE.

L'enseignement secondaire comprend l'Arithmétique, l'Algèbre et la Géométrie, la Cosmographie, la Géographie générale, l'Histoire Universelle, la Géographie et l'Histoire du Mexique, la Tenue des livres, la Grammaire, les langues étrangères, le Dessin, la Musique.

L'enseignement supérieur et préparatoire aux écoles professionnelles comprend: les Mathématiques, la Géographie, la Cosmographie, la Géographie comparée, la Physique, la Chimie, l'Histoire Naturelle, la Logique, la Morale, la Littérature, la Chronologie et l'Histoire générale, l'Histoire de la Philosophie, la Sténographie, la Télégraphie, le Latin, le Grec, l'Espagnol, le Français, l'Anglais, l'Allemand, l'Italien, le Dessin et la Musique. Dans quelques établissements on enseigne les idiomes du pays, comme le Mexicain et l'Otomi.

De nombreux établissements existent dans le District fédéral et dans les États où, indépendamment de l'enseignement préparatoire, on enseigne les matières requises par diverses professions. Tous ces établissements sont amplement dotés de tous les instruments nécessaires à l'étude des sciences. Quelques-uns d'entre eux méritent tout particulièrement l'attention par leurs cabinets de physique, de chimie, d'histoire naturelle, leurs musées et bibliothèques.

Les matières d'enseignement professionnel sont: Écoles de Droit, Droits Naturel, Romain, Patrie, Constitutionnel, Administratif, International et Maritime. La Législation Pénale, les Procédures Civile et Criminelle, la Legislation comparée, la Médecine légale, l'Économie Politique.

ÉCOLE DE MÉDECINE.—L'Anatomie descriptive, Pharmacie théorique et pratique, Physiologie, Anatomie générale et topographique, Pathologie externe et interne, Clinique externe et interne, Histoire des substances médicinales, Analyse chimique, Obstétrique, Médecine légale, Hygiène privée et publique, Météorologie, Pathologie générale, Médecine opératoire et thérapeutique.

École du Génie.—Géométrie Descriptive, Dessin des Machines, Mathématiques supérieures, Topographie, Hydraulique, Mécanique analytique et appliquée, Géodésie, Astronomie pratique, Théorie des Constructions, Chimie analytique et appliquée, Minéralogie, Géologie, Paléontologie, Ponts et Chaussées, Chemins de Fer, Canaux, Ports, Dessin Géographique et topographique, Eléments d'Architecture, Stéréotomie, Exploitation des mines.

Écoles des Beaux Arts.—Peinture, Sculpture, Ornement, Paysage, Gravure en Creux, Gravure sur cuivre et acier, Dessin d'après nature, Dessin industriel, Composition d'Architecture, Ordres classiques et copie de monuments, Géométrie descriptive, Architecture légale, Mécanique rationnelle et appliquée, Eléments de Minéralogie et de Géologie, Construction.

Écoles d'Agriculture.—Géométrie descriptive, Dessin linéaire, de machines, d'après nature et d'ornement, Tenue des livres, Agronomie, Chimie générale et appliquée, Technologie, Culture, Arboriculture, Jardinage, Administration Rurale, Comptabilité agricole, Hygiène, Zootechnie, Clinique vétérinaire, Mathématiques, Physique, Météorologie, Histoire naturelle, Irrigations, Topographie, Constructions Rurales, Anatomie et Physiologie comparées, Pathologie externe et interne, Chirurgicale, Thérapeutique et matière Médicale, Obstétrique vétérinaire, Anatomie et Pathologie générales, Français, Anglais, Gymnastique.

Écoles de Commerce et d'Administration.—Arithmétique et Correspondance Commerciales, Tenue des Livres et Comptabilité, Géographie, Droit Commercial et Maritime, Droit Administratif et Constitutionnel, Connaissance pratique des articles et effets étrangers et nationaux, Français, Anglais, Allemand, Economie Politique, Statistique.

Écoles des Arts et Métiers.—Arithmétique, Algèbre,

Géométrie, Trigonométrie, Dessin d'après Nature, Linéaire, de Machines et d'Ornement; Modelage, Sculpture sur bois, Grammaire espagnole, Géographie, Écriture, Physique et Éléments de Mécanique, Chimie générale et industrielle, Charpente, Coupe des pierres, Serrurerie, Typographie, Mécanique, Lithographie, Photographie, Galvanoplastie, Musique, Langues Française et Anglaise.

CONSERVATOIRE DE MUSIQUE.—Solfége, Orphéon, Harmonie, Contre-point, Composition, Chant, Piano, Violon, Violoncelle, Contrebasse, Flûte, Clarinette, Fagot, Hautbois, Instruments de cuivre, langues Française et italienne, Histoire de la Musique, esthétique.

ÉCOLE DES AVEUGLES.—Instruction primaire et secondaire, Musique instrumentale, Piano, Tannerie, Passementerie, Encadrement.

ÉCOLE DES SOURDS ET MUETS.—Enseignement de l'idiome par l'articulation labiale, Géographie, Histoire, Dessin, Arithmétique, Horticulture et jardinage, Lithographie, Travaux d'aiguille, Tenue des livres.

ÉCOLE MILITAIRE.—Mathématiques, Géographie, Histoire, Topographie et Dessin Topographique, Mécanique, Physique, Chimie, Astronomie, Architecture, Stéréotomie, Ponts et Chaussées, Canaux, Ports, Histoire Naturelle, Topographie militaire, Géométrie descriptive, Manœuvres d'Infanterie et de Cavalerie, Fortifications permanente et passagère, Artillerie théorique et pratique, Escrime, Natation, Gymnastique, langues Française, Anglaise et Allemande, Dessin d'après Nature, Paysage, Science et Histoire militaires, Télégraphie militaire et Photographie.

En dehors de ces établissements, le clergé catholique compte et soutient de nombreux séminaires, on y enseigne indépendamment des matières signalées pour les écoles de droit la Morale, la Religion, les Écritures Sacrées, l'Histoire Ecclé, siastique, la Théologie Dogmatique et Morale, le Droit Naturel et Canonique, les Classiques latins, la Lithurgie et l'Art Oratoire Sacré.

L'enseignement des écoles secondaires pour filles est le suivant: Mathématiques, Physique et Notions de Chimie, Espagnol, Cosmographie, Géographie, Histoire et Chronologie, Géographie comparée, Géographie et Histoire du Mexique, Écriture, Tenue des Livres, Économie Domestique et devoirs de la femme, Médecine et Hygiène domestiques, Dessin d'après Nature et d'ornement, langues Française, Anglaise et Italienne, Travaux d'aiguille, Pédagogie, Musique, Chant, Horticulture, Jardinage, Notions d'Histoire Naturelle.

Pour nous résumer nous dirons qu'il existe 16 écoles secondaires pour jeunes filles, 16 écoles préparatoires pour les cours professionnels; 19 Écoles de Droit, 26 Séminaires, 9 Écoles de Médecine, 8 Collèges d'Ingénieurs, 1 École pratique de Mines, 31 Institutions ou Lycées, 4 Écoles des Beaux Arts, 2 Écoles d'Agriculture théorique et pratique, 2 Écoles de Commerce, 7 Écoles d'Arts et Métiers pour hommes et femmes, 3 Conservatoires de Musique, 1 École d'Aveugles, 1 de Sourds et Muets, 1 Collège Militaire, 2 Écoles Navales et de nombreuses Écoles Normales d'instituteurs primaires.

A ces Etablissements assistent 2,500 filles et 18,500 garçons: total 21,000, qui, ajoutés au chiffre de l'état correspondant à l'instruction primaire, donnent un total de 564,977 élèves.

Les établissements particuliers d'enseignement secondaire sont fort nombreux; il en existe dans les capitales d'Etat et dans toutes les villes de certaine importance; nous ne croyons pas nous écarter notablement de la vérité en fixant le nombre des élèves qui suivent leurs cours à environ dix mille.

Le service des écoles secondaires et professionelles du district fedéral est fait par 350 professeurs.

Les sommés depenseés pour le service des écoles primaires-secondaires et professionelles sont de 3.512,000 de piastres sous le forme suivante:

Gouvernement fédéral, écoles primaires...............$	70,000
,, ,, ,, secondaires...............	732,000
	$ 802,000
Municipalité de México, écoles primaires...............	130,000
Préfectures du district...	30,000
Assistance publique...	50,000
Soit pour le district fédéral...............$	1.012,000
Gouvernements des Etats et Municipalités.	
Instruction primaire..$	1.800,000
Instruction secondaire et professionelle..............	700,000
Soit pour les Etats..........................$	2.500,000
Dépenses générales pour l'instruction publique.......$	3.512,000

BIBLIOTHÈQUES PUBLIQUES.

Il existe dans la Capitale de la République, dans celles des Etats, et dans quelques villes importantes des bibliothèques publiques.

Les principales sont:

			Volumes.
District fédéral.—Bibliothèque	Nationale........................	150,000
,,	,,	du 5 May.......................	9,000
,,	,,	Ecole préparatoire...........	10,000
,,	,,	,, de commerce.........	2,000
,,	,,	,, de droit................	14,000
,,	,,	,, des beaux arts........	2,000
,,	,,	,, du génie...............	7,000
,,	,,	,, d'Agriculture.........	4,000
,,	,,	,, de Médecine..........	2,000
,,	,,	Musée (sur l'Histoire du Mexique......................	3,009
,,	,,	Société de Géographie......	4,000
Aguascalientes.	,,	de l'Institut civil...........	3,000
Campeche.......	,,	,, de Campeche.	3,000
Chiapas...........	,,	,, littéraire.......	4,000
Durango.........	,,	,, Juárez.........	6,000

			Volumes.
Jalisco	,,	de Guadalajara	25,000
México	,,	de l'Institut littéraire	10,000
Michoacan	,,	de Morelia	15,000
Oaxaca	,,	publique	15,000
Puebla	,,	de Palafox	25,000
Querétaro	,,	du collège civil	12,000
San Luis	,,	publique	7,000
Veracruz	,,	publique (San Francisco)	8,000

En général les bibliothèques des collèges se rapportent spécialement aux matières qui font partie de l'enseignement. Il existe aussi des bibliothèques particulières parmi lesquelles quelques unes contiennent des éditions notables et d'ouvrages fort rares, de riches collections de manuscrits touchant l'histoire et l'archéologie du Mexique.

On conserve aux archives, des documents et des manuscrits d'une grande valeur historique. Ils occupent quatorze grandes salles et ont pour le Mexique une importance égale à celle des archives en Espagne.

MUSÉES.

Les principaux musées de la Republique sont:

A México. Le Musée National d'antiquités et d'histoire naturelle.

L'Académie de San Carlos, comprenant les collections de peinture, de sculpture, de gravure, de médailles et de monnaies.

Les musées des écoles préparatoire, de médecine, d'agriculture, du génie contenant des collections de zoologie, de botanique, de minéralogie et de paléontologie.

A Guadalajara. Le Musée d'Histoire Naturelle.

A Oaxaca. Musée d'antiquités zapoteques et la galerie de peintures anciennes.

A Puebla. L'Académie des beaux arts avec ses collections de peinture, d'histoire naturelle, d'antiquités.

A Jalapa, à Córdoba et à Orizaba. Musées spéciaux d'histoire naturelle, dans les collèges de l'Etat.

A Yucatan. Le musée d'antiquités mayas.

A Guanajuato Zacatecas. Musées minéralogiques.

SOCIÉTÉS ET ASSOCIATIONS.

Il existe dans la République, en dehors des nombreuses sociétés de prévoyance et de secours mutuels destinés à soutenir nombre d'écoles primaires, un certain nombre de sociétés créés pour la propagation de l'étude de la géographie et de l'histoire du pays, ainsi que pour l'étude des sciences naturelles, de la littérature, des beaux arts, etc.

A Mexico.—Les Sociétés de Géographie et de Statistique, d'Histoire Naturelle, Litéraire, Hidalgo, l'Athénée, l'Académie de Médecine, l'Académie correspondant à l'Académie espagnole, le Collège des Avocats, la Société des Ingénieurs civils, celles des Mines, d'Agriculture, Agricole-vétérinaire "Ignacio Alvarado," la Société du Collège militaire, la S. Pharmaceutique, la S. des anciens élèves de l'Ecole des Mines, la S. Philarmonique, de Ste. Cécile, le Cercle ouvrier.

A Guadalajara.—Les Sociétés des Ingénieurs civils, de Géographie et de Statistique Médicale "La Fraternelle," Médico-pharmaceutique, littéraire Aurore, de professeurs, des classes productrices, de Ste. Cécile, la Providence, des instituteurs de Jalisco, le Cercle ouvrier.

A Puebla.—Les Sociétés Médico-pharmaceutiques, de chimie industrielle, normale de professeurs et d'instruction publique, Rossini, dramatique, philarmonique «Angela Peralta» à Atlixco, ainsi qu'un grand nombre de Sociétés mutuelles.

A San Luis Potosí.—La Société de l'école d'instituteurs, celle des classes productrices, la Société "la Renommée."

A Zacatecas.—Les Sociétés des classes productrices, de médecine, des ingénieurs civils, Hidalgo, la Compagnie Lancastérienne, la Société des Arts Unis, le cercle ouvrier à Jerez.

A Veracruz.—Les Sociétés L'Espérance, l'Union (Alvarado), l'Union (Orizaba), l'Eden (Jalapa), des artisans (Jalapa), des artisans (Córdoba) de Médecine, Sanchez Oropeza (Orizaba), d'Instituteurs (Orizaba).

A Yucatan.—La Société Médico-pharmaceutique, le Conservatoire Yucatèque, la S. la libre-pensée, la S. Artistique, la S. l'Union, le cercle ouvrier (Tiximin).

Dans l'Etat de México.—La Société médico-pharmaceutique (Toluca), la S. Artistique, le cercle ouvrier.

A Oaxaca.—Le cercle ouvrier, la Société médico-pharmaceutique, le lycée Ruiz Alarcon, la Société de professeurs, l'Association des instituteurs primaires.

A Querétaro.—La Société Quérétane.

A Aguascalientes.—La Société Lyrique et dramatique, le cercle ouvrier.

Dans l'Etat de Sinaloa.—La Compagnie Lancastérienne (Mazatlan), la Société des ouvriers réunis, la S. Joséphine, la S. des classes productrices, la S. philarmonique.

Dans l'Etat de Nuevo Leon.—La Société Alianza (Mier), la S. d'enseignement mutuel (Mier), le cercle ouvrier (Monterey).

Dans l'Etat de Morelos.—La Société l'Union (Yautepec), le cercle ouvrier (Cuernavaca), la S. Iturbide et le cercle ouvrier (Cuautla), la S. des classes productrices, (Cuautla).

Dans l'Etat de Michoacan.—La Société des professions unies (Morelia).

Dans l'Etat de Coahuila.—Le Casino de l'Union (Saltillo), la S. Harmonie (Parras), la S. Minière (Monclova), la S. Juárez (Saltillo).

Dans l'Etat d'Hidalgo.—La Société Minière.

Dans l'Etat de Tabasco.—La Société ouvrière.

Dans l'Etat de Tlaxcala.—La Société Artistique et Littéraire.

A Chihuahua.—La Société de bienfaisance pour l'instruction primaire.

A Colima.—Le cercle ouvrier, la S. Euterpe, la S. Hébé, la Compagnie Agricole, la S. Union colimense.

A Ayutla, Etat de Guerrero.—Les classes productrices.

A Guaymas, Etat de Sonora.—La Société littéraire.

Dans l'Etat de Tamaulipas.—La Société Manuel Navarrete (Ciudad Victoria), la S. d'Agriculteurs (Matamoros).

PUBLICATIONS PÉRIODIQUES.

Les publications périodiques, politiques, littéraires et scientifiques sont trés nombreuses dans le pays; nous donnons dans le tableau suivant le nombre des publications et journaux qui par leur importance, jouissent d'une grande circulation.

D'aprés l'Annuaire Bibliographique de M. Luis Gonzalez Obregon, le nombre de publications périodiques était à la fin de 1888, de 387, dans l'ordre suivant:

Aguascalientes	11
Campeche	4
Colima	4
Coahuila	9
Chihuahua	10
Chiapas	6
Durango	5
Guanajuato	24
Guerrero	8
Hidalgo	8
Jalisco	28
Mexico	2
Michoacan	5
Morelos	2
Nuevo Leon	13
Oaxaca	14
Puebla	10
A reporter	158

Report............	158
Querétaro............	1
San Luis Potosí............	6
Sinaloa............	7
Sonora............	8
Tabasco............	5
Tamaulipas............	18
Tlaxcala............	4
Veracruz............	35
Yucatan............	13
Zacatecas............	6
Baja California............	2
Tepic............	4
Nombre total des publications............	267

RÉSUMÉ.

Nombre de journaux publiés à Mexico pendant l'année 1888...	120
Nombre de journaux publiés dans les Etats et territoire de la Basse Californie............	267
Total............	387

Les journaux, en grand partie, sont politiques et, en plus, il y a les publications périodiques, destinés à la propagation des connaissances utiles, sur les sciences, législation, médecine, administation et Economie politique, commerce, agriculture, mines, littérature, musique et armée.

En 1884, d'après la première édition de ce livre le nombre de journaux était de 258, de manière qu'il résulte en 1888 une augmentation de 129.

Dans le même annuaire bibliographique de Mr. Gonzalez Obregon apparaissent 167 œuvres publiées en 1888, sur la Géographie, Histoire, Philosophie, Enseignement, Législation, Agriculture, Mathématiques, Religion, et 2 Dictionnaires Géographiques et Historiques, dont un spécial du pays l'autre Universel.

E. Geographique—8

OBSERVATOIRES.

Parmi les plus notables établissements scientifiques nous devons mentionner les observatoires météorologiques et astronomiques.

L'observatoire National astronomique fondé à Chapultepec et définitivement installé à Tacubaya dans l'ancienne école militaire.

L'observatoire Central Astronomique établi à México dans le palais du Gouvernement national.

Il existe, indépendamment de ces deux principaux observatoires, un observatoire dans le port de Mazatlan.

L'observatoire Météorologique Central établi au palais national est en communication directe avec les nombreuses stations météorologiques fondées dans la plupart des Etats de la République ainsi qu'avec les principaux observatoires étrangers.

VI

OROGRAPHIE.

L'aspect des immenses chaînes de montagnes qui traversent la vaste extension du territoire mexicain, présente un caractère particulier.

Des côtes vers l'intérieur du pays, le terrain s'élève par gradins en formant de grands plateaux et des vallées pittoresques profondément encaissées, avec des changements brusques de niveau. Les eaux pluviales s'y précipitent en chutes imposantes et en cascades.

La crête de la vaste cordillière, vue des savanes de la côte, se dessine au loin, tantôt sur un ciel bleu et transparent, tantôt sur un fond nébuleux. Des roches granitiques ou quelque cime neigeuse accusent un terrain très accidenté qui nous l'avons dit plus haut s'élève par vastes échelons jusqu'au plateau central. Limité à l'est et à l'ouest par une succession d'éminences qui donnent naissance aux axes des deux grandes chaînes en lesquelles se divise la cordillière, différente en quelques points de celle qui traverse l'Amérique du Sud, et dont elle n'est que la continuation.

La cordillière des Andes nait dans le Sud de la Patagonie et se dirige vers le Nord en se divisant en nombreux rameaux plus ou moins étendus. Elle suit parallélement les côtes du Pacifique et traverse le Chili, la Bolivie, le Pérou, l'Equateur, la Colombie. Elle s'affaisse par une série de fortes dépressions dans l'Isthme de Panama et dans le Nicaragua pour s'élever de nouveau dans le Salvador et le Guatémala, sans atteindre toutefois les altitudes des Andes boliviennes, elle pénétre par le Soconusco dans le territoire Mexicain et se divise au Nord d'Oajaca en deux grands rameaux: la Sierra Madre Orientale et la Sierra Madre Occidentale.

La Sierra Madre Occidentale interrompue par le rio de las Balsas, dans le voisinage de son embouchure à Zacatula, subit une forte dépression sur les confins de l'Etat de Guerrero et s'élève de nouveau dans l'Etat de Michoacan en se dirigeant au N. O. Elle acquiert successivement un plus grand développement dans les Etats de Jalisco, Sinaloa, Durango, Chihuahua et Sonora. Le plateau central encaissé entre les deux chaînes est traversé dans de différentes directions par des contreforts qui s'en détachent ainsi que par des chaînes de moindre importance, s'abaisse insensiblement jusqu'au lit du rio Bravo.

Des côtes de l'Etat de Veracruz le terrain s'élève, comme nous l'avons dit plus haut, par une série d'échelons et de gradins et traverse sa cordillère orientale. On rencontre d'abord les savanes ou grandes praieries, coupées de bois et de forêts, puis de nombreux contreforts qui viennent aboutir au pied de la cordillière; sur les flancs de cette dernière des vallées échelonnées et au sommet la plaine de Puebla à laquelle on accède par des gorges de la Sierra, celle de Boca del Monte est à 2,300 métres au dessus du niveau de la mer.

La Sierra Nevada ou Popocatepetl s'élève au couchant de cette grande plaine et la sépare de la belle vallée de Mexico à 2,270 m. d'altitude. Le massif montagneux de las Cruces et Monte Alto sépare à l'ouest, la vallée de México de celle de Toluca, la plus élevée du territoire mexicain à 2,580 m.

De là le terrain s'afaisse jusqu'au Pacifique par une série identique de plaines et de plateaux échelonnés.

De nombreuses chaînes de moindre importance se croisent en tous sens et forment dans leur ensemble la série d'éminences appelées Andes mexicaines par Alexandre de Humboldt. Nous donnons dans le tableau suivant par les altitudes qui y sont consignées un aperçu du relief du sol.

	Hauteurs sur le niveau de la mer.
Plateau de Toluca....................................	2,580 métres.
Vallée de Ixtlahuaca.................................	2,527 ,,
,, de Mexico.......................................	2,270 ,,
Plaines d'Apam (Tlaxcala)...........................	2,480 ,,
Campagne de Puebla...................... 2,000 á	2,150 ,,
San Juan de los Llanos (Puebla).....................	2,360 ,,
Vallée de Maltrata (Veracruz).......................	1,691 ,,
,, d'Orizaba ,, ...	1,227 ,,
,, d'Oaxaca...................................	1,550 ,,
Cuernavaca (Morelos)................................	1,525 ,,
Plaines de S. Gabriel (Morelos).....................	1,008 ,,
Taxco de Alarcon.....................................	1,780 ,,
Iguala (Guerrero)....................................	919 ,,
Mescala (Rio de las Balsas)..........................	520 ,,
Zitácuaro (Michoacan)................................	2,000 ,,
Chilpancingo (Guerrero)..............................	1,420 ,,
Morelia (Michoacan)..................................	1,950 ,,
Pátzcuaro (Michoacan)................................	2,190 ,,
Ario...	1,890 ,,
Jorullo..	850 ,,
Las Balsas (Rio de las Balsas).......................	123 ,,
Tula (Hidalgo).......................................	2,047 ,,
Tulancingo (Hidalgo).................................	2,089 ,,
Llanos de Cazadero, id...............................	2,300 ,,
San Juan del Rio (Querétaro).........................	1,950 ,,
Bajío (Guanajuato).................... 1,750 á	1,790 ,,
Guadalajara (Jalisco)................................	1,528 ,,
Vallée d'Ameca ,, ...	1,180 ,,
Tepic. ,, ...	900 ,,
Acaponeta ,, ...	64 ,,
Sayula. ,, ...	1,385 ,,
Zapotlan. ,, ...	1,495 ,,
Atenquique. ,, ...	1,248 ,,

	Hauteurs sur le niveau de la mer.	
Colima	532	,,
Plaines El Salado (San Luis)	2.000 à 2,300	,,
Valle del Maíz	1,220	,,
Tula de Tamaulipas	1,171	,,
Ciudad Victoria	449	,,
Monterey (Nuevo Leon)	486	,,
Cerralvo	380	,,
Cuencamé (Durango)	1,740	,,
Vegas de Nazas	1,100	,,

Les roches dominantes dans le territoire de la République appartienent aux groupes granitiques, porphyriques, basaltiques, et calcaires. Les porphyres de soulévement occupent les sommets en masses colossales de formes bizarres et capricieuses; tels sont le Coffre de Perote dans l'Etat de Veracruz, les Orgues d'Actopan dans l'Etat d'Hidalgo, et le Pic de Bernal, dans celui de Querétaro; tantôt on les rencontre en nappes ou en couches puissantes, ils sont alors traversés par des filons métallifères, et forment comme dans la Sierra de Hidalgo (Pachuca) des gisements puissants d'une grande richesse.

Les basaltes se présentent en nappes et coulées de laves continues, comme sur les flancs du Volcan d'Ajusco (Vallée de Mexico) soit comme sur le versant oriental du Coffre de Perote. Ailleurs ils se présentent en masses compactes et affectent la forme de colonnes prismatiques; ils encaissent alors entre leurs escarpements d'étroites vallées, comme celles de Santa María de Regla et de la barranca Grande qui aboutit à la plaine riante de Metztitlan, dans l'Etat d'Hidalgo.

Les granites et les syénites constituent l'assise de quelques massifs montagneux, ils sont en contact avec des schistes talqueux des micachistes comme dans la Serrania de Zacatecas.

Les calcaires dominent dans les vallées, et forment aussi le massif de hautes montagnes et de chaines importantes; celles dont les premiers contreforts naissent à Atoyac et viennent se perdre près de Boca del Monte, appartient au crétacé supérieur, Escamela, le Borrego.

Il existe sur les confins de l'Etat de Guerrero un énorme massif de calcaire secondaire très probablement contemporain du trias où l'action lente et continue des eaux saturées d'acide carbonique a creusé d'énormes cavernes ou grottes d'un aspect grandiose tapissées de concrétions.

La caverne de Cacahuamilpa aux confins septentrionaux de l'Etat de Guerrero et laquelle par ses vastes et nombreuses galeries, par ses infinies et belles concrétions et l'aspect fantastique qu'elles offrent à la lumière électrique peuvent être considérées comme une des merveilles de la nature.

La zone connue sous le nom de "Zone des Volcans" occupe de l'Est à l'Ouest 900 k. de longueur par 90 k. de largeur, environ. La ligne médiane part du volcan de Colima dans le voisinage du Pacifique pour aboutir au volcan de San Andres Tuxtla près du Golfe du Mexique. Les principaux volcans compris dans cette zone et pour la plupart éteints sont: de S. Andrès de Tajimaroa, Etat de Michoacan; le Nevado de Toluca, Etat de Mexico; l'Ajusco, la Sierra de San Nicolas, le Caldera dans le district fédéral.

Les volcans en activité sont: ceux de Colima et de San Andrès Tuxtla, dont les éruptions sont encores toutes récentes; ceux de Jorullo, du Popocatepetl, de l'Orizaba dont les fumerolles sont visibles à de grands distances, ces volcans sont de vastes laboratoires qui élaborent sans interruption du soufre d'excellent qualité. Nous compléterons notre énumération par le Coffre de Perote compris dans le même zone bien que sa forme s'écarte de celle des volcans ordinaires, car il porte sur ses flancs plusieurs cratères éteints et des courants de lave basaltique qui vont se perdre dans la mer ou elles forment les récifs de "Boquilla de Piedras."

Le sol de la République présente, partout en dehors de la zone mentionnée, des vestiges de terribles convulsions. Récemment, le volcan le Ceboruco du Canton de Tepic, état de Jalisco, a bouleversé toute cette contrée par ses éruptions suscessives et a donné naissance à une chaîne aux flancs recouverts de lave.

La chaîne qui longe la presqu'île de Californie en remontant vers le Nord est d'origine volcanique, le volcan "Las Vírgenes" occupe sa partie centrale, par 27° 30′ de lat. N.

La Breña, dans la région au Sud de la ville de Durango, a été à une époque très reculée le theâtre de violentes convulsions volcaniques. Des scoires basaltiques se trouvent disséminées de toutes parts; elles forment des collines et de petites éminences. Le cerro du Fraile porte sur ses flancs, indépendamment du cratère principal, plusieurs cratères secondaires. Le terrain est silloné par deux courants de lave, différenciés l'un de l'autre par la nuance plus ou moins obscure de la roche.

Nous donnons, sous forme de conclusion de la partie Orographique, les hauteurs des principales montagnes du Mexique.

	Hauteur sur le niveau de la mer.
Popocatepetl (Mexico et Puebla)	5.425
Citlaltepetl ou Pic d'Orizaba (Veracruz)	5.295
Ixtaccihuatl (Mexico, Puebla)	4.900
Xinantecatl ou Nevada de Toluca (Mexico)	4.578
Nauchampatepetl ou Coffe de Perote (Veracruz)	4.089
Matlalcueyatl ou Malintzi (Tlaxcala)	4.107
Ajusco (District Fédéral)	4.153
Zempoaltepetl (Oaxaca)	3.396
Pic de Quincéo (Michoacan)	3.824
Nevado de Colima (Jalisco)	4.378
Volcan de Colima (Jalisco)	3.884
Volcan de Ceboraco (Jalisco)	1.525
Pic de Tancítaro (Michoacan)	3.860
Mont Patamban (Michoacan)	3.750
Veta Grande (Zacatecas)	2.786
Jesus María (Chihuahua)	2.511
Monte Proaño (Zacatecas)	2.368
Las Navajas (Hidalgo)	3.212
Le Géant (Guanajuato)	3.250
Llanitos (Guanajuato)	3.815
Le Volcan Jorullo (Michoacan)	1.300
Le Volcan de Tuxtla (Veracruz)	1.500

VII

SECTION HYDROGRAPHIQUE.

Comme nous l'avons dit plus haut le territoire mexicain est très montagneux, les deux principales chaînes orientale et occidentale descendent brusquement par des pentes rapides jusqu'aux littoraux. L'étranglement du territoire dans la région australe joint à la cause mentionnée, empêche le réunion de grandes masses d'eau et la formation de cours d'eau navigables. Dans les grandes plaines du plateau central, à de très rares exceptions près, les rivières ont un très faible débit, beaucoup d'entre elles restent sèches jusqu'à la saison des pluies époque à laquelle elles déversent leurs eaux torrentielles soit dans les lacs intérieurs soit dans les rivières principales qui portent leurs masse d'eau à la mer.

L'eau descend sur les versants de la Sierra-Madre, sous forme de torrents, où de gaves, elle embellit les vallées par ses rapides et ses chutes, tandis que les rivières, dans les plaines élevées des hauts plateaux serpentent et franchissent les cordillères, en pénétrant dans l'épraisseur des bois et traversent lentement pour se reposer de leur cours agité, le savanes boisées de mangliers et viennent se perdre dans le mer.

La configuration accidentée du territoire a donné naissance à une multitude de bassins fermés et ouverts qui remplissent le pays de profonds ravins. Si ces derniers sont un obstacle à l'établissement des voies de communication, ils offrent en échange comme compensation l'embellissement du paysage et les circonstances les plus favorables pour la défense du sol en cas d'invasion étrangère.

BASSIN DU RIO BRAVO.

Ses tributaires sont: le rio Pecos aux État-Unis; le rio Conchos et ses affluents la Florida, le Parral, l'Allende, le Nonoava, le Satevó et le Chuviscar dans l'État de Chihuahua; le rio Sabinas ó Salado, qui baigne les États de Coahuila, N. Leon et Tamaulipas et son affluent le Sabinas Hidalgo; le rio San Juan qui baigne les États de Nuevo Leon, Tamaulipas et ses tributaires le Monterey, le Pesqueria et le Pilon.

BASSIN DE MESCALA OU BALSAS.

Ses principales artères sont: le rio Zahuapam qui alimente à Tlaxcala la chute du Moulin de San Diego, l'Acatlan, le Coetzal formé par les ruisseaux d'Atlixco, d'Izucar et d'Atila dans l'État de Puebla; le Mixteco dans l'État de Oaxaca; l'Amatzinac ou Tenango, l'Amacusac sur la lisière des États de Morelos et de Guerrero; ce dernier prend sa source sur le versant S. E. du Nevado de Toluca, ou naissent aussi les ruiseaux Almoloya, Coatepec et Ixtapa, qui réunis prennent le nom de Pilcaya et viennent se perdre à Chontancantlan sous l'ènorme massif calcaire de Cacahuamilpa, pour sortir après un trajet souterrain de près de quatre lieues près des fameuses grottes du même nom, par deux torrents qui se renissent plus bas pour donner naissance à l'Amacusac.

Ce grand bassin reçoit encore les rivières de Tlapa, Mescala, Yolotla, Tetela, Poliutla, las Truchas, rio del Oro de l'État de Guerrero et les rivières de Cutzamala, Zitácuaro

Tacámbaro et le Marqués de l'État de Michoacan. Cette dernière rivière est formé par l'Amatlan, le Parácuaro, et le rio del Oro, l'Urecho et de bon nombre de ruisseaux. Le Parácuaro est connu dans le district d'Uruapan sous le nom de Cupachito, il forme au dessus du chef-lieu du district la belle cascade de Tzararácua.

BASSIN DU PANUCO.

Le large cours d'eau dont nous nous occupons prend successivement les noms de Cuautitlan et Nochistongo dans l'État de Mexico; de Tula dans l'État de Hidalgo; de Moctezuma sur la lisière des États d'Hidalgo et de Querétaro; de Tantojon dans l'État de San Luis et le Pánuco dans les États de Veracruz et de Tamaulipas, il vient se perdre dans la mer en aval de Tampico. Il a pour affluents l'Ixmiquilpan et l'Amajac dans l'État d'Hidalgo; ceux de San Juan del Rio et Extorax dans l'État de Querétaro; le Tamuin formé du Tampaon, du Rio Verde et du Santa María dans l'État de San Luis; et en dernier lieu le Capadero, de l'État de Veracruz et le Tamesin de Tamaulipas.

BASSIN DU LERMA OU SANTIAGO.

Ainsi que les antérieurs, cette rivière prend successivement différents noms. Elle prend naissance dans les montagnes au S. E. de Toluca, traverse Lerma qui lui donne son nom qu'elle conservera jusqu'au lac Chapala dans lequel, elle se perd; il en sort pour prendre le nom de Guadalajara qu'il conserve au delà de la fameuse chute de Juanacatlan; il passe ensuite au nord de la Capitale de l'État et prend en dernier lieu les noms de Tolotlan et de Santiago jusqu'à son embouchure près de San Blas.

Il reçoit pendant son long parcours les rivières d'Atlacomulco, de Malacatepec, de l'État de Mexico; celles de la Laja, d'Irapuato, et de Turbio de l'État de Guanajuato, celles de Zula, de Rio Verde, de Juchipila, de Bolaños et de Tepic, de l'État de Jalisco.

BASSIN DU GRIJALVA ET DE L'USUMACINTA.

Le beau fleuve de ce nom prend naissance sur le territoire Guatémaltèque, il baigne l'État de Chiapas sous le nom de Mescalapa et, sous celui de Grijalva, l'État de Tabasco. Ses principaux affluents sont: Le Chicomuselo, le Blanco, le Suluapa et l'Ocuilapa dans l'État de Chiapas; ceux d'Ixtacomitan, de Teapa, de Puyacatengo, de Tacotalpa, de Puscatan et du Salto, dans l'État de Tabasco.

L'Usumacinta, prend naissance aussi au Guatémala, ses affluents sont: le Chixoy, la Pasion et le San Pedro; en avant de Jonuta, dans l'État de Tabasco, il se divise en deux bras: l'un se jette dans la lagune de Términos sous le nom de Palizada, l'autre conservant le nom d'Usumacinta se subdivisse en deux autres bras qui se jettent, l'un dans le Grijalva et l'autre dans la Barre de San Pedro et San Pablo.

Ces derniers cours d'eau qui se séparent et s'enlacent alternativement, constituent dans leur ensemble une région hydrographique d'une grande importance.

BASSIN DU PAPALOAPAN.

Les rivières qui apportent leur tribut à ce beau et large fleuve, naissent dans le région montagneuse de l'État de Oaxaca, elles baignent ensuite les grandes plaines ou savanes des Côtes de Sotavento de l'État de Veracruz. Ses affluents les rivières de Tuxtepec, le Tonto, Villa Alta, Tesechoacan et San Juan prennent naissance dans l'État de Oaxaca, et ceux de Limon et de San Juan qui descendent de l'État de Veracruz font de la riche région qu'ils fécondent, le premier bassin hydrographique du pays. Ce beau fleuve prend le noms de Papaloapan au confluent des fleuves Tonto et Tuxtepec et se jette dans la mer à Alvarado.

Nous ne prétendons pas donner ici la description de tous les bassins qui existent et divisent à l'infini le sol du Mexique; il suffira au lecteur de jeter les yeux sur la carte pour en prendre connaissance. Disons seulement pour compléter l'énumération commencée que ceux qui suivent en importance les bassins précédents sont: La fleuve du Corte qui prend naissance dans la région montagneuse de l'Isthme de Tehuantepec et baigne la région Nord de l'Isthme; à son confluent avec l'Uxpanapa la rivière change de nom et prend celui de fleuve Coatzacoalcos.

Les fleuves Yaqui, Mayo et Magdalena en Sonora; le Fuerte, le Mocorito et le Culiacan dans l'État de Sinaloa; les rivières Nazas et Mezquital dans celui de Durango; la Purification ou Soto la Marina dans l'État de Tamaulipas; les rivières pittoresques de Necaxa, San Márcos ou Cazones sur les côtes au Nord de Veracruz.

De nombreux bassins formés par les rameaux et les contreforts de la cordillère, existent dans l'Intérieur du pays. Les eaux qui s'y vident ne trouvant pas d'issues forment de grands lacs; les filtrations et l'evaporation activée par les vents et la faible pression baromètrique ne suffisent pas pour les assécher pendant la sécheresse. Parmi les vallées fermées nous citerons celle de Mexico, que nous décrirons plus loin, seules, les eaux de la rivière Cuautitlan ont une issue artificielle par la fameuse tranchée de Nochistongo ouverte au Nord de Mexico, entre les collines de Jalpan et de Sincoque, au temps du gouvernement colonial par l'habile ingénieur Enrico Martínez.

Un autre bassin fermé d'égale importance est celui ce Barranca Grande au Nord de Pachuca dans l'État d'Hidalgo; il naît dans les profonds ravins d'Aculco au Nord de Tulancingo, il continue vers l'O. pour il se dirige au N. O.; Il s'élargît alors considérablement et acquiert une grande profondeur jusqu'à sa limite dans les belles et larges praieries de Metztitlan. Les rampes et escarpements du ravin sont recouverts cà et là de nappes d'obsidienne, de coulées de lave, de couches de basalte, tantôt la forme prismatique, tantôt en masses amorphes. Au fond du ravin la rivière dont le cours prend naissance à la belle cascade de Alcholoaya, et qui vient se jeter dans le lac qui baigne les belles praieries mentionnées plus haut.

Le Rio Grande reçoit le tribut des rivières de Tulancingo, de Régla, de Guadalupe ainsi que celui de nombreux ruisseaux qui descendent profondément encaissés, tantôt traversant des terrains arénacés où ils ont ouvert leur lit par leur travail incessant, tantôt traversant des terrains basaltiques disposés en gradin ou en colonnes prismatiques. Le ravin de Régla d'un effet pittoresque grâce à sa cascade et à la majestueuse décoration qui lui sert de cadre possède une des plus belles haciendas de bénéfice, pour la réduction des minerais.

Indépendamment de ce ravin, l'une des plus belles œuvres de la nature, nous pouvons encore citer, celui de Zacatlan dans l'État de Puebla et celui d'Actopan dans l'État de Veracruz. Il existe dans les États de Jalisco, d'Oaxaca et de Guerrero, ainsi que dans presque tous les États traversés par la Sierra Madre un grand nombre d'œuvres naturelles notables, nous n'en entreprendrons pas la description de crainte de nous étendre au de là des limites que nous nous sommes tracées.

Les lacs sont divisés en cinq groupes; 1º Les lacs fermés qui ne reçoivent ni ne donnent naissance à aucun cours d'eau et sont alimentés par les pluies.

Dans l'État de Chihuahua.—Les lacs: Castillo, Encinillas y Jaco.—Durango: le Guatimapé.—Coahuila: le Santa María et l'Agua Verde.—San Luis: le lac Santa Clara et un grand nombre de lacs salés à l'Ouest de l'État.—Jalisco: le lac Magdalena dont l'origine est due à une trombe qui causa de grands désastres; les lacs San Márcos, Zacoalco, Atoyac, Sayula et Zapotlan.—Michoacan: les lacs Tacáscuro et Pátzcuaro qui reçoit le ruisseau de ce nom.—Dans la Vallée de Mexico: les lacs Xaltocan et San Cristóbal.—Puebla: les lacs Quecholac et Alchichica.—Hidalgo: les lacs Tecomulco et Zupitlan.—Morelos: les lacs Tequesquitengo, San José et Mozatepec.

2º Les lacs formés par l'évasement du cours des rivières et traversés par elles:

Dans les États Jalisco et Michoacan, le lac Chapala traversé par la rivière Lerma.—De Mexico, le lac de Lerma qui reçoit la rivière Acalote formée par les eaux qui descendent des versants d'Atenco, de Jajalpa, de Techuchulco, Texcaliacac et les sources d'Almoloyita et sort du lac de Lerma dont elle conserve le nom.—Dans le Vallée de Mexico, le lac de Xochimilco, reçoit la rivière Bonaventure qui descend de la région montagneuse d'Ajusco et alimente le canal la Viga qui le met en communication avec le lac de Texcoco.

3º Les lacs qui ne reçoivent aucun cours d'eau et sont néanmoins l'origine de quelque rivière.

Dans l'État de Guanajuato, le lac de Yuririapúndaro donne naissance a un affluent du Rio Lerma.—Michoacan, le lac Zipimeo, donne naissance à un autre affluent de la même rivière.—Veracruz, le lac Catemaco donne naissance à la rivière San Andrés, affluent du fleuve San Juan; le lac Salé d'où naît la rivière Acula qui se jette dans la mer à Alvarado.

4º Les lacs qui reçoivent des cours d'eau qui s'y perdent:

En Sonora, les lacs Guzman, San María, le Cármen qui reçoivent respectivement, les rivières Casas Grandes, Santa María et Patos.—Coahuila, le lac del Muerto ou Mayran reçoit les eaux de la belle rivière Nazas.—Dans la Vallée de Mexico, le lac San Cristóbal qui reçoit la rivière Avenidas de Pachuca, le lac Texcoco alimenté à l'Orient par les rivières Mesquipayac, Papalotla, Texcoco et autres ruisseaux de moindre importance, et â l'Occident par les rivières Consulado et Guadalupe. Le lac de Chalco reçoit au Sud les rivières Tlalmanalco et Tenango; il est séparé de celui de Xochimilco par la digue de Tlahuac.—Michoacan, le lac Cuitzeo alimenté par la rivière Morelia; les rivières Guadalupe et Bosquecillo à Jiquilpan, apportent leur tribut considérablement grossi par les crues de nombreux ruisseaux.—Hidalgo, le lac Metztitlan reçoit le eaux du Rio Grande: le lac Apam reçoit à l'époque des plüies, le contribuyent des eaux de crues du ruisseau de ce nom.

5º Les lagunes qui communiquent avec la mer et portent le nom de Penílagos ou Albuferas, (estuaires).

Dans l'État de Tamaulipas, la Laguna Madre.—Veracruz, les lacs Tamiahua, Mandingo, et Santecomapan; les lacs Camaronera et Tequiapan qui forment le lac d'Alvarado.—Tabasco, les lacs Santa Ana, Cupilquillo et Mecoacan.—Campeche, le lac Términos.—Sur le Pacifique: Dans l'État de Jalisco, le Mezticacan.—Colima, le Coyutlan.—Guerrero, les lagunes Tecpan, Coyuca et Nexpa.—Oaxaca, les lagunes Chacala et Altotengo et les lacs supérieur et inférieur dans l'Isthme de Tehuantepec.

DÉVELOPPEMENT DES LITTORAUX.

La République Mexicaine située entre l'Atlantique et le Pacifique possède un littoral très étendu. Au Nord la distance linéaire qui sépare les deux Océans prisé entre les points extrèmes de la ligne frontière des États–Unis, est 2,000 kilomètres.

Les côtes du Pacifique inclinent fortement au S. E. et se rapprochent de celles de l'Atlantique étranglant le territoire jusqu'à l'Isthme de Tehuantepec où la distance entre les deux Océans n'éxcède pas 210 kilomètres. Celles de l'Océan Atlantique s'écartent pour former la presqu'île de Yucatan, les côtes du Pacifique suivent la même inclinaison jusqua'aux Républiques d'Amérique du Centre.

Les Côtes du Golfe du Mexique et de la mer des Antilles se développent sur près de 2,580 kilomètres; 400 dans l'État de Tamaulipas; 640 kiloms., dans celui de Veracruz; 190 kilomètres dans cilui de Tabasco; 360 kilomètres appartienent à l'État de Campeche et 990 à la presqu'île de Yucatan. Sur l'Océan Pacifique les côtes atteignent l'énorme développement de 6,250 kilomètres; 3,000 correspondent à la presqu'île de Calitornie, 860 à la Sonora, 510 à l'État de Sinaloa, 500 à celui de Jalisco, 160 à Colima; 130 à l'État de Michoacan, 460 kilomètres à l'État de Guerrero, 410 et 220 aux États de Oaxaca et de Chiapas.

SOURCES D'EAUX MINÉRALES.

Les eaux minérales froides ou thermales sont très abondantes au Mexique, parmi elles qu'elques unes sont incrustantes.

Quelques unes de ces eaux ont été analysées par M.M. Rio de la Loza, Oliva et Lambert, et réunis par M. Alphonse Herrera dans la Pharmacopée Mexicaine.

Eaux acides, dans le cratère du Popocatepetl; elles contiennent de l'acide sulfurique.

Eaux alcalines ou carbonatées, caractérisées par la grande quantité de carbonate de soude qu'elles tiennent en disolution, ainsi que par l'acide carbonique libre auquel elles doivent leur effervescence. Les eaux del Pocito de Guadalupe, à 4 kilomètres au Nord de la ville de Mexico; del Peñon de los Baños à 4 kilomètres au Nord Est de la même ville qui présentent assez d'analogie avec les eaux de Carlsbad et du Mont d'Or; celles de Cuincho à 10 kilomètres ou N.O. de Morelia et celles de Zalatitan à 8 kilomètres au N.E. de Guadalajara.

Eaux sulfureuses.—Elles se distinguent des précédentes par l'odeur caractéristique de l'hydrogène sulfuré et par sa propriété de précipiter à l'état de sulfures noirs les sels de plomb, d'argent, etc. Les sources les plus importantes sont: celle de Santiago et San Pablo à Puebla, celles de Puruándiro à Monterey et Islas Marías, celles de Derrumbadas à 72 kilomètres à l'Est de Puebla et celles de la Laja au S. E. d'Ahualulco dans l'État de Jalisco.

Eaux ferrugineuses.—Elles ont une saveur styptique assez semblable à celle de l'encre; elles noircissent par l'addition d'une décoction de noix de galle et donnent avec le ferrocyanure de potassium un précipité de bleu de prusse. En général elles contiennent des proportions notables de fer à l'état de Carbonato de protoxide dissous par un excès d'acide carbonique en dissolution dans l'eau. Abandonnées au contact de l'air, l'acide se dégage et le sel de fer protoxide passe au contact de l'oxygène de l'air à l'État de sel de peroxyde hydraté. Au nombre de ces dernières nous citerons les eaux de Valparaiso près de Durango, celles de Sainte Cécile au N. de la ville de Mexico et celles de Alonso ou de Lamas à Guadalajara.

Eaux salines.—Contenant en dissolution des quantités plus ou moins appréciables de sels divers, tels que les sulfates et carbonates de soudes, de chaux et de magnèsie; les chlorures de sodium, de calcium et de magnesium, d'autres contiennent encore, de la potasse, de la lithine, du cœsium, du rubidium, de l'iode et du brôme. Les eaux d'Atotonilco à 52 kiloms. au Nord de Mexico, ainsi que celles du lac de Texcoco, appartiennent à ce dernier groupe.

Nous donnons à dessous le tableau des températures des principales sources:

Peñon de los Baños	44°5
Pocito de Guadalupe	21°5
Ouincho	30°0
Salatitan	41°0
Sources de Santiago et San Pablo	29°5
Monterey	41°0
La Laja	101°0
Atotonilco	58°0
Texcoco	20°0

Le nom Atotonilco est très répandu au Mexique, il indique toujours la proximité de sources d'eaux thermales.

Nous avons acquis les données suivantes concernant d'autres sources. Telles sont celles de Baños de Peñita et Chichimequillas, Texquisquiapan et Toliman dans l'État de Querétaro; celles de Pathé, Taridó et Manguaní dans la municipalité de Tecozautla de l'État de Hidalgo.

Les eaux de Chucándiro (Michoacan), San Sebastian Tararameo, Islan de los Hervores, Temascal, Araron, Tequicheo de la Laguna, Taymeo, Barreno et Zinapécuaro, contiennent en général de l'acide chlorhydrique libre et des substances sulfureuses.

Les eaux calcaires de Purua, près de Jungapeo, sont incrustantes.

L'État de Sonora renferme plusieurs sources d'eaux sulfureuses et ferrugineuses, leur température varie entre 60 et 70° centigrades. Nous citerons celles de San Miguel et Baroyeca sont les plus notables.

Les principales sources de l'État de Nuevo Leon sont celles de Topo et de Potrero Prieto à 16 kilomètres au Nord de Galeana; las Huertas 25 kiloms. de Montemorelos; celles de Huajuco dans le voisinage de la même ville. Bien que légérement séléniteuses, ces eaux qui par le repos abandonnent l'hydrogène sulfuré deviennent potables après leur refroidissement.

Aguascalientes doît son nom à l'aboundance de ses sources thermales, les principales sont à Cantera, celles du Partido de Calvillo, de Ojocaliente et Ojocalientillo.

Les sources Lodos de Munguía viennent sourdre dans les fermes de Aguas Buenas et de Comanjilla, près de Silao de l'État de Guanajuato.

Les sources suivantes appartiennent à l'État de San Luis: Ojocaliente, température 25°, à Santa María del Río, ses eaux contiennent des sels de soude et de magnésie. Les eaux ferrugineuses de la ferme Labor del Rio. Les sources thermales de Lucio dans la municipalité de Reyes. Hacienda de Vanegas près de Cedral. Ojocaliente, Vigas et San Sebastian à 30 et 34 kiloms. de la ville de Rio Verde. Baños Grandes près de villa de Tamuin. Ojocaliente à 8 kiloms. au Nord de Tanlajas. Bañito de Ojocaliente à 17 kiloms. au Sud de Ciudad de Valles; ces deux dernières sont sulfureuses. Celle des Cruces à Moctezuma, de Tule et de Fresno à Santa María del Rio.

Les sources les plus renommées de l'État de Morelos sont

Agua Hedionda près de Cuautla et de Vega près de Xochitepec.

Les sources sulfureuses de l'État de Mexico sont: Ojo de Almoloya et Baños près d'Ixtlahuaca, Tilvito et Rio San Gaspar à Villa del Valle; Atempa à Yahualica et Puentecillos près de Sultepec.

Cette œuvre était déjà sous presse quand nous avons reçu, de M.M. Alphonse Herrera et Andrés Almaraz les données suivantes que nous nous empressons d'insérer.

"Sources d'Araró, à Zinapécuaro de l'État de Michoacan:

Tempértiture... 85° centigrade.
Substances fixes.. 1°50

Ces eaux contiennent en abondance du chlorure de sodium, du sulfate de magnésie, de l'acide silicique et de l'acide carbonique libre ou en combination.

Eaux de source de Tararameo, près de San Juan de même État.

Contient 6.50 de substances fixes qui sont: chlorure de sodium, magnésie, acide carbonique libre ou en combinaison.

Eau de la source de Bartolilla à Zinapécuaro du même État.

Température... 32°

Elle contient une faible quantité de substances fixes constituées par le carbonate de potasse et l'acide silicique.

Le degré de pureté de cette eau permet de la comparer à celle des quelques puits artésiens forés dans des terrains imperméables. On peut sans inconvénient, en faire usage dans tous les opérations qui réclament l'usage de l'eau distillée.

Sources de Cuincho, État de Michoacan.

L'analyse de cette eau a été publiée dans les leçons de Pharmacologie de M. Oliva et dans la nouvelle Pharmacopée Mexicaine.

Les eaux de Araró et de Tararameo appartiennent au groupe des eaux salines."

VIII

SECTION AGRICOLE.

CLIMATS ET PRODUCTIONS.

La région septentrionale du territoire mexicain se trouve comprise dans la zone tempérée, la région méridionale appartient á la zone torride. Ces deux grandes divisions, combinées avec les différentes altitudes du sol, déterminent la distribution générale des températures et la diversité des climats. La division la plus générale est celle en trois régions qui portent les noms de *terre chaude, terre tempérée, terre froide*. Il est toutefois difficile d'en determiner avec précision les limites qui sont, d'ailleurs, variables avec le relief du sol et peu sensibles dans le passage de l'une à l'autre. Il en est de même des espéces végétales.

La zone torride et sa végétation tropicale va du niveau de la mer à une altitude de 1,000 ms. Sa température moyenne, en été, est de 30° à 31° centigrade. Les terrains compris dans cette zone, et dans le voisinage de la mer, sont d'une fertilité excessive grâce à l'abondante humidité du sol entretenue par una rosée permanente et par les pluies copieuses estivales; ils sont en général peu salubres.

Les vents régnants du N. E. et du S. O. sur le littoral du Pacifique et les vents impétueux du N. qui d'Octobre à Mars soufflent en tempêtes sur les côtes du Golfe, modifient la température et font descendre le thermomètre à 22° centigrade. Les terrains de cette zone qui ne sont pas baignés par les vents du N. et qui se trouvent dans le voisinage de terrains marécageux sont insalubres au premier chef.

Un printemps perpétuel régne sur le versant des cordillères entre 1,000 m. et 1,600 m. d'altitude; les oscillations thermomètriques de cette zone n'excédent pas de 4° à 5°, sa température moyenne varie entre 23° et 25°. Le froid et l'excessive chaleur, ces deux extrèmes de la température, y sont complétement inconnus. Jalapa, Huatusco de l'Etat de Veracruz, Chilpancingo et Tasco de l'Etat de Guerrero, Ameca dans celui de Jalisco, et nombre d'autres localités que nous pourrions citer et qui appartiennent à la région tempérée sont vantées, grâce à leur excessive salubrité et à leur climat fort doux. Malheureusement les nuages chassés par les vents et retenus par les massifs montagneux plongent souvent ces localités dans d'épais brouillards.

L'européen peut sans danger s'y fixer, il s'y acclimate rapidement, á l'abri des maladies endémiques qui régnent dans la zone torride. Elle offre de plus à l'agriculteur laborieux et à l'industriel intelligent de grands élements de fortune.

La troisième zone embrasse tous les terrains qui s'élèvent à plus de 1,600 m. d'altitude; elle comprend une grande partie du plateau central dont la température moyenne annuelle varie entre 15 et 17° centigrade, à exception faite de certaines grandes dépression et de vallées profondément encaissées où la température et la végétation appartiennent à la zone temperée. On abserve fréquemment que quelques heures de route suffisent por faire voir au voyageur des climats si divers et des productions si différents.

Durant l'hiver la température des hauts plateaux comme ceux de Toluca et de Mexico, descend fréquemment au-dessous de 0°; les gelées n'y sont pas rares. En général l'hiver est doux et la température moyenne est de 13 à 14°.

Nous avons indiqué les causes qui influent directement dans la différence notable des climats des trois zones mentionnées. Le froid qui règne sur les hautes montagnes et avec moins d'intensité sur les hauts plateaux, contraste avec la température délicieuse de la zone tempérée à peine par les ardeurs de la canicule et par les rigueurs de l'hiver, et bien plus encore avec la température ardente et quelquefois suffocante du littoral, sans que cette dernière puisse être comparée à celle du Sénégal et de la Nigritie.

Telles sont les divisions générales climatologiques du pays déduites de ses conditions spéciales et locales. La zone torride comprend: la presqu'île de Yucatan, l'Etat de Tabasco, la partie la plus considérable de l'Etat de Veracruz et celui de Tamaulipas, dans le voisinage du littoral. Les limites de cette zone sont le Fortin à l'Ouest de Cordoba, l'Encero sur la route de Veracruz à Jalapa et Santa Barbara dans l'Etat de Tamaulipas.

La même zone dans l'Océan Pacifique s'étend au territoire de la Basse Californie où les somnets les plus élevés de la cordillière atteignent à peine 1,000 m.; aux districts d'Altar de Magdalena, d'Hermosillo, de Guaymas et d'Alamos en Sonora; à la partie occidentale de Sinaloa et de Jalisco; à l'Etat de Colima et à la région Sud des Etats de Michoacan et de Guerrero. Elle s'étend et remonte par les talwegs des rivières Marqués, Tacambaro, Zitácuaro, Cutzamala, Tepecoacuilco, Tenango et Amacusac jusqu'au cœur des Etats de Michoacan, de Guerrero et de Morelos. La zone torride s'étend à la Mixteca, aux côtes et aux vallées de la partie sud des Etats de Oaxaca et Chiapas.

La terre froide ou plateau central occupe les plaines au Nord des Etats de Michoacan et México, le District fédéral, le Nord et l'Orient de l'Etat de Puebla, les plaines de Perote et les Etats de Tlaxcala, Hidalgo, Querétaro, Guanajuato, la partie de celui de Jalisco qui confine avec l'antérieur, l'Etat de San Luis, sauf la région orientale, les Etats d'Aguascalientes et de Zacatecas sans les vallées de Juchipila et Tlaltenango, et les plaines de Durango qui s'étendent jusqu'à la région occidentale de Chihuahua.

Cette zone est fréquemment interrompue par les depressions profondes du terrain, elle est limitée à l'Est et à l'Ouest par les deux grands rameaux de la Sierra Madre. La chaine est interrompue en de certains points par des ravins brèches ou fractures dont la profondeur atteint parfois 1,400 m. comme à la sortie de la gorge de Boca del Monte, sur la route que parcourt la voie ferrée de México á Veracruz; à Barranca Honda, entre Jalapa et Perote; comme sur la cime d'Oyameles entre Teziutlan et Huamantla, et le Salto entre Mazatlan et Durango.

La zone comprise entre les deux précédentes porte le nom de tempérée elle est formée en grande partie des versants des deux littoraux; elle s'étend aux plaines de Chiapas à la partie septentrionale de l'Etat de Oaxaca, á los Tuxtlas et Zongolica de l'Etat de Veracruz; dans l'intérieur du pays, elle s'étend aux vallées de Zacatlan, Huauchinango, Rio Grande ou Guadalupe, Etat d'Hidalgo; au Centre de l'Etat de Jalisco; à la vallée du Rio Nieves à Zacatecas; au rio Nazas, Etat de Durango; aux plaines des Etats Chihuahua, Coahuila et Nuevo Leon où le sol s'affaisse insensiblement vers le lit du Rio Bravo; et en général á toutes les localités basses et abritées à végétation presque tropicale.

Dans la zone torride les changements de saison sont beaucoup moins sensibles que dans les autres zones; il n'est guère appréciable par les variations de température. On n'y connaît d'ailleurs que deux époques: celle de pluies et celle de la sécheresse.

Durant l'été d'abondantes pluies raffraîchissent l'atmosphère. Les pluies tropicales commencent en Juin, augmentent d'intensité de Juillet à l'équinoxe d'automne et cessent complètement au commencement de Novembre, époque à laquelle commence la sécheresse. Pendant la saison des pluies, des cumulés d'une blancheur éblouissante couvrent l'horizon atteignant, à de certains moments, des proportions colossales; dans la soirée ces énormes masses flottantes de vapeurs a l'état vésiculaire se transforment en nimbus, elles se condensent alors et se résolvent en fortes pluies qui grossissent les ruisseaux transformés en torrents et font déborder les rivières par leurs crises impétueuses. Les éclairs sillonnent la nue de leur lumière éblouissante et les grondements sourds du tonnerre précurseurs de la pluie et de la grêle annoncent que la tempête va se déchaîner. Des trombes dont la seule présence est une menace de dévastation certaine, croisent rapidement l'atmosphère, et l'ouragan entièrement déchaîné et les violentes décharges électriques se combinent pour rendre plus imposant encore l'époque des pluies tropicales. Après la tempête, le ciel reparait beau et serein, l'atmosphère limpide et transparente. Les matinées sont ordinairement for belles et si ce n'était les signes de l'orage indiqués plus haut, il serait difficile de prévoir les violentes tourmentes de la soirée.

Grâce à la diversité des climats du territoire mexicain, ses productions végétales sont variées à l'infini. Des régions embassées, qui partent de l'Océan, jusque dans le voisinage des neiges éternelles qui couronnent quelques unes de ses plus hautes montagnes, le pays est à de rares exceptions d'une grande fertilité. La végétation la plus exubérante se développe indistinctement dans les trois régions.

Entre le littoral et le pied de la cordillière la terre chaude offre ses savanes ou grandes prairies avec ses excellents pâturages; çà et là des groupes d'arbres disséminés, parmi lesquels dominent les ficus, les bignonies et térébinthes, et dans de nombreux endroits des groupes également isolés de bambous géants formant corbeille.

Entre le niveau de la mer et 1,000 m. d'altitude la végétation acquiert une vigueur et un développement extraordinaire. Les bois et les forêts sont remplis d'arbres très estimés les uns par leurs fruits savoureux les autres pour leurs bois d'é bénisterie les plus fins, des bois de construction et de teinture, des arbres fruitiers, d'autres donnent des espèces médicinales; on y trouve en très grand nombre des herbes et des plantes grimpantes et des lianes les plus variées appartenant aux genres *Banisteria, Passiflora, Panlinia, Ipomea, Vitis y Asclepias.*

Parmi les espèces utiles, on rencontre dans nos forêts: l'Acajou [*Mahogonia Swietenia*], le bois de fer ou theak [*Robinia*], le ceiba [*eriodendron anfractusum*], le bombax, le tepeguage [*Acacia acapulcensis* leg.], l'ébénier [*Diospiros ebenum* leg.], le taray [*Varennea polystachia*], le copal de Veracruz leg., [*Heliocarpus americana*], le copal chinois [*Amyris bipinnata*], [*Zantoxylon clava-herculi*], le chêne [*Quercus?*] l'arrayan [*Myrtus arrayan*], [l'*Aristolochia grandiflora*] le dividivi [*Cœsalpinia cacalaco* lég.], le manglier [*Rhisophora mangle*], le linaloê [*Amyris lignaloe*], [*Cresentia alata*], le cédre [*Cedrela odorata*], le Brésil [*Cœsalpinia-echinata* leg.], le Campêche [*Hœmatoxylon Campechianum*], le sang-dragon [*Pterocarpus draco*], [*Carolinea fastuosa*], [*Hœmactoxylon*], le magnolia et son espèce mexicaine *Yoloxochitl*, d'inombrables variétés du genre mymosa, et nombre de plantes et d'arbres d'une énumération difficile.

Le coutchouc (*Siphonia elastica, Castiloa elastica*), et l'anacahuite (*Cordia Boissieri*), sont d'une grande importance, le premier par ses applications industrielles multiples, le second par ses proprietés medicinales.

Nous nous contenterons d'énumérer parmi les arbres fruitiers: le mamey (*Lucuma Bomplandi*), le zapote (*Achras Zapota*), (le *Lucuma Salicifolia*), de la famille des zapotaces; l'oranger, le limonier, le cédrat, le citronnier, de la famille des aurantiacées; le cocotier (*cocos nucifera*), le dattier (*Phenix dactilifera*), le palmier coyol (*cocos guacuynle*) et (*l'élais melanoccoca*) espèce fort abondante sur les côtes des Etats de Colima et de Guerrero; le goyavier (*Psidium pyriferum*), le jinicuile (*inga jinicuile*), le prunier (*Spondia purpurea*), (*Spondia mombin*); parmi les broméliacées l'ananas (*Bromelia anana*); la chirimolia (*Anona chirimolia*), las anonas (*Humboldti, glabra, reticulata*), parmi les anonées; l'avocat (*Laurus, persea gratissima*), parmi les laurinées; le tamarin (*Tamarindo occidentalis*), de la famille des légumineuses; diverses espèces de bananes du genre *Musa*, (*Musa pvradisiaca*), la banane de guinée (*Musa sapientum*), la banane dominicaine ou de Costa Rica (*Musa regia*), la banane de Chine ou de Manille (*Musa coccinea*), la mangue commune (*mangifera indica*), celle de Manille; le melon (*Cucumü melo*) la pastèque (*Cucurbita citrullus*).

La vanille (*Epidendrum vainilla*) croit à l'état sauvage; l'espèce cultivée dans le canton de Jalacingo de l'Etat de Veracruz, est de qualité supérieure et la plus renommée sur les marchés étrangers.

Le Jalap (*Convolvulus Jalapa, convulvulacée*) croit aussi a l'état sauvage et est très abondant dans l'état de Veracruz.

La canne à sucre (*Saecarum offiicinarum*) est cultivée sur une grande échelle et tout particuliérement dans l'Etat de Morelos. La zone de culture de la canne à sucre comprend d'Ouest á Est, l'Etat de Colima, le Sud de l'Etat de Jalisco, les Etats de Michoacan, México, Puebla et Veracruz, une grande partie de l'Etat de Guerrero, la totalité de l'Etat de Morelos, les Etats de Oaxaca, Tabasco, Chiapas, Campeche et Yucatan; toutefois l'Etat de Morelos est consideré comme centre producteur. Bien que la canne à sucre doive être cultivée dans toute la terre chaude, elle ne sort guère de la zone décrite.

Le café [*Coffea arabica*, rubiacée], dont la culture prend de jour en jour plus développement est produit en grande abondance por les cantons de Córdoba, Coatepec, Jalapa, Huatusco et Tulancingo de l'État de Veracruz, et par les États de Morelos, Oaxaca, Michoacan et Colima. La qualité supérieure du café en fait l'objet d'une importante exportation.

La culture du tabac [*Nicotiana tabacum*] est faite dans d'excellentes conditions dans les Cantons de Tuxtla, d'Acayucan, de Jáltipan, de Córdoba, d'Orizaba, de Huatusco, de Coatepec, de Jalapa, de Jalacingo, de Misantla et de Papantla appartenant à l'État de Veracruz; le canton de Tuxtepec de l'État de Oaxaca est tout particulièrement renommée pour l'excellente qualité de ses tabacs. Sa culture, mais sur une moindre échelle, s'étend aux États de Tabasco, Campeche, Yucatan et Chiapas. Sur le littoral du pacifique le principal producteur de tabac est le district de Tepic et Compostela de l'État de Jalisco.

La culture du Coton *Gossypium*, s'est soutenue, avec succès dans les États de Sonora, Sinaloa, Guerrero, Yucatan, Oaxaca, Jalisco, Michoacan et Veracruz; toutefois la région veritablement productive s'étend de Santa Rosalía et Rio Florido, au Sud de Chihuahua, aux districts de Viezca, Parras et Monclova de l'État de Coahuila, et à la partie Nord de l'État de Durango irrigesée par les eaux du Rio Nazas.

L'État de Tabasco donne un cacao [*Theobroma cacao*] de très bonne qualité; il est aussi l'objet d'une culture spéciale, dans l'État de Chiapas y dans le canton de Soconusco, ce dernier produit un cacao de qualité supérièure et très renommé à l'étranger.

L'indigotier [*Indigofera tinctoria*] est cultivé sur les deux littoraux et principalement dans les Etats de Veracruz, Oaxaca, Guerrero, Colima et Chiapas.

Les côtes et la terre chaude produisent encore un grand nombre de plantes útiles; nous citerons la Salsepareille [*Smilax medica*]; le poivre de Tabasco [*Eugenia pimenta*]; le manioc [*Yatropha manihot*] qui produit l'amidon; [*Xanthosoma robustum*] la racine tuberculeuse; le riz [*Oriza sativa*] cultivé dans les régions chaudes et humides et [*Maranta arundinacea*] d'où on extrait la farine d'arrow-root.

Le Mexique produit enfin une infinité de plantes utiles à l'industrie et à la médecine, ainsi que de nombreuses variétés de lichens tinctoriaux, parmi lesquels l'orseille récoltée en Basse Californie ou elle est appelée à devenir l'objet d'une exportation importante.

Il semblerait que la nature a prodigué tous les dons à la zone comprise entre 1,000 et 1,600 mètres d'altitude; en effet cette dernière joint aux productions qui lui sont propres celles de la terre chaude et de la terre froide qui s'y confondent sur leurs limites respectives. On voit sur les hauteurs les forêts de chêne au sombre feuillage, tandis que les vallées inférieures sont couvertes de myrthes, de lauriers, de tiliacées, d'euphorbiacées et de melastomacées aux riches variétés; de fougères, depuis les plus petites qui couvrent les interstices des roches et l'écorce des arbres, à la fougère arborescente au feuillage en forme de palme.

Des bois de liquidambar [*Liquidambar Styraciflua*] couvrent le fond des vallées.

Cette région produit les bois précieux et des fruits très estimés, ainsi que de grandes variétés de plantes grimpantes et d'orchidées aux vives couleurs.

Cette zone occupe la partie la plus accidentée de la cordillère, et les rapides, les chutes et cascades si nombreux dans les vallées et replis du sol viennent s'ajouter à la beauté de la végétation et donnent au paysage l'aspect particulier qui lui est propre et qu'il perd en s'élevant à la région des plantes résineuses.

La crête ondulante de la cordillère couronnée de conifères, sert de limite au plateau central où s'étend la terre froide à plus de 1,600 mètres d'altitude. La compagne souvent interrompue par les contreforts de la cordillère ou par des chaines de collines isolées est transformée en vertes prairies et en riches champs de blé, d'orge ou de maïs, durant la saison des pluies; çà et là des champs arrosés naturellement présentent le bel aspect des terres cultivées, d'ou la distinction établie entre les cultures d'irrigation et celles de la saison des pluies.

La grande élévation du plateau central ainsi que la constitution physique des cordillères aux versants rapides, couverts de basalte fissuré qui favorise la filtration des eaux, expliquent surabondamment l'absence de rivières dans l'intérieur du pays, à peine s'il est possible dans quelques localités d'utiliser pour la culture les faibles ruisseaux qui existent. Ce défaut se fait surtout sentir dans les grands déserts de la région septentrionale du pays, où le voyageur ne rencontre, de loin en loin, que quelque misérable ruisseau, quelque citerne, quelque rare dépôt d'eau pour apaiser sa soif.

La transition de la terre tempérée à la terre froide est marquée par la présence des plantes résineuses. La riche variété des conifères atteint un développement prodigieux entre 2,300 et 3,400 mètres d'altitude; au de là de cette limite la végétation arborescente commence à perdre de sa vigueur et disparaître complètement à 3,980 mètres pour laisser la place à la végétation herbacée qui disparaît à son tour à 4,180 ms.

L'ahuehuete [*Taxodium distichum*], le pin [*Pinus comunis*], le cèdre blanc [*Cupressus Lindley*], le cyprès [*Pinus religiosa*], le cèdre de la Sierra [*Chamœcypares turifera*], forment des bois d'une grande beauté, assez symètriquement ordonnés sur le flanc des montagnes et donnent à la terre froide son aspect pittoresque particulier.

Quelques montagnes sont couvertes de mimosas et de chênes. Dans les plaines, les arbres du Pérou [*Schinus molle*], le tejocotes [*Cratœjus mexicanus*], les agaves et les cactus qui croissent en différents endroits du territoire; on rencontre les cactoidées tantôt formant bois sur le flanc des montagnes, comme le Nopal ou figuier de barbarie [*Cactus opuntia*], tantôt disséminées comme le bisnague [*Mamilaria manimama* et *parvimama*], ou bien formant haie ou servant de clôture dans les villages comme l'orgue [*cactus exagonus*], et le pitahaya [*Cereus pitahaya*].

On rencontre encore sur les haies et les murs de clôture des jardins le *nopalillo* [*Cereus phillantus*], avec ses belles fleurs rouges ou blanches.

Les [*agaves*] forment haie sur le bord des chemins ou alignés en plantations reguliérement, donnent au terrain un aspect monotone et triste qui contraste étrangement avec celui des plaines cultivées, des champs de luzerne, [*Medicago sativa*], et les riches cultures qui entourent les fermes y les villages.

Tantôt isolés, tantôt groupés en quinconces, les énormes

Ahuehuetes, les saules, les frênes [*fraxinus excelsior*] embellissent les champs ou le voisinage des villages, ainsi qu'on le voit fréquemment dans la Vallée de Mexico. Des jardins fruitiers produisent des fruits très estimés parmi les quels nous citerons: diverses variétés de poires [*Pyrus communis*], de pêches [*Persea vulgaris*, meela persica], d'abricots [*Prunus armeniaca*], de merises [*Cerasus capollin*], d'avocats [*Persea gratissima*], de pommes [*Pyrus malus? var*], de figues [*Ficus carica*], de noix [*Juglans mucronata, granatensis* et *regia*], de Zapotacées [*Casimiroa edulis*], de grenades [*Punica granatum*], de cerises [*Cerasus vulgaris*], de coings [*Cydonia vulgaris*] etc.

La culture maraîchère est très développée, les environs de Mexico produisent en grande abondance presque tous les légumes connus, d'excellentes qualités.

On cultive dans les jardins les fleurs aux innombrables variétés, elles servent de principal ornement aux maisons de campagne. Le nombre de celles qui croissent spontanément, dans les champs et les montâgnes, est infini. A certaines époques de l'année elles émaillent les champs de leurs couleurs variées et recouvrent les éminences qui disparaissent sous leur profusion, la jolie fleur de Saint Jean [*Bouvardia longiflora*], le nard parfumé [*Polyhantes tuberosa*], et le *Begonia discolor*].

PLANTES TEXTILES.

Ainsi que nous avons pu l'observer, la végétation est aussi riche que variée dans les trois régions mentionnées, et le nombre des plantes textiles qui existent sur toute l'extension du territoire est fabuleux. Les unes croissent spontanément et se développent d'une façon prodigieuse, offrant à l'industrie leurs belles fibres, depuis les plus fines qui servent à la confection de tissus délicats comme la soie jusqu'aux plus résistantes comme le chanvre.

Nous mentionnerons ici les principales qui sont:

Divers espèces d'agaves *A. ixtle*, *A. lechuguilla*, *A. americana*, *A. mexicana*, *A. vivipara*, *A. saponaria*, *A. latea*, etc.

Diverses espèces de bananiers [*Musa*] qui ainsi que les [*Cyperus*] donnent des fibres blanches aussi fines qu'abondantes.

Parmi les malvacées qui existent à l'état sauvage nous citerons [*Sida romboidea*] aux longs filaments, la [*Malva scoparia*] de Michoacan, la [*Malvabiscus arboreus*], l'[*Hibiscus tiliaceus*], très abondantes sur le littoral du Golfe.

Parmi les plantes textiles de la famille des Urticées citons l'[*Urtica dioica*], à l'écorce textile comme celle du chambre; une belle ortie de l'État de Morelos en Mexicain, *chichicaxtle*, qui paraît être une espèce de [*Bœhmeria*] qui produit une excellent fibre. Le *ramié* [*Urtica Bœmaria*], se cultive en grande échelle et se developpe admirablement dans le République principalement dans les Etats de San Luis Potosí et de Puebla.

Diverses broméliacées et tiliacées; la Bromelia de Tehuantepec: le [*Tillandsia*], le [*Yucas*].

Les nombreuses espèces de Palmier donnent aussi de très bonnes fibres dont l'industrie pourrait tirer un grand profit.

Des plantes nombreuses, appartenant à des familles diverses, produisent d'éxcellentes fibres; telles sont: le bisnage [*Mamillaria*]; les cactées, parmi les quelles l'orgue [*Cactus cereus*] qui donne des filaments longs et soyeux; l'[*Eriodendron anfractuossum*] dont les graines sont enveloppées de filaments fins assez semblables au coton; l'[*Heliocarpus americanus*] des États de Morelos et Puebla.

La Basse Californie produit entre 27° et 31° de latitude N. une espèce de cactus qui donne des filaments dont on confectionne d'excellent papier: il est connu sous le nom de *cirio* (cierge).

En dehors des plantes citées plus haut et de nombre d'autres qu'il serait trop long d'énumérer, pouvant servir à la fabrication de tissus, du papier, nous devons mentionner, pour son aplication aux mêmes usages, le coton qui ainsi que nous l'avons déjà dit est cultivé et donne d'abondantes récoltes dans les États de Chihuahua, Durango et Coahuila; le mûrier assez répandu dans le pays, ainsi que le mûrier de Chine.

Les essais d'éducation de vers à soie tentes dans les États de Veracruz, d'Oaxaca et de Michoacon ont donné de très bons résultats.

Les principaux produits agricoles récoltés annuellement sont les suivants:

	Valeur en piastres.	États producteurs.
Coton	10.857,000	Coahuila, Durango, Chihuahua, Veracruz, Colima, Jalisco, Guerrero, Michoacan, Oaxaca, Sonora, Tamaulipas, Nuevo Leon, Hidalgo.
Riz	1.246,000	Veracruz, Colima, Michoacan, Chiapas, Guerrero, Oaxaca, Tampico, Sonora, Yucatan, Morelos.
Indigo	372,910	Oaxaca, Chiapas, Guerrero, Veracruz, Sonora, Colima.
Cacao	1.135,360	Tabasco, Chiapas, Oaxaca Veracruz.
Café	3.200,000	Veracruz, Oaxaca, Morelos, Michoacan, Colima, Chiapas.
Tabac	2.500,000	Veracruz, Tabasco, Campeche, Yucatan, Chiapas, Oaxaca, Guerrero, Jalisco, Sinaloa, Colima.
Cochenille	111,910	Oaxaca.
Vanille	900,000	Veracruz, Oaxaca, Tamaulipas, Tabasco, Guerrero, Michoacan, Jalisco, Colima.
Salsepareille	200,000	Veracruz.
Hennequen	3.718,750	Yucatán, Campeche.
Ixtle	700,000	
Canne ou sucre	8.735,000	Morelos Veracruz, Puebla, Oaxaca, Yucatan.
Articles spéciaux	33.676,930	

	Valeur en piastres.	
Maïz	110.000,000	
Haricots	8.000,000	
Pois	450,000	
Pois chiche	500,000	Pour tout le pays.
Anis	105,000	
Orge	4.500,000	
Froment	18.400,000	
Sésame	200,000	
Piment (Chile)	455,000	
Fèves	500,000	
Lentilles	100,000	
Pommes de terre	600,000	
	147.455,000	
Article espéciaux	33.676,930	
Total........$	181.131,930	

Dans ce dernier chiffre les produits du (*Maguey*), agave mexicain, qui sont d'une grande importance n'y figurent pas. Des données y concernant de source non officielle, ne paraissent pas remplir les conditions d'éxactitude indispensables á un travail de statistique, nous en faisons mention seulement pour compléter l'importante Section Agricole. Le Gouvernement cherche avec sollicitude à corriger par tous les moyens possibles les défauts de notre statistique naissante il a dicté à cet effet de sages dispositiones dont l'éfficacité ne tardera pas à sa faire sentir.

COLONIES.

La loi de colonisation autorise le Gouvernement à agir par son action directe ou au moyen de contrats passés avec les compagnies privées à l'effet d'attirer dans le pays l'immigration; dans ce but il concède au colon certaines franchises et exemptions, il lui fournít à très bas prix et à long terme une étendue déterminée de terrain remboursable par annuités à partir de la seconde année de son établissement, il est dispensé du service militaire, et durant dix ans, du paiement de toute contribution; la contribution municipale exceptée; les vivres, les instruments aratoires, l'outillage, les matériaux de construction, les meubles, les bêtes de somme, le bétail, destinés à son usage sont exempts de droits d'introduction et des droits locaux et de circulation; il jouit aussi d'une exemption personnelle intransmissible d'exportation en franchise des produits récoltés par lui; la loi accorde aussi à titre d'encouragement des primes spéciales paur l'introduction d'une industrie d'une culture et industrie nouvelle.

La loi donne au Gouvernement l'autorisation de concéder aux colons des lettres de naturalisation et le droit de leur accorder toute fois qu'il le jugerait nécessaire, un supplément pour frais de transport et de subsistance.

Le gouvernement mexicain désireux d'attirer l'immigration étrangère à pour son compte essayé de l'établissement de quelques colonies.

Dans le but de développer l'immigration et de diminuer la lourde charge du trésor, on a decidé plus tard la suppression des dépenses onéreuses et des frais supplémentaires. Aujourd'hui le gouvernement fait simplement face aux frais de transport du port d'embarquement jusqu'à la colonie, il fournit le terrain d'une étendue déterminée à bas prix et à long terme; il garantit les exemptions et prérogatives concédées par les lois libérales du pays.

Dans tous les États du pays, mais particulièrement dans les États frontières et sur les littoraux des deux Océans, le colon intelligent et laborieux peut facilement développer les élements de richesse qui l'entourent et arriver à l'aisance et à la fortune.

Les États de Chihuahua, Sonora, Coahuila, Tamaulipas, possèdent d'énormes extensions de terrains d'une grande fertilité, l'eau si nécessaire aux travaux des champs et aux usages ordinaires n'y faisant pas défaut comme dans les États de l'intérieur qui occupent le plateau central. Les terrains situés sur les versant de la cordillère sont d'une grande fertilité, grâce à l'eau qui y court en abondance; il jouissent d'un climat doux et sain, et promettent grâce à ces élements un grand avenir à la colonisation. L'exploitation des produits tropicaux s'y fait sans aucun danger et sans les inconvénients nombreux des terrains voisins de la côte, où régnent des maladies endémiques qui attaquent de préférence l'étranger. Toutefois la prospérité atteinte par la colonie française de Jicaltepec située sur les bords du Rio Nautla démontre surabondamment, qu'avec des habitudes d'ordre et une vie régulière, la terre chaude est parfaitment colonisable.

D'ailleurs il serait possible d'atteindre de très sérieux résultats, si la colonisation des terrains de la côte était faite par des indigènes des îles des Canaries, leurs climat étant assez semblable à celui de nos littoraux.

Les terrains colonisables dans l'extérieur du pays sont rares, à cause du manque d'eau. Ceux qui se trouvent dans des conditions favorables appartiennent à des particuliers. Les autres zones, au contraire, renferment des terrains vagues qu'il est facile d'acquérir en vertu d'une loi spéciale sur la matière et de la loi générale de colonisation. Par la première loi, tout habitant de la Republique peut se rendre acquéreur par une demande de concession, sauf préjudice d'un tiers, de 2,500 hectares de terrain. Comme unique restriction à la loi, les naturalisés et les habitants des pays limitrophes ne pourront pas faire usage de ce droit dans le voisinage des frontières. La seconde loi concède à tout individu, autorisé par le Gouvernement, à procèder à la délimination de terrains vagues dans le but d'y coloniser les deux tiers des terrains denoncés.

Tous les deux ans et après révision, le Ministère des Travaux Publics, publie le tarif des prix d'acquisition des terrains vagues.

Les colonies européennes établies dans le pays sont les suivantes:

La colonie françaisu de Jicaltepec, État de Veracruz, près du port de Nautla est la première et la plus ancienne, dans la terre chaude. La culture de la vanille de qualité sans rivale constitue la principale richesse de la colonie. D'autres européens, italiens pour la plupart, s'y sont fixés; comme les précédents ils s'occupent de préférence de la culture de la vanille. Nombre des colons.. 700

Elle s'étend à six lieues sur les rives du Rio Palmar de Nautla et est divisée en trois groupes: Jicaltepec, San Rafael et Zopilote.

Il ressort du tableau suivant que ses productions agricoles annuelles sont assez importantes:

200,000	gousses de vanille à 50 cents. le mille.....	100,000
10,000	arrobes de tabac..................................	30,000
4,000	quintaux de café à $10..........................	40,000
2,000	bœufs à $25...	50,000
10,000	boisseaux de maïz................................	20,000
2,000	barrils d'eau de vie	20,000
	Produits divers.....................................	100.000
		$360,000

La seconde colonie nommé «Manuel González,» à Huatuxco, dans la zone tempérié est des plus saines. Elle est composé de familles italiennes et mexicaines, occupées de la culture du café, du tabac et de canne à sucre, murier blanch, yuca, vid, coton, orange, riz, maïz et haricôt... 402

La troisième «Porfirio Diaz,» District de Cuautla, État de Morelos, avec 101 colons mexicains et 14 italiens. On s'occupe de la culture du maïz, haricôt, riz et pastèques............................. 115

La quatrième «Cárlos Pacheco» à Tlautlauquitepec, de l'État de Puebla, est saine, bien que situé dans la terre chaude. Les colons italiens et mexicains, s'y consacrent aux mêmes cultures que dans la précédente. Quelques familles italiennes sont établies à «Toteles» dans la terre froide, elles rélèvent de la même direction; elles cultivent les céréales et la ramié qui s'y donnent en abondance et de qualités supérieures....................... 310

La cinquième porte le nom de «Fernández Leal» elle est établie en terre froide, dans l'État de Puebla, District de Cholula, la culture porte de préférence sur les céréales et la vid,................. 390

La sixième de «Diez Gutiérrez,» est siué à Ojo de Leon, dans

A reporter.. 1,917

Report..	1,917
l'État de San Luis Potosí, dans la terre tempérée, son climat est sain. Les produits sont maïz, haricot, près, pois, vid, Piment, coton et tabac..	134
En plus de ces colonies, antèrieurement établies, le gouvernement à fondé directement les suivantes:	
Colonie de sericiculture, avec familles mexicaines, dans le district de Tenancingo..	152
Colonie de l'«Ascension,» à Chihuahua, avec familles Mexicaines rapatriées des États-Unis..	2,294
Colonie «Aldana,» dans le District tédéral formée de 40 colons mexicains et 71 italiens..	111
Colonie «San Pablo Hidalgo,» district de Cuautla, État de Morelos, de familles mexicaines..	196
Colonie «San Vicente Juárez»..	83
Colonie «San Rafael Zaragoza»..	124
Dans les colonies de «Morelos,» les colons cultivent le maïz haricôts, riz, piments et canne à sucre et en plus, dans celle de «S. Pablo Hidalgo,» l'élevage du bétail.	
Les colonies, d'Entreprises particulières et action indirecte du gouvernement, sont:	
La colonie «Juárez» dans l'État de Chihuahua rvee 10 allemands, 102 Anglais, 357 Américains, 61 Danois, 17 Canadiens, 26 Ecossais, 57 Mexicains, 9 Italiens et 11 Suisses...............	650
La de «Tapachula,» État de Chiapas, avec 23 Allemands, 62 Américains, 2 Irlandais et 6 Escossais................................	93
La colonie «Santa Rosa,» État de Oaxaca, avec 10 cubains............	10
La colonie de Guanajuato, constituée avec 37 Italiens................	37
La colonie «Lerdo,» sur la rive gauche du Rio Colorado, en Sonora, avec 5 Anglais, 8 Américains, 2 Danois, 12 Irlandais et 163 Mexicains rapatriées..	190
La colonie du Pacifique, dans la baie de Topolobampo, État de Sinaloa, formé de 4 Allemands, 74 Américains et 17 Irlandais..	95
La colonie «Cárlos Pachece,» dans la Ensenada et Punta Banda. Elle compte 735 colones dont: 1 Autrichien, 3 Espagnols, 5 Brésiliens, 2 norwégiens, 1 suédos, 6 belges, 261 Mexicains, 27 Allemands, 5 Français, 17 Anglais, 320 Américains, 4 Danois, 17 Canadiens, 3 Irlandais, 8 Ecossais, 4 Italiens, 1 Suisse et 50 Africains..	735
La colonie «Romero Rubio» à San Quintín, 1 Autrichien, 5 Espagnols, 4 Norwégiens, 1 Belge, 31 Mexicains, 1 Allemand,	
A teporter..	6,821

Report...	2,821
1 Anglais, 11 Américans, 1 Irlandais, 1 Écossais, 2 Mexicains rapatriées et 1 Italien..	60
Et enfin, la colonie de «San Vicente» sur la Côte Nord de la Péninsule, dans le Pacifique, elle compte avec 138 colons, dont 18 Mexicains et 120 Français..	138
Formant un total général de colons de........	7,019

MONNAIES.

Nous croyons opportun de donner la relation qui existe entre les monnaies, les poids et les mesures du Mexique et ceux des pays étrangers afin de venir en aide aux immigrants.

ARGENT.

L'unité monetaire d'argent est la piastre forte d'une valeur de 5ᶠ 43 (France); 4 chellings 8 peniques (Angleterre); 4 marcs 88 phenings (Allemagne); 5 lires 43 (Italie) et 5 pesetas 43 (Espagne).

La piastre est divisée en cent sous.

En deux pièces de 50 sous:

En quatre pièces de 25 sous:

En dix pièces de 10 sous:

En vingt pièces de 5 sous.

OR.

La pièce de $20; vant 102ᶠ (France); 4 livres sterling 043 (Angleterre); 82 marcs 62 (Allemagne); 102 lires (Italie); 3.92 doublons (Espagne).

Pièces de $10.00.

    „ „ 5.00.

    „ „ 2.50.

    „ „ 1.00.

L'équivalence a été obtenue en prenant pour base la quantité d'or et d'argent pur de ces monnaies en conservant la relarion de 15.5 à 1 entre le valeur de l'or et l'argent.

POIDS ET MESURES.

Le système métrique décimal a été adopté dans la République.

	Mesures mexicaines.	Mesures métriques.
Mesures linéaires	1 vara mexicaine............	0.838 mêts.
	1 lieu espagnole de 500 vs.	4,190. ,,
Superficielles	Varra carré...............	0.702244 m. c.
	Fanega.....................	35.662 ,, ,,
	Caballería.................	247,953 ,, ,,
	Sitio de ganado mayor...	17.566,100 ,, ,,
De capacité	Vare cubique...............	0.588,480 m. cub.
	Boisseau...................	181.629775 litres.
	Cuartillo...................	0.506162 ,,
De poids	Livre.......................	0.460246 kilog.
	Arroba.....................	11.506159 ,,
	Quintal.....................	46.024634 ,,

RÉGNE ANIMAL.

Grâce aux intéressants travaux des naturalistes Herrera, Sánchez, Sumichrast et Dugès, nous pourrons donner une forme méthodique à l'énumération des nombreux individus de la faune mexicaine. Nous donnons dans l'ordre alphabétique à la fin du présent chapitre, les noms scientifiques des individus:

MAMMIFÉRES.

Ordre 1er.—*Primates*,—Deux espèces de singes.
 ,, 2ème.—*Chiroptères*.—Nombreuses variétées de chauves-souris et de vampires.
 ,, 3ème.—*Insectivores*.—Deux espèces de *Soricidæ* du genre Blarina Gray.
 ,, 4ème.—*Carnivores*.—Puma, ocelotl, cuguar, chats tigres, onces, loups, renards, putois, blaireau, loutre, castor.

Ordre 5ème.—*Sirènes*.—Manati.
,, 6ème.—*Ongulés*.—Tapir, sanglier, chenseinl, cerf.
,, 7ème.—*Rougeurs*.—Ecureuil, rats souris de différentes espèces, taupes, lapins et lièvres.
,, 8ème.*Edentés*.—Tatous.
,, 9ème.—*Marsupiaux*.—Tlacuatzin et rat tlacuatzin.

Dans les plaines du Nord voisines de la frontière on rencontre des troupeaux de bufles et de bisons, l'antilope, le daim, le castor, l'ours noir et l'ours brun.

On rencontre la baleine et le cachalot, dans les mers à l'Ouest de la Californie, la loutre, le phoque et le loup marin dans le Golfe de Cortès.

L'élevage du bétail est très développé dans toutes les savanes ou praieries de la terre chaude, grâce aux excellentes qualités des pâturages; il est tout particulièrement développé dans les États du Nord de la République. La zone d'élevage du gros bétail et des chevaux s'étend aux États de la frontière; celle du petit bétail, moutons, chêvres, etc. est compris entre 21° et 26° de lat. N. Les chevaux, de race andalouse, sont de taille moyenne, bien proportionnés, de grande resistance, vifs et fougueux: Dans quelques *haciendas*, on s'occupe de l'élève et de l'éducation d'autres races excellentes.

Les bœufs vivent à l'état de liberté dans les praieries et dans les bois; exception faite du bétail destiné aux travaux agricoles, et à la boucherie où à l'exportation. Aujourd'hui une des branches importantes du commerce intérieur et extérieur. Il existe dans l'État de Morelos, une très forte race de bufles appelée *Caravaos*.

L'élève des bestiaux est répandu dans tous les États de la République ainsi que le commerce de la laine, celui des soies de porcs. L'élèvage du porc est très important dans les États de Mexico et de Jalisco.

OISEAUX.

Les oiseaux de terre chaude sont remarquables par la beauté et la variété de leur plumage, plutôt que par leur chant. L'asa, la toucans, la perruche, le perroquet, la poule de bruyère, le faisan commun et le faisan doré, volent par couples, remplissant l'air de leurs cris étourdissants, tandis que dans l'épaisseur des bois, un chant plaintif et monotone dénonce la présence de la tourterelle ou de la perdrix. Parmi les espèces les plus rares citons les belles cailles vertes (quetzales) propres de l'État de Chiapas.

Parmi les oiseaux de proie, les espèces les plus répandues dans la République sont: l'aigle, le faucon, le milan, l'epervier, la buse.

Parmi les gallinacées, la poule, le dindon, le paon, le faisan, la poule de bruyère, la perdrix, la caille, etc.

Citons encore les nombreuses espèces de corbeaux d'usaks, d'hirondelles, de charpentiers, de Martin-pêcheurs etc., parmi les oiseaux chanteurs le sansonnet, le moineau franc, la fauvette.

Le colibri, oiseau minuscule aux mille couleurs communément appelé oiseau mouche est le principal ornement de nos jardins.

Les lacs de l'intérieur sont peuplés, de nombre d'oies, de canards, de sarcelles, de cigognes, parmi lesquelles la cigogne royale, de poules d'eau, de hérons et de grues et *chichicuilotes* ainsi qu'un grand nombre d'oiseaux que se cachent dans les hautes herbes des lacs ou dans les endroits marécageux tels sont: la bécassine, le pluvier.

Sur le bord de l'Océan le pélican, le mouette, le Martin-pêcheur.

REPTILES.

De nombreuses espèces de tortues (Chelonieus) existent sur les côtes des deux Océans; les petites espèces nommées tortues de terre se rencontrent dans les rivières, les ruisseaux et les étangs, dans l'intérieur du pays. Les belles tortues qui donnent l'écaille se pèchent sur les côtes de Yucatán, de Californie et de l'État de Sinaloa.

Les crocodiles abondent sur les deux littoraux principalement dans les estuaires et à l'embouchure des rivières; on les voit etendues sur les berges se chauffant au soleil assez semblables à des troncs d'arbre.

Les alligators, les iguanes, les lézards y sont aussi fort nombreux; les ophidiens. Parmi eux citons des boas de sept à huit mètres de longueur, des serpents dont quelques uns sont vénéneux, tels que le *nauyatl, mazacoatl*, le serpent à sonnette, le corali; d'autres parfaitement inoffensifs comme la couleuvre que l'on élève dans quelques jardins, afin d'y détruire les rongeurs.

Les espèces variées de couleuvres seraient trop longues à énumérer, nous citerons parmi les plus intéressantes, la *leptophis mexicanus* et la *lep. diplotrapis*, aux vives couleurs à refléts métalliques.

Citons encore parmi les sauriens diverses espèces de caméléons.

BATRACIENS.

Citons parmi les batraciens, différentes espèces de crapauds, de grenouilles et de rainettes, le Protée mexicain (Axolotl-siredon pisciformis).

POISSONS.

Les espèces qui vivent dans les eaux territoriales en sont fort nombreuses, depuis les plus féroces tels que l'espadon, le requin, mantaraya, maroma, cornuda et tintorera, jusqu'aux plus inoffensifs et délicats, comme le pampano, huauchinango, lebrancha, cazon, curbina, esmedrigal, pargo colorado, pargo mulato et sargo, dans le golfe de Mexico; boca dulce, curiel, poisson-coq, lenguado, saumon, botete, hareng, perico, cochon, cheval, barbier, perdrix, cabrillo de cinq classes, robalo, ronfleur, palometa et palomilla, dorée curvine, mero, poisson volant, bonito et beaucoup d'autres dans le Pacifique. Les poissons de rivières et lacs, sont également abondants, dans l'intérieur du pays; les principaux sont: bagres, mojarras, truites, boquinetes, bocudos et sardines. Dans les lacs, comme celui de Chapala, poisson blanc, grand couteau blanc, boquinette, cuevero, bagre, soguero, popocha, chasar, mojarras et autres.

Les espèces d'eau douce sont également abondantes, citons parmi ces dernières: la truite, la perche.

INSECTES.

Des insectes aussi nombreux que variés, courrent, volent et rampent, selon l'expression de Sartorius, dans toute la terre chaude, sur tout dans le voisinage de la végétation exhubérante. Les mouches, moustiques, taons, fourmis, y incommodent l'homme. Heureusement cette plaie diminue dans la terre temperée, pour disparaître entièrement dans la terre froide. Parmi les insectes utiles, citons: la cochenille (*coceus cacti*) et l'abeille (*appis mellifera*).

La cochenille donne le carmin si estimé dans la teintnre et dans la confiserie; elle abonde dans l'État de Oaxaca ou elle est l'objet de soins spéciaux. L'abeille est élevée dans tout le pays; des ruches nombreuses produisent des quantités considérables de cire et de miel. Des innombrables variétés de papillons aux vives couleurs font concurrence aux colibris ou oiseaux-mouche.

Parmi l'innombrable quantité d'insectes qui offrent au naturaliste un vaste champ d'études nous mentionerons l'ordre des coléoptères.

ARACNIDES.

Cet ordre compte de nombreuses espèces d'araignées et de scorpions très venénéux dans la terre chaude principalement dans l'État de Durango.

CRUSTACÉS ET MOLLUSQUES.

Parmi les crustacés et les mollusques se trouve la langouste, le crabe, le crabe tourteau, la crevette, l'écrevisse, le poulpe, l'huître, la moule, l'huître perlière objet d'une pêche fructueuse sur les côtes de Californie et celles de l'Etat de Jalisco.

L'étude de la Stratigraphie ou Géologie historique est considérablement favorisée dans l'intérieur du pays par l'existence de nombreux mollusques de fossiles. Le major Barnard, dans son ouvrage sur l'Isthme de Tehuantepec, donne comme certaine l'existence sur les côtes de l'*aplisia depilans*. "Quelques naturalistes, dit-il, ont considéré comme
"fabuleuse l'existence de ce mollusque, il n'en est rien ce-
"pendant, il existe sur la côte du Pacifique, on l'y rencontre
"en abondance sur les rochers qui sont alternativement cou-
"verts et découverts par le flot; á la marée basse on le dé-
"tache de la roche à laquelle il adhère et il suffit de soufler
"dessus pour qu'il se recroqueville au fond de sa coquille
"d'où il projette un liquide âcre et d'une odeur fétide. Il
"suffit de mouiller les écheveaux de fil et de les laver en-
"suit avec l'eau de savon. La teinture qu'on obtient ain-
"si sans l'intervention de mordants est fixé. Les indiens s'en
"servent pour teindre en pourpre un gros fil auquel ils don-
"nent le nom de caracol."

D'après le même auteur ce mollusque ne serait autre que le *lepus marina* des anciens qui donnait la fameuse poupre de Tyr.

Le champ d'étude de la faune mexicain es tellement vaste qu'il nous est impossible de nous étendre d'avantage sans nous exposer à dépasser les limites fixées à la publication de cet ouvrage.

MAMMIFERES.

Ecureuil. (Veracruz, Tehuantepec, Chiapas). Sciurus variegatus.

Ecureuil. (Coatzacoalcos). Sciurus hypopyrrhus.
Ecureuil. (Veracruz). S. Deppei.
Ecureuil. (Plateau central). Spermophilus mexicanus.
Tatou. (Dans toute la Rép). Tatusia novemcincta.
Belette. (Pla. central). Bassaris astuta.
Putois. Bassaris monticola.
Lapin. (D. toute la Rép). Lepus sylvaticus.
Lapin. (Veracruz). Lepus aquaticus.
  (Plat. cent.) Mustela Brasiliensis.
  (Sur les côtes). Myrmecophaga tetradactyla.
Huitztlacuatzin. (Terre temp. Veracruz). Synetheres mexicanus.
  (Plat cent.) Mustela Brasiliensis.
  (Terre chaude). Dicotyles tapasu.
Lièvre. (Dans toute la Rép.) Lepus callotis.
Puma. (Terre chaude et tempérée). Felis puma, felis concolor, felis eyra.
Loup. (Région alpina). Felis lupus.
Singe. (Tehuantepec). Micetes villosus.
  (Rég. merid. et orient.) Ateles vellerosus.
Manati. (Golfe du Mexique). Manatus americanus.
  (Abondant dans le Sud). Procyon lotor.
Once. (Chiapas et Veracruz). Felis yaguarondi.
Loutre. (S. les deux littoraux). Lutra félina.
Quauhtusa. (C. du Golfe). Dasyprocta mexicana.
Rat. Mus rattus, Mus alexandrinus.
Souris. Mus musculus. Heperomys aztecus, H. fulvescens, H. mexicanus, H. melanophrys, H. Sumichrasti, H. palustris, Ochetodon mexicanus, Sigmsdon hispidium, Neotoma ferruginea, Arvicola quasiater.
Souris tlacuatzin. (S. les deux côtes). Didelphys murina.
Tapir. (Rég. mer. de la Rép.) Tapyrus Bairdi.
  (Dans toute la Rép.) Nasua nasica.
Tepeizcuintli. (Forêts de Veracruz.) Cælogenis paca.
Tigre. (Dans les bois). Felis pardalis.
  (S. O. du Mexique). Felis tigrina.

Tlacuatzin. (Dans toute la République). Didelphys virginiana.

(For. de Veracruz). Didelphys quica.
Taupe. (Plat. central). Geomys mexicanus.
„   „   Geomys hispidus.
Chevreuil. Cervus virginianus.
Cerf. Cervus mexicanus.
Chevreuil. (Veracruz et Oaxaca). C. toltecus.
„   (Côte orientale). C. rufinus.
„   (Terre chaude et t. tempérée). Galera barbara.
Putois. (Dans toute la Rép.) Mephitis vitatta, M. macrura, M. bicolor, Conepatus mesolencus.
Renard. (Dans toute la Rép.) Vulpes virginianus.

OISEAUX.

SCOLOPACIDÆ.

Bécassine. (Vallée de Mexico, Colima, Mazatlan, Guanajuato, Jalisco. Gallinago Wilsonii.
Bécassine.—Val. de Mexico, Colima, Guanajuato, Yucatan, Mazatlan. Limosa fedoa.
Bécasse.—Jalisco, Guanajuato. Numenius longirostris.
Bécasse.—Mazatlan. N. Hudsonicus.

AQUILINÆ.

Aigle.—Mazatlan, San Blas. Urubitinga anthracina.
Aigle.—Mazatlan. Urubitinga zonura.
Aigle.—Mazatlan, Jalisco, Colima. Morphnus unicinctus.
Aigle huppé.—Veracruz. Spizœtus ornatus.
Aigle royal.—Guanajuato. Aquila candensis.
Aigle.—Tuxpan, Colima, Islas Marias. Pandion carolinensis.

ANATIDÆ.

Oies.—Val. de Mexico, Guanajuato, Mazatlan. Anser Gambelii.
Oies.—Guanajuato. Anser hiperboreus.
Oies.—Durango, Guanajuato, Jalisco. Bernicla canadensis.

LARIDÆ.

Apipizca.—Valle de Mexico, Mazatlan, Jalisco. Chroicocephalus atricilla.
,, Mazatlan. Ch. Franklinii.
,, Mazatlan, Guanajuato, Jalisco. Ch. Philadelphia.

SARCORAMPHINÆ.

Aura.—Dans toute la République. Cathartes aura.
Aura.—Acapulco et Mazatlan. Sarcoramphus papa.
Aura.—Dans toute la République. Cathartes californianus, C. fœteus.

ICTERIDÆ.

Fauvette.—Saltillo, Tepic, Veracruz. Icterus Waglerii.
Fauvette.—Guanajuato, Colima, Tampico, Mazatlan Veracruz. I. cucullatus.
Fauvette.—Tepic, Mazatlan, Colima, Veracruz. I. pustulatus.
Fauvette.—Matamoros, Tamaulipas, Veracruz. I. Audubonnii.
Fauvette.—Guanajuato. I. Prosthemelas.
Fauvette.—Nuevo Leon, Veracruz. I. Parisorum.
Fauvette.—Mazatlan, Colima, Veracruz. I. spurius.
Fauvette des jardins.—Guanajuato. I. Abeille.
Fauvette.—Guanajuato.—I. Maculialatus.
Fauvette.—Iles Maria. I. Graysonii.
Fauvette.—Yucatan. I. auratus.

Fauvette.—Veracruz. I. melanocephalus.
Fauvette.—Tehuantepec. I. formosus.

PICIDÆ.

Charpentier. Tamaulipas, Chihuahua, Mazatlan, N. Leon, Guanajuato, Yucatan, Iles Marias. Picus scalaris.
Charpentier.—Veracruz. P. Harrisii.
Charpentier.—Yucatan, Colima. Sphyrapicus varius.
Charpentier.—Yucatan, Mazatlan. Centurus subelegans.
Charpentier.—Matamoros, Mazatlan, Jalisco. C. flaviventris.
Charpentier.—Córdoba, Nuevo Leon. Melanerpes formicivorus.
Charpentier.—Saltillo. Calaptes mexicanus.
Charpentier.—Mazatlan, Colima. Dryocopus scapularis.
Charpentier royal.—Veracruz, Tehuantepec. Campephilus imperialis.
Charpentier.—Mazatlan, Colima, Veracruz. C. guatemalensis.

VIREONIDÆ.

Clairon.—Orizaba, Jalapa, Córdoba, Zongolica. Myadestes unicolor.

GALLINÆ.

Caille.—Vallée de Mexico, Jalisco, Chihuahua, Guerrero. Morelos, Nuevo Leon, Durango, Guanajuato, Cyrtonix Massena.
Caille.—Colima. Philortix fasciatus.
Caille.—Valle de Mexico, Nuevo Leon, Durango, Guanajuato. Callipepla squamatta.
Caille.—Mazatlan. C. elegans.
Caille.—Sonora. Lophortis Gambelli.

COLIBRI.

Il existe dans la République plus de cinquante variétés de troqnilidees; elles se différencient entre elles par leurs formes plus ou moins élégantes ainsi que par la couleur de leur plumage qui passe du vert du mer, du vert azur et vert émeraude au rouge feu et à l'écarlate par les nuances intermédiaires.

GALLINÆ.

Cojolite.—Hidalgo, Veracruz, Mazatlan. Penelope purpurascens.
    „   Veracruz. Odontophorus guttatus.

PSITTACIDÆ.

Perruche.—Yucatan, Mazatlan Chrysotis albifrons.
Perruche.—Iles Marias. G. Levaillantti.
Perruche.—Mazatlan, Colima. C. finschii.
Perruche.—Veracruz. C. autumnalis.
Perruche.—Veracruz. C. ochroptera.

CORVIDÆ.

Corbeau de la Sierra.—Mazatlan, Sonora, Guanajuato. Corvus corax.
Corbeau.—Mazatlan. C. mexicanus.
Corbeau.—Tamaulipas. C. cryptoleucus.
Corbeau.—Guanajuato, Jalisco. C. americanus.

GALLINÆ.

Chachalaca.—Nuevo Leon, Jalisco, Yucatan, Veracruz. Ortalida Mc-calli.
Chachalaca.—Mazatlan. O. Waglerii.

SCOLOPACIDÆ.

Chichicuilote.—Colima, Guanajuato. Gambetta melanoleuca.

Chichicuilote.—Guanajuato, Yucatan, Mazatlan. G. flavipes.

PALAROPODIDÆ.

Chichicuilote.—Vallée de México. Phalaropus Wilsonii.

SCOLOPACIDÆ.

Chichicuilote.—Sonora, Guanajuato. Macroramphus grisens.
Chichicuilote.—Tamaulipas. M. scolopacens.
Chichicuilote.—Guanajuato, Mazatlan. Tringa Wilsonii.

GALLINÆ.

Faisan.—Hidalgo, Huasteca, Tehuantepec. Cras globicera.
Faisan.—Hidalgo, Huasteca. C. rubra.

PALUDICOLÆ.

Poule d'eau.—Mazatlan. Rallus elegans.
Poule d'eau.—Vallée de Mexico. R. crepitans.
Poule d'eau.—Mazatlan. R. Virginianus.
    Vallée de Mexico, Guanajuato, Mazatlan. Ortigometra carolina.
    Vallée de Mexico, Colima, Mazatlan, Jalisco, Sonora, Guanajuato. Fulica americana.
    Vallée de Mexico, Tepic, Mazatlan. Callinula chloropus.
    Rio Coahuayana. Porphirio martinica.
    Mazatlan. Aramides axillaris.

FALCONINÆ.

Faucon.—Veracruz et Mazatlan. Falco femoralis.
Faucon.—Iles Marias. F. anatum.
Faucon.—Iles Marias et Mazatlan. F. Columbarius.

Faucon.—Nuevo Leon, Yucatan. F. aurantius.
Milan.—Dans tout le pays. F. sparverius.
Milan ratier.—Mazatlan, Guanajuato. Circus udsonius.

SCOLOPACIDÆ.

Pluvier.—Vallée de Mexico, Guanajuato. Totanus bartramius.

ARDEIDÆ.

Héron—Vallée de Mexico, Guanajuato, Iles Marias, Mazatlan, Yucatan et Tampico. Garzetta candidissima.
„ Mazatlan, Colima, Iles Marias. Herodias egretta.
„ Vallée de Mexico, Guanajuato, Yucatan, Tamaulipas, Mazatlan, Iles Marias. Ardea Herodias.
„ Yucatan. Florida cœrulea.
„ Mazatlan, Vallée de Mexico. Ardetta exilis.

LARIDÆ.

Mouette.—Vallée de Mexico. Stercorarius pomarinus.
„ Jalisco, Mazatlan. Larus Delawarensis.
„ Mazatlan. Blsaipus Heermani.

GALLINÆ.

Dindon.—Yucatan. Meleagris mexicana.
Dindon.—Sierra Madre. M. Gallopavo.

GRUIDÆ.

Grue.—Jalisco, Mazatlan. Grus canadensis.
„ Jalisco. G. americana.

HIRUNDINIDÆ.

Hirondelle bleue.—Coahaila, Guanajuato. Procne purpurea.

Hirondelle.—Jalisco, Veracruz. P. leucogaster.
Hirondelle.—Vallée de Mexico, Guanajuato, Puebla, Nuevo Leon. Hirundo herreorum.
Hirondelle.—Vallée de México, Orizaba, Matamoros. H. bicolor.
Hirondelle.—Guanajuato, Veracruz. Petrochelidou Swainsonii.
Hirondelle.—Saltillo, Michoacan, Veracruz. Tachicineta thalassina.
Hirondelle.—Orizaba, Córdoba, Veracruz. Stelgidopteryx fulvipennis.
Hirondelle.—Nuevo Leon, Veracruz. S. serripennis.

SAXICOLIDÆ.

Hirondelle bleue.—Oaxaca, Córdoba, Jalisco, Guanajuato. Sialia azurea.

FRINGILIDÆ.

Moineau.—Vallée de Mexico, Monterey, Mazatlan, Guanajuato, Jalisco. Carpodacus frontalis.
Moineau.—Veracruz. C. hæmorrus.

SAXICOLIDÆ.

Moineau bleue.—Guanajuato. Sialia azucarea.
Moineau bleue.—Córdoba, Guanajuato, Jalisco, Saltillo.
Moineau.—Córdoba, Jalisco, Guanajuato et Saltillo. Sialia mexicana.

PSITTACIDÆ.

Ara vert.—Oaxaca, Tehuantepec, Guerrero. Ara ambugus.
Ara rouge.—Oaxaca, Tehuantepec. Ara aracanga.

VIREONIDÆ.

Ara rouge.—Oaxaca, Jalisco, Córdoba, Orizaba, Guanajuato, I. Marías. Miadestes obscurus.

STRIGINÆ.

Hibou.—Vallée de Mexico, Guanajuato, Jalisco, Monterey, Colima, I. Marías. Strix pratincola.
Chouette.—Guanajuato. Scops Mc.–calli.
Chat-huant.—Vallée de Mexico. Strigimnhemipus perlata.

ALCEDINIDÆ.

Martin-pêcheur.—Ceryle americana.
Martin-pêcheur.—Ceryle alcyon.

MILVANÆ.

Milan.—Veracruz. Rotrhamus sociabilis.
Milan.—Veracruz. Nauclerus furcatus.
Milan.—Mazatlan. Geranospiza gracilis.
Milan.—Mazatlan. Micrastur semitorquatus.
Milan.—Guanajuato, Tabasco, Mazatlan. Accipiter cooperii.
Faucon.—Veracruz. A Mexiconus.
Epervier.—Guanajuato, Mazatlan. A. fuscus.

TURDIDÆ.

Epervier.—Oaxaca, Orizaba, Córdoba, Veracruz. Turdus assimilis.
Epervier.—Jalapa, Colima, Mazatlan. Calandria cœrulescens.

COLUMBIDÆ.

Tourterelle.—Nuevo Leon, Sonora, Guanajuato, Veracruz, Columba fasciata.
Tourterelle.—Mazatlan, Islas Marías, Nuevo Leon. G. flavirostris.
Tourterelle.—Tamaulipas, Yucatan, Colima, Guanajuato, Mazatlan. Melopelia leucoptera.

CORVIDÆ.

Tourterelle.—Nuevo Leon, Michoacan, Veracruz, Tehuantepec. Psilorhynus Morio.

ICTERIDÆ.

Tourterelle.—Michoacan, Túxpan, Veracruz. Ostinops Moctezumæ.

ANATIDÆ.

Canard.—Vallée de Mexico, Guanajuato, Jalisco, Mazatlan, Anas boschas.
Canard.—Vallée de Mexico, Guanajuato, Tepic. A. obscura.
Canard.—Vallée de Mexico, Guanajuato, Jalisco, Mazatlan. Dafila acuta.
Sarcelle d'hiver.—Vallée de Mexico, Mazatlan, Guanajuato, Jalapa, Chihuahua. Nettion carolinensis.
Sarcelle d'automne.—Vallée de Mexico, Nuevo Leon, Guanajuato, Jalisco, Mazatlan. Querquedula discors.
Canard.—Vallée de Mexico, Guanajuato, Jalisco, Mazatlan. Querquedula Cyanoptera.
Canard.—Vallée de Mexico, Guanajuato, Jalisco, Mazatlan. Chaulelasmus streperus.
Canard.—Vallée de Mexico, Jalisco, Guanajuato, Mazatlan, Guaymas, Nuevo Leon. Spatula clypeata.
Canard.—Vallée de Mexico, Guanajuato, Mazatlan. Mareca americana.
Canard de la Caroline.—Vallée de Mexico, Mazatlan. Aix sponsa.
Canard.—Vallée de Mexico, Mazatlan. Fulix Marila.
Canard.—Mazatlan, Yucatan. F. affinis.
Canard.—Mazatlan. F. collaris.
Canard.—Mazatlan. Aythia americana.

Canard.—Vallée de Mexico, Mazatlan. Ballisneria.
Canard.—Mazatlan. Bucephala americana.
Canard.—Mazatlan. Bucephala albeola.
Canard.—Mazatlan. Mergus americanus.
Canard.—Vallée de Mexico. Leophdytes cucullatus.
Canard.—Vallée de Mexico, Mazatlan, Tepic, Guanajuato. Erismatura rubida.
Canard.—Tepic. Erismatura dominica.

PELICANADÆ.

Pelican.—Vallée de Mexico, Mazatlan, Guanajuato. Pelecanus erythrorhychus.
Pelican.—Mazatlan, Ile du Socorro. P. fuscus.

GALLINÆ.

Perdrix.—Mazatlan, Nuevo Leon, Guanajuato. Ortix texanus.
Perdrix.—Jalisco. O. graysoni.
Perdrix.—Guanajuato, Veracruz. O. pectoralis.
Perdrix.—Yucatan. O. nigrogularis.
Perdrix.—Veracruz. Tinamus robustus.

PSITTACIDÆ.

Perruche.—Yucatan, Conurus aztec.
Perruche.—Veracruz, Ile Socorro. C. holochlorus.
Perruche.—Mazatlan, Colima. C. petzii.
Perruche.—Puebla et Veracruz. Rhinchopsitta pachyrhynca.
Perruche.—Mazatlan, Iles Maries. Pssittacula cyonopyga.
Perruche.—Orizaba. Piunus senilis.

TROGONIDÆ.

Pic royal.—Michoacan, Orizaba, Jalapa. Trogon mexicanus.
Pic royal.—Veracruz, Guanajuato, Jalisco. Trogon puella.

Pic royal.—Veracruz, Mazatlan, Iles Mares. T. ambigus.
Pic royal.—Vallée de Mexico. T. melanocephalus.
Pic royal.—Veracruz. T. Massena.
Pic royal.—Mazatlan. T. citreolus.

TURDIDÆ.

Pic royal.—Guanajuato, Michoacan, Orizaba, Córdoba, Oaxaca. Turdus migratorius.
Pic royal.—Yucatan, Jalisco, Córdoba, Oaxaca. T. grayi.
Pic royal.—Oaxaca, Jalisco. Merula infuscata.

TROGONIDÆ.

Quetzal.—Chiapas. Pharomacrus Mosinno.

TURDIDÆ.

Solitaire.—Orizaba. Turdus audobonii.

BUBONINÆ.

Chouette.—Vallée de Mexico, Guanajuato, Jalisco, Yucatan, Monterey. Bube virginianus.

CHARADRIIDÆ.

Chouette.—Vallée de Mexico, Guanajuato, Jalisco, Mazatlan, Matamoros. Ægialitis vociferus.
Chouette.—Vallée de Mexico. Æ. Wilsonius.
Chouette.—Iles Maries, Mazatlan. Æ. semipalmatus.
Chouette.—Mazatlan, Yucatan. Æ. nivosus.

ICTERIDÆ.

Chouette.—Vallée de Mexico, Guanajuato. Sturnella ludoviciana.
Chouette.—Matamoros, Coahuila, Mazatlan, Sonora Sturnella magna.

RAMPHASTIDÆ.

Foucan.—Veracruz, Tehuantepec. Ramphastus carinatus.
Foucan.—Veracruz. Pteroglossus torquatus.
Foucan.—Oaxaca. Alnacoramphus Waglerii.
Loucan.—Veracruz. A. prasinus.

CORVIDÆ.

Ourak.—Guanajuato. Pica hudsonica.
Ourak.—San Blas, Colima. Cissolapha sanblasiana.
Ourak.—Mazatlan. Calocitta collici.
Ourak.—Mazatlan. Calocitta formosa.
Ourak.—Guanajuato, Córdoba, Orizaba. Calandria poliglota.

REPTILES.

Achoque.—Guanajuato, Guadalajara. Bolitoglossa mexicana.
Alicante.—Guanajuato, Mexico. Pityophis Deppeii.
　　　　　Sur les deux littoraux. Oxibelis acuminatus.
Benda-Cuba.—Loxocumus Sumichrasti.
Benda-dushka.—Oaxaca. Coniophanes piceivittis.
Boa—Terre Chaude. Boa imperator.
Caméléon.—Mexico, Colima, Cozcatlan, Guanajuato, Guadalajura. Phrynosoma orbiculare, Ph. Harlanii, Ph. taurus.
　　　—Serpent vénéneux. Dans les bois. Ancistrodon bilineatus.
　　　—Isthme de Tehuantepec. Eutœnia mexicana.
Corail ou Corali très venimeux. Guanajuato, Guadalajara, Coronella doliata.
Corail.—Guanajuato. Elaps fulvius.
Corail.—Terres tempérée et chaude. Opzibolus polyzonus.
Couleuvre aquatique.—Guanajuato, Guadalajara. Tropido-

notus collaris. Tr. mesomelanus. Tr. bipunctactus.
Couleuvre.—Mexico. Leptophis margaritiferus.
Couleuvre.—Guanajuato, Guadalajara. Masticophis Tœniatus.
Couleuvre commune.—Guadalajara. Coryphodon constrictor.
Crotale.—Dangereux par sa morsure. Dans les lieux secs, bois et plaines. Bothrops brachystoma.
Scorpion.—Jalisco. Heloderma horridum.
Scorpion.—Mexico. Gerrhonotus imbricatus.
Scorpion.—Guanajuato. G. lichenigerus.
Scorpion.—Guanajuato. G. multicarinatus.
Iguane.—Colima. Iguana rhinolopha.
Iguane.—Colima. Cyclura acanthura.
Iguane.—Guadalajara, Colima. C. Pectinata.
Lézard.—Dans tous le pays. Maboina unimarginata.
Lézard.—Tropidolepis gramicus. T. horridus. T. formosus. T. torquatus. T. Poinsetti. T. microlepidotus. T. scalaris. T. spinosus. T. variabilis. T. œneus. T. intermedius.
Fourmi-lion.—Guadalajara, Colima. Dipsas annulata.
Fourmi-lion.—Guanajuato, Guadalajara. Dipsas biscutata.
Mazacoatl.—Colima. Boa imperator.
Sourd.—Guanajuato, Guadalajara. Plesthiodon quinquilineatum.
Sourd.—Guadalajara, Colima. Phillodactylus tuberculosus.
Savanere.—Dans les plaines de la terre chaude. Conophis Sumichrasti. C. Vittatus.
Savanere.—Grand serpent qui atteiet la taille du Boa constrictor. Dans les lieux humides de la terre chaude. Bascanium mento-varium.
Tortue.—Veracruz. Emys ornata.
Tortue.—Guanajuato, Mexico. Ozhoteca odorata.
Tortue.—Guanajuato, Guadalajara. Cinosternon leucostomum.
Serpent à sonnette.—Dans tout le pays. Crotalus rhombifer.

Vipère.—Zacatecas. Crotalus atrox.
Vipère.—Guanajuato C. lugubris.
Serpent à sonnette.—Très venimeux. Crotalus cascavella.

BATRACIENS.

Axalotl.—Siredon pisciformis. S. lichenoides.
Axolotl.—Mexico. S. lichen. var.
Axolotl.—Lac de Patzcuaro. S. Dumerelii.
Grenouille, Acacueyatl.—Mexico. Rana Moctezumæ.
Grenouille, Cueyatl.—Guanajuato. R. halecina.
Grenouille.—Guadalajarr. R. Longipes.
Rainette.—Mexico, Guanajuato, Guadadlajara. Hyla eximia.
Crapaud.—Guanajuato. Hyla versicolor. Hylodes lacticeps.
Crapaud.—Guanajuato, Guadalajara, Mexico. Bufo agua. B. anomalus. B. intermedius. B. Chilensis.

IX

MINES.

Richement doté par la nature, le pays renferme dans toute son extension de riches gisements métallifères. Les innombrables entreprises d'exploitation ont produit avec plus ou moins de succès des sommes colossales. Si les travaux avaient été dès le principe dirigés avec une intelligente économie l'importance acquise par l'exploitation aurait été beaucoup plus considérable. Quant aux richesses extraites du sol dans les principales régions minières, elles sont insignifiantes si on les compare à celles qui sont encore renfermées dans les montagnes.

La zone métallifère s'étend de l'État de Sonora à l'État de Oaxaca sur près de 2,000 kilomètres. Elle comprend la majeure partie des mines de la République parmi les quelles celles de Zacatecas, Guanajuato et Pachuca ont été et sont encore de grands centres d'exploitation.

Les principaux gisements compris dans cette zone sont:

État de Sonora.................—Arizona, Zubiate, Jamaica, Cobre, San Antonio. Bronces, San Javier, Aigamé et Alamos.

État de Chihuahua............	—Batopilas, Jesus María, Cosihuiriachic, Concepcion, Magurschic, Guazapares, Urique, Guadalupe et Calvo, San Francisco del Oro, Hidalgo del Parral.
État de Sinaloa................	—Guadalupe de los Reyes, San José de Gracia, Alisos, Joya, Cosalá, Pánuco, Copala, Rosario.
État de Durango...............	—Sianori, Indé, el Oro, Guanacevi, Topia, Canelas, Gavilanes, San Dimas, Tominil, Cuarisamey, Ventanas, Corpus, Comitala, Durango, Cuencamó, Noria, Avino, Coneto, San Juan de Guadalupe.
État de Zacatecas............	—Zacatecas, Veta Grande, Pánuco, Fresnillo, Plateros, Potreros, Mazapil, Pico de Teyra, Bonanza, Mezquital, Sombrerete, Chalchihuites, Pinos et Mezqital del Oro.
État d'Aguascalientes......	—Asientos et Tepezalá.
État de Jalisco................	—Bolaños, Hostotipaquillo, Reyes, Baamador, Estancia, Cuale, San Sebastian, Comanja, Pihuama.
État de San Luis Potosí.	—Catorce, Charcas, Guadalcázar, Cerro de San Pedro, Bernalejo, Ramos.
État de Guanajuato.........	—La Luz, Rayas, Valenciana, Santa Rosa, Monte de San Nicolas, Sirena, Villalpando, Nayal, Sta. Ana, San Bruno, Joya, Mojiamora, Ovejera, Durazno, Atarjea, Gato, San Pedro de los Pozos, Xichú, San Luis de la Paz.
État de Querétaro............	—El Doctor, Maconi, Escanela.
État d'Hidalgo................	—Pachuca, Real del Monte, Atotonilco el Chico, Zimapan, Jacala, Cardonal, la Bonanza, Pechuga, Santa Rosa, Capula, Tepenené.
État de Mexico................	—Mineral del Oro, Tejnpilco, Temascaltepec, Sultepec, el Cristo, Zacualpan.
État de Michoacan..........	—Tlalpujahua, Angangueo, Curucupaseo, Huetamo, Inguaran, Churumuco, Coolcoman.
État de Guerrero.............	—Tasco, Tehuilotepec, Pregones, Juliantla, Huitzuco, Limon, Ajuchitlan, Tepantitlan, San Nicolàs, Tetela de Coronilla, Santa Christina, Chocomanatlan.
État de Morelas...............	—Huautla.
État de Puebla................	—Tetela del O,o ou de Ocampo, la Preciosa, Chiautla, Chietla, Acatlan, Epatlan, Tecomatlan.
État de Veracruz.............	—Tatalita, Zomelahuacan.
État de Oaxaca................	—Ixtlan, Villa Alta, Teoxomulco, Peras.

Nous avons à ajouter à la nomenclature précédente les gisements des États de Coahuila, Nuevo Leon et Tamaulipas qui sont en dehors de la zone mentionnée et abandonnées pour la plupart; les mines de la Sierra de Jimulco, de Homes de l'État de Coahuila; celles de Montañas, Iguana et Mines de l'État de Nuevo Leon, et celles de la Sierra de San Cárlos, de l'État de Tamaulipas.

Il résulte de l'éxamen des données antérieures que, des deux branches de la grande cordillère, l'occidentale est de beaucoup la plus riche en gisements métallifères.

Disons que le jour ou toutes ces richesses seront exploitées avec des ressources pécuniaires suffisantes et l'intelligente direction que réclame l'exploitation des mines, les résultats atteints ser ont surprenants, et tout particulièrement dans la riche région comprise entre les États de Sonora, Chihuahua, Durango et Sinaloa, et dans les montagnes encore inexploitées des États de Michoacan et de Guerrero.

Le nombre des districts miniers de l'État de Chihuahua dépasse cent, celui des mines 575. Les mines produisent de l'or, du plomb, de cuivre, du mercure, des sels, de la houille, mais principalement de l'argent subordonné au fer, au plomb, à l'antimoine, au zinc, à l'arsenic, au cuivre, etc.

L'État de Sonora est l'un des plus importants de la République par les richesses minérales renfermées dans ses montagnes, par la variété, ainsi que par le haut titre de ses minerais d'or, d'argent, de mercure, soit en placers soit en filons puissants.

Les minerais de plomb qui servent d'adjuvants dans le fondage des minerais y sont fort abondants. On y rencontre l'amianthe ou asbeste, la couperose, le fer magnétique, le chloridrate et sesque carbonato de soude, (natron) le salpêtre. L'État de Chihuahua renferme quelques mines qui fournissent l'argent natif en masses souvent considérables; des gisements pour ainsi dire inépuisables de fer magnétique et d'oligiste existent dans la Sierra Madre, dans le voisinage du Rio Colorado.

L'État de Sinaloa renferme une centaine de mines classées et divisées en six systèmes par M. Weidner.

1èr. Sistème. Pilons auriféres renfermés, dans une gangue quartzo–ferrugineuse. Ils renferment l'or à l'état natif tantôt en particules ou grains disséminés dans la gangue comme dans les mines Guabortita, Habal, Mapiri, Minitas, Cohuicahul, tantôt à l'état filiforme ou rubanné dans les filons argentifères comme dans les mines de Guadalupe de los Reyes et San José de Gracia.

2ème. Système. Filons argentifères empâtès dans le quartz ou le spath calcaire, contenant l'argent à l'état natif ou sulfuré, antimonial et arsenical, titrant une faible quantité d'or. Mines de Guadalupe de los Reyes, Pánuco, Rosario, Copala, Joya, etc.

3ème. Système. Filons de galène argentifère, contenant de la galène, de la blende, des pyretes de fer et de cuivre, quelquefois des sulfures d'antimoine, d'arsenic, de sélénium empâtés dans du quartz, du carbonate de chaux, (spath calcaire), de la magnésie, de la varyte; de nombreuses variétés de minerais de fer. Santa Elena, Barreteros, Tapia de Durango, Santiago de los Caballeros, San José de Bocas et de Pobres.

4ème. Système. Filons de pyrites argentifères, mélangés de pyrites cuivreuses et arsenicales, titrant une faible quantité d'or. Example: Les filons Metates, Favor, Quebraba, Escaleras à l'Ouest de Topia.

5ème. Système. Filons plombifères contenant dans le voisinage de l'afleusament de l'oxide et du carbonate de plomb, des mouches de galène empâtés dans du spath calcaire et du quartz ou subordonnés à des gangues ferrugineuses ou manganésifères. Ces minerais titrent si peu d'argent que le traitement n'est souvent pas rémunéré. On rencontre encore la galène et le carbonate de plomb argentifère en modules ou rognons dans des filons quartzeux renferment des rognons de quartz ypsomaque (seles) et de l'alophanite.

Les gîtes métallifères de l'État de Durango sont fort riches, les principaux sont:

Indé, galènes argentifères et sulfures d'argent.

El Oro, alluvions et filons aurifères, les plus riches de ces derniers, contiennent l'or subordonné à des pyrites arsenicales.

Guanacevi, porphyris métallifères traversés par des filons de sulfure d'argent.

Coneto, étain.

Parrilla, colorados (oxidés) contenant des chlorure et bromure d'argent et de la galène argentifère.

San Dimas, sulfure d'argent pulvérulent, argyrite et miargyrite associé à du sulfure d'argent.

Birimoa, sulfure d'argent, sulfo antimoine d'argent miargyrite, polybasite.

Topia, filons de galènes argentifères.

Durango, fer magnétique du gîte inépuisable connu sous le nom de Cerro de Mercado.

Jalisco, compte parmi ses principaux districts miniers ceux de Mascota, Talpa, Tapalpa et Bolaños. Le premier système se compose de filons renfermant des minerais de plomb, d'antimoine et des rognons de galène; les filons du second district contiennent des minerais d'argent, de la pyrite, des colorados (oxidés); le troisième district renferme des mines de fer, de plomb, de mercure, du charbon de terre; le quatrième renferme de nombreux filons de cuivre gris argentifère très riche de l'argent natif et de l'argyrite.

Seules, des nombreux districts miniers de l'État de Michoacan, les mines de Tlalpujahua et d'Angangueo sont actuellement en exploitation. Les filons de Tlalpujahua contiennent de l'or et de l'argent natif, du sulfure d'argent, de l'argyrite, de la pyrite de fer, des oxides de fer, et du sulfure d'antimoine; les filons d'Angangueo contiennent des minerais d'argent, de cuivre, de fer, des pyrites, etc. Cet État, ainsi que nous l'avons dit plus haut, est fort riche en productions minérales de tout genre, l'absence de population et l'insuffisance de capitaux ont retardé le développement de l'industrie minière. Entre les gîtes les plus riches abandonnés ou mollement travaillés nous mentionnerons le filon d'Ozumatlan, de galène argentifère, renfermant des amas d'argent natif, de sulfure d'argent et de sulfo-antimoine d'argent, et le district de Coalcoman renfermant des gîtes abondants de minerais de fer.

Les districts métallifères les plus intéressants de l'État de Guerrero sont: Tasco, Tehuilotepec et Juliantla, renfermant des filons de galène argentifère, de la miargyrite, du sulfure d'argent, du sulfure d'argent pulvérulent, des blendes blonde et brune, des pyrites, de l'argent natif, de la pyrite de cuivre, du cuivre gris, du sulfure d'antimoine; Pregones avec ses filons de galène argentifère, de sulfure d'argent, de pyrites, de cinabre, etc.; Huitzuco avec ses amas de minerais de mercure composés principalement de sulfure triple de mercure ou antimoine et de fer, (Livingstonite) et de cinabre en moindre abondance; Tepantitlan avec ses minerais d'or et d'argent; Ajuchitlan et Coyuca avec leurs mines de cuivre, de plomb, d'argent, de mercure et leurs alluvions aurifères. Les minerais d'or, d'argent, de cuivre, de plomb, de fer, de mercure y sont très abondants.

La région métallifère de l'État de Oaxaca s'étend à Lachatao, Amatlan, Xiacui, Calpulalpan, Totomostle et Quiotepec de l'arrondissement de Villa de Juárez; Talea, Yatoni, Yaee, Tabaa et Solaga dans l'arrondissement de Villa Alta; Santiago Minas dans celui de Juquila; Santa María Peñoles, Tlasoyaltepec, Tepantepec dans celui d'Etla; Tamasola, Nuxaa dans celui de Nochistlan; Santa Inés del Monte, San Pablo Cuatro Venados, San Miguel Peras, Zapotitlan, Teojomulco et Rio de San Antonio dans l'arrondissement de Villa Alvárez. Les principaux minerais contiennent du sulfure d'argent, des sulfures d'arsenic et d'antimoine, de l'argent natif, de l'or, de la galène argentifère, de la blende, de la pyrite cuivreuse, du carbonate de cuivre, de la pyrite, empâtés le plus généralement dans du quartz ou subordonnés à de l'oxide de fer.

Nous venons de mentionner les États dont les gîtes métallifères appartiennent en général aux montagnes et aux contreforts de la cordillère occidentale, il nous reste, afin de compléter l'énumération des districts de la zone métallifère, à nous occuper des États de Zacatecas, Guanajuato, Querétaro, Hidalgo, Mexico et Morelos situées pour la plupart sur le plateau central à peu de distance de la Sierra Madre.

Parmi les districts miniers les plus importants de l'État de Querétaro, nous citerons en premier lieu, ceux de Zacatecas, Veta-Grande, Pánuco et Fresnillo, les trois premiers sont situés dans la région montagneuse de Zacatecas, la quatrième est situé au Nord des précédents. La région métallifère s'étend du cerro Proaño jusqu'aux collines de Plateros au Nord de Fresnillo. Les filons renferment de l'argent natif, des minerais de sulfure d'argent, de miargyrite, de galène, de la blende (blonde, brune et noire), de la pyrite cristallisée du sulfure d'argent cristallisée en petits cubes et en octaèdres; de l'argent natif en dendrites, à l'état filliforme ou en lame fort minces; de la miargyrite en masses disséminées ou cristallisées en prismes hexagones; du sulfure d'argent pulvérulent, de la galène, de la pyrite cuivreuse, du carbonate de cuivre etc., dans les Districts de Zacatecas et de Veta-Grande.

Le cerro Proaño du district de Fresnillo, exploité depuis le dix-huitième siècle, contient de nombreux filons. L'argent natif, l'argent corné (chlorure d'argent) le sulfo-antimoniaire d'argent. le sulfo arséniaire d'argent, le sulfure d'argent, la miargyrite, la galène, la blende, la pyrite, le sulfure d'antimoine sont les espèces minérales les plus répandues.

L'État d'Aguascalientes compte, indépendamment de quelques mines d'argent complétement abandonnées, les mines de pyrite de cuivre, de Tepezalá et Asientos. De ces minéraux, s'extrait le magistral.

L'État de Guanajuato aussi riche que celui de Zacatecas en productions minérales, est le centre d'une grande exploitation. L'État renferme cinq districts miniers d'une grande importance: Guanajuato, Leon, Sierra Gorda, Allende, Santa Cruz. Le plus riche est incontestablement celui de Guanajuato; nous avons donné plus haut le nom de quelques unes des mines de cette riche région comprise entre les montagnes Cerro et Cubo, jusqu'au mont Gigante et entre Marfil, Cubilete, La Luz, jusqu'à Villalpando et Santa Rosa, cette riche région s'étend sur près de quatorze cents kilomètres carrés. La première mine découverte et exploitée à Guanajuato en 1548, fut celle de San Bernabé. La Veta Madre fut découverte dix ans plus tard. Les mines mises en exploitation successive sur ce puissant filon sont: Valenciana, Tepeyac, Cata, Santa Ana, Santa Anita, etc. Le remplissage du filon est fait de quartz, d'améthyste en géodes, de spath calcaire; de sulfure d'argent en masses amorphes et cristallisées, d'argent sulfo antimonié (miargyrite), de galène argentifère, de fer spathique, de pyrites de fer et de cuivre. L'on y rencontre fréquemment une espèce minérale Chovelia qui porte le nom de l'un de nos minéralogistes. L'or est fréquemment subordonné à quelques minerais d'argent. Les nouvelles demandes de concessions ont fait connaître l'existence dans les terrains de transport d'étain et de bismuth.

La distribution des espèces minérales de l'État de Querétaro peut, selon M. Mariano Bárcena, être rapportée à quelques points fixes et parfaitement constants: L'argent natif, le sulfure d'argent et le cuivre gris caractérisent les formations de Toliman, d'Aguas, el Doctor, San Antonio Bernal; les minerais plombifères caractérisent la formation de San Nicolas et San Antonio; les minerais de mercure appartiennent à une grande zone qui se dirige de l'État à l'Ouest en partant de San Nicolás et en passant par le plateau de Pozos; l'opale fine dans les terrains de transport de la hacienda la Esperanza.

———

Pachuca, Real del Monte, Atotonilco el Chico et Zimapan contiennent les principaux districts miniers de l'État d'Hidalgo, les trois premiers appartiennent à la Sierra de Pachuca, le dernier, à la Sierra de Zimapan.

Les nombreux filons qui traversent le porphyre métallifère de la Sierra de Pachuca renferment de la galène et de la blende des pyrites argentifères souvent fort riches, de l'argent natif, du sulfure d'argent, de la miargyrite, de la pyrite cuivreuse.

On constate en profondeur trois zones ou régions bien tranchées, dans la première les minerais d'argent sont subordonés au manganèse à l'état d'ecerdère et de pyrolusite; dans la seconde la gangue est ferrugineuse et formée de colorados (minerais oxidés), dans la troisième et dernière le sulfure d'argent est subordonné à une gangue quartzeuse, et donne à cette dernière une nuance bleuâtre.

Le district de Zimapan est riche en galènes argentifères de très bas titre mais fort abondantes, en cuivre gris, en carbonate de plomb. Ces minerais de plomb sont des adjuvants précieux pour la réduction des minerais d'argent, ou four à manche.

———

Les principaux districts miniers de l'État de Mexico sont: el Oro, Temascaltepec, Zacualtipan. Les productions minérales du premier sont. l'or et l'argent à l'état natif, le sulfure d'argent, le sulfure pulvérulent, le bhromure et le chorure d'argent, les oxides de et fer de manganèse. Le district de Temascaltepec renferme de grandes variétés de minerais contenant de l'argent natif, de l'électrum, de sulfure d'argent, de l'argent corné, de l'argyrite, de la miargyrite, du sulfure d'argent pulvérulent, de la galène et de la pyrite argentifère.

Le Sultepec renferme des mines d'or, d'argent, de cuivre, de plomb et de fer.

Le district de Zacualpan produit de l'argent natif, de l'argent sulfuré, du sulfo-antimoniure d'argent, de la blende blonde et noire, de la pyrite de cuivre, du sulfure d'antimoine. La plus grande richesse des filons est due à la présence de l'argent sulfuré et de sulfo-antimoniere d'argent.

Huautla est l'unique district minier de l'État de Morelos digne de ce nom. Les filons traversent le porphyre métallifère, ils contiennent du sulfure d'argent, de la galène et de la blende.

Les principales espèces minérales de l'État de Puebla sont, dans le district de Tetela: l'or natif, l'électrum, le sulfure d'argent, la pyrite, l'oxide de manganèse; les minerais de fer et la houille, dans les districts d'Izucar, de Chietla et d'Acatlan.

Des gîtes métallifères appartenant à la Cordillère Orientale, les mines de Zomelahuacan de l'État de Veracruz, méritent, par leur importance, une mention spéciale. Le fer, le plomb et le cuivre argentifère, s'y trouvent associées; l'or s'y rencontre sous forme de pépite.

Dans le district de San Luis Potosí, existent les districts de San Pedro y Bernalejo.

Celui de San Pedro, découvert en 1883 est situé à 21 kilomètres E. de San Luis. Ses dépots sont informes, de dimensions diverses, en nids, nœuds, bourses, caveaux et galeries; il apparait dans ces dépots des minéraux de consistance distincte, en masses dûres ou délayables, pierreuses ou terreuses, isolées ou mélées, en poudre ou cristallisées; on y trouve fréquemment l'or et l'argent à l'état natif.

Le centre le plus riche, connu y exploité est dans les collines nommées El Populo, San Pedro et La Rasposa. Dans toutes les mines les minerais se composent de fer, manganèse, plomb, calcio, bario, arsenic, argent et or; tenant par conséquent de l'oxide de fer, de manganèse, de plomb et de cuivre en abondance, les sulfures de fer de manganèse, cuivre, arsènic et argent; carbonate de chaux, de plomb, de cuivre, plomb et argent; phosphates de chromates de plomb, bhromure, arsénieure, iodure et chlorure d'argent.

Le minéral de Bernalejo, à l'occident de la Vallée de San Francisco, aujourd'hui Villa de los Reyes, à distance de 10 kilomètres. Possède un cumul de filons d'argent, desquels 6 seulement ont été travaillés,

Le minéral de Catorce est le plus riche de l'État de San Luis et fut découvert en 1772. Il est situé à 210 kilomètres au Nord de la capitale de l'État. Ses principaux filons sont: La Purísima, San Agustin, San Gerónimo, San Ramon, Los Frailes et Maroma, Les minéraux de cet important District, peuvent se réduire à 3 classes: argent natif, rognonneux et laminar; chlorure d'argent, d'argent corné—argent vert, cendré et bleu,—argent sulfuré, fuligineux ou poudre. Le district minier de Catorce s'étend à Matéhuala, population immédiate à la colline des Frailes, dans laquelle il y à quelques mines d'ouvertes. C'est à Matéhuela qui se trouvent les principaux établissements pour les fontes de Métaux "Haciendas de beneficio." La Maroma, est un autre minéral du district de Catorce, dans une magnifique Vallée à vingt-cinq kilomètres au Sud.

Le minéral de Charcas fut fondé en 1574 sous le nom de

Real de Natividad, aujourd'hui connu sous le nom de Charcas Viejas. La population de Charcas actuel avec les autres districts miniers découverts à différentes époques, comme sont: San Cárlos, El Sabino, Horcasitas, Verganza, Le Sierpe, Coronada et San Pedro,—forme un important district minier. Le mineral de Charcas, proprement dit, es situé dans la Sierra de son nom à 126 kilomètres au Nord de la capitale de San Luis. Il possède des mines d'argent sulfurée fulgineux et argent corné, dans le haut des mines, ainsi comme dans toutes, des métaux noirs nommés argent sulfureux antimonial—petlanque acerado—et galène menue et grosse. Le minéral del Sabino, appartenant au même district à 104 kilometres au couchant de Charcas, possède, entre ses filons, le principal et le mieux caractèrisé, dans lequel le grenat présente des vestiges de métal argentifère, passant par su zone d'autres filons d'argent gris, galène argentifère, blende et bronze argentifère.

Minéral de Peñon Blanco, à 126 kilomètres au N. O. de San Luis Potosí, dans lequel on à travaillé une mine, dont les produits payaient les frais.

L'importance de cette région consiste essentiellement dans ses riches dépôts de sel, d'une exploitation considérable. Il en est de même pour la Lagune de Tapado, dans le Partido de Moctezuma; Salinas de Concordia et Santo Domingo qui produisent le sel, plutôt de glauwer que commun.

Le minéral de Ramos à 160 kilomàtres au N. O. de la capitale de l'État. Le filon le plus riche se nomme Cocinera, avec argent natif, petlanque, noir, rosicler rouge et obscure, cuivre gris impregné d'argent vierge. Aux environs, ou rencontre des roches porfidiques, coupées de laves basaltiques poreuses et compactes, gris d'acier avec veines de caliza, beaucoup de grains d'olivine, aiguille et fer magnétique.

Le minéral de Guadalcázar à 75 kilomètres ou N. E. de San Luis Potosí. Les filons de ce riche minéral, selon l'ingénieur Santiago Ramírez, peuvent être réduits à 3 systèmes: 1er. celui de Minas Viejas à l'État de collines de San Cristóbal. Le 2ème. de San Juan au N. O. de la même colline, consistant ses minéraux en une mixture de galène argentifère avec argent gris et argent telural, appelé par les mineurs de la localité "métal mogino;" argent aigre, sulfurea et natif, et comme conséquence les oxides de fer, manganèse, etc. Le troisième système, celui de San Juan au Sud de la même colline, avec beaucoup de mines, dont les métaux sont: argent associé à la galène et au plomb blanc, propres pour la fonte, d'ans l'état de polibasite, convenant pour le bénéfice du "Patio;" argent bleu, composé du cardenille et autres cuivres, se trouve dans la mine Sangre de Cristo, dans une partie molle formée par l'arcille ferrugineuse, l'argent natif en feuilles petites et fines.

Guadalcázar est la siège d'une série de dépôts de mercure, qui ont été exploités au N. O.; on trouve dans cette zone plusieurs mines, dont la plus importante est la Trinidad. Dans ce minéral, domine le cinabre obscure et élevée, on y trouve en plus le cinabre hépathique gris de plomb.

La cordillère qui parcourt dans toute sa longueur la presqu'île de la Basse California, la divise en régions métallifères distinctes; la région du Nord est essentiellement aurifère, celle du centre est cuprifère et celle du Sud argentifère. Les alluvions aurifères sont formés par le transport des débris de roches schisteuses et de porphyres amphiboliques. Les porphyres feldspathiques métallifères du Sud sont traversés par des filons de minerais argentifères.

Les espèces minérales provenant des districts de San Antonio et Triunfo, situés au Sud de la Paz sont les suivantes:

Minerais noirs décomposés (noir),—Sulfure d'argent pulvérulent, plombagine, sulfure d'antimoine, galène, pyrite prismatique, mispickel, soufre natif.

Minerais oxidés (colorados).—Chlorure d'argent, oxides

d'antimoine et de plomb, carbonate et phosphate de plomb, oxides de fer hydratés, carbonates et silicates de cuivre hydratés.

Il existe à l'Ouest de la Paz, dans le district de las Vírgenes y Cacachilas, un groupe de montagnes traversés par des filons qui contiennent:

A la surface, de l'argent natif, des sulfure chlorure et bhromure d'argent.

En profondeur, du cuivre gris argentifère, du carbonate de cuivre et de la galène argentifère.

On rencontre aussi des cailloux roulés provenant de débris de filons qui contiennent du sulfure d'argent et de l'argent corné (chlorure d'argent).

Il existe, dans la municipalité de Todos Santos, des mines d'argent et de cuivre.

Dans celle de Santiago, des mines d'or et d'argent, de cuivre, de soufre et de houille.

Dans la municipalité de San José del Cabo, une mine d'argent.

Dans celle de Mulegé, des mines d'or, d'argent, de cuivre et de plomb.

Des mines d'or, d'argent et de cuivre à Comondú.

Des mines d'or et de soufre à Santo Tomás.

La mine de Santa Águeda, qui releve de la municipalité de Mulegé, produit annuellement près de six mille tonnes de minerai de cuivre.

Les mines de cuivre sont très abondantes dans la Sierra ainsi que dans l'ancienne mission de San Fernando.

Indépendamment des nombreux filons aurifères il existe un grand nombre d'alluvions ou placers, tels que: Real de Santa Cruz, au Sud de San Antonio, San Rafael. L'or se rencontre dans quelques uns des ruisseaux qui descendent de la Sierra.

———

Nous avons énuméré les principales productions minérales du pays ainsi que leurs centres de production, nous ne pouvons entrer dans de plus grands détails sans trop nous étendre; nous renvoyons donc le lecteur, que cela pourrait intéresser à la lecture de notre Atlas général Mexicain et du Mémoire publiée dans le tome V des Annales du Ministère des Travaux publics.

Citons encore les volcans Popocatepetl, Pico de Orizaba, Tajimaroa, qui contiennent des soufrières inépuisables; les salines de Peñon Blanco, de San Luis Potosí, qui fournissent du sel en grande abondance.

Parmi la matériaux de construction, diverses classes de marbres, de jaspes, d'onyx (Tecali); parmi les pierres précieuses, l'opale, le grenat, le topaze, l'agate, l'améthiste, l'émeraude.

La méthode généralement employée pour la réduction des minerais, porte le nom de Beneficio de Patio elle est due à un mineur de Pachuca, Bartolomeo de Medina qui l'inventa en 1557.

Cette méthode comme aussi sons le nom de système de chloruration, joint à l'économie et à la simplicité, l'avantage de pouvoir traiter de grandes quantités de minerai de très bas titre. La méthode de Treyberg est assez usité dans le traitement des Schlicks (résidus de lavages) et des minerais pyriteux. La méthode péruvienne dite beneficio de cazo est reservée au traitement des chlorure, yodure et bromure d'argent. Les minerais de plomb sont réduits par voie de fondage. La méthode de lixiviation est usitée en Sonora, ainsi que dans les Etats de Sinaloa et Chihuahua.

Les usines de réduction (haciendas de beneficio) les plus importantes, sont celles de: Pachucha Real del Monte, El Chico, Guanajuato, Zacatecas, Fresnillo, Sombrerete, Sultepec, Temascaltepec, Tasco, El Oro, Zacualpan, etc.

Les métaux proviennent des districts miniers suivants:

Zacatecas.—Zacatecas, Veta Grande, Rescate, Mazapil, Pinos, Fresnillo, Noria de Angeles, Sombrerete, Minillas, Jerez, Pánuco, Nieves, Rio Grande, Chalchihuites et Valparaiso.

Guanajuato.—Gîtes miniers de la Sierra du même nom.

Hidalgo.—Mines de la Sierra de Pachuca et de Zimapan.

San Luis Luis Potosí.—Catorce, Matehuala, Charcas, Tapona, Guadalcazar, San Pedro, Bernalejo et Salinas.

Chihuahua.—Parral, Batopilas, Cusihuiriachic, Uruachi, Urique, Guadalupe y Calvo, Uruapa, Guazapares, Joya, Jesus María, Pinos Altos, Chihuahua, Yoquibe, Candameña et Santa Eulalia.

Durango.—Topia, Comercio, San Juan de Guadalupe, Avino, Guanacevi, Parrilla, San Dimas, Cuencamé, Bajada, Copalquin, Coneto, Santiago, Tejamé, Canelas, Soledad Gavilanes, Sianori, Sapiori, Mapimí, San Francisco, Papasquiaro, Arzate, San Lucas, Pino, Indé, Huichapa, Ventanas, Peñoles, San Juan del Rio, Duraznito, Canatlan, Carleña, Metatitos, El Oro.

Guerrero.—Tasco, Tehuilotepec, Tepantitlan.

Jalisco.—Hostotipaquillo, Bramador, Cuate, Etzatlan, Yesca, San Sebastian, Santo Tomás, La Bautista, Tuxpan, San Pedro Lagunillas, San José Buenaventura.

México.—Sultepec, Zacualpan, Temascaltepec, El Oro.

Michoacan.—Tlalpujahua, Angangueo.

Oaxaca.—Jalea, Totolapan, Tabiche, Ixtlan, Peras, Totomochapan.

Puebla.—Tetela del Oro.

Sinaloa.—Guadalupe de los Reyes, Cosalá, Cantarrana, Santa Cruz, Hiedras, San Andrés, Bacubirito, San Ignacio, Sarabia, San Luis, Fresnos, Yoquistita, Rosario.

Sonora.—Promontorio, Justina, Aduana (Alamos), Trinidad, San Lorenzo, Baucarí, Minas Nuevas (Alamos), San Javier.

Agnascalientes.—Asientos.

La production totale doit être portée à trente cinq millions de piastres environ, car on peut sans crainte d'exagération, porter à cinq ou six millions de piastres l'exportation clandestine.

Grâce à la réduction considérable des droits d'exportation

qui de 5 p⌾ ont été abaissé à ½ p⌾ pour l'argent; et de 1½ p⌾ ont été abaissés à ¼ p⌾ pour l'or, il est à espèrer que l'exportation clandestine diminuera considérablement.

Nous donnons ci-après, une notice historique, succinte des Maisons de Monnaie et de la Frappe effectuée, depuis le principe, jusqu'à l'année 1888.

Le pays conquis par les espagnols, l'usage de la monnaie fut introduit à Mexico. On sait que les anciens Mexicains ne connaissaient pas la monnaie pour leurs transactions commerciales, mais se servaient pour leurs acquisitions de l'or en grains contenu dans des tuyaux de plumes, grains de cacao, petits morceaux de toile de coton, cuivre coupé en forme de T et enfin de morceaux d'étain. La première monnaie espagnole, aussitôt après la conquête, était de palets d'or et d'argent marqués par les officiers royaux, mais une fois installée la Maison de Monnaie de Mexico, (en vertu de l'ordre royal du 11 mai 1535) commença la frappe, laquelle embrasse 3 divisions, pour sa forme, pendant la longue periode de la domination espagnole, 1º de 1537 à 1731; monnaie macuquina, de forme irrégulière et inégale, piastre, faite au marteau, avec une croix, deux châteaux et deux lions, d'un côté et avec le chiffre qui indiquait le nom du souverain régnant; de l'autre. 2ª de 1732 à 1771, monnaie à colonnes, de forme circulaire, sur une de ses faces les armes espagnoles, entre les deux colonnes d'Hercule et le fameux lema "Plus Ultra." 3ª de 1772 à 1821, monnaie de buste, ainsi nommée parcequ'elle tenait gravé sur une de ses faces l'effigie du roi.

La Maison de Monnaie, selon M. Orozco y Berra, s'appelait, dans le principe la "Fundicion" et éxistait au coin de la première rue de la Monterilla, près la Maison Communale, "Diputacion," connu alors sous le nom de la Maison de Sessions des "Alcaldes Ordinarios." La se présentaient les morceaux d'or et d'argent pour y faire apposer le contrôle et faire signaler sur les pièces, leur loi, et leur valeur intrinsèque (et aussi pour payer les droits). Impôt qui jusqu'alors n'existait point, puisque il n'y avait dans la colonie que le peu d'argent monnayé qui pouvait venir d'Espagne.

L'ordre royal du 11 Mai 1535 fut d'établir trois maisons de monnaie: une dans le Potosí de l'Amérique du Sud; autre à Santa Fe, dans le nouveau Royaume de Grenade et la troisième à Mexico, la frappe étant subordonnée aux mêmes lois et conditions que pour les maisons de monnaie de Castille. En conséquence la fonte fut destinée à l'objet demandé par la loi, commençant la longue série de travaux qui s'est prolongée jusqu'à l'époque actuelle.

Le Palais actuel fut acheté à la famille de Hernando Cortés en 1562 et le maison de monnaie y fut transferée y joignant en 1567 les Caisses Royales, la mettant ainsi à l'endroit qu'elle à toujours occupée, depuis l'année 1569.

L'édifice appropié aux travaux qui s'y éxécutaient, resta longtemps à peu près dens le même état, y faisant seulement les quelques améliorations éxigées par les progrès acquis. Son importance, cependant s'accrut, de manière qu'il fut indispensable, en 1729 de construire un local approprié aux grands travaux qui se firent alors. Sur les Plans de Nicolás Peinado en 1730 et ordre Royal du 2 Âout 1731, l'œuvre fut commencée et terminée en 1734. Les devis furent de 206,000 piastres et il y fut dépensé 449,893, inclus 19,000 piastres, que coutèrent deux maisons contigues et le valeur de quelques machines et instruments.

La Maison de Monnais de Mexico, étant alors la seule éxistant dans la Colonie, frappait tout l'argent produit par les mines, mais l'accroissement considérable de la frappe rendit indispensable l'obligation d'agrandir encore l'édifice.

Les travaux commencés en 1772 conclurent en 1782 et à nouveau, coutèrent 449,893 piastres, qui, avec la dépense antérieure forment un total de 1.004,493 piastres.

Les travaux se faisaient pas des fournisseurs et les emplois s'achetaient au gouvernement, par les particuliers qni s'occupaient plus de leur intérêt propre, que de celui du public, ce qui donna motif au même gouvernement de prendre la maison pour son compte, la gardant en son pouvoir les années qui suivirent, en en retirant des bénéfices considérables. La frappe de l'or appartenait également à des particuliers et revint à la couronne, par cédule, décret, du 21 Juillet 1778 et joint à la maison de monnaie le 19 Octobre suivant, encore que l'ordre portant cette résolution, porte la date du 29.

L'indépendance du pays, réalisée, d'autres maisons de monnaie furent établis dans quelques États. Il en résulta une diminution considérable dans l'arrivée des métaux précieux à Mexico et dans la même proportion, diminuèrent les travaux et l'importance de l'établissement. On prit une partie de l'édifice pour agrandir le Palais et pour le reste, on faisait les travaux d'une manière irrégulière. Les mauvaises machines s'inutilisèrent presque et par deux fois, il fut donné assez d'argent pour en acheter de nouvelles à l'étranger, mais cet argent fut employé à une tout autre usage.

Fatigué, le gouvernement, de lutter contre ces difficultés qu'il ne pouvait, ou voulait vaincre, loua la maison de monnaie et la frappe, le 23 février 1847 à des particuliers pour un terme de 10 ans et pour la quantité de 174,000 piastres, soit 17,400 piastres par an. Ce contrat ayant pris fin, on en fit un autre et ainsi successivement, étant encore au pouvoir de particuliers.

Il fut convenu, dans le contrat de 1847, que la maison de monnaie serait transférée dans l'endroit qu'elle occupe aujourd'hui. A cet effet, les travaux furent commencés en Mars 1848 et conclus en Mars 1850. On monta les machines jusqu'à fin Juin et en fin la frappe commence dans le nouveau local le premier Juillet 1850. La quantité d'argent monnayé depuis cette date, jusqu'au 31 Decembre 1866, monte à 64.325,999 piestres.

La machine établie en 1850, fut construite en Angleterre par Manesley Son & Field, à l'exception des volants, des rails et de la machine à acoordonner, construits à Paris, par Eugène Kurtz. En 1852, fut ajouté à la machine, venue d'Angleterre, un jeu de grands laminoirs de Paterson, des États-

Unis, près New-York. En Août 1865, furent faites de grandes et importantes améliorations dans l'établissement, en montant la presse monétaire, qui est, aujourd'hui la plus parfaite en son genre et fut construite à Philadelphie par Morgan, Ow. et Cie.

Elle servit à frapper les magnifiques pièces d'une piastre de la monnaie impériale. Les premières pièces de cette classe furent mises en circulation en février 1866 et le coin étant maltraité, fut refait et le travail commença le 3 Juillet de la même année.

De cette date au 31 Décembre 1866, 2.146,000 piastres de la nouvelle monnaie, furent frappés.

Comme vu le voit, les notices de M. Orozco y Berra, arrivent jusqu'à l'année 1866.

La maison de monnaies, à continué ses opérations jusqu'à ce jour, sans interruption et il ne nous reste plus qu'à démontrer son importance, ainsi que ce qui s'est fait dans les autres maisons de monnaies, autorisées.

MAISON DE MONNAIE DE MEXICO.

Etablie par Edit Royal du 11 Mai 1535, le type définif de la monnaie fut fixé et les travaux commencèrent en 1537.

Epoque Coloniale.

			Or.	Argent.	Total.
Monnaies macuquina	1537–1731..	$ 8.497,950	752.067,456	760.565,406
,,	colonnes'	1732–1771..	19.889,014	441.629,211	461.518,225
,,	de buste	1772–1821..	40.329,866	858.517,634	898.847,500
			$68.716,830	2,052.214,301	2,120.931,131

Indépendance.

		Or.	Argent.	Total.
Empire d'Iturbide 1822 à 1823...	$	505,536	8.605,601	9.111,137
République 1824 à Juillet 1888...		15.188,715	229.097,598	244.286,313
		$ 15.694,251	237.703,199	253.397,450

Total de la maison de monnaie de Mexico..................	$ 84.411,081	2,289.917,500	2,374.238,581
Dans les dix dernières années 1878 à 1888	2.239,940	63.374,200	65.942,936
Inclus la monnaie de cuivre........		328,796	

MAISON DE MONNAIE DE ZACATECAS.

Les travaux commencèrent le 14 Novembre 1810.

	Or.	Argent.	Total.
Époque coloniale 1810 à 1821......		16.919,521	16.919,521
Indépendance 1821 à 1883		6.497,609	6.497,609
Idem 1824 à fin Juillet 1888	1.406,239	293.252,767	294.659,006
	$ 1.406,239	316.669,807	318.076,136

Dans les 10 dernières années 1878–1888 le montant de la frappe est $272,441 d'or; $53.032,000 d'argent et $13,000 de cuivre, formant un total de $53.317,441.

MAISON DE MONNAIE DE GUANAJUATO.

Etablie en 1812 par les autorités de la Ville et fermée en 1812, ouverte de nouveau en 1821 pour fournir de numéraire à l'armée insurgée.

	Or.	Argent.	Total.
Époque coloniale, 1812, 1813, et 1824.................................		602,575	602,575
Indépendance, 1822, 1823..........		892,586	892,586
Idem 1824 à Juillet 1888............	20.771,569	256.095,836	276.867,405
	$ 20.771,569	257.590,997	278.362,566

Dans les 10 dernières années 1878–1888 $828,870 or; $42.949,250 argent; $788,120; inclus $10,000 de cuivre.

MAISON DE MONNAIE DE SAN LUIS POTOSÍ.

Etablie en 1827, en vertu des facultés de l'État.

	Argent.	Total.
Indépendance 1827 à Juillet de 1888 en argent seulement........	$102.621,330	102.621,330
Dans les dix dernières années, 1878–1888.............................	28.684,785	

MAISON DE MONNAIE DE GUADALAJARA.

Etablie en 1812.

	Or.	Argent.	Total.
Époque coloniale 1812–1821......	$ 61,581	2.058,388	2.119,969
Indépendance 1022–1823...........	51,856	1.614,144	1.666,000
Idem 1824 à Juillet 1888...........	788,642	50.201,681	50.990,323
	$ 902,079	53.874,213	54.776,292
Dans les dix années 1878 à 1888..	$ 10,260	12.610,154	12.631,862
Inclus en monnaie de cuivre........	11,447		

MAISON DE MONNAIE DE CHIHUAHUA.

Etablie par autorisation du Commandant Général des Provinces intérieures.

	Or.	Argent.	Total.
Époque colonial 1811 à 1816........		3.603,660	3.603,660
Indépendance 1832 à Juillet 1887	1.620,078	38.600,742	40.220,820
	$ 1.620,078	42.204,402	43.824,480
Dan les dix années 1078 à 1888....	66,760	17.639,451	17.706,211

MAISON DE MONNAIE DE DURANGO.

Etablie en 1811 par l'Intendant Gouverneur.

	Or.	Argent.	Total.
Époque coloniale 1811-1821........		5.310,960	5.310,960
Indépendance 1822-1823.............		965,629	965,629
Idem 1825 à Juillet 1888............	3.617,793	47.948,935	51.566,728
	$ 3.617,793	54.225,524	57.843,317
Dans les dix années, inclus $1,785 de monnaie de cuivre..............	$ · 124,265	9.920,530	10.046,530

MAISON DE MONNAIE DE SOMBRERETE.

Les travaux commencés en 1810, furent suspendus en 1811; repris en 1812 et arrêtés définitivement dans la même année, en raison de la proximité des Maisons de Durango et Zacatecas.

	Argent.	Total.
Époque coloniale 1810-1812........	1.551,249	1.551,249

MAISON DE MONNAIE DE CULIACAN.

Etablie en vertu des facultés des États, á commencé ses travaux en 1846 et à frappé les quantités suivantes:

	Or.	Argent.	Total.
Indépendance 1846 à Juilles 1888	5.763,426	32.215,127	37.979,553
Dan les dix dernières années 1878 à 1888	436,097	7.944,382	8.383,562
Inclus en monnaie de cuivre	3,083		

MAISON DE MONNAIE D'HERMOSILLO.

A commencé ses travaux en 1867.

	Or.	Argent.	Total.
Indépendance 1867 à Juillet 1888	508,394	1.736,095	12.244,489
Dans les dix dernières années 1878 à 1888	15,810	4.369,847	4.385,657

MAISON DE MONNAIE D'ALAMOS.

Etablie en 1868.

	Or.	Argent.	Total.
Indépendance 1868 à Juillet 1888	439,849	17.686,486	18.125,835
Dans les dix dernières années 1878 à 1888	339,000	9.011,789	9.350,789
Inclus $1,250 en monnaie de cuivre			

MAISON DE MONNAIE DE OAXACA.

Les travaux commencèrent en 1859.

	Or.	Argent.	Total.
Indépendance 1859 à Juillet 1888	739,101	4.211,744	4.950,845
Dans les dix dernières années 1878 à 1888	34.240	1.308,465	1.342,705

MAISON DE MONNAIE DE GUADALUPE ET CALVO.

Etablie par ordre du Congrès de 1840, éxécuté en 1842; les travaux de frappe commencèrent en 1844 et furent suspendus en 1850.

	Or.	Argent.	Total.
Indépendance 1844 à 1849	2.311,104	2.063,958	4.375,062

MAISON DE MONNAIE DE TLALPAN.

Etablie par décret du Congrès de l'État de Mexico du 26 de Mai 1827, à commencé ses travaux le 23 Février 1828 et les termina le 13 Avril 1830, époque à laquelle Tlálpan cessa d'être la capitale de l'État.

	Or.	Argent.	Total.
Indépendance, 1828 à 1030.........	203,544	959,116	1.162,660

MAISON DE MONNAIE DE CATORCE.

Dans le mémoire du Ministère des Travaux Publics de 1866, il apparait qu'il y fut frappe en argent, pendant l'année 1765, la somme de $1.321,545.

RÉSUMÉ GÉNÉRAL.

	Or.	Argent.	Total.
Gouvernement colonial...............	$ 68.778,411	2,082.260,657	2,151.089,068
Indépendance....	53.915,846	1,106.589,526	1,160.504,872
	122.693,757	3,188.850,183	3,311.543,940

RÉSUMÉ PAR CLASSE DE MONNAIES.

		Or.	Argent.	Total.
1537–1731	Monnaie macuquina...	$ 8.497,950	752.067,456	760.565,406
1702–1771	,, à colonnes...	19.889,014	441.629,211	461.518,225
1772–1821	,, de Buste......	40.391,447	888.563,989	928.955,436
1822–1823	,, de l'empire d'Iturbide.....	557,392	18.575,569	19.132,961
1824–1880	,, de la République	53.357,954	1,088.013,958	1,141.371,912
		122.693,757	3,188.850,183	3,311.543,940

Dans cette dernière période, sont comprises les monnaies frappées au buste et armes de Maximilien et en 1886, on ne connaissait l'importance de cette frappe, que pour la somme de $2.146,000.

RÉSUMÉ PAR MAISONS DE MONNAIE.

	Or.	Argent.	Total.
Mexico 1537-1888	84.411,081	2,289.917,500	2,374.328,581
Zacatecas 1810-1888	1.406,239	316.669,897	318.076,136
Guanajuato 1812-1888	20.771,569	257.590,997	278.362,566
San Luis Potosí 1827-1888		102.621,330	102.621,330
Guadalajara 1812-1888	902,079	53.874,213	54.776,292
Chihuahua 1812-1888	1.620,078	42.204,402	43.824,480
Durango 1811-1888	3.617,793	54.225,524	57.843,317
Sombrerete 1810-1812		1.551,249	1.551,249
Culiacán 1816-1888	5.763,426	32.216,127	37.979,553
Hermosillo 1867-1888	508,394	11.736,095	12.244,489
Alamos 1868-1888	439,349	17.686,486	18.125,835
Oaxaca 1859-1878	739,101	4.211,744	4.950,845
Guadalupe y Calvo 1844-1849	2.311,104	2.063,958	4.375,062
Tlálpan 1828-1830	203,544	959,116	1.162,660
Catorce 1865		1.321,545	1.321,545
	122.693,757	3,188.850,183	3,311.543,940
Monnaie de cuivre			6.631,881
			3,318.175,821

Les époques de la Frappe, relativement aux dix dernières années, sont constatées dans les descriptions des États, ou sont établies des maisons de monnaies.

Antérieurement, la frappe du cuivre ne suivait pas l'ordre régulier de la frappe de l'or et de l'argent et cela était du à des dispositions contradictoires, pour des fins politiques, qui préjudiciaient surtout à la classe pauvre.

Don Antonio de Mendoza, un des plus éclairés gouverneurs de la nouvelle Espagne, autorisa la frappe du cuivre, en pièces de 4 et 2 maravedis, par décret du 28 Juin 1542; mais, pour diverses causes, il ne fut pas donné suite à cette frappe, ne restant en circulation que 200,000 piastres en monnaie de cuivre.

En 1814, le Vice-roi, Don Félix María Calleja, disposa la frappe de monnaie divisionaire de cuivre en pièces de $\frac{1}{12}$, $\frac{1}{8}$ et $\frac{1}{16}$ de real, le real représentant 62 $\frac{1}{2}$ centimes, et il en fut frappé pour la somme de 342,892 pistres, de l'année 1814 à 1821.

De 1822 à 1829, diverses lois et décrets, traitèrent de la forme et du dessin des monnaies de cuivre, mais ce ne fut qu'en 1841, que définitivement fut autorisé la frappe de $\frac{1}{8}$ de real en cuivre et le 18 février 1842, la frappe en $\frac{1}{4}$ de real, argent, en proportion du 1 p$\%$ de l'argent monnayé.

Le montant de la frappe de cuivre, est jusqu'à l'année fiscale 1887-1888, de:

Époque Coloniale....................................	$ 542,893
Indépendance...	6.088,988
Total...........................	$ 6.631,881

Nous terminons cette intéressante étude par le catalogue par ordre alphabétique des mines de la République.

MINES EN EXPLOITATION ET PARALYSÉES, AINSI QUE DE BEAUCOUP DE TERRAINS CONTENANT DES SUBSTANCES MINÉRALES.

A

Minéraux.	Etats.	Localités.	Métaux et substances minérales.
Acuitlapilco.	Jalisco.	Tepic.	Argent.
Adjuntas.	Guanajuato.	Allende.	Idem et or.
Aduana.	Sonora.	Alamos.	Argent.
Agua Blanca.	Jalisco.	Autlan.	Cuivre.

Minéraux.	États.	Localités.	Métaux et substances minérales.
Agua Blanca.	Durango.	Tamazula.	Argent.
Aguacaliente.	Sonora.		Métal de plomb.
Aguacaliente.	Chihuahua.	Chinipas.	Argent et or.
Aguacate.	Guerrero.		Idem idem.
Agua Grande.	Veracruz.	Tantoyuca.	
Aguaje.	Durango.	Papasquiaro.	
Aguaje.	Sonora.	S. de Hermosillo	Argent pour mercure et feu.
Agua.	Querétaro.	Cerca del Doctor.	Cuivre gris, argent natif et sulfuré.
Ahuacatitlan.	Guerrero.	Teloloapan.	Argent.
Ahuacatlan.	Querétaro.	Jalpan.	Argent.
Ahuacatlan.	Puebla.	Matamoros,	Charbon.
Ajifle Cata.	Jalisco.	Guadalajara.	Fer, cuivre et argent.
Ajuchitlan.	Guerrero.	Mina.	
Alameda.	Sonora.	Allende.	Argent.
Alamo.	Sonora.		Plomb.
Alamos.	Sonora.	Alamos.	Riches mines d'argent·
Alvarado.	México.	Cerca de Temascaltepec.	Argent.
Aldamas.	Sinaloa.	Mocorito.	
Alisos.	Sinaloa.	Mocorito.	Argent.
Amaculi.	Durango.	Tamazula.	Argent.
Amassaguas.	Jalisco.	Tepic.	Argent.
Amatepec.	México.	Sierra Amatepec.	Argent et or.
Amatlan.	Morelos.	Cuernavaca.	Argent.
Amatlan.	Oaxaca.	Ixtlan.	Argent et or.
Ameca.	Jalisco.	Ameca	Or, argent et cuivre.
Amoles.	Querétaro.	Jalpan.	Argent et or de bas titre.
Analco.	Jalisco.	Ahualulco.	Argent.
Angangueo.	Michoacan.	Zitácuaro.	Argent, bronze, fer et charbon de terre.
Angeles.	Zacatecas.	Pinos.	Argent, plomb et fer.
Animas.	Sonora.		Argent.
Anonas.	Jalisco.	Tequila.	Argent.
Apulco.	Hidalgo.	Inmediaciones de Apulco.	Fer.
Apupátaro.	Michoacan.		
Arellano Ranchería.	Veracruz.	Jalapa.	Charbon de terre.

Minéraux.	Etats.	Localités.	Métaux et substances minérales.
Arizona.	Sonora.	Magdalena.	Argent et beaucoup de natif.
Arizpe.	Sonora.	Arizpe.	Métal de plomb.
Arroyo del Abra.	Veracruz.	Ozuluama.	Cinabre.
Arroyo de la Cantera.	Guanajuato.	Leon.	Argent.
Arroyo de Chula.	Guanajuato.	Sierra Gorda.	Argent et or.
Arroyo de Cutlalva.	Guanajuato.	Leon.	Plomb argentifère.
Arroyo del Agua.	Guanajuato.	Celaya.	Argent.
Arroyo del Zapote.	Guanajuato.	Allende.	Etain.
Arroyo Hondo.	Chihuahua.	Nanoava.	Argent.
Arzate.	Durango.		Argent.
Asientos.	Aguascalientes.	Asientos.	Argent et plomb.
Atalaya.	Guerrero.	Tepantitlan.	Argent et or.
Atarjea.	Guanajuato.	Sierra Gorda.	Plomb doux, argent, or et cinabre.
Alchuezcontitlan.	Veracruz.	Ozuluama.	Cinabre.
Atlena.	Jalisco.	Mascota	Argent.
Atolinga.	Zacatecas.	Tlaltenango.	Plomb.
Atotonilco.	Durango.	Indé.	Salitre.
Atotonilco el Chico.	Hidalgo.	N. de Pachuca.	Mêmes produits que Pachuca.
Avillas.	Jalisco.	Mascota, sierra.	Argent.
Avino.	Durango.	Cuencamé.	Argent.
Aygame.	Sonora.	Hermosillo.	Argent, placers et mines d'or.
Ayutla.	Jalisco.	Mascota.	Argent.
Azoyú.	Guanajuato.	Allende.	Charbon de terre.
Azufral.	Michoacan.	S. de S. Andrés.	Soufre.

B

Babisas.	Chihuahua.	Matamoros.	Plomb.
Babicanora.	Sonora.	Arizpe.	Argent et or.
Baca Ortiz.	Durango.	Papasquiaro.	Argent.
Bacoachi.	Sonora.	Arizpe.	Argent, cuivre et placers d'or.
Bacubirito.	Sinaloa.		Or.
Bajada.	Durango.	Tamazula.	Plata.

Minéraux.	Etats.	Localités.	Métaux et substances minérales.
Bañon.	Zacatecas.	Orient de Zacatecas.	Cinabre.
Baroyeca.	Sonora.	Alamos.	Riches mines argent.
Barranca.	Sonora.	Hermosillo.	Argent.
Barranca del Molino	Guerrero.	Ajuchitlan.	
Barranca del Tigre.	Guanajuato.	Celaya.	Argent.
Barranca del Zapote	Guanajuato.	Celaya.	Argent et or.
Barranca de S. Cristóbal.	Jalisco.	Zapotlan.	Bitum.
Barranca de S. Juan	Guerrero.	Tasco.	Plata.
Barranca de Tlamacazapa.	Guerrero.	Tasco.	Argent.
Barranco.	Sinaloa.	Badirahuato.	
Barranco Basucha.	Chihuahua.	Sur de Morelos.	Charbon de terre.
Barriga de Plata.	S. Luis Potosí.	Sierra de Catorce.	Argent, bronze et argert vert.
Basio.	Durango.	Papasquiaro.	Argent.
Basura.	Sonora.	Altar.	Mines d'or.
Barajita.	Sonora.	Magdalena.	Placers d'or.
Batea.	Zacatecas.	Sombrerete.	Plomb.
Batopilas.	Chihuahua.	Batopilas.	Argent et argent vierge.
Batopilillas.	Chihuahua.	Rayon.	Argent.
Batuco.	Sonora.	Moctezuma.	Mines d'or et argent.
Bernal.	Querétaro.	S. Antonio Bernal.	Cuivre gris, argent natif et sulfuré.
Birimoa.	Durango.	Tamazula.	Argent.
Boca de Leones.	Nuevo Leon.		Argent.
Bocoyna.	Chihuahua.	Cusihuiriachic.	Argent.
Bolaños.	Jalisco.	Colotlan.	Riches mines d'argent, plomb et cuivre.
Bolco.	Sinaloa.	Mazatlan.	
Bonanza.	Zacatecas.	Mazapil.	Argent.
Bonanza.	Hidalgo.	Sierra de la Pechuga.	
Buenavista.	Durango.		Argent.
Bronces.	Sonora.	Hermosillo.	Argent.
Buenavista.	Guerrero.	Bravos.	Argent.
Buenos Aires.		Matomoros.	
Buenafé.	México.	Zacualpan.	Argent riche.

C

Minéraux.	Etats.	Localités.	Métaux et substances minérales.
Caballitos.	Guanajuato.	S. M. de Allende.	Etain.
Cacachilas.	Baja California.		Argent sulfuré vierge, cuivre, galène, blenda.
Cacoma.	Jalisco.	Autlan.	Or.
Cahuacua.	Oaxaca.	Nochistlan.	Fer.
Cajon.	Sinaloa.	Culiacan.	Argent.
Cajon de Minas.	Sinaloa.	Cosalá.	Argent.
Cajones.	Guerrero.	Tixtla.	Argent.
Cajurichic.	Chihuahua.	Uruachic.	Argent.
Calera.	Durango.	Tamazula.	Argent.
Calpulalpan.	Oaxaca.	Ixtlan.	Or et argent.
Camargo.	Tamaulipas.		Charbon de terre.
Campo Juarez.	Baja California.		Placers d'or.
Cananea	Sonora.	Arizpe.	Cuivre.
Candelaria.	Sinaloa.	San Ignacio.	Argent.
Canelas.	Durango.	San Dimas.	Argent mixte.
Cantera.	Zacatecas.		Argent sulfuré, aigre et natif.
Cañada.	Guanajuato.	Leon.	Argent.
Cañª de Aniezquita.	Guanajuato.	Guanajuato.	Magistral.
Cañª de Chamuco.	Guanajuato.	Allende.	Cinabre.
Cañada de Flores.	Guanajuato.	Allende.	Argent.
Cañada de Jesus.	Guanajuato.	Celaya.	Argent.
Cajitos.	Sonora.	Altar.	Placers.
Cañada de las Palomas.	Guanajuato.	Guanajuato.	Argent.
Cañada de la Tinaja.	Guanajuato.	Leon.	Cuivre.
Cañada del Burro.	Guanajuato.	Allende.	Argent.
Cañada de las Cajas.	Guanajuato.	Allende.	Argent.
Cañada del Indio.	Guanajuato.	Allende.	Argent.
Cañada del Plomo.	Guanajuato.	Leon.	Plomb argentifère.
Cañada del Sitio.	Guanajuato.	Leon.	Argent.
Cañada de los Alumbres.	Michoacan.	Tlalpujahua.	Cinabre.
Cañada de Sta. Rosa.	Guanajuato.	Allende.	Etain.
Cañon de Víboras.	Coahuila.	Viesca.	Argent.

Minéraux.	Etats.	Localités.	Métaux et substances minérales.
Capadero (Rio del).	Tamaulipas.		Charbon de terre.
Capula.	Jalisco.	Sayula.	Cinabre.
Capula.	Hidalgo.	N. de Pachuca.	Argent.
Capula y Corral.	Puebla.	Ixtacamastitlan	Oxide et péroxide de fer.
Capulin (Rancho).	Guanajuato.	Allende.	Argent.
Capulin.	Guanajuato.	Celaya.	Cinabre.
Cardonal.	Hidalgo.	Zimapan.	Argent et Plomb.
Cardones.	Guanajuato.	Guanajuato.	Argent et or.
Cármen.	Michoacan.		Charbon de terre.
Cármen.	Sonora.		Argent.
Cármen.	Chihuahua.	Rayon.	Charbon.
Carrizo.	Durango.	San Dimas.	Argent.
Carro (Hac^a del)	S. Luis Potosí.	Salinas.	Cinabre et cuivre.
Cata Colorada.	Zacatecas.	Fresnillo.	Cinabre.
Catorce, riche minéral.	S. Luis Potosí.	Sierra de Catorce.	Bromure, Iodure et chlorure d'argent, argent bleu, argent aigre, rosicler obscur et miargyrite.
Cerralvo.	Nuevo Leon.	Sierra de Cerralvo.	Argent.
Cedros.	Zacatecas.	Mazapil.	Argent.
Cerralvo.	Baja California.	Isla de Cerralvo	Argent.
Centeno.	Guanajuato.	Guanajuato.	Cinabre.
Cerro del Acatun.	Guanajuato.	Leon.	Plomb argentifère et hématite.
Cerro del Aguacate.	Guerrero.	Cutzamala.	Argent.
Cerro del Aguazarc^a	Guerrero.	Aldama.	Argent.
Cerro de Agustinos.	Guanajuato.	Celaya.	Argent.
Cerro Alto.	Guanajuato.	Leon.	Fer.
Cerro de Aldaveliste.	Guerrero.	Cutzamala.	Argent et plomb.
Cerro de las Animas.	Guanajuato.	Allende.	Argent et or.
Cerro de Apupato.			Cuivre.
Cerro del Archipin.	Guerrero.	Tasco.	Argent, plomb, cuivre.
Cerro de Atzalantz.	Guerrero.	Aldama.	Argent.
Cerro Azul.	Guerrero.	Ajuchitlan.	Cuivre.
Cerro de la Babilonia.	Guerrero.	Tasco.	Argent, plomb.
Cerro de Bermeja.	Guerrero.	Tasco.	Argent.
Cerro de Cabestro.	Guanajuato.	Allende.	Cinabre.

Minéraux.	Etats.	Localités.	Métaux et substances minérales.
Cerro Cabeza de Ramirez.	Veracruz.	Tuxpan.	Argent.
Cerro de los Cajones.	Veracruz.	Chicontepec.	Argent et plomb.
Cerro del Calvario.	Guerrero.	Tasco.	Platina. (?)
Cerro de los Calzones.	Guanajuato.	Allende.	Argent.
Cerro de la Campaña.	Durango.	Tamazula.	Argent.
Cerro del Capapetiro.	Guanajuato.	Celaya.	Argent.
Cerro de Capilintla.	Guerrero.	Tasco.	Argent.
Cerro de Capire.	Guerrero.	Aldama.	Argent.
Cerro de la Carrera.	Guerrero.	Tasco.	Argent et pyrite.
Cerro de Carreon.	Guanajuato.	Allende.	Argent.
Cerro Cola del Diablo.	Guanajuato.	Allende.	Fer.
Cerro Colorado.	Veracruz.	Jalacingo.	Métal de plomb.
Cerro Colorado.	Guanajuato.	Sierra Gorda.	Cinabre.
Cerro de la Campaña.	Morelos.	Huautla.	Argent.
Cerro del Cigarrillo.	Guerrero.	Coyutla.	Or et cuivre.
Cerro del Cubilete.	Guanajuato.	Guanajuato.	Argent.
Cerro del Cuervo.	Veracruz.	Jalapa.	Id. et charbon.
Cerro de la Culebra.	Guerrero.	Tehuilotepec.	Argent.
Cerro de la Cumbre.	Guanajuato.	Allende.	Argent et plomb argentifère.
Cerro del Chapopote.	Veracruz.	Túxpan.	Argent.
Cerro del Derrumbado.	Guerrero.	Tasco.	Argent et pyrite sulfurée.
Cerro de la Diputacion.	Morelos.	Cuernavaca.	Argent.
Cerro de la Esperan?.	Guerrero.	Tasco.	Argent.
Cerro del Espíritu.	Durango.	Tamazula.	Argent.
Cerro del Fraile.	Guanajuato.	Guanajuato.	Cinabre.
Cerro del Fraile.	S. Luis Potosí.	Matehuala.	Argent vert, bronze cuivre.
Cerro de Franco.	Veracruz.	Túxpan.	Argent.
Cerro Frio.	Morelos.	Tetecala.	Argent.
Cerro de la Fundicion.	Morelos.	Tepoxtlan.	Argent et fer.
Cerro Gacho.	Veracruz,	Mazatlan.	Charbon.
Cerro Gavaliz.	S. Luis Potosí.	Catorce.	Argent.
Cerro del Gallo.	Guanajuato.	Allende.	Id. et fer.

Minéraux.	Etats.	Localités.	Métaux et substances minérales.
Cerro del Garabato.	Guerrero.	Aldama.	Cinabre.
Cerro del Gato.	Guanajuato.	Allende.	Argent et cinabre.
Cerro del Gigante.	Guanajuato.	Oeste de Guanajuato.	Cinabre.
Cerro Grande.	Guanajuato.	Allende.	Argent.
Cerro de Guadalupe.	Guanajuato.	Allende.	Cinabre.
Cerros del Hospital.	Morelos.	Cuautla.	Cinabre avec or.
Cerro de Jesus.	Tamaulipas.	Cerca de Hidalgo.	Argent.
Cerro del Jovero.	Guanajuato.	Celaya.	Argent.
Cerro de Juan Bran.	Veracruz.	Tatatila en Jalapa.	Or et cuivre.
Cerro del Loro.	Veracruz.	Túxpan.	Argent.
Cerro Macho.	Guanajuato.	Allende.	Etain.
Cerro del Mercado.	Durango.	Durango.	Enorme masse de fer magnétique en sa majeure partie oxide de fer, fer arcilleux, fer siliceux et fer brun.
Cerro de las Minas.	Morelos.	Tetecala.	Argent et plomb.
Cerro de las Minas.	Durango.	Papasquiaro.	Id. id.
Cerro de las Mesas.	Guerrero.	Tasco.	Id. id.
Cerro de la Miqueta.	Veracruz.	Jalacingo.	Or.
Cerro de la Mira.	Guerrero.	Acapulco.	Platina, or, cuivre.
Cerro del Molcajete.	Guerrero.	Cutzamala.	Argent et plomb.
Cerro de Montiela.	Guanajuato.	Celaya.	Id. id.
Cerro del Montecillo.	Guerrero.	Ajuchitlan.	Argent.
Cerro Morado.	Guerrero.	Teloloapan.	,,
Cerro del Moral.	Guanajuato.	Allende.	,,
Cerro del Muerto.	Guerrero.	Tasco.	,,
Cerro Negro.	Guanajuato.	Leon.	Cuivre.
Cerro de la Nieve.	Morelos.		Argent.
Cerrro de Pácuaro.	Guerrero.	Cutzamala.	Argent et cuivre.
Cerro del Palmar.	Veracruz.	Cuxpan.	Argent et cinabre.
Cerro de las Paracatas.	Guerrero.	Cutzamala.	Cuivre.
Cerro de la Pastora.	S. Luis Potosí.	Cedral.	Argent.
Cerro del Pato.	Guanajuato.	Celaya.	Cinabre.
Cerro de la Paz.	Veracruz.	Ozuluama.	Pétrole.
Cerro de la Peana.	Guanajuato.	Allende.	Argent.
Cerro del Pedregal.	Guerrero.	Tasco.	Argent, cuivre, magistral.

Minéraux.	États.	Localités.	Métaux et substances minérales.
Cerro Pelon.	Guanajuato.	Allende.	Argent. et or.
Cerro Pelon.	Veracruz.	Ozuluama.	Cinabre.
Cerro Pelon.	Veracruz.	Túxpan.	Argent, or.
Cerro del Peñon Blanco.	Guanajuato.	Allende.	Cinabre.
Cerro de piedra imán	Guerrero.	Acapulco.	Fer.
Cerro de las Piedras.	Morelos.	Tetecala.	Salitre.
Cerro del Pinalillo.	Guanajuato.	Al S.E. de la capital.	Cinabre
Cerro de la Pizarrilla.	Guerrero.	Tasco.	
Cerro Prieto.	Zacatecas.	Pinos.	Cinabre.
Cerro de la Puerta.	Veracruz.	Túxpan.	Cinabre.
Cerro del Puerto.	Guerrero.	Coyuca.	Or.
Cerro Quemado.	Veracruz.	Jalapa.	Plomb argentifère.
Cerro Rondanera.	S. Luis Potosí.	Catorce.	Argent blanc.
Cerro de S. Antonio.	Guerrero.	Aldama.	Argent et or.
Cerro de S. Antonio.	Veracruz.	Jalacingo.	Marbre.
Cerro de San Diego.	Guanajuato.	Sierra Gorda.	Cinabre.
Cerro de San José.	Guanajuato.	Allende.	Or, argent, étain.
Cerro de San Juan.	Guanajuato.	Allende.	Argent.
Cerro de San Pedro.	S. Luis Potosí.	Cerca de la capital.	Or, argent natif corné et avec or.
Cerro de S. Sebastian.	Guerrero.	Ajuchitlan.	Cuivre.
Cerro de Santa Ana.	Guanajuato.	Celaya.	Argent et or.
Cerro de Santa Ana ó la Preciosa.	Puebla.	Chalchicomula.	Argent et or.
Cerro de Santa María Archipin.	Guerrero.	Tasco.	Argent, plomb, cuivre.
Cerro de Sta. Rosa.	Morelos.	Tetecala	Cinabre.
Cerro de Santiago.	Zacatecas.	Nieves.	Plomb.
Cerro de S. Vicente.	Guerrero.	Tlachapa.	Argent.
Cerro de Sochula.	Guerrero.	Tasco.	Argent et plomb.
Cerro del Sombrerillo	Guanajuato.	Celaya.	Argent.
Cerro de Teotepec.	Guerrero.	Aldama.	Cuivre.
Cerro del Tescal.	Guerrero.	Tasco.	Argent, plomb.
Cerro de Tlapacoya.	Guerrero.	Aldama.	Cuivre.
Cerro de las Tres Piedras.	Guerrero.	Cutzamala.	Argent, plomb.
Cerro del Hule.	Guerrero.	Aldama.	Argent.

Minéraux.	États.	Localités.	Métaux et substances minérales.
Cerro de las Tinajas.	Veracruz.	Tatatila en Jalapa.	Charbon.
Cerro de la Ventanilla.	Morelos.	Cuernavaca.	Argent.
Cerro Verde.	Guanajuato.	Leon.	Fer.
Cerro del Vergel.	Guanajuato.	Allende.	Etain.
Cerro de la Vívora.	Guerrero.	Cutzamalá.	Argent et cuivre.
Cerro de Zacazontla.	Guerrero.	Tasco.	Argent, plomb, cuivre.
Cerro de Zopilotepec.	Veracruz.	Jalacingo.	Or.
Cerro de Ceuta.	Sinaloa.	Mazatlan.	Salines.
Ciénegas.	Sonora.	Altar.	Or, placer.
Ciénega.	Sinaloa.	Cosalá.	Argent.
Cieneguilla.	Sonora.	Altar.	Plomb, et riches mines d'argent et d'or.
Cieneguita.	Sonora.	Hermosillo.	Placers d'or.
Cieneguilla.	Chihuahua.	Cusihuiriachic.	Argent.
Cisotes, Rancho.	Guauajuato.	Allende.	Argent.
Coalcoman.	Michoacan.	Coalcoman.	Riches et abondantes mines de fer.
Cobriza, Sierra.	Sonora.	Horcasitas.	Métaux de cuivre.
Cobre.	Sonora.	Altar.	Cuivre.
Cocaloco, Montaña.	Puebla.	Zacapoaxtla.	Précieuses cristallisations de belles couleurs.
Comalito.	Guanajuato.	Allende.	Argent et or.
Comanja.	Jalisco.	Lagos.	Or et argent.
Comercio.	Durango.	Tamazula.	Argent.
Comitala.	Durango.	San Dimas.	Argent.
Comondú.	Baja California.	Dans le Municipe.	Or, argent, cuivre, platre et chaux.
Concepcíon hacienda	Chihuahua.	Rio Florido.	Fer magnétique.
Concepcion.	Guanajuato.	Leon.	Hématite.
Concepcion.	Zacatecas.	Mazapil.	Cinabre.
Coneto.	Durango.	S. Juan del Rio.	Argent et étain.
Copala.	Jalisco.	Tequila.	Or, argent, cuivre et magistral.
Copala.	Sinaloa.	Copala.	Or, et argent.
Copalquin.	Durango.	Tamazula.	Argent.
Corpus.	Durango.	San Dimas.	Argent.
Corral Falso.	Guerrero.	Aldama.	Or, argent et plomb.
Corralitos.	Chihuahua.	Galeana.	Plomb et argent.

Mines de:	États.	Localités.	Métaux et substances minérales.
Cosalá.	Sinaloa.	Cosalá.	Or, argent, cuivre et cinabre.
Coscotlan.	Guerrero.	Tasco.	Argent.
Cristo.	Zacatecas.	Fresnillo.	Cinabre.
Cuale.	Jalisco.	Mascota.	Or, argent et zinc.
Cuautlalpan.	Veracruz.	Orizaba.	Charbon.
Coateposolco.	Puebla.	Ixtacamastitlan.	Charbon.
Cuaxistengo.	Morelos.	Cuernavaca.	Cinabre.
Cuchillo parado.	Chihuahua.	Aldama.	Plomb argentifère.
Cuencamé.	Durango.	Cuencamé.	Argent.
Cuesta Colorada.	Guanajuato.	Leon.	Or et argent.
Cuesta de Dolores.	S. Luis Potosí.	Catorce.	Argent.
Curucupaseo.	Michoacan.	Zitácuaro.	Argent.
Cusihuiriachic.	Chihuahua.	Matamoros.	Riche argent.
Chacala.	Durango.	Tamazula.	Argent.
Chacuaco.	Zacatecas.	Sombrerete.	Argent et plomb.
Chalchihuites.	Zacatecas.	Sombrerete.	Argent et plomb.
Champayan.	Tamaulipas.	Laguna Champayan.	Asphalte.
Chaucingo.	Guerrero.	Huitzuco.	Argent et plomb.
Chapitzaco.	Guerrero.	Chilapa.	Cinabre pulvérulent, mêlée de cuivre.
Chapopote.	Veracruz.	Túxpan.	Asphalte et pétrole.
Chapatuato.	Michoacan.	Zinapécuaro.	Argent.
Charcas.	S. Luis Potosí.	Moctezuma.	Riche argent.
Chicahuaxtla.	Veracruz.	Orizaba.	Charbon.
Chicorato.	Sinaloa.		Argent.
Chichihualco.	Guerrero.	Bravos.	Argent.
Chihuahua.	Chihuahua.	Chihuahua.	Argent produit en grottes souterrains.
Chiltepec.	Mexico.	Tejipulco.	Argent et galène.
Chinipas.	Chihuahua.	Matamoros.	Argent, or.
Chiquihuastitla.	Durango.	Tamazula.	Argent.
Chirangangueo.	Michoacan.	Zitácuaro.	Cuivre.
Choix, Rio de.	Sinaloa.	Fuerte.	Placers d'or.
Chorro, Rancho.	Guanajuato.	Allende.	Argent.
Churumuco.	Michoacan.	Ario.	Cuivre.

D

Dachy.	Veracruz.	Chicontepec.	Platine.
Delgado, rancho.	Guanajuato.	Celaya.	Arcille plastique.

Mines de:	États.	Localités.	Métaux et substances minérales.
Delicias.	Sonora.	Arizpe.	Argent.
Descubridora.	S. Luis Potosí.	Moctezuma.	Argent.
Divina Providencia.	Michoacan.		Fer.
Doctor.	Querétaro.	Cadereyta.	Argent natif et sulfuré, plomb argentifère, argent pyriteux, cuivre gri, cinabre, charbon, argent aurifère ocre et opales de classes supérieures.
Dos Caminos.	Guerrero.	Bravos.	Argent.
Durazno.	S. Luis Potosí.	Sta Mª del Rio.	Cinabre.
Durazno.	Querétaro.	Norte del Monte del Doctor.	Argent, cinabre.
Durazno.	Mexico.	Tejupilco.	Argent, Galène.

E

Ejidos.	Guanajuato.	Allende.	Argent.
Encanto.	Sinaloa.	Fuerte.	Argent.
Encinos, rancho.	Guanajuato.	Sicara Gorda.	Plomb.
Escalanar, arroyo.	Veracruz.	Jalacingo.	Charbon.
Escalones.	Guanajuato.	Leon.	Argent, or, hématite.
Escanela.	Querétaro.	Jalpan.	Argent.
Escanelilla.	Querétaro.	Jalpan.	Argent.
Escondida.	Chihuahua.	Galeana.	Plonb el argent.
Esperanza hacienda.	Querétaro.	Tolimon.	Opales fins.
Espíritu Santo.	Michaacan.	Huetamo.	Argent.
Estancia.	Guanajuato.	San Felipe.	Étain.
Espíritu Santo.	Guanajuato.	Allende.	Plomb argentifère.
Estañera.	Guanajuato.	Allende.	Étain.
Estrada, rancho.	Guanajuato.	Allende.	Étain.
Etúcuaro.	Michoacan.		Cuivre et fer.
Etzatlan.	Jalisco.	Etzatlan.	Argent, plomb.

F

Favor.	Jalisco.	S. E. de Zapotlan.	Argent.
Fresnillo.	Zacatecas.	Fresnillo.	Riches mines d'or, argent natif, fer, cuivre et plomb.

Mines de:	États.	Localités.	Métaux et substances minérales.
Fresnos.	Durango.	Tamazula.	Argent.
Fuerte del Sombrero.	Guanajuato.	Leon.	Argent, or, bismuth.

G

Mines de:	États.	Localités.	Métaux et substances minérales.
Galeana.	Nuevo Leon.	Environs de Galeana.	Nitrate de potase et sulfate de chaux.
Gavilana.	Chihuahua.	Cusihuiriachic.	Argent.
Gavilanes.	Durango.	San Dimas.	Argent.
Gerardo.	S. Luis Potosí.	Guadalcázar.	Cinabre.
Guadalupe.	Sinaloa.	Cosalá.	Argent.
Guadalupe.	Sonora.	Sahuaripa.	Argent.
Guadalupe de los Reyes	Sinaloa.	S. E. de Cosalá.	Or, argent.
Guadalupe y Calvo.	Chihuahua.	Canton de Mina	Riches mines d'argent et or.
Guajes.	Zacatecas.	N. O. de Guadalajara.	Cinabre.
Guaje.	Sonora.	Hermosillo.	Placers d'or.
Guajote.	Durango.	Tamazula.	Argent.
Guajotita.	Sinaloa.	Rosario.	Argent.
Guanaceví.	Durango.	Papasquiaro.	Argent.
Guanajuato.		Minerales de la Sierra de.	Argent sulfuré avec riche titre d'or, fer, plomb, étain, cinabre, cuivre et beaucoup d'autres substances.
Guarizamey.	Durango.	San Dimas.	Argent.
Guadalcazar.	S. Luis.	Sierra de Guadalcázar.	Or de placer, argent cuivre, cinabre, fer.
Guazapares.	Chihuahua.	Matamoros.	Argent.
Guerrero.	Tamaulipas.		Charbon, ocre et terre rouge.
Guijas.	Sonora.	Magdalena.	

H

Mines de:	États.	Localités.	Métaux et substances minérales.
Hermosillo.	Sonora.	Hermosillo.	Argent.
Hostotipaquillo.	Jalisco.	Tequila.	Argent.

Mines de:	Etats.	Localités.	Métaux et substances minérales.
Huacana.	Michoacan.	Ario.	Cuivre.
Huahuapan.	Durango.	San Dimas.	Argent.
Huamúchil.	Guerrero.	Ajuchitan.	Cinabre pulvérulent, mêlé de cuivre.
Huascoma.	S. Luis Potosí.		Soufre.
Huastequillo.	Veracruz.	Chicontepec.	Argent et platine.
Huachinango.	Jalisco.	Mascota.	Argent et plomb.
Huautla.	Morelos.	Sª de Huautla.	Argent et galène.
Huertas, hacienda.	Chihuahua.	Hidalgo.	Argent.
Huitzitzila.	Jalisco.	Tepic.	Argent.
Huitzuco.	Guerrero.	Tasco.	Cinabre.
Humaya, rio.	Sinaloa.	Culiacan.	Placers d'or.
Hermosillo.	Sonora.	Hermosillo.	Argent.
Hormigas.	Coahuila.	Santa Rosa.	Charbon.
Hostotipaquillo.	Jalisco.	Tequila.	Argent.

I

Iguana.	Nuevo Leon.	Villaldama.	Argent et plomb argentifère.
Iguana.	Durango.	Papasquiaro.	Argent.
Imágen, hacienda.	Guerrero.	Bravos.	Charbon.
Indé.	Durango.	Indé.	Or, et argent.
Inguarán.	Michoacan.	Ario.	Argent.
Inocentes.	Sonora.	Magdalena.	Placer d'or.
Iturbide.	Guanajuato.	Sierra Gorda.	Cinabre.
Ixtapan del Oro.	Mexico.	Villa del Valle.	Argent et or.
Ixtatetla.	Veracruz.	Chicontepec.	Argent et platine.
Ixtepeji.	Oaxaca.	Sierra Ixtlan.	Argent et or.
Ixtlan.	Oaxaca.	Sierra Ixtlan.	Aagent et or.
Ixtacamastitlan.	Puebla.	Chalchicomula.	Argent.

J

Jabon.	Jalisco.	Zapotlan.	Argent.
Jacala.	Hidalgo.	Jacala.	Or, argent, Carbonate de plomb argentifère, fer magnétique, oxide de manganése et carbonate de cuivre.

Mines de:	États.	Localités.	Métaux et substances minérales.
Jacalitos.	Guanajuato.	Allende.	Étain.
Jalapa.	Jalisco.	Sª de Mascota.	Argent.
Jalpa.	Zacatecas (?)		Argent et or.
Jalpilla.	Guanajuato.	Celaya.	Argent et or.
Japona.	San Luis.	Guadalcázar.	Argent.
Jaralillo.	Guanajuato.	San Felipe.	Argent.
Jaralillo.	Guanajuato.	Allende.	Étain.
Jesus María.	Coahuila.	Santa Rosa.	Argent.
Jesus María.	Jalisco.	11º Canton.	Argent, cuivre et or.
Jesus, María y José.	Chihuahua.	Rayon.	Argent et or.
Jilitla.	S. Luis Potosí.	Tacanhuitz.	Charbon.
Jiutepec.	Morelos.	Cuernavaca.	Kaolin.
Jocotitlan.	Guerrero.	Tasco.	Argent.
Jocustita.	Sinaloa.	San Ignacio	Magistrel.
Jofre.	Guanajuato.	Sierra Gorda.	Argent.
Jolotepec.	Morelos.	Cuernavaca.	Argent, platine.
Jonsonapa.	Veracruz.	Chicontepec.	
Joya.	Sinaloa.	Mocorito.	Argent.
Jocustita.	Sinaloa.	San Ignacio.	Or, argent.
Juárez.	Sonora.		Argent.
Jupilco.	Jalisco.	Tepic.	Argent.
Juliantla.	Guerrero.	Tasco.	Argent, plomb, cuivre et antimoine.

L

Laja.	Veracruz.	Chicontepec.	Platine.
Lajas.	Sonora.		Argent.
Lachatao.	Oaxaca.	Iztlan.	Or, argent.
Limon.	Guerrero.	Tepecoacuilco.	Argent, plomb.
Limoncita.	Durango.	San Dimas.	Argent.
Lobitos.	Sinaloa.	Mocorito.	Argent.
Loma Amarilla.	Guanajuato.	Leon.	Magistrel.
Loma del Cármen.	Guanajuato.	Allende.	Argent et or.
Loma del Casicaigo.	Morelos.	Cuautla.	Argent.
Loma del Cedral.	Coahuila.	Santa Rosa.	Charbon.
Loma del Coyote.	Guanajuato.	Celaya.	Argent et or.
Loma del Llano.	Guanajuato.	Allende.	Argent er or.
Loma del Pinolillo.	Guanajuato.	Allende.	Cinabre.
Loma del Sotol.	Guanajuato.	Allende.	Argent.
Loma Redonda.	Morelos.	Yautepec.	Argent.
Lomas.	Sinaloa.	Fuerte.	Argent et or.

Mines de:	États.	Localités.	Métaux et substances minérales.
La Luz.	Guanajuato.	Sierra de Guanajuato.	Cuivre avec argent.
Llano.	Guanajuato.	Sierra Gorda.	
Llanitos de Gaitona.	Guanajuato.	Allende	

M

Mines de:	États.	Localités.	Métaux et substances minérales.
Machetes.	Veracruz.	Ozuluama.	Argent mêlé d'or.
Maconí.	Querétaro.	Cadereyta.	
Magdalena.	Sonora.	La Magdalena.	Argent.
Magdalena Teitipac.	Oaxaca.	Tlacolula.	Plomb.
Magistral.	Chihuahua.	San Lorenzo.	Argent.
Magistral, arroyo.	Durango.	Tamazula.	Argent.
Magistral.	Sinaloa.	Mazatlan.	
Magurichic.	Chihuahua.	Cusihuiriachic.	Argent.
Majada.	Guanajuato.	Allende.	Étain.
Malacatepec.	Mexico.	Inmediaciones de Malacatepec.	Argent, or, bronze, galène et cuivre.
Malinche.	Tamaulipas.	Sierra de Tamaulipas	Argent.
Mapimí.	Durango.	Mapimí.	Argent.
Matehuala.	S. Luis Potosí.	Minerais de Matehuala.	Argent.
Mazapil.	Zacatecas.	Minerai de Mazapil.	Argent, plomb, cuivre.
Macacalco.	Veracruz,	Entre Macacalco et Zomelahuacan.	Charbon,
Mederos.	Nuevo Leon.		Sulfure de plomb argentifère.
Mejiamora.	Guanajuato.	Guanajuato.	Argent et or.
Mesa.	Guanajuato.	Leon.	Hématite, magistrel.
Mesa Altar	Veracruz.	Túxpan.	Argent.
Mesa de Buitrona.	Guanajuato.	Allende.	Argent.
Mesa Chata.	Guanajuato.	Leon.	Argent.
Mesa de Encinas.	Guanajuato.	Allende.	Étain.
Mesa de Lobo.	Guanajuato.	Celaya.	Cinabre.
Mesa del acho.	Guanajuato.	Allende.	Argent.
Mesa de oreno.	Guanajuato.	Leon.	Argent et or.

Mines de:	États.	Localités.	Métaux et substances minérales.
Mesita.	Guanajuato.	Guanajuato.	Étain.
Metales.	Sinaloa.	Mazatlan.	
Majalteco.	Veracruz.	Jalacingo.	Charbon.
Mezquital.	Durango.	Sierra del Mezquital.	Argent.
Mezquital.	Zacatecas.	Nieves.	Argent et or.
Mezquital del Oro.	Zacatecas.	Juchipila.	Or, argent.
Milagros.	Zacatecas.	Villa de Cos.	Cinabre.
Minas.	Jalisco.	Sayula.	Argent.
Minas Nuevas.	Chihuahua.	Hidalgo.	Or, argent.
Minas Nuevas.	Sonora.	Alamos.	Argent.
Minas Negras.	Durango.	Mezquital.	
Minas Prietas.	Sonora.		Argent.
Minas Viejas.	Guanajuato.	Allende.	Argent.
Minas Viejas.	Nuevo Leon.	Villaldama.	Argent.
Mina Vieja.	Guanajuato.	Allende.	Cinabre.
Mina Vieja.	Veracruz.	Chicontepec.	Cinabre et argent.
Mina Tapada.	Guanajuato.	Celaya.	Argent.
Mineral del Gallo.	Zacatecas.	Juchipila.	Or.
Mineral del Monte.	Hidalgo.	Pachuca.	Les mêmes métaux de Pachuca.
Mineral del Oro.	Mexico.	Ixtlahuaca.	Oroche, quartz aurifère, argent.
Mineral del Oro.	Durango.	El Oro.	Or, argent.
Mineral del Oro.	Hidalgo.	Zimapan.	
Mineral del Oro.	Guanajeato.	Sierra Gorda.	Cinabre.
Minillas.	Chihuahua.		Argent.
Minitas.	Durango.	O. de la Capital.	
Miquihuana.	Tamaulipas.	S. de la Miquihuana.	Galène argentifère, carbonate de cuivre, sulfure de cuivre et fer, hématite, argent aigré et arsenical.
Mochitlan.	Gurrero.		Argent.
Montañas.	Nuevo Leon.	Villaldama.	Cristal de roche, plomb en abondance et peu d'argent.
Monte del Gato.	Guanajuato.	Sierra Gorda.	Argent.
Monte de S. Nicolás.	Guanajuato.	Guanajuato.	Argent et or.
Morelos.	Chihuahua.		Argent.
Mores.	Chihuahua.	Concepcion.	Argent.
Mulatos.	Sonora.	Sahuaripa.	Mines d'or.

Mines de:	États.	Localités.	Métaux et substances minérales.
Mulato.	Chihuahua.		Argent.
Mulegé.	Baja California.	Zona Cobriza.	Or, argent, cuivre sulfute de chaux et plomb.

N

Mines de:	États.	Localités.	Métaux et substances minérales.
Nacimiento.	Sinaloa.	Fuerte.	
Nacozari.	Sonora.	Moctezuma.	
Nanzititla.	Mexico.	S. de l'État.	Argent.
Naranjo.	Tamaulipas.	Sierra de Tamaulipas.	Charbon.
Navidad.	Jalisco.	Autlan.	Argent.
Nexicho.	Oaxaca.	Ixtlan.	Or, argent.
Necupéturo.	Michoacan.		Cuivre, bronze.
Negritas.	Guanajuato.	Allende.	Argent, or.
Nieves.	Zacatecas.	Nieves.	Argent, plomb.
Niño Dios.	Guanajuato.	Leon.	Argent.
Noria.	Durango.	Cuencamé.	Argent.
Noria.	Zacatecas.	Sombrerete.	Argent.
Noria de Charcas.	Guanajuato.	Sierra Gorda.	Argent.

O

Mines de:	États.	Localités.	Métaux et substances minérales.
Ocampo.	Durango.	S. Juan del Rio.	
Ocotal.	Durango.	Tamazula.	Argent.
Ocurio.	Michoacan.		Charbon.
Ojocaliente.	Zacatecas.	Ojocaliente.	Argent, plomb.
Ojo Viejo.	Guanajuato.	Allende.	Argent.
Omitlan.	Hidalgo.	Real del Monte.	Argent.
Olaez.	Durango.	Pupasquiare.	
Otates.	Durango.	Tamazula.	
Otatitos.	Durango.	Tamazula.	
Otonofia.	Coahuila.	Múzquiz.	
Ozumatlan.	Michoacan.	Zinapécuaro.	Argent natif sulfuré et galène.

P

Mines de:	États.	Localités.	Métaux et substances minérales.
Pabellon.	Coahuila.	Santa Rosa.	
Pacula.	Hidalgo.		Argent.

Mines de:	États.	Localités.	Métaux et substances minérales.
Pachuca.	Hidalgo.	Sa de Pachuca.	Argent gris et sulfure, peroxide de manganèse, en grandes masses, galène de grains de fer.
Padre Flores.	S. Luis Potosí.	N. de Catorce.	Argent vert.
Pahuatlan.	Puebla.	Sierra Huauchinango.	Alum.
Pájaros.	Sinaloa.	N. de Copala.	Argent et or.
Palma.	Guanajuato.	Leon.	Fer.
Palma.	Guanajuato.	Allende.	Argent.
Palmas, ision de	Querétaro.		Psilomelan.
Palmarejo.	Chihuahua.	Guazapares.	Argent.
Palos Altos.	Guerrero.	Tixtla.	Cuivre.
Palomas.	Sonora.	Altar.	Placers d'or.
Palos Colorados.	Guanajuato.	Guanajuato.	Cinabae.
Pánuco.			Charbon minéral.
Pánuco.	Coahuila.	Santa Rosa.	Charbon.
Pánuco.	Durango.	S. Juan del Rio.	Argent.
Pánuco.	Sinaloa.		Argent et or.
Pánuco.	Zacatecas.	Sierra de Zacatecas.	Or, argent et plomb.
Papaguería.	Sonora.	Sierra de Papaguería.	Plomb.
Paraje de Soyastla.	Guerrero.	Bravos.	Argent.
Paraje de Tepozoquite.	Guerrero.	Bravos.	Argent.
Paraje de Yosonduachina.	Guerrero.	Morelos.	Argent.
Parral.	Chihuahua.	Hidalgo.	Argent et or.
Parrilla.	Durango.	Nombre de Dios	Argent.
Paso del Norte.	Chihuahua.	Inmediaciones.	Lignites.
Paso de Santa Rita.	Veracruz.	Tantoyuca.	Argent et or
Paz.	Baja California.	Inmediaciones de la Paz.	Or, argent et cuivre.
Pechuga.	Hidalgo.	Sierra dr la Pechuga.	Argent, plomb.
Pedernal.	S. Luis Potosí.	S.O. de S. Luis.	Cinabre.
Pedernal.	Veracruz.	Ozuluama.	Pétrole.
Pedregoso.	Zacatecas.	Pinos.	Cinabre.
Peña del Quelite.	Veracruz.	Túxpan.	Cinabre.
Peñas Blancas.	Durango.	Papasquiaro.	
Peñas Coloradas.	Guanajuato.	Celaya.	Argent.

Mines de:	États.	Localités.	Métaux et substances minérales.
Peñon Blanco.	Guanajuato.	Allende.	Cinabre.
Peñon Blanco.	Zacatecas.		
Peñon Blanco.	San Luis.	District de Salinas.	Fameuses salines.
Paregrina.	Guanajuato.	Guanajuato.	Argent et or.
Petatlan.	Guerrero.	La Union.	Charbon de terre.
Petlalcingo.	Puebla.	Acatlan.	Charbon de terre.
Picachos.	Sinaloa.	Rosarie.	
Pico de Teyra.	Zacatecas.	Mázapil.	Argent.
Piedras Blancas.	Guerrero.	Coyuca.	Or.
Pimería Alta.	Sonora.	Altar.	Argent.
Pinalillo.	Guanajuato.	Allende.	Argent et or.
Pinalillo.	Guanajuato.	S.O. de la Capital.	Cinabre.
Pinito.	Durango.	Tamazula.	
Pinos.	Zacatecas.	Pinos.	Chloro-bhromure d'argent, or natif et cinabre.
Pitayos.	Guanajuato.	Sierra Gorda.	Cinabre.
Placer de Alvárez.	Guerrero.	Cocuya.	Argent.
Placer de la Esperanza.	Guerrero.	Cocuya.	Or.
Placer de Guadalupe	Chihuahua.		Argent.
Placer de San José.	Guerrero.	Cocuya.	Or.
Placer de Pinzan morado.	Guerrero.	Cocuya.	Or.
Planchas de Plata.	Sonora.	Magdalena.	Argent dans grandes masses.
Platanar.	Durango.	San Dimas.	
Plátanos.	Sinaloa.	Fuerte.	
Plata Vieja.	Guanajuato.	Allende.	Argent et or.
Plateros.	Zacatecas.	N. del Fresnillo.	Argent et plomb.
Plomosa.	Coahuila.	Santa Rosa.	
Plomosas.	Sinaloa.	Rosario.	
Plumaje.	Veracruz.	Ozuluama.	Argent mélé d'or.
Poder de Dios.	Guerrero.	Tasco.	Argent.
Porvenir.	Chiapas.	Tapachula.	
Potrerillo.	Durango.	Tamazula.	
Potrerillo.	Coahuila.	Hda de Castaños.	Argent.
Potrerillos.	Coahuila.	Hda. de Castaños.	Charbon de terte.

Mines de:	États.	Localités.	Métaux et substances minérales.
Potrero.	Chihuahua.	Rayon.	Argent.
Potrero.	Durango.	San Dimas.	Argent.
Potrero.	Guanajuato.	Allende.	Argent et or.
Potrero.	Nuevo Leon.	Sierra de Bustamante.	Plomb en abondance.
Potrero.	Sinaloa.	Mazatlan.	
Potrero.	Zacatecas.	Mazapil.	Argent et plomb.
Pozos.	Durango.	Cuencamé.	
Pozos.	Guanajuato.	Guanajuato.	Cuivre.
Pozos.	Guanajuato.	Sierra Gorda.	Cuivre argentifère, argent et or.
Pozuelos.	Durango.	E. de la capital.	
Preciosa, mina.	Puebla.	Ixtacamastitlan	Argent.
Pregones.	Guerrero.	Tasco.	Argent, cinabre.
Presa, arroyo.	Guanajuato.	Allende.	Étain.
Promontorio.	Sonora.	Alamos.	Argant.
Providencia.	Aguascalientes.	Loma de Tomatina.	Argent.
Providencia.	Jalisco.	Autlan.	Argent.
Providencia.	Jalisco.	Zapotlan.	Fer.
Pueblo Nuevo.	Durango.		Argent.
Puerto de Cuto.	Michoacan.		Cuivre.
Puerto de Huamúchil	Guerrero.		Cinabre.
Puerto de Guerra.	Coahuila.	Santa Rosa.	
Puerto de Leon.	Guerrero.	Cutzamalá.	Argent cuivre.
Puerto de Oballos.	Coahuila.	Santa Rosa.	
Puerto de Plata.	Guanajuato.	Allende.	Argent.
Puerto de Tecolote.	Guanajuato.	Leon.	Argent.
Puerta.	Sinaloa.	San Ignacio.	
Pueblo Nuevo.	Durango.	Durango.	Argent.
Purísima.	S. Luis Potosí.	Catorce.	Argent.

Q

Quija.	Durango.	Tamazula.	
Quilate.	Veracruz.	Jalacingo.	Pétroleo.
Quitovac.	Sonora.	Altar.	Placers d'or.

R

Ramos.	S. Luis Potosí.	Salinas.	Argent rouge, natif, pyrite et rosicler.
Rayas y Mellado.	Guanajuato.	Guanajuato.	Argent et or.

Mines de:	États.	Localités.	Métaux et substances minérales.
Real de Abajo.	Tamaulipas.	Matamoros.	
Real de Arriba.	Jalisco.	Mascota.	Argent.
Real del Monte.	Hidalgo.	Pachuca.	Les mêmes métaux qui Pachuca.
Real del Pantano	Tamaulipas.	Bustamante.	
Realejo.	Guanajuato.	Allende.	Argent.
Redonda.	Guanajuato.	Allende.	Argent.
Refugio.	Chihuahua.	Batopilas.	Argent.
Refugio.	Chihuahua.	Jesus María.	Argent.
Refugio.	San Luis.	Catorce.	Argent vert et blanc.
Refugio Miraflores.	San Luis.	Catorce.	Argent vert.
Remedios.	Chihuahua.	Jesus María.	Argent.
Remedios.	Durango.		
Revillagigedo.	Tamaulipas.	Sierra Madre.	Terre rouge, ocre et albâtre.
Reyes.	Durango.	San Dimas.	
Reyes.	Jalisco.	Autlan.	Argent.
Rio Blanco.	Nuevo Leon.	Sierra Madre.	Argent et sulfure de plomb argentifère.
Rio Colorado.	Sonora.	Márgen del rio.	Muriate de Sosa.
Rio Chico.	Sonora.	Ures.	Argent, or, cinabre.
Rio San Antonio.	Oazaca.		Or.
Rincon.	Guerrero.	Tasco.	Argent et plomb.
Rinconada de Barbosa	Guanajuato.	Leon.	Argent.
Rincon de Quiahuiscuautla.	Veracruz.	Jalacingo.	Charbon de terre.
Rodeo.	Durango.	Tamazula.	Argent.
Rosario.	Sinaloa.	S. de l'État.	Or, platine, cuivre, fer, plomb, soufre, etc.
Rosario.	Chihuahua.	Jesus María.	Or, argent, argent natif.
Rosario.	Zacatecas.	Mazapil.	Plomb.

S

Sabana Grande.	Veracruz.	Chontla.	Argent et or.
Sabana.	Veracruz.	Tantoyuca.	Argent et or.
Sabino.	Sahuaripa.	Tamazula.	Argent.
Sahuaripa.	Sonora.	D. de Sahuaripa.	Or et argent.
Sani.	Zacatecas.	Clôture de la capital.	Cinabre.
Salitre.	Mexico.	Otzoloapan.	Filons d'argent et or, cinabre et cuivre.

Mines de:	États.	Localités.	Métaux et substances minérales.
Salitre.	Guerrero.	Aldama.	Argent.
San Andrés.	Durango.	Papasquiaro.	Argent.
San Andrés.	Michoacan.	Ucareo.	Soufre, or, terre rouge, couperose et alum.
San Andaés Corsino.	San Luis Potosí.	N. de Catorce.	Argent vert el bleu.
S. Andrés de la Sierra	Durango.	San Dimas.	Argent.
San Anton.	Guanajuato.	Allende.	Argent.
San Antonio.	Baja California.	Municipalidad de San Antonio.	Or, argent, or de placer, argent gris, antimoine gris, plumbago, pyrite prismatique, galène, pyrite arsenical, soufre natif.
Saric.	Sonora.	Altar.	
San Antonio.	Coahuila.	Santa Rosa.	
San Antonio.	Sonora.	Altar.	Placeres d'or.
San Antonio de la Huerta.	Sonora.	Ures.	Or de placer, argent et couperose.
San Antonio Jorullo.	Michoacan.	Huacana.	
San Antonio de los Ocotes.	Guerrero.	Aldama.	Argent.
San Bonito.	Sinaloa.	Mocorito.	
San Bernabé.	Zacatecas.	Sierra de Zacatecas.	Argent.
San Bruno.	Guanajuato.	Guanajuato.	Argent et or.
San Cárlos.	S. Luis Potosí.	Moctezuma.	Argent.
San Cayetano.	Sinaloa.		Or.
San Cosme.	Zacatecas.	Au N.E. de la capital.	Cinabre.
San Cristóbal.	S. Luis Potosí.	Guadalcázar.	
Sanchiqueo.	Michoacan.		
San Dimas.	Durango.	D? de San Dimas	Or natif, argent, argent sulfuró, blende et pyrite.
San Diego.	San Luis.	Mactezuma.	Argent.
San Francisco.	Jalisco.	Mascota.	Argent.
San Francisco de B.	Sonora.	Guaymas.	Argent.
San Francisco del Oro	Michoacan.	Chihuahua.	Argent.
San Fandila.	San Luis Potosí.	Guadalcázar.	Cinabre.

Mines de:	États.	Localités.	Métaux et substances minérales.
San Gil.	Morelos.	Tlayacapan.	Argent.
S. Gregorio de Bocas.	Durango.	Papasquiaro.	
San Hermon.	Guanajuato.	Sierra Gorda.	Cinabre.
San Jacinto.	Baja California.	Monte de San Francisco.	Placers d'or.
San Javier.	Sonora.	Ures.	Argent, sulfate de fer.
San Javier.	Sinaloa.	Mocorito.	Argent.
San José.	Baja California.	Iles de San José.	Argent.
San José.	Guanajuato.	Allende.	Argent et or.
San José.	San Luis Potosí.	O. de Catorce.	Argent vert.
San José.	Sinaloa.	Cosalá.	Argent.
San José.	Tamaulipas.	S. de S. Cárlos.	Cuivre, sulfures noirs et cuivre gris.
San José de Cuevas.	Chihuahua.		
San José de Pimas.	Sonora.	S. de Ures.	Graphite.
San José de Gracia.	Sinaloa.		
San José del Cabo.	Baja California.	Municipalité de San José.	Argent.
San José del Pinal.	Chihuahua.	Uruachic.	
San Juan.	Coahuila.	Santa Rosa.	
San Juan.	Puebla.	Atlixco.	Soufre.
San Juan de Camarones.	Durango.	Tamazula.	Argent.
San Juan de Guadalupe.	Durango.	D? de San Juan de Guadalupe.	Argent.
San Juan de la Chica	Guanajuato.	Guanajuato.	
San Juan de Sonora.	Sonora.	Arizpe.	Argent, antique et riche minéral.
San Juan Cosalá.	Oaxaca.	Etla.	Or.
San Lorenzo.	Durango.	Cuencamé.	
San Lorenzo.	Sinaloa.		Argent.
San Lúcas.	Durango.	Tamazula.	Argent.
San Luis.	Durango.	San Dimas.	
San Luis.	San Luis Potosí.	Catorce.	Argent.
San Luis Gonzaga.	Chihuahua.	Casichic.	Argent.
San Luis Gonzaga.	Sinaloa.	Badirahuato.	Argent.
San Marcial.	Sonora.	Hermosillo.	Argent.
San Martin Texmelúcan.	Puebla.	D? de Texmelúcan.	Lignite.
San Miguel Peras.	Oaxaca.	Zimatlan.	Or, argent, fer.

Mines de:	États.	Localités.	Métaux et substances minérales.
San Miguel Sola.	Oaxaca.	Zimatlan.	Plom.
San Nicolás.	Tamaulipas.	Sierra de San Cárlos.	Argent et galène argentifère.
San Nicolás	Veracruz.	Ozuluama.	Cinabre.
San Nicolás Chapin.	Guanajuato.	Guanajuato.	Cinabre.
San Nicolás del Oro.	Guerrero.	Guerrero (?)	
San Pablo Cuatro Venados.	Oaxaca.	Zimatlan.	Or.
San Pedro Jorullo.	Michoacan.	S. de Ario.	Cuivre.
San Pedro Totomochapa.	Oaxaca.	Zimatlan.	Argent, plomb.
San Pedro de los Pozos.	Guanajuato.	Guanajuato.	Cinabre.
San Perfecto.	Sonora.	Altar.	Placeres d'or.
San Rafael.	Guanajuato.	Leon.	Plomb argentifère.
San Rafael.	Guerrero.	S.E. de Chilapa.	Cinabre.
San Rafael.	Jalisco.	Sayula.	Argent.
San Rafael.	Sinaloa.	Badirahuato.	
San Rafael.	Sonora.	Magdalena.	
San Sebastian.	Jalisco.	Mascota.	Or et argent.
San Sebastian.	Sinaloa.		Argent, plomb et cuivre.
Santa Agueda.	Baja California.	Mulegé.	Cuivre.
Santa Ana.	Baja California.		
Santa Bárbara.	Chihuahua.	Santa Bárbara.	Argent.
Santa Bárbara.	Sonora.	Magdalena.	Argent.
Santa Bárbara.	Durango.	San Juan del Rio.	
Santa Catalina.	Aguascalientes.	Rincon de Romos.	Argent.
Santa Catalina.	Nuevo Leon.		Sulfure de plomb argentifère.
Santa Cruz.	Durango.	Distrito del Oro.	
Santa Cruz.	Sinaloa.		Argent.
Santa Eulalia.	Chihuahua.	Chíhuahua.	Argent, plomb, greta et or.
Santa Gertrudis.	Coahuila.	Santa Rosa.	
Santa Gertrudis de Abajo.	Coahuila.	Santa Rosa.	
Santa Gertrudis.	Sinaloa.	Cosalá.	
Santa Lucía.	Durango.	Durango.	
Santa María.	Durango.	Cuencamé.	

Mines de:	États.	Localités.	Métaux et substances minérales.
Santa María de los Alamos.	Hidalgo.	N. de Jacala.	Placeres de platine (?) argent.
Santa María Peñoles	Oaxaca.	Etla.	Or.
Santa Rita.	Guanajuato.	Leon.	Plomb argentifère.
Santa Rita.	Sinaloa.		Argent.
Santa Rosa.	Guanajuato.	Sierra de Santa Rosa.	Argent, or, bismuth, et une nouvelle espèce minérale appelée najuatíta.
Santa Rosa.	Sinaloa.	Cosalá.	
Santa Rosa.	Hidalgo.	N. de Pachuca.	
Santa Teresa.	Sonora.	Magdalena.	Argent.
Santa Teresa.	Sonora.	Hermosillo.	
Santa Teresa de Jesus	Guerrero.	Cutzamalá.	Sulfure et carbonate de cuivre et argent.
Santiago.	Baja California.	Municipio de Santiago.	Or, argent, cuivre, platre, charbon et soufre.
Santiago.	Jalisco.	Mascota.	Argent.
Santiago.	Tamaulipas.	Enclôture de Hidalgo.	Argent.
Santiago de los Caballeros.	Sinaloa.	Badirahuato.	Argent.
Santigo Minas.	Oaxaca.	Juquila.	Argent.
Santiago Papasquiaro.	Durango.	Papasquiaro.	Argent.
Santiago Textitlan.	Oaxaca.	Zimatlan.	Fer.
Santo Domingo.	Jalisco.	Ahualulco.	Argent.
Santo Domingo.	Sonora.	Magdalena.	
Santo Tomás.	Baja California.	Région N.	Soufre et salitre.
Santo Tomás.	Jalisco.	Ahualulco.	Argent.
San Vicente.	Puebla.	Izúcar.	Antimoine à l'état natif.
Saric.	Sonora.	Altar.	
Sauces.	Durango.		
Saucillo.	Coahuila.	Santa Rosa.	
Saucito.	Durango.	Tamazula.	
Señor de Matehuala.	San Luis Potosí.	Catorce.	Argent vert, blanc avec taches noires.
Sereno.	San Luis Potosí.	Catorce.	Argent.

Mines de:	États.	Localités.	Métaux et substances minérales.
Sesentona.	Sonora.	Sahuaripa.	
Sierra de Antúnez.	Sonora.	Ures.	Cuivre et mines d'or.
Sierra de la Cananea.	Sonora.	Arizpe.	Abondant minerai de cuivre, souvent vierge, or de placer.
Sierra del Carey.	Chihuahua.	Sur de Janos.	Étain.
Sierra Colorada.	Coahuila.	Santa Rosa.	
Sierra de Coronados.	San Luis.	Charcas.	Cinabre et soufre sublimé.
Sierra Cucha.	Michoacan.		Argent.
Sierra Gamon.	Durango.	San Juan del Rio.	Pétrole.
Sierra de Guadalupe.	Sonora.		Cuivre.
Sierra Hermosa.	Zacatecas.		Argent.
Sierra de Homes.	Coahuila.	Viezca.	Argent.
Sierra Leona.	Tamaulipas.	S. de Tancasnequi.	Charbon, fer et cuivre.
Sierra Mexquitic.	Cinco Leguas.	N. de S. Luis.	Opales communes et de feu.
Sierra Mojada.	Coahuila.	Monclova.	Argent.
Sierra Prieta.	Sonora.	Guaymas.	Argent.
Sierra de Ramírez.	Durango.		
Sierra de Ramírez.	Coahuila.	Viezca.	Argent.
Sierra Rica.	Zacatecas.		Argent, oxide d'argent et charbon.
Sierra Salsipuedes.	Jalisco.	Lagos.	Cinabre.
Sierra de San Cárlos.	Tamaulipas.		Antiques mines appelées Riñon de Oro; or, argent magistral
Sierra de Sta. Elena.	Durango.	Mezquital.	Argent.
Sierra Tapona.	S. Luis Potosí.	Guadalcázar.	Cinabre.
Sierra de Timulco.	Conhuila.	Viezca.	Argent.
Sierra de Zacualtipan	Hidalgo.	Siguite.	Fer et oxide hydraté.
Sierra de Zacapoaxtla	N. de Puebla.		Plomb avec argent.
Sinaloa.	Sinaloa.		Argent.
Sobia.	Sonora.	Álamos.	Placers d'or.
Socorro.	Jalisco.	Zapotlan.	
Soledad.	Sinaloa.	Culiacan.	
Sombrerete.	Zacatecas.	Sierra de Sombrerete.	Argent, or, plomb, cuivre, fer et zinc.
Sonoita.	Sonora.	Altar.	Or de placer.

Mines de:	États.	Localités.	Métaux et substances minérales.
Sotolar.	Guanajuato.	Allende.	Argent.
Soyopa.	Sonora.	Ures.	Argent.
Suaqui.	Sonora.	Moctezuma.	Or et argent.
Sultepec.	Mexico.	Distrito de Sultepec.	Or, argent, fer, étain antimoine et cinabre.

T

Mines de:	États.	Localités.	Métaux et substances minérales.
Tahonas.	Chihuahua.	Batopilas.	Argent.
Tajos.	Sonora.		Riche filon argentifère.
Talca.	Oaxaca.	Villa Alta.	Argent taché de petlanque.
Tamichil.	Sinaloa.	Culiacan.	Argent.
Tamazula.	Durango.	Tamazula.	Argent.
Tantima.	Veracruz.	Ozuluama.	Argent et cinabre, entre Tantima et Ozuluama.
Tancanhuitz.	San Luis Potosí.	S. E. de Tancanhuitz.	Charbon.
Tapalpa.	Jalisco.	Sayula.	Argent et fer.
Tasco.	Guerrero.	Tasco.	Riche minéral d'argent.
Tayoltita.	Durango.	San Dimas.	Argent.
Tecomate.	Sinaloa.	Rosario.	
Tecomates.	San Luis.	Guadalcázar.	Cinabre.
Tecomatlan.	Puebla.	Izúcar.	Ulla.
Tecusco.	Guerrero.	Tlachapa.	Cinabre.
Tehuilotepec.	Guerrero.	Tasco.	Très bon argent.
Temascaltepec.	Mexico.	District de Temascaltepec.	Argent natif, électre ou argent mélé d'or, argent sulfuréa ductile, argent gris ou acier, cuivre gris avec argent, ou argent corné, rosicler clair et obscure, acier et rouge; poudre, galène et pyrite argentée, antimoine.

Mines de:	États.	Localités.	Métaux et substances minérales.
Temextla.	Puebla.	N. de la Capital.	Or, galène avec argent, argent sulfuré avec blende et galène, cuivre mêlé d'or peoxide de fer.
Temores.	Cuihuahua.	Guazapares.	Argent.
Tenamiche.	Jalisco.	Tepic.	Argent.
Tenepanoya.	Veracruz.	Jalacingo.	Charbon et pétroleo.
Teojomulco.	Oaxaca.	Juquila.	Argent.
Tchuilotepec.	Guerrero.	Iturbide.	Comme Tasco.
Tepantitlan.	Guerrero.	S. de Tepantitlan.	Argent.
Tepeguaje.	Guerrero.	Ajuchitan.	Cuivre.
Tepenené.	Hidalgo.	O. de Pachuca.	Argent.
Tepeyoculco y Cuaxistengo.	Morelos.	Entre Cuernavaca y Miacatlan.	Cinabre.
Tepezalá, Barranca.	Hidalgo.	Guascazaloya.	Opale fin.
Tepezalá.	Aguascalientes.	Asientos.	Argent, plomb.
Tepoca.	Sinaloa.	Badirahuato.	
Tepozan.	Guanajuato.	Allende.	Argent.
Tequezquite.	Zacatecas.	Metila en Nieves.	Cinabre.
Terrenos de Camilo. Vega.	Veracruz.	Jalacingo.	Opale et pétrole.
Terrenos de Juan Guzmán.	Veracruz.	Jalapa.	Métal plomb.
Terrero.	Veracruz.	Tantoyuca.	Charbon.
Terrero.	Veracruz.	Ozuluama.	Argent.
Tesache.	Sonora.		Argent.
Tesumaloya.	Guerrero.	Chilapa.	Argent.
Tetela Coronilla.	Guerrero.	Tixtla.	Argent.
Tetela del Oro.	Guerrero.	Tepantitlan.	Or,
Tetela del Oro.	Puebla.	Sierra de Tetela.	Or mêlé d'argent, argent sulfure en cristaux et poudre.
Teul.	Jalisco.	S. du Nayarit.	Nitrate de potase.
Tianguistepec.	Mexico.	Tejupilco.	Filons d'argent et galène.
Tigre.	Durango.	Papasquiaro.	
Timulco.	Coahuila.	Viezca.	Argent.

Mines de:	États.	Localités.	Métaux et substances minérales.
Tlacuilo.	Puebla.	Huauchinango.	Argent et plomb.
Tlalixtlahuaca.	Oaxaca.	Nochistlan.	Or.
Tlapa.	Guerrero.	Morelos.	Cuivre.
Tlalpujahua.	Michoacan.	Maravatío.	Or, argent natif, argent sulfuré, argent aigre, rosicler, pyrite, fer brun, antimoine gris
Tlatlauqui.	Puebla.	S. de Tlatlahuqui.	Argent, fer et cuivre non exploté.
Tlaxiaco.	Oaxaca.	Tlaxiaco.	Fer et plomb.
Tlaxmalaca.	Guerrero.	Huitzuco.	Argent.
Todos Santos.	Baja California.	Municiprlité de Todos Santos.	Argent et cuivre.
Toliman.	Querétaro.	Toliman.	Or, argent natif et sulfuré.
Tomatal.	Guerrero.	Morelos.	Cinabre.
Tominil.	Durango.	Tamazula.	Argent.
Tonuco.	Spnora.	Hermosillo.	Filons de cuivre.
Topia.	Durango.	Tamazula.	Argent et fer.
Toro.	Guanajuato.	N. del cerro del Gigante.	Cinabre.
Totolapa.	Oaxaca.	Tlacoluta.	Argent et plomb.
Trinidad.	Sonora.	Sahuaripa.	Mines d'or et d'argent.
Triunfo.	Baja California.	Municipalité de S. Antonio.	Egal au minéral de S. Antonio.
Trojes.	Michoacán.		
Trojes.	Durango.	Tamazula.	Argent.
Tuvares.	Chihuahua.	Batopilas.	Argent, argent vierge.
Tula.	Hidalgo.	Minéral de fonderie.	Fer.
Tule.	Baja California.		
Tuncuchin.	Veracruz.	Chicontepec.	Charbon et pétrole.
Túxpam.	Michoacan.	Cerros de Túxpam en Zitácuaro.	Fer.
Tuzautlán.	Michoacan.	Zitácuaro.	
Tzirate.	Michoacan.	Puruándiro.	Filons d'argent.

U

Mines de:	États.	Localités.	Métaux et substances minérales.
Ucha Mina.	Puebla.	Tecamachalco.	Argent riche.
Urique.	Chihuahua.	Batopilas.	,, ,,
Uruachic.	Chihuahua.	Uruachic.	Argent.

V

Mines de:	États.	Localités.	Métaux et substances minérales.
Veca Ortiz.	Durango.		Argent.
Valenciana.	Guanajuato.	Guanajuato.	Riche minéral d'or et d'argent. (Voir la partie minière de Guanajuato).
Valenciana.	San Luis Potosí.	O. de Catorce.	Argent vert.
Vallecillo.	Nuevo Leon.	Villaldama.	Plomb argentifère. (abandonnée pour cause de gas méphitiques).
Valle de Ameca.	Jalisco.	Ahualulco.	Charbon.
Valle Perdido.	Baja California.		
Vasitos, Arroyo.	Durango.	Tamazula	Argent.
Ventana.	Sonora.	Magdalena.	
Ventanas.	Durango.	San Dimas.	Argent.
Verdosa.	Durango.	Papasquiaro.	Argent.
Veta de San Ramon.	San Luis.	Catorce.	Argent.
Veta Grande.	Zacatecas.	Sierra de Zacatecas.	Riche minéral d'argent sulfuré cristalisé, argent aigre, argent natif, rosicler obscur, argent en poudre, galène, carbonate de plomb, blende noire, obscure et jaune, cuivre jaune, pyrite sulfurée et arsenicale.
Veta Grande.	San Luis.	E. de Catorce.	Argent.
Villa de Cordero.			
Villagran, antiguamente Real de Borbon.	Tamaulipas.		Or, argent et plomb.
Villalpando.	Guanajuato.		Riche minéral de Guanajuato; argent et or.

Mines de:	États.	Localités.	Métaux et substances minérales.
Vírgenes.	Baja California.		Chlorures, bhromures d'argent sulsurée et vierge, cuivre gris et métal noir argentifère, galène argentée, carbonate de cuivre.

X

Mines de:	États.	Localités.	Métaux et substances minérales.
Xochiapulco.	Puebla.	N. de la Capital.	Diverses métaux.
Xiaqui.	Oaxaca.	Ixtlan	Or et argent.
Xico.	Puebla.	Huauchinango.	Or, argent, plâtres
Xichú.	Guanajuato.	Sierra Gorda.	Argent et plomb doux.
Xocopaco.	Sonora.		Argent.
Xochiacalco.	Morelos.	Cuernavaca.	Arceille.
Xochipala.	Guerrero.	Bravos	Fer.
Xochititla.	Veracruz.	Córdoba.	Argent.
Xochitlan.	Puebla.	N. de la Capital.	Diverses métaux.
Xontoxpan.	Veracruz.	Jalacingo.	Charbon.

Y

Mines de:	États.	Localités.	Métaux et substances minérales.
Yatoni.	Oaxaca.	Villa Alta.	Métal bronzé, plomb et soufré.
Yecorato.	Sinaloa.	Fuerte.	Argent.
Yedras.	Sinaloa.		Argent.
Yerbabuena.	Guanajuato.	Guanajuato.	Argent et or.
Yesca.	Jalisco.	Tepic.	Argent.
Yoquivo.	Chihuahua.	Mina.	Argent.
Yucucundo.	Oaxaca.	Nochistlan.	Plomb.

Z

Mines de:	États.	Localités.	Métaux et substances minérales.
Zacatecas.	Zacatecas.	Sierra de Zacatecas.	Riche minéral d'or et argent, plomb et cuivre.
Zacatepec.	Oaxaca.	Choapan.	Argent.

Mines de:	États.	Localités.	Métaux et substances minérales.
Zacatlan.	Puebla.	Contigüités de Zacatlan.	Plomb.
Zacatula, Rio.	Michoacan.		Charbon.
Zacualpan.	Mexico.	Zacualpan.	Riche minéral d'argent, argent aigre, natif, rosicler clair et obscure, argent sulfuré, blende obscure et noire, galène, pyrite de fer, cuivre jaune, antimoine gris, bronze et magistral.
Zapote.	Durango.	Tamazula.	Argent.
Zapurí.	Chihuahua.	Andrés del Rio.	Argent.
Zaragoza.	Sinaloa.	Mazatlan.	
Zaragoza, Campo de.	Baja California.		Placers d'or.
Zimapan.	Hidalgo.	S. de Simapan.	Riche minéral d'argent, galène argentifère, cuivre gris et opales.
Zomelahuacan.	Veracruz.	Jalacingo.	Or, argent, cuivre.
Zoñi.	Sonora.	Altar.	Placers d'or.
Zorra.	Veracruz.	Chicontepec.	Argent, platine.
Zubiate.	Sonora.	Hermosillo.	Métaux riches d'argent et de mercure.

X

VALLÉE DE MEXICO.

La Vallée de Mexico considérée comme bassin hydrographique a une extension plus considérable que celle qui lui a été attribuée jusqu'à ce jour. Elle est bornée au Nord par la Sierra de Pachuca dont les hautes cimes sont visibles de tous les points de la Vallée. Au Sud la chaîne se relie par une série de montagnes et collines aux monts Navajas, qui séparent les plaines de Chavarría de la vallée accidentée Epasoyuca. A l'Ouest les monts Zinguilúcan et la haute montagne de Xihuingo que ses rapides escarpements rend pour ainsi dire inaccessible, versent partie de leurs eaux dans la Vallée par le rio Papelote. En aval du barrage del Rey, près du village de Santa María Ixtlahuaca, il forme le rio de las Avenidas de Pachuca, Rivières des Crues, qui ainsi que son nom l'indique grossit considérablement pendant la saison des pluies et se jette dans le lac de Zumpango. Une chaîne de collines coupée d'énormes crevasses et de profonds ravins relie les montagnes précédentes à la majesteuse Sierra Nevada qui sépare au Nord la Vallée de Mexico des riches plaines de Puebla. Ce vaste cirque présente une dépression entre les districts d'Otumba, Apam, Tepeapulco formée par l'affaissement de deux contreforts de la Sierra. Les cimes les plus élevées de la Sierra Nevada sont: le Popocatepetl, l'Ixlaccihuatl, le Telapon, le Tlaloc, le Tlamacas, les deux premières sont couvertes de neiges éternelles.

Le Popocatepetl se relie au S. E. par une série de collines, monts et montagnes à la belle Sierra d'Ajusco, massif montagneux d'ou s'élève le volcan du même nom dont la crête touche á la limite des neiges éternelles.

Du S. O. la Sierra de las Cruces remonte au N. O. par la cordillère de Montealto. Le versant S. E. forme le terrain accidenté de Monte Bajo. Ce massif sépare la Vallée de Mexico du haut plateau de Toluca, le plus élevé de la République. La Sierra de Tepotzotlan et le Sincoque bornent et ferment la Vallée à l'Ouest.

Au pied du mont Sincoque se trouve la tranchée colossale de Nochistongo et dans le voisinage, dans les ravins de Tequisquiac, les travaux importants entrepris par le Ministère des Travaux Publics pour l'assèchement de la Vallée. Cette montagne a été choisie comme limite par Alexandre de Humboldt, de la son importance au point de vue de l'histoire de la géographie du pays.

Les montagnes à l'Ouest du Sincoque, telles que celles de Jálpan, España, Cuevas, Jilocingo, se ramifient au mont Aranda et à la Sierra Tezontlálpan qui se prolonge au N. E. juqu'à la Sierra de Pachuca pour fermer l'énorme cirque dans lequel est emprisonnée la Vallée de Mexico.

Les vastes plaines qui en occupent le centre sont coupées par des chaînes de collines de peu d'extension. Çà et là des collines et coteaux au périmètre irrégulier s'élèvent indistinctement dans la Vallée. Les plaines notables sont celles de Chavarria, San Javier y Tizayúca au Sud de Pachuca; celle d'Otumba, bornée au Nord par les hauteurs de Malinalco, Cerro Gordo, etc., et reliées à la Vallée par les riches terrains d'Acolman; les plaines de Texcoco et de Chalco qui ne sont que la prolongation de la Vallée centrale; et enfin les plaines de Zumpango et Tultitlan, séparées de celles de Tlalnepantla par la Sierra de Guadalupe.

De Tlálpan à Pachuca points extrèmes de la Vallée la distance est de cent quatorze kilomètres; sa plus grande largeur pris sous le parallèle de Cuautitlan est de deux kilomètres. L'extension du bassin hydrographique, d'après les travaux planimétriques entrepris à cet effet, est de 4.555 kilomètres carrés, celle de la Vallée est de 2.100 kilomètres carrés.

Six lacs à différents niveaux occupent le fond de la Vallée. En se dirigeant du Nord vers le Sud ceux de Chalco et Xochimilco, séparés l'un de l'autre par l'ancienne digue de Tláhuac; les lacs de Texcoco, San Cristóbal, Xaltopan et Zumpango, près duquel ont été entrepris au Nord les travaux importants d'assèchement de la Vallée.

Les niveaux des lacs rapportés au sol de la ville de Mexico sont: Zumpango + 4^m155; Xaltócan + 1^m567; San Cristóbal + 1^m690; Texcoco — 1^m907; Chalco + 1^m175 et Xochimilco + 1^m202. Avant et peu de temps après la conquète ils ne formaient qu'un vaste lac qui s'étendait à l'Ouest au pied des premiers gradins de la Sierra. L'ancienne Tenochtitlan, capitale de l'empire aztèque, s'élevait au milieu des eaux de la partie occidentale du lac. Les ruisseaux qui descendent de la cordillère comme ceux de Tlálpan, San Angel, San Buenaventura, au Sud de la Vallée vident leur eaux d'un faible débit, mais fraiches et limpides, dans le lac de Xochimilco qui communique avec le lac de Texcoco par le canal de la Viga.

De nombreux ruisseaux versent leurs eaux torrentielles, pendant la saison des pluies, dans le lac de Texcoco, particulièrement ceux qui alimentent les plaines d'Otumba et de Texcoco.

La Vallée de Mexico offre les sites les plus pittoresques; les nombreux monuments archéologiques qu'elle renferme méritent une mention spéciale, nous y reviendrons plus loin.

Au Nord est situé le riche district de Pachuca, qui présente les panoramas les plus beaux et les plus variés, grâce à ses montagnes porfiriques aux crêtes capricieusement dessinées. Les unes couvertes d'une épaisse végétation, les autres complétement dénudées. Çà et là de nombreux déblais, des bouches de puits, des amorces de galeries accusent l'existence des mines exploitées dans cette riche région.

Le mouvement uniforme des balanciers des puissantes machines d'épuisement, l'épaisse fumée qui se dégage des hautes cheminées des usines de réduction disent surabondamment la fébrile activité de sa population ouvrière qui occupe un des premiers rangs dans la principale branche de notre industrie nationale.

Dans le voisinage de Zumpango, entre les monts Sincoque et Jálpan, serpente la colossale tranchée de Nochistongo, ouverte vers le milieu du siècle dernier sous la direction de l'ingénieur Enrico Martínez afin de donner issue à partie des eaux de la Vallée ainsi qu'à celles de la rivière de Cuautitlan. Les eaux sortent tumultueusement de la tranchée sous forme de cataracte dans les terrains de l'hacienda du Salto, (chute, cascade).

Dans la vallée d'Otumba et près du village de S. Juan Teotihuacan, s'élèvent deux pyramides, Le Soleil et La Lune entourées de pyramides plus petites.

La vallée de Teotihuacan est située à 50 kilomètres au N. E. de Mexico; elle est séparée de la fertile vallée de Texcoco, par une série d'éminences qui forment un des contreforts de la Sierra Nevada. Les monts Aztecatl, S. Pablo, Pablo, Patlachique, Locoyo, Cuafio, S. Telmo, élèvent leurs cimes les unes couvertes de végétation les autres abruptes et denudées. De l'Est à l'Ouest, elle est bornée par les derniers contreforts de Sierra Nevada, dont les cimes principales sont, Soltepec, Campanarie, Tepayo, etc. Au Nord la vallée est bornée par les monts Malinalco, Maravillas, Cerro-Gordo. La crête de ce dernier, de beaucoup le plus élevé, atteint 800 mètres au dessus des plaines immédiates, soit plus de 3.100^m au dessus du niveau de la mer. Une série de monticules, de coteaux et de collines de formation volcanique se ramifient à la Sierra. Bien que la vallée de Teotihuacan n'offre pas les sites pittoresques de la Sierra sa vue n'est pourtant pas dénuée d'agrément. L'église de San Juan Teotihuacan élève son gracieux campanille au milieu de quinconces d'ahuehuetes (Taxodium distichum); plus loin, Otumba aussi triste que ses environs, paraît avoir conservé le souvenir de la bataille sanglante livrée par les aztèques pour la défense de leur nationalité. Axapusco entoure de terrains stériles; Acolman aux terrains fertiles produisant de riches moissons; Santa Catarina aux larges sentiers bordés de *cactus* cercus; toute la région du Sud et de l'Ouest est d'une grande fertilité, alors que celle du Nord et de l'Est est plus ou moins stérile.

Le village de Teotihuacan est assise au milieu de coteaux abruptes et rocheux qui s'élèvent insensiblement vers le Nord pour former la base de Cerrogordo. Le sol n'y offre rien de notable, il est formé d'un tuf volcanique, de laves et de scories basaltiques. Çà et là quelques rares buissons et quelques arbres du pérou (Schinus Molle) détruisent la monotonie d'un sol naturellement aride et triste.

Au Sud du village, de nombreuses sources d'eaux cristalines viennent sourdre dans le voisinage du temple, elles fécondent et fertilisent le sol couvert d'une splendide végétation qui contraste étrangement avec l'aspect désolé de la partie Nord.

SITUATION DES PYRAMIDES.—Les deux pyramides sont situées à trois kilomètres au N. E. de San Juan Teotihuacan, dans la partie la plus aride et la plus élevée du terrain qui avoisine le village. On rencontre dans le sol qui est de formation basaltique des grottes profondes d'ou, très probablement, ont été extraits les matériaux employés dans la construction de ces monuments. Il existe, au Sud de la pyramide principale—le Soleil,—une œuvre digne d'attention connue sous le nom de Citadelle, formée de quatre murs d'égales dimensions et se coupant à angle droit. L'épaisseur des murs est de 80 mètres, la hauteur moyenne, de 10 mètres, exception faite du mur occidental qui atteint 5 mètres seulement.

Les faces intérieures sont verticales, tandis que les faces extérieures forment talus.

Une petite pyramide à base rectangulaire s'élève au milieu du carré, quatorze pyramides plus petites sont érigées, symétriquement sur la couronne des murailles.

Les pyramides de Teotihuacan n'appèllent guère l'attention du voyageur qui les aperçoit facilement de la voie ferrée que relie Veracruz à Mexico, tant leur masse paraît écrasée par l'énorme masse du Cerrogordo; l'illusion est toute autre pour l'explorateur qui commence à les découvrir en descendant du cerro de Malinalco; elles se détachent sur le fond de la vallée et leur imposante masse s'élève majesteusement. Le voyageur peut se croire transporté dans le voisinage du Nil et murmurer le vers du poëte Delille:

"*Leur masse indestructible a fatigué le temps.*"

Notons en passant l'analogie qui existe entre les lieux choisis pour l'érection des pyramides égyptiennes et mexicaines. Le rio de Teofihuacan coule au Sud de ces monuments servant de fossé à la partie Nord et Occidentale de la Citadelle. Il déverse ses eaux torrentielles en temps de pluie dans le lac de Texcoco. Ses fortes crues ont mis à découvert, sur une grande extension de terrain, des fondations d'édifices disparus et des couches d'un mortier très fin, dur comme la roche, ruines qui accusent l'existence d'une vaste ville; la Memphis, peut être, de ces régions.

On rencontre, sur une grande extension du terrain qui avoisine les pyramides et dans un rayon d'une lieue, les fondations d'un grand nombre d'édifices, ainsi que des couches de mortier très dur dont nous avons parlé plus haut; tantôt des couches de pisé alternant avec des couches de scories basaltiques et de tuf volcanique. Il est facile d'y reconnaître un système de construction. On rencontre, en dehors de ces constructions, sur les différentes routes qui aboutisent aux pyramides des vestiges nombreux de murs qui se coupent à angle droit. L'énorme quantité de pierres taillées extraites de toutes ces ruines et employées actuellement dans les constructions de San Juan et des haciendas (fermes) environnantes, indiquent que la ville disparue était très populeuse et importante.

FORME ET ORIENTATION DES PYRAMIDES.—Vues à distance, les faces des pyramides de Teotihuacan ne présentent aucune solution de continuité; vues de près au contraire il est facile de reconnaître les différentes parties dont elles se composent ainsi que la plateforme du sommet. D'après les observations de la Commission Scientifique de Pachuca, la pyramide du Soleil est situé par 19°, 41′, 26″, 74 de lat. Nord et par 6h., 35′, 18″, de long. O. de Greenwich. Cette pyramide de beaucoup la plus grande de celles de Teotihuacan se compose de quatre corps et de trois gradins. Celle de la Lune compte un nombre égal de gradins de dix mètres chaque, bien qu'il ne soit possible de reconnaître d'une façon distincte que le dernier.

Dans un autre ouvrage j'ai signalé un fait digne d'attention; les pyramides égyptiennes ne sont pas toutes de même forme; en effet les unes comptent de nombreux gradins tandis que d'autres n'en comptent que un, deux ou trois comme celle de la haute Egypte.

L'éxamen du plan dressé par la commission accuse une déviation de près de 30° des faces de ces monuments du méridien terrestre.

Des observations de quelques historiens touchant les monuments anciens, ainsi que de celles que nous avons eu le loisir de faire dans les ruines de Metlaltoyuca, il résulte que cette déviation, due à l'imperfection des instruments astronomiques dont disposaient les anciens habitants de Mexico, atteignait à peine quelques degrés. Afin d'écarter toute erreur d'appréciation nous nous sommes rendus sur les lieux afin d'y faire personnellement les observations nécessaires et atteindre ainsi l'objet que nous nous sommes proposé dans le présent article.

Les faces des pyramides de Teotihuacan ne sont pas exactement orientées, bien que la déviation soit de beaucoup inférieure à celle que nous avons rélevée ser le plan de la commission.

L'état de ruine où se trouvent actuellement les pyramides, les éboulements qui ont effacé complètement les arêtes des gradins, la végétation abondante qui les couvre irrégulièrement, auraient rendu notre tâche très difficile si le hasard n'était venu favoriser nos recherches. Le gradin du centre du côté Ouest de la pyramide est encore en parfait état de conservation, son arête forme, avec le méridien magnétique un angle de 7° N. E.; la déclinaison de l'aiguille étant à Teotihuacan de 8° 12′ E. La déviation de la face occidentale de la pyramide du Soleil, du méridien astronomique est à l'Est de 15° 12′ et non de 30°. Toutes les faces des pyramides se coupent à angle droit. Le pyramide de la Lune que j'ai eu le loisir d'étudier, m'a fourni les éléments nécessaires pour fixer définitivement l'orientation de ce genre de monuments. Nombre de places sur la face orientale, découvertes par l'éboulement de la couche de pierres et de boue laissent voir les parties parfaitement planes orientées de 1^d 80′ au N. E.; le côté austral se dirige au N. E. par 88° 30′; ce qui donne comme écart du méridien terrestre un angle de 9° 42′ au N. E.

Il résulte donc des observations antérieures que l'orientation des pyramides ne présente aucune uniformité; celle de la Lune coincide approximativemente avec le méridien magnétique.

Si les monuments que nous venons de décrire paraissent s'écarter, par les considérations esposées plus haut, des pyramides de l'Egypte moyenne, il n'en est plus de même lors que nous les comparons à celle de la haute Egypte et de l'Ethiopie.

La ligne des centres des deux pyramides, est dans la direction du méridien astronomique, fait particulier digne d'attention. Il en est de même des pyramides de la haute Egypte, celles de Gysch exceptées. L'écart de près de deux degrés que nous avons observé de la plateforme de la pyramide du Soleil provient, selon l'ingénieur Almaraz dont je partage l'opinion, de ce que les constructeurs avaient connaissance du monvement de la voûte céleste et prirent comme directrice la polaire qu'ils croyaient exactement dans l'axe du globe. Ce fait semblerait renforcer l'opinion de ceux qui prêtent à ces monuments un objet purement scientifique.

Comme nous ne prétendons pas démontrer systématiquement les rapports entre les habitants de l'ancien et du nouveau monde par l'étude comparé de leurs monuments, nous ferons observer que comme nous manifestons en toutes circonstances les analogies et les similitudes qu'ils présentent, nous mettons également en relief les circonstances qui en différent.

La pyramide du Soleil est entourée, moins la partie occidentale, d'une muraille de même forme que celle de la Citadelle.

Dans aucun ouvrage nous n'avons vu mentionner l'existence de semblables ouvrages au pied des pyramides égyptiennes et s'ils existent ils sont probablement ensevelis sous une mer de sable. Néanmoins, l'éxamen attentif des plans des pyramides de Gysch, semble révéler l'existence d'ouvrages identiques enveloppant ces monuments et tout particulièrement la seconde et la troisième pyramides.

Si les pyramides égyptiennes présentent une grande diversité dans les types de construction, les pyramides de Mitlaltoyuca présentent la même analogie.

Comme membre de la Commission d'exploration nous avons été chargé de la levée des plans; nons avons eu le loisir de les étudier bien que les éléments sur lesquels nous comptions fussent limités. On retrouve dans ces ruines le même ordre qui a présidé à l'érection des pyramides de Teotihuacan; elles différent toutefois de construction, circonstance qu'il faut probablement attribuer à la diversité des matériaux dont disposaient les constructeurs.

OBJET DES PYRAMIDES.—Entourées de monuments funèbres comme les pyramides égyptiennes, tout nous porte à croire qu'elles ont été construites dans un même but. La grande était dédiée au Soleil sous le nom de Tonatiuh, la petite était dédiée à la Lune sous le nom de Mextli Ixtacuatl; à cet égard aucun doute n'est possible.

S'il existe encore au Mexique de rares et vagues traditions au sujet des pyramides de Teotihuacan et de leur destination, elles restent parfaitement muettes en ce qui touche l'époque de leur érection. Nous n'avons rencontré aucun renseignement utile, pas la moindre hypothèse dans les nombreux ouvrages que nous avons consultés.

Nous extrayons du Dictionnaire Mexicain d'Histoire et de Géographie l'article suivant:

« Ce célébre monument de l'archéologie mexicaine situé « près de Texcoco était le temple le plus somptueux consacré « à Tonatiuh, s'est à dire au Soleil, à l'astre resplendissant ou « aussi à Teutl, qui signifie Dieu celui qui régle la lune, le « cœur du ciel et le père des heures. La petite pyramide était « le temple consacré à la femme du Soleil, Centeotl, qui sig- « nifie environné de déité; on la nommait encore Tonacayo- « hua, elle n'exigerait que le sacrifice de tourterelles, de cailles « et de lapins. »

« Bien que les constructions colossales des Toltèques, des « Chichimèques, des Alculhúas, des Tlaxcaltèques et des Az- « tèques soient de dimensions différentes, toutes affectent la « forme pyramidale, et leurs côtés suivent assez exactement « la direction du méridien et du parallèle du lieu. Le temple « s'élève toujours au milieu d'une vaste enceinte fermée de « murs, cachant aux fidèles les jardins, les fontaines, et les « habitations réservées aux prêtres, quelquefois même on y « trouvait des magasins ou dépôts d'armes. Un grand escalier « conduisait à la plateforme supérieure sur laquelle s'éle- « vaient une ou deux tours renfermant les idoles colossales « des dieux auxquels les temples étaient consacrés et où bru- « lait en leur honneur le feu sacré. Cette disposition dans la

«construction permettrait d'assister à distance aux sacrifice,
«et de suivre de la vue les cérémonies et processions des
«prêtres.»

«Il éxiste entre les anciens temples babyloniens décrits par
«Hérodote et Diodore de Sicile, et les Teocallis de l'Anahuac
«de nombreuses similitudes.»

«Lorsque les mexicains vinrent occuper la région équi-
«noxiale de la Nouvelle-Espagne, ils trouvérent achevées les
«pyramides de Teotihuacan, de Cholula et de Papantla et en
«attribuiant la construction aux Toltèques, nation civilisée
«qui habitait le Mexique depuis plus de cinq cents ans. Ils
«ne soupçonnaient pas que d'autres tribus eussent pu habiter
«le territoire avant les Toltèques auxquels ils prétaient une
«haute antiquité. Il est toutefois possible qu'elles aient été
«érigées avant l'immigration Toltèque, c'est à dire antérieure-
«ment à l'an 648 de l'ère vulgaire, époque à laquelle remon-
«te l'occupation Toltèque.

«Le temple de Mexico consacré à Tezcatlipoca et à Huitzi-
«lopoxtli, fut construit par les aztèques qui prirent pour
«modèle les pyramides de Teotihuacan, six ans environ avant
«la découverte de l'Amérique par Christophe Colomb.»

....

«Les petites pyramides qui entourent celle du Soleil ont à
«peine neuf à dix mètres de hauteur. D'après les traditions
«des indigènes elles servaient de sépulcres aux chefs des tri-
«bus. Il existe de même huit petites pyramides symétrique-
«ment placées et parallèls aux côtés des grandes pyramides
«de Cheops et de Mycerino.»

«Les temples de Teotihuacan se composaient de quatre
«grandes plateformes ou gradins. Chacune d'elles était di-
«visée en un certain nombre de marches dont il est encore
«facile de reconnaître les arêtes. Le massif est fait de pierres
«d'une faible volume et d'argile, le revétement est fait des
«scories basaltiques. Cette construction est très semblable à
«l'une des pyramides égyptiennes de Sakharah, qui se com-
«pose de six plateformes. D'après la relation du voyageur

«Pococke, le massif serait fait d'une terre jaune et le revête-
«ment extérieur de pierres non taillées.»

....

« Au berceau de la civilisation, les peuples choisissaient
« toujours les endroits élevées pour présenter aux dieux leurs
« offrandes. Les premiers autels, les premiers temples furent
« toujours érigés au sommet des montagnes, et ces dernières
« étaient presque toujours isolées. Tantôt on cherchait à leur
« donner une forme régulière en y confectionnant des gradins
« ou plateformes, tantôt on y creusait un escalier qui donnait
« accès à la plateforme supérieure, comme on peut le consta-
« ter, à Tetzcotzinco, colline située à l'Est de Texcoco.»

Il résulte de la lecture des lignes antérieures que les monuments de Teotihuacan servaient non seulement de sépulcres mais étaient aussi affectés au service du culte. Ainsi que les pyramides égyptiennes, ces monuments ouvrent un vaste champ aux conjectures et aux interprétations les plus diverses: la science moderne croit découvrir dans l'orientation des pyramides, dans l'inclinaison des faces ou côtés l'objet de ces superbes monuments dont la construction semblerait révéler les connaissances astronomiques du peuple qui les construisit; ceux qui fouillent et cherchent le secret des théogonies du passé leur prêtent une destination purement religieuse, ils invoquent au profit de leur thèse, l'existence d'idoles ainsi que des offrandes, faites aux dieux, d'animaux sacrés; l'art de la guerre voit dans les énormes murailles qui servaient d'enceintes, autant de lignes de défense; l'histoire, les traditions, les coutumes les présentent comme des monuments funèbres. Il n'y a donc rien que de très naturel dans le désaccord qui règne encore entre les savants, puisque chacun d'eux cherche simplement les preuves qu'il peut invoquer au profit de la théorie qu'il défend.

Les idoles colossales que le voyageur peut encore admirer à Teotihuacan, la consécration des deux pyramides au culte du Soleil et de la Lune, aussi que d'autres données recueillies par l'histoire démontrent surabondamment leur destination religieuse. A nôtre avis ces monuments servaient à la fois d'autels et de sépulcres.

Monuments funéraires.—Les innombrables tumulis qui entourent les pyramides étaient connus sous le nom de *tlalteles*. Tantôt ces monuments sont isolés, tantôt ils sont unis et parfaitement alignés, bordant la chaussée qui unit la citadelle passe devant la face occidentale de la pyramide du Soleil et aboutit à la face Sud du monument de la Lune. Cette chaussée portait le nom de Vallée des Morts.

Cette double file de tumulis symétriquement placés offre un aspect imposant. Pour l'observateur placé dans l'axe de la chaussée, la vue de cette double file de monuments découverts en partie, la série de marches ou gradins de la chaussée qui aboutit à la pyramide de la Lune, cette dernière qui s'élève majestueusement entourée de *tlalteles* qui se séparent à l'extrémité de la chaussée pour monter en amphithéâtre soulève une enthousiaste admiration.

Ces ouvres gigantesques élevées par la main de l'homme, restent debout comme un témoignage indiscutable de l'existence d'un grande peuple, qui n'a toutefois laissé comme trace de son passage dans l'histoire que ces édifices mystérieux dont les pages écrites dans la roche n'on pas encore révelé le secret.

Nombre d'auteurs croient que les petites pyramides, qui, à l'instar de satellites entourent celles du Soleil et de la Lune, symbolisent les astres du firmament. Cette hypothèse viendrait renforcer le système des archéologues qui ne prêtent à ce genre de monuments, qu'un caractère purement scientifique.

Les Egyptiens édifiaient tantôt de riches sépulcres, tantôt ils construisaient de petits tumulis en forme de montagne. Si les constructions qui nous occupent ne sont pas ouvertes dans la roche de grandes éminences et différent pour cette raison de celles de Thèbes, elles conservent en revanche beaucoup d'analogie avec d'autres monuments funéraires, tant par leur situation élevée et isolée que par l'objet auque elles étaient destinées. La commission scientifique de Pachuca, chargée de la levée du plan des ruines de Teotihuacan fit démolir le tumulus placé dans l'axe de la chaussée, une niche vide de la dimension du corps humain en occupait le centre; les parois et la voûte étaient recouverts d'un enduit parfaitement poli semblable au stuc: il est probable que d'autres tumulis seront fouillés et que l'on y trouvera des cadavres ou des momies qui donneront la solution définitive du problème que nous occupe.

DIMENSIONS DES PYRAMIDES.—Nous avons dit plus haut qu'un fait avait tout particulièrement fixé notre attention, l'écart considérable de 30° accusé par le plan de la commission de Pachuca; c'est alors que nous nous vîmes, afin de ne pas fournir d'appréciations teméraires, dans l'obligation de nous transporter à Teotihuacan. Ne sachant en effet à quelle cause attribuer les énormes différences qui existaient entre nos observations et celles du plan en question, et connaissant de plus l'aptitude et la conscience des membres de la commission chargée de l'exécution des travaux, nous serions restés longtemps perplexes si le hasard ne nous avait pas fourni la clef de l'erreur. En cherchant l'orientation de la chaussée des Morts, nous reconnûmes que la méridien astronomique du plan de la commission inclinait à l'Ouest de 12°; erreur commise, ainsi que nous avons facilement pu nous en convaincre, par le graveur. Cette correction une fois appliquée, nos observations sont tombées d'accord avec celles de la commission de Pachuca.

Les résultats obtenus sont les suivants:

PYRAMIDE DU SOLEIL.

Côté N. S. à la base...232ᵐ
Côté E. O. face Sud..220ᵐ
Hauteur.. 66ᵐ
Inclinaison des faces Nord et Sud..................................... 31° 3′
Inclinaison de la face Ouest.. 36°
Plateforme supérieure de Nord à Sud............................... 18ᵐ

Plateforme supérieure d'Est à Ouest...	32ᵐ	
Orientation de l'Est à l'Ouest face australe...	83°	N. O.
Orientation de Nord à Sud face orientale...	7°	N. E.

Orientation de la chaussée des Morts...	8° 45′	N. E.
Ligne passant par les centres des deux pyramides...	10°	N. O.

Pyramide de la Lune.

Côté E. O. à la base...	156ᵐ	
Côté N. S...	130ᵐ	
Hauteur...	46ᵐ	
Inclinaison de la face Orientale...	31° 30′	
Inclinaison de la face Sud...	36°	
Inclinaison de la partie polie...	47°	
Inclinaison de la partie polie face orientale...	47°	
Plateforme supérieure carrée de 6ᵐ de côté. Orientation de l'Est à l'Ouest, face Nord...	88° 30′	N. O.
Orientation de Sud à Nord, face Est...	1° 30′	N. E.

Les données de la Commission de Pachuca sont:

Pyramide du Soleil.

Côté N. S. à la base...	232ᵐ
Côté E. O...	224ᵐ
Hauteur...	62ᵐ

Pyramide de la Lune.

Côté E. O. à la base...	156ᵐ
Côté N. S...	130ᵐ
Hauteur...	42ᵐ

La relation existante entre la base et la hauteur des pyramides de Teotihuacan, diffère sensiblement de celle des pyramides égyptiennes; mais si nous partons de l'hypothèse que les habitants du Mexique avaient l'habitude d'augmenter le volume de la pyramide durant la vie du monarque il est vraisemblable que les constructeurs avaient l'intention d'élever d'avantage la pyramide du Soleil, et à en juger par la base, elle aurait probablement atteint les proportions colossales de la pyramide de Chéops. D'autre part la relation existante entre la base et la hauteur des pyramides égyptiennes n'étant pas constante, nous pourrions difficilement chercher une analogie à cet égard.

L'ingénieur Almaraz, chef de la Commission Scientifique de Pachuca, a cru retrouver l'unité linéaire du peuple constructeur des pyramides en comparant entre elles les mesures obtenues par la levée du plan des ruines. Il résulterait de ces observations que l'extension linéaire des 0,8 de la base servait d'unité.

Toutes les théories qui touchent à ces questions difficiles, ne reposent que sur des suppositions souvent gratuites, toutefois on arrive à la vérité de conjectures en conjectures. Pour cette raison le chemin de l'hypotèse est ouvert à celui qui veut s'y lancer; les seules preuves admissibles seront celles qui transformeront l'hypothèse en certitude. Si nous supposons que cette unité linéaire soit exacte, et commune aux monuments des deux peuples que nous mettons en parallèle, il résulterait qu'elle serait contenue 225 fois dans le Stade égyptien. Les pyramides des deux pays auraient par conséquent les dimensions suivantes d'après l'unité supposée:

	Mètres.	Unité supposée.
Pyramide de Chéops, Base	236.00	295.00
,, ,, Hauteur	145.12	181.85
,, du Soleil, base N. S.	232.00	290.00
,, ,, ,, E. O.	220.00	275.00
,, ,, d'après Almaraz	224.00	280.00
,, ,, Hauteur	66.00	82.50
,, de la Lune, base E. O.	156.00	195.00
,, ,, ,, N. S.	130.00	162.50
,, ,, Hauteur	46.00	57.50
,, ,, ,, d'après Almaraz	42.80	53.50
Distance de centre à centre des pyramides	800.00	1000.00
Côté du carré du tumulus	5.60	7.00
Epaisseur de la muraille de la Citadelle	80.00	100.00
Rayon de courbure du monument circulaire	5.20	₹6.50

INTÉRIEUR DES PYRAMIDES.—La question que nous allons aborder nous paraît de la plus haute importance et le point capital de ce travail; c'est ici que nous proposons de démontrer la réelle analogie qui existe entre les principaux détails, communs aux pyramides mexicaines et égyptiennes. Disons toutefois que nous nous bornons simplement à appeler l'attention sur diverses particularités, sans prétendre imposer en aucune manière notre opinion. La porte ou ouverture dissimulée découverte récemment; sa position sur la milieu d'un des côtés; la colline adhérente à ce même côté; l'étroite galerie qui conduit à l'intérieur; le puits profond qui occupe le fond de la galerie; les monuments funèbres, les petites pyramides et autres constructions qui entourent les deux pyramides, les nombreuses particularités que nous avons signalées au cours de cet article, ne sauraient être attribués à une simple coïncidence ni au hasard; cette théorie nous semble en tout point inadmissible. Nous savons en effet que deux peuples peuvent simultanément adopter un même genre de constructions sans qu'il existe entre eux aucune relation: la pyramide qui est un corps symétrique et que nous pouvons considérer comme élémentaire en est un exemple; mais si les monuments que nous comparons entre eux présentent une identité de caractères, de détails d'exécution, il n'y a rien d'étrange à soutenir qu'il existait probablement quelques communications entre les deux peuples.

On croit généralement que la disposition en forme de gradins des pyramides égyptiennes n'avait été adoptée qu'à l'effet de faciliter l'ascension des matériaux, et que les égyptiens ne faisaient usage que de machines élémentaires, telles que le plan incliné et le levier. Le même argument pourrait être invoqué en faveur des pyramides mexicaines. Les gradins remplissaient-ils l'office d'échafaudages? dans ce cas ils présenteraient une certaine uniformité; or il est parfaitement démontré que cette régularité fait défaut à plusieurs pyramides; que celles de Chéops, Chefren, etc., comptent un très grand nombre de gradins ou marches peu élevés; que d'autres, au contraire, n'en comptent qu'un petit nombre très espacés entre eux. Il est probable que les constructeurs obéissaient à d'autres considérations. Cette disposition aurait pu convenir aux pyramides élevées, mais comment en démontrer l'utilité en ce qui concerne les petites? Celles qui ont été découvertes entre les ruines de Mitlaltoyuca, atteignent à peine deux et trois mètres de hauteur, et cependant elles sont construites en gradins. Quelles que soient d'ailleur les raisons que l'on puisse invoquer, il reste un fait acquis: le système de gradins commun aux deux peuples.

La méthode suivie pour l'érection des pyramides de Teotihuacan consiste en une alternance de couches formées d'argile, de tuf volcanique, de scories, de sable et de mortier. La porte étroite ouverte sur l'un des côtés de la pyramide de la Lune découvre une coupe des couches horizontales du massif intérieur. La première couche de $0.^m 95$ se compose de pierres et d'argile battue: la seconde est formée d'un tuf volcanique de $0.^m 57$ d'épaisseur: la troisième couche, parfaitement damée, se compose de gros sable basaltique et d'argile, d'une épaisseur de $0.^m 08$: cette dernière est couverte d'un enduit de chaux de $0.^m 001$ parfaitement poli. D'autres couches, conservent le même ordre, et servent de revêtement au massif intérieur, elles sont inclinées de $47.°$ La couche de chaux qui les recouvre, de un millimètre et demi d'épaisseur est parfaitement polie et porte par places des traces de peinture rouge. La chute et les éboulements de grandes quantités d'argile et de pierres amassées à la base des pyramides en ont modifié la forme primitive.

Avant d'aventurer une opinion à ce sujet qu'il nous soit permis de nous retrancher derrière une des pensées d'Alexandre de Humboldt.

"Aux limites des connaisances exactes, comme du haut "d'un rivage élevé, l'œil aime à se porter vers les régions "lontaines. Les images qu'il voit peuvent être trompeuses; "mais comme ces images décevantes que croyaient apercevoir bien avant le temps de Colomb, les habitants des Ca-

"naries et des Açores, elles peuvent amener la découverte
" d'un nouveau monde."

Nous croyons pouvoir conjecturer, sans témérité, que l'état actuel des pyramides diffère sensiblement de leur état primitif. Des tas de pierres couverts de terre végétale ont favorisé le développement de multitude de plantes et de fleurs qui ont couvert et totalement envahi les faces des pyramides et sous lesquelles ces dernières ont disparu presque complètement. Ces pierres amoncelées ne peuvent provenir que des éboulements successifs qui en ont altéré la forme primitive; en effet une grande partie du côté oriental de la pyramide de la Lune présente un plan incliné, en parfait état de conservation, couvert d'un enduit de mortier poli. Une observation isolée serait sans portée si elle n'était confirmée par nombres d'autres faites sur ces monuments. Examinée sur ses quatre faces, la pyramide présente le même caractère, les faces Sud et Est inclinées de 47° viennent se couper à angle droit et la partie découverte est stuquée ainsi que nous l'avons dit plus haut; la face nord présente les mêmes éboulements de pierres sèches et les mêmes plans inclinés ou talus également couverts de mortier; enfin la face Ouest est découverte à peu près à la moitié de la hauteur; cette dénudation qui court du Nord au Sud nous a permis de déterminer avec exactitude l'orientation de la pyramide. Lors de notre première exploration, seuls l'alignement, la hauteur conforme, la forme pyramidale des *tlalteles* fixa notre attention; une visite récente a écarté les doutes que nous pouvions conserver. Nous ne saurions attribuer désormais les éboulements des *tlalteles* à des causes naturelles, sinon à de récentes fouilles qui en ont mis a nu les faces; ces dernières comme celles de la pyramide de la Lune sont couvertes du même mortier et offrent à la vue une série de marches et de gradins de telle sorte que les pyramides, les collines, les *tlalteles* et tous les détails de construction sont entièrement cachés. Quel motif aura guidé les anciens habitants de Mexico, à quelle nécessité auront ils obéi pour faire disparaître ces notables monuments sous d'énormes monceaux de pierres et de terre? D'après notre opinion les toltéques héritiers d'une nation civilisée, craignant les déprédations des chichiméques, peuple barbare qui vint fixer sa résidence dans la vallée de Mexico, firent disparaître leurs monuments religieux, dont l'origine remonte peut-être avant l'ère chrétienne, en leur donnant la forme de collines ou de petites éminences naturelles, afin d'éviter la profanation de leurs temples et leurs sépulcres par les nouveaux émigrants. Nous ne soumettons notre opinion qu'à titre de simple conjecture. L'unique ouverture découverte jusqu'à ce jour est celle qui occupe le milieu de la façade Sud de la pyramide de la Lune, à vingt mètres du sol et juste au dessus du *tlaltel* qui y est adossé. Elle donne accès à une étroite galerie descendante qui aboutit à un puits, ou fosse, de section carrée; les parvis sont revêtues de pierres taillées en tuf volcanique. Longtemps on a supposé que ces travaux n'avaient été entrepris que dans un but de recherches, des traditions légendaires rapportaient que de grandes richesses y étaient cachées. S'il en eut été ainsi, il semble inadmissible que ceux qui entreprirent ces travaux dispendieux aient perdu leur temps à ouvrir un puits de forme régulière à parois parfaitement verticales et de le maçonner au moyen d'un revêtement en pierres taillées et polies. Nous avons observé soigneusement l'orientation de l'axe du souterrain elle coïncide exactement avec le méridien magnétique.

L'intérieur reste inexploré; les éboulements obstruent complétement le passage; les éléments dont nous disposions ne nous ont pas permis de vaincre cette difficulté.

Si la pyramide de la Lune qui est de beaucoup la moins importante présente tant de points de comparaison avec celles de Gysch; la pyramide du Soleil dont la base est égale à celle de Chéops offrirait encore plus d'intérêt peut-être.

Nous pouvons induire, en nous basant sur une analogie, que l'ouverture de la galerie de la pyramide du Soleil doit occuper la face ouest, au dessus du *tlaltel* y adossé.

Disons, pour conclure, que l'inclinaison des faces est à peu près constante; deux seules y font exception, la face Sud de la pyramide de la Lune et la face Ouest de celle du Soleil aux quelles son adossés deux *tlalteles;* l'inclinaison de ces faces est de 36.° Il est probable que les constructeurs ne l'ont adoptée que pour rendre l'accès de l'ouverture de la galerie et de l'intérieur des pyramides plus difficile; on a présumé de même, et avec fondement, au sujet de celles d'Egpyte.

A l'Ouest de Mexico au de là du grand lac, s'étendent les belles plaines cultivées de Texcoco. De nombreux villages, des fermes aux allées bordées d'*ahuehuetes* (taxodium distichum) en émaillent l'étendue. Le moulin de Flores y occupe le fonds d'une vallée pittoresque, profondément encaisseé entre des hauts escarpements coupés dans la roche; un ruisseau y précipite ses eaux torrentielles et la traverse en baignant tour à tour un afleusement et un petit plateau sur lequel ont été érigés une chapelle et un cimetière, les eaux servent ensuite à actionner les moteurs hydrauliques du moulin.

La jolie colline de Tezcutzinco s'élève à l'Est du moulin de Flores, sur les premiers gradins de la cordillère, elle est couverte sur son versant occidental de plantes et de fleurs parmi les quelles existe à profusion le *bigonia discolor.* Quelques ruines intéressantes remontant au règne du roi poête Netzahualcoyotl subsistent encore sur cette colline, au pied de laquelle, commencent les grandes crevasses qui plus loin se transforment en profonds ravins. Des escaliers et des piscines ouvertes dans le porphyre; les vestiges d'un temple ou d'un palais; les chaussées qui serpentent sur les flancs de la colline et aboutissent aux bains ou piscines, sont tout ce qu'il reste de tant de constructions détruites par le temps. Il existe à la surface des édifices et du sol des chaussées, un enduit fait d'un fin mortier poli et dur comme la pierre. Les aqueducs destinés à l'alimentation des bains courraient parallèlement á la chaussée; le travail et l'intelligence dépensés dans cette vaste construction méritent une mention spéciale. Un volumineux remblai ferme la gorge formée par la colline de Tezcutzinco et une montagne avoisinante situé à l'est de cette dernière afin de faciliter le passage de l'eau de l'une à l'autre de ces éminences.

Une vallée couverte de végétation servait de jardin et de parc à la résidence royale, et l'éxcédant de l'eau des piscines y tombait en cascade se brisant en pluie fine sur les anfractuosités de la roche. Il ne reste aujourd'hui de toutes ces beautés disparues que quelques ruines noyées dans une exubérante végétation.

Les plaines non moins fertiles de Chalco bornées à l'est par la majestueuse Sierra Nevada, à l'ouest par le lac du même nom, suivent les riantes campagnes de Texcoco. Près du village de Tlalmanalco s'élève sur l'un des côteaux de la Sierra, l'importante fabrique de cotonnades de Miraflores; plus au Sud, sur le ligne ferrée de Morelos le joli village d'Ameca aux bois de pins et de cèdres plusieurs fois séculaires; situé au pied de la jolie colline de Sacro Monte au sommet de laquelle se trouve une charmante chapelle objet de pieux pélerinages. Les cimes neigeuses du Popocatepetl et de l'Ixtaccihuatl forment la série des belles perspectives de la Vallée de Mexico. L'ascension de la première de ces montagnes s'impose pour ainsi dire au touriste ne fut-ce qu'à un point de vue purement récréatif, car du sommet (5400 m.) la vue s'étend à une enorme distance sur les vallées de Mexico et de Puebla et sur la terre chaude de l'Etat de Morelos à l'exubérante végétation toujours noyée dans des masses de vapeurs de la zone tropicale. Au sommet, le spectacle intéressant et grandiose de l'énorme cratère d'un des plus hauts volcans du nouveau monde, au fond duquel existe un riche laboratoire aux solfatares inépuisables. De profondes crevasses à l'aspect sinistre le sillonnent de toutes parts et servent d'évents aux fumerolles qui s'en dégagent.

Au Sud de la Vallée, le bourg de Xochimilco au bord du lac de ce nom, et les sites pittoresques de Tlalpan, Coyoacan, San Angel couverts de jardins fruitiers et de champs cultivés. De nombreux établissements industriels y prospèrent grâce aux ruisseaux qui les alimentent et en fournissent la force motrice. Près de San Angel, est situé le joli village de Tizapan; plus haut, la fabrique de Contreras élevée sur un des coteaux du grand massif montagneux d'Ajusco, déverse dans toutes les directions ses aux limpides après leur avoir emprunté la force qu'elles ont enmagasinés dans leur course sur le flanc des montagnes.

Plus loin l'hacienda (ferme) de la Cañada traversée par un ruisseau, avec ses bois de pins et ses arbres fruitiers. Les terrains accidentées de Cuajimalpa, et ceux qui s'étendent plus au sud appartiennent à différents villages; comme les précédents, ils doivent leur incontestable fertilité aux eaux abondantes qui les baignent de toute part.

Plus au Sud, dans le voisinage de Mexico, quelques villages indigènes sont établis sur les bords du canal de la Viga; leurs *chinampas* ou îles flottantes offrent l'aspect le plus pittoresque.

Disposées symètriquemente, elles communiquent entre elles par un réseau de canaux qui les coupent en tous sens; elles produisent en abondance les fleurs et les légumes les plus variés. Mixcoac aux ruelles ouvertes entre des charmilles.

Tacubaya avec ses palais et ses nómbreuses villas, ses jardins fruitiers et ses beaux parcs.

Près de Mexico, la pittoresque colline de Chapultepec couronnée à son sommet par le château qui sert aujourd'hui d'école militaire; elle est entourée d'un beau parc d'*ahuehuetes* séculaires, silloné de ruisseaux alimentés par les sources abondantes qui y naissent.

Un monument d'une élegante simplicité a été érigé en 1880, au pied de la colline, afin de perpétuer la mémoire de ceux qui tombèrent héroiquement, le 13 Septembre 1847, pour la défense de la patrie. Le monument élevé sur un socle de basalte est entourée d'une belle grille décorée de trophées militaires. La base repose sur une plinthe de 2^m. de longueur, de 1_m. 50 de largeur et de 1 mètre de hauteur, en retraite et terminée en biseau dans sa partie supérieure. Le monument qui repose sur cette plinthe est en pierre dure (Chiluca), élégamment décoré à sa base par des moulures formées de feuilles d'acanthe et de branches de chêne et de laurier; le monolithe mesure 2 mètres 80 de hauteur, il est surmonté d'une palme en haut relief et d'une étoile qui couvre les noms des oficiers et des élèves de l'école militaire tués pendant l'action. Le couronnement, d'un mètre de hauteur, est terminé par une moulure ou listel et un cordon de perles, des couronnes de cyprés et de bouquets d'inmortelles. Des aigles en bronze doré et les armes nationales en occupent le centre.

Les inscriptions suivantes couvrent les faces du monument: Face principale: Lieutenant, Juan de la Barrera.—Élèves, Francisco Márquez, Fernando Montesdeoca, Agustin Melgar, Vicente Suárez, Juan Escutia.—Chapultepec, 13 Septembre 1847.

A la mémoire des élèves de l'école militaire qui succombèrent en héros durant l'invasion américaine.

Sur le côté droit: 1ère. Compagnie. Capitaine, Domingo Alvarado.—Lieutenants: José Espinosa, Agustin de la Peza, —Caporal, José T. de Cuellar.—Tambour, Simon Alvarez. —Élèves: Francisco Molina, Antonio Sierra, Justino García. Mariano Covarrubias, Bartolo Diaz de Leon, Ignacio Molina, Lorenzo Pérez Castro, Agustin Camarena, Ignacio Ortiz, Manuel Ramírez de Arellano, Ramon Rodríguez y Arrangoiti, Cárlos Bejarano, Isidoro Hernández, Estéban Zamora, Santiago Hernández, Ignacio Burgoa.—13 Septembre 1847.—Prisonniers.

Sur le côté gauche: 2e. Compagnie. Lieutenant, Joaquin Algaez.—Sergent, Teofilo Noris.—Clairon, Antonio Rodríguez.—Elèves: Joaquin Moreno, Pablo Banuet, Ignacio Valle, Francisco Leso, Sebastian Trejo, Luis Delgado, Ruperto Pérez de Leon, Cástulo García, Feliciano Contreras, Francisco Morelos, Miguel Miramon, Gabino Montes de Oca, Luciano Becerra, Adolfo Unda, Manuel Diaz, Francisco Morel, Vicente Heredia, Onofre Cayeld, Magdaleno Ita, Emilio Lusent.—13 Septembre 1847.—Prisonniers.

Sur la face postérieure: Blessés.—Élèves: Andrés Mellano, Hilario Pérez de Leon.—État Major. Capitaine P. R. D. F. Francisco Jiménez.—Lieutenant, Manuel Aleman, Agustin Diaz, Faancisco Poucel.—Sous-lieutenants, Ignacio de la Peza, Amado Camacho, Luis G. Banuet, Miguel Poucel.—Econome, Eusebio Llantadas.—Chapultepec 13 Septembre 1847.—L'association des élèves de l'École Militaire sous les auspices du Président de la République Porfirio Diaz, a érigé ce monument à l'hônneur militaire.—1880.

Le monument a été éxécuté d'après les plans de l'architecte Ramon Rodríguez Arrangoiti.

Une célèbre chaussée empierrée, par la quelle s'enfuit précipitamment Fernand Cortés lorsqu'il fut obligé de lever le siège de Tenochtitlan, unit le village de Tacuba à la capitale.

Le petit village de Popotla où se trouve le fameux *ahuehuete* connu sur le nom de *Arbol de la Noche Triste* est situé sur la chaussée á une courte distance de Tacuba. C'est sous cet arbre qui ni le temps ni la malveillance n'ont fait disparaître, que Fernand Cortés passa la nuit agitée qui suivit sa retraite désastreuse. On a tenté de le brûler, il y a quelques années à peine. Une partie de l'arbre a été détruite.

Au Nord, Guadalupe Hidalgo et ses somptueuses églises parmi lesquelles nous citerons celle construite sur la colline du Tepeyac, sur l'emplacement d'un temple mexicain; la gracieuse chapelle du Pocito qui renferme une source d'eau alcaline riche en acide carbonique et la célèbre abbaye construite au pied de la colline. L'intérieur de l'église est très beau; les trois nefs sont séparées par huit colonnes d'ordre corinthien qui supportent avec les murs quatorze voûtes au centre des quelles s'élève la coupole.

Le maître autel de grandes dimensions est tout en marbre de couleur, les ornements sont faits de bronze doré; le grand cadre dans lequel est placé le tableau représentant Notre Dame de Guadalupe est fait d'or et d'argent.

La galerie qui conduit du chœur au prebystère est formée par une balustrade d'argent qui repose sur un soubassement en marbre blanc. L'église actuelle fut terminée en 1709, elle a été érigée sur l'emplacement qu'occupait, peu de temps après la conquête, la chapelle construite sous l'invocation de la vierge de Guadalupe.

Nous avons passé en revue les lieux les plus notables de la vallée qui se trouvent dans le voisinage de la Capitale.

Le District Fédéral est borné au Nord-est et à l'Ouest par l'État de Mexico, au Sud par celui de Morelos. Le sol de la plaine et des massifs montagneux est de constitution volcanique; de profondes crevasses et de grandes masses de roches éruptives descendent jusqu'au pied du volcan d'Ajusco; d'énormes coulées de laves basaltiques, à la surface scoriacée s'étendent au pied de cratères éteints. Citons la coulée du Pédrégal qui s'étend de l'Ajusco à San Angel, et celle du Cerro Caldera située entre les lacs de Chalco et de Texcoco, ainsi qu'un grand nombre de cratères de soulèvement.

L'Ouest et le Sud du district fédéral sont d'une grande fertilité, on y remarque les riches haciendas de San Antonio et de Coapan, et nombre de villages prospères.

La Municipalité de Mexico, les Cantons de Tacubaya, de Tlálpan, de Xochimilco, et de Guadalupe Hidalgo forment le District Fédéral. Sa population est de 426,804 habitants.

Elle est distribuée de la manière suivante:

Municipalité de Mexico	350,000
District de Tlálpan	39,904
District de Tacubaya	23,867
District de Xochimilco	46,724
District de Guadalupe Hidalgo	15,242
Total	475.737

XI

MEXICO.

Capitale de la République et chef-lieu du District Fédéral, est située par 19° 27' 12'' de latitude Nord et par 99° 6' 48'' 8 de long Ouest de Greenwich. L'altitude au dessus du niveau de la mer prise de la place principale est de 2.268 mètres 70. La moyenne baromètrique annuelle est de 0 mètres 587. 7; la température moyenne annuelle de 15° 7 centigs. La déclinaison de l'aiguille aimantée de 8° 12'. L'eau entre en ébulition à la temperature de 98° centigs. Les vents dominants pendant la majeure partie de l'année souflent du Nord et du Nord-ouest, lorsqu'ils souflent du Sud ils produisent un abaissement considérable de la température comme venant de la région des hautes montagnes qui bornent la Vallée au Sud.

Origine et fondation.—Vers l'an 820, les Aztèques partirent de Aztlan, une lointaine région du Nord dont on n'a pu encore déterminer la situation, pour entreprendre un long voyage à la recherche d'un autre pays qui leur offrit un emplacement avantageux; acompagnés des six tribus Xochimilca, Chalca, Tecpaneca, Alcolhua, Tlahuica et Tlaxcalteca, parlant le même idiome, le nahuatl ou mexicain, ils se dirigèrent vers le sud. Après avoir parcouru diverses contrées et s'être arrêtés à Casas Grandes del Gila, dans l'État de Chihuahua, ainsi que dans la montagne de la Tarahumara et à Huycolhuacan, aujourd'hui Culiacan, ils se fixèrent définitivement à Chicomoztoc (Sept Cavernes, sans doute par allusion aux sept tribus). De cet endroit les tribus émigrèrent successivement vers la Vallée de Mexico, les unes s'établissant dans les environs du lac, tandis que les autres franchissaient les montagnes de l'est et du sud. La tribu mexicaine fut la dernière à abandoner Chicomoztoc; après mille détours, elle arriva dans l'Anáhuac (au bord ou près de l'eau), nom qui, donné d'abord à la vallée de Mexico, s'étendit ensuite au pays tout entier, probablement parce qu'il est compris entre deux mers. Les mexicains, trouvant les environs du lac déjà peuplés, résolurent de s'établir dans cette région; mais, obstinément maltraités par les autres tribus qui les y avaient précédés, ils durent sans cesse changer d'emplacement, et finirent par se réfugier à Chapultepec, d'où les mêmes causes les forcèrent à gagner Acocolco, un groupe d'îles au milieu des glaïeuls, dans la partie sud-ouest du lac. Là, ils virent, perché sur un nopal qui poussait dans la fente d'un rocher, un aigle superbe, les ailes déployées et dévorant une vipère. Cette circonstance leur indiquait, d'après leurs traditions, l'endroit où ils devaient fonder leur ville; c'est en effet ce qu'ils firent, en l'année 1325; ils lui donnèrent d'abord le nom de Tenochtitlan, en l'honneur de leur grand-prêtre Tenoch, puis celui de Mexico, qui vient de Mexitli, dieu de la guerre, appelé aussi Huitzilopochtli.

Après avoir affermi le sol et élargi sa surface avec des mottes de gazon, ils élevèrent près du nopal un *Momoxtli*, temple modeste, appelé à devenir plus tard le grand *Teocalli* qui était debout lors de l'arrivée des Espagnols. Autour de ce temple ils construisirent leurs huttes avec des roseaux et des joncs, les seuls matériaux dont ils pussent alors disposer. La ville fut divisée en quatre quartiers, *Calpulli*, où les chefs furent répartis dans l'ordre suivant: au nord-ouest, dans el quartier de Cuecopan (aujourd'hui Santa María la Redonda), le prêtre Tenoch et le guerrier Mezitzin; au nord-est, dans le quartier de Atzacualco (aujourd'hui San Sebastian), les chefs Oceloapan et Cuapan; au sud-est, dans le quartier de Teopan ou Xoquipan (aujourd'hui San Pablo), les chefs Ahuexotl et Xochimitl, et au sud-ouest, dans le quartier de Moyotla (aujourd'hui San Juan), les chefs Atototl et Xiuhcac. Par suite des anciennes rivalités qui les divisaient, une partie des *Tenochca* ne tarda pas à se séparer des autres et s'en fut peupler l'île de Xaltelolco ou Tlaltelolco, situé dans le même lac.

Les *Tenochca* construisirent des pilotis, occupèrent les ilots, remplirent de terre les points intermédiaires et arrivèrent ainsi à élargir graduellement les limites de leur ville. Ils se constituèrent d'abord en royaume, sous le roi Acamapichtli (1376-1396); Huitzilihuitl (1396-1417), et Chimalpopoca (1417-1424); puis en empire, sous les empereurs Itzcoatl (1427-1440); Moctecuhzoma 1er. Ilhuicamina ou l'Ancien (1440-1469); Axayacatl (1469-1481); Tizoc (1481-1486); Ahuitzotl (1486-1502); Moctecuhzoma II Xocoyotzin (1502-1520); Cuitlahuac (1520), et Cuauhtemoc (1520-1521).

Sous le règne de Huitzilihuitl, des améliorations considérables furent faites à la ville; mais ce fut surtout sous Itzcoatl et Motecuhzoma Ilhuicamina qu'elle atteignt à l'apogée de sa grandeur et de sa puissance. Ce dernier fut d'abord général de Itzcoatl, puis devint empereur; il subjugua les ennemis de la nation, étendit son pouvoir sur des provinces lointaines et commença la construction du grand temple. Il contribua beaucoup, par ses édits nouveaux, à améliorer l'état social des mexicains.

La ville continua de s'agrandir pendant les règnes suivants, et, à l'arrivée des Espagnols, elle couvrait une superficie considérable; suivant l'expression de Cortés, elle était aussi vaste que Cordoue et Séville. Sa population était de 300,000 habitants.

Les rues étaient formées, soit par des chaussées établies sur le sol même, soit par des canaux qui bordaient de solides trottoirs et qui constituaient autant de voies de communication; les principales étaient les quatre rues partant du centre de la ville, où s'élevait le grand Teocalli: la rue de Tepeyac au nord; celle de Tlacopan, à l'ouest; celle de Ixtapalapa, au sud, laquelle rejoignait la rue de Coyoacan, au fort de Xoloc, et enfin la rue qui partait de la porte du grand temple et aboutissait à l'est, au bord du lac, sur l'embarcadère.

Les maisons étaient bâties en *tezontli* (amydoloïde poreuse et légère) et chaux, ou en adobes (briques séchées au soleil), roseaux et paille, suivant le rang des personnes, et n'avaient généralement qu'un étage, quelquefois deux; la plupart étaient fort spacieuses et renfermaient de beaux jardins.

A l'est du grand temple, sur l'emplacement actuel de la Cathédrale, s'élevait l'immense palais Impérial avec ses vingt portes de sortie sur les rues et les places, ses fontaines et ses bains, ses murailles de porphyre et de basalte, ses toits sculptés en cèdre et en sapin, ses salons tendus de toiles de coton garnies de plumes, et son oratoire recouvert de plaques d'or et d'argent, au millieu desquelles étincelaient les pierres précieuses.

Dans le voisinage immédiat du palais, au nord, on distinguait trois édifices importants: le temple de Tezcatlipoca (après palais archiépiscopal) la Maisson des Oiseaux, avec ses bassins d'eau vive, et le palais de Azayacatl où Motecuhzoma II fut emprisonné et mourut.

Le palais de Motecuhzoma l'Ancien se trouvait à l'ouest du grand Teocalli.

La grande place était entourée au nord, à l'est et à l'ouest par tous ces édifices; au sud elle était bordée par un canal et par le palais de Tlilancalqui, aujourd'hui l'Hôtel de ville. En dehors des temples dont il a déjà été parlé, cette grande ville de Tenochtitlan en possédait beaucoup d'autres, parmi lesquels le grand temple de Tlaltelolco, devenu un des faubourgs de la ville depuis sa soumission par Azayacatl; le Teocalli de Tezontlamacayocan (Santa Catarina Mártir), celui de Huitznahuac (place San Pablo), celui de Huitzilan (Jesus Nazareno), celui de Atzacualco (San Sebastian) et celui de Xacacualco (Santa Ana).

Indépendamment du palais Impérial et des edifices énumérés ci-dessus, Motecuhzoma possédait d'autres séjours de plaisance, dont le plus remarquable était le palais situé au sud de la ville.

Toutes les maisons des seigneurs étaient de grands édifices, avec de larges cours, des jardins spacieux, de vastes dépendances et des appartements confortables; elles se distinguaient en outre des autres habitations par leur construction plus solide et par les tours qui les surmontaient.

A l'énumération des édifices les plus remarquables de la ville, il faut ajouter les tribunaux et les établissements publics, parmi lesquels le temple des Vestales, destinées dès l'enfance au culte des dieux; la Maison des bêtes fauves, sur le terrain où s'éleva plus tard la chapelle des Servites, dans le couvent San Francisco, et enfin les deux marchés publics ou *Tianquixtlis*: celui de Mexico, à l'endroit occupé aujourd'hui par la place San Juan, et celui de Tlaltelolco, à l'est du Teocalli de ce nom. L'ordre qui régnait dans ces deux marchés était vraiment admirable; toutes les marchandises occupaient un emplacement déterminé d'après leur catégorie, de sorte que les habitants, lorsqu'ils faisaient leurs achats journaliers, trouvaient immédiatement ce dont ils avaient besoin, qu'il s'agît d'objets de première nécessité, grains, semences, vêtements et peaux tannées, ou d'objets du luxe, colliers de pierres fines, garnitures en plumes pour les habits de fête, panaches de diverses couleurs, pierres sculptées représentant des images variées, ornées la plupart du temps d'incrustations en or, etc.

La ville était alimentée d'eau potable par deux aqueducs qui communiquaient, l'un avec les sources de Chapultepec, l'autre avec des fontaines de Amilco, à Churubusco.

L'emplacement du grand Teocalli, son étendue relative,

les rues et les canaux, la disposition des édifices, tout, en un mot, donne une idée de l'ancienne capitale aztèque, bien que les dessins ne remplissent pas les conditions exigées d'un plan. En supposant que l'orientation soit exacte, règle qui d'ailleurs n'était pas observée dans les plans dessinés par les anciens Mexicains, nous avons cru reconnaître sur la chaussée du sud, qui comme les trois autres, commençait à la muraille du Coatepantli (muraille des serpents), les endroits où fut reçu Cortés. Nous avons marqué ces points par deux coupures: la première, tout à fait au sud, indique l'endroit où quatre mille courtisans richement vêtus, se présentèrent d'abord au guerrier espagnol, et la seconde, plus à l'intérieur, l'endroit où eut lieu sa réception par Motecuhzoma lui-même, entouré de sa brillante cour. On remarquera comment la chaussée du nord est tracée sur ce plan: au lieu de parcourir tout le lac, jusqu'à le traverser, comme le prétendent les historiens, elle se termine dans le lac même, et se divise en deux autres petites chaussées, au point où s'élève un bâtiment ayant la forme d'un fort, et qui, dans quelques dessins, est indiqué comme un lieu de prières; le tout est fermé par une digue où venaient se briser les vagues. La chaussée de l'est se terminait dans le lac, tandis que celle de l'ouest se bifurquait et mettait la ville en communication avec Popotla et Chapultepec. Le dessin représente une partie du lac salé sur lequel la ville était bâtie, près du bord occidental, et qui, vers le sud, communiquait, au moyen d'un large canal, avec le lac d'eau douce où se trouvaient quelques villages: Mexicalcingo, Mixquic, Xochimilco et Cuitlahuac (appelé Venezuela par les Espagnols).

Telle était la ville dont les Espagnols s'emparèrent le 13 Août 1521, et qu'ils rasèrent aussitôt que la conquête en fut terminée. Le zèle religieux et l'orgueil leur firent commettre deux grandes fautes: la première fut de détruire des édifices et des documents importants, et de tarir ainsi les sources précieuses de l'histoire; la seconde fut de bâtir la ville moderne de Mexico sur les ruines mêmes de l'ancienne Tenochtitlan, alors que les plaines qui s'étendent au pied des coteaux de Tacubaya leur offraient l'emplacement le plus avantageux pour une capitale modèle, qui n'eût pas eu à souffrir des maux auxquels le déplorable orgueil des Conquérants condamna les futurs habitants de Mexico.

C'est avec intention que nous avons laissé pour la fin la description du grand Teocalli de Huitzilopochtli, parce qu'elle est surtout le résultat des recherches que nous avons faites dernièrement sur le parvis de la cathédrale.

Les prêtres, qui dominaient le peuple et la noblesse, eurent l'idée de bâtir ce fameux édifice; la construction commença sour le règne de Motecuhzoma 1er.; continuée par Azayacatl et Tizoc, elle fut achevée par Ahuizotl en 1487. La dédicace du temple donna lieu à l'une des cérémonies les plus cruelles et les plus sanglantes qu'aient enrigistrées les annales de l'histoire: pendant quatre jours consécutifs, d'innombrables prisonniers furent immolés au terrible dieu de la guerre. Le roi Ahuizotl lui-même et les seigneurs commencèrent la boucherie; puis vinrent les sacrificateurs, qui enfonçaient le couteau de silex dans la poitrine des victimes et en arrachaient le cœur, pour le présenter d'abord au soleil et l'offrir ensuite à leur féroce divinité. Tout resta teint de sang, aussi bien les vêtements du roi qui ceux des seigneurs et des prêtres, aussi bien le *Techcatl* ou pierre des sacrifices, que le pavé, les murs et les escaliers, sur les marches desquels le sang ruisselait.

Le temple s'élevait au milieu d'une vaste cour carrée, au sol poli, qu'entourait une muraille assez haute, dont le faîte était couronné par une suite continue de têtes de serpents, sculptées dans de grands blocs de porphyre, avec des ornements représentant des plumes ou des écailles. On donnait à cette muraille le nom de *Coatepantli* (enceinte des serpents); vers le milieu de chacun de ses quatre côtés se trouvait une porte correspondant respectivement à chacun des quatre points cardinaux, et ouvrant sur chacune des quatre rues principales dont nous avons déjà parlé; au-dessus de chaque porte, il y avait un fort où étaient déposées les armes. Le temple lui-même avait la forme d'un tronc de pyramide. Sur le côté sud se trouvait l'escalier principal, composé de plus de cent marches; d'autres escaliers accessoires garnissaient les côtés est et ouest. L'édifice était solidement construit; les murs de revêtement étaient en maçonnerie et les marches des escaliers en pierres de taille. Après la démolition du Teocalli, ces marches servirent à la construction de l'église San Francisco.

Les fouilles que nous avons pratiquées dernièrement sur le parvis de la Cathédrale nous ont révélé que le système adopté pour le pavage de la cour, ainsi que pour le revêtement des talus du grand temple, était le même que celui que nous avions déjà étudié sur les côtés des pyramides de Teotihuacan et dans le sol environnant, qui paraît d'ailleurs avoir appartenu à une ville ancienne fort étendue. Ce système comprend une couche d'un décimètre d'épaiseur, formée d'un mélange de chaux, de sable et de petits cailloux, et recouverte d'un seconde couche très mince, où il n'entre que de la chaux pure, très délayée, polie et d'une consistance extraordinaire, à laquelle les temples et les principaux édifices devaient ce ton blanc et étincelant qui éblouissait les yeux des Espagnols.

Sur la plateforme du Teocalli se trouvaient deux autels aux couleurs variées, dont les corniches et l'entablement étaient incrustés de mosaïques en petites pierres noires, probablement en obsidienne, et qui se détachaient de l'ensemble tout blanc de l'édifice, tant par leur élévation que par la bigarrure de leurs couleurs; ils étaient consacrés, l'un à Huitzilopochtli et l'autre à Tlaloc, dieu des eaux. De chaque côté il y avait deux statues assises, portant chacune une bannière et, en face, on remarquait les deux *Texcatl*, pierres convexes sur lesquelles avaient lieu les sacrifices.

La muraille du Coatepantli renfermait dans son enceinte plus de vingt tours, temples moins importants, avec des oratoires, des habitations pour les prêtres, les prêtreses et les sacrificateurs, ainsi qu'une foule d'autres constructions affectées au service du grand Teocalli.

En face de la muraille occidentale, au milieu d'une rue, se trouvait le *Tzompantli* ou ossuaire, endroit lugubre où l'on déposait les crânes des prisonniers sacrifiés, dont le nombre, d'après Herrera, dépassait cent trente mille. Les crânes des nouveaux suppliciés venaient remplacer ceux qu'avait détruits l'action du temps; on les enfilait, comme les grains d'un chapelet, dans des barres de bois placées horizontalement, et à des distances régulières, sur d'épaisses poutres verticales, en nombre suffisant pour contenir les dépouilles de tant de victimes.

C'est ainsi qu'était construit le grand temple de la capitale aztèque; il fut, comme on l'a vu, le théâtre de scènes sanglantes, qui ne cessèrent que lorsque vint briller, sur cette terre, la lumière civilisatrice du christianisme.

La ville moderne—Quand les Espagnols eurent terminé la conquête et achevé la destruction de la ville, avec les puissant secours de leurs alliés—destruction qui continua même après le siége—Cortés distribue une partie du sol parmi les Conquérants, et, après avoir choisi certains emplacements pour les églises, ordonna l'érection d'une cathédrale sur les ruines mêmes du grand Teocalli. Les grandes idoles servirent de bases aux colonnes, afin *«qu'elles fussent foulées par la colonne à jamais solide et indestructible de notre sainte religion chétienne.»* (Sariñana: Courte notice sur la dernière consécration, si impatiemment attendue, de l'église métropolitaine de México.—Histoire des Indes de la Nuevelle-Espagne, par Fray Diego Duran, tome II, page 83.)

Commencée immédiatement, la construction fut achevée en 1524, à l'époque où Cortés était en expédition dans les Hibueras. Cette église devint cathédrale en 1580 et église Métropolitaine en 1547. Toutefois son peu de solidité, ses dimensions mesquines et le mauvais goût de son architecture, déterminèrent le chapitre ecclésiastique, ainsi que quelques religieux, surtout Fray Toribio de Benavente, à adresser d'incessantes requêtes à la Cour d'Espagne, pour obtenir l'autorisation de construire une autre église qui fut, comme le dit Sariñana cité plus haut, digne de la magnificence et de la piété de sa Majesté Catholique, ainsi que de la religion et de la richesse de ce Nouveau-Monde.

Le roi Philippe II, alors régent pour son père, l'empereur Charles-Quint, finit par accéder à ces demandes, et envoya, 1552, au Conseil des Indes et au vice-roi, Don Luis de Velasco, l'autorisation de faire construire une nouvelle église; les travaux, retardés par d'autres occupations, ne commencèrent qu'en 1573, époque où la première pierre fut posée, dans le voisinage immédiat de l'ancienne église, afin que *«celle-ci étant démolie, son emplacement pût servir de parvis ou de cimetière au nouveau temple.»* (Sariñana, cité plus haut.) L'ancienne Cathédrale, quoique menaçant ruine, continua à servir aux besoins du culte catholique jusqu'en 1626; cette année-là, les voûtes de la sacristie du nouvel édifice étant achevées, on y transporta le Saint-Sacrement. A cette occasion, une procession solennelle parcourut en grande pompe les principales rues de la ville, où les communautés religieuses, luttant de luxe et de splendeur, avaient élevé de superbes reposoirs ornés de feuillages et de jets d'eau ou couverts à profusion de pièces d'argenterie.

A la suite de cette cérémonie, l'ancien édifice fut rasé jusqu'à ses fondations, qui disparurent sous le terre-plein du nouveau parvis, et de cette première église, il ne resta que quelques vestiges disséminés çà et là, comme celui dont il est fait mention dans l'ouvrage tant de fois cité de Don Isidoro Sariñana. Ce sont les fouilles que nous avons faites sur le terrain qui ont révélé l'emplacement et l'orientation de cette première église catholique de Mexico, bâtie sur le pavé du grand Teocalli, et dans la construction de laquelle on utilisa, non-seulement pour les assises, mais pour les bases mêmes des colonnes, les têtes de serpents du Coatepantli; qui étaient ainsi exposées à la vue du public, comme le fait supposer le père Duran, dans son ouvrage déjà cité tome II, page 83: «*Lesquelles pierres, celui qui les voudra voir, qu'il aille à la grande église de Mexico et là il les verra servant de piédestaux et de bases aux piliers.*» Cela est d'ailleurs confirmé par le fait suivant, signalé par nous: pendant que quelques-uns de ces énormes blocs sculptés se trouvaient à une certaine profondeur du sol et servaient d'assises aux colonnes toscanes d'autres devenaient, sous le ciseau du Conquèrant, les bases mêmes des colonnes; un certain nombre de ces pierres conservèrent bien leur forme primitive, mais les figures furent toutes détruites, soit pour donner aux blocs une forme régulière et les adapter aux dimensions et à la forme des troncs des colonnes, soit pour en faire disparaître la partie essentielle de la tête, à laquelle les indigènes attachaient une grande importance.

A la demande du Ministère des Travaux Publics, nous avons déposé au Musée national deux beaux spécimens de ces blocs; sur l'un sont sculptées des plumes, sur l'autre des écailles. Nous devons ajouter qu'il y a un autre spécimen, identique à ceux-là et très complet, enchassé dans le mur et en dehors des fondations, au coin des rues Jesus et Parque del Conde.

De l'exposé qui précède, il résulte donc que c'est sur l'emplacement de l'ancien Teocalli que s'élève aujourd'hui notre magnifique Cathédrale, et qu'une grande partie de la cour entourée par le Coatepantli se trouve enfouie dans la place, au-dessous du niveau actuel du sol. Cette cour devait s'étendre assez loin vers le nord, si l'on admet que l'ancien chaussée de Tlacopan, aujourd'hui rue de Tacuba, aboutissait de ce côté au centre de la muraille. Il est en outre probable que beaucoup de pièces d'archéologie sont enterrées en divers points de la place, entre autres la véritable pierre des sacrifices qu'il serait si intéressant de découvrir.

ÉGLISES.

La Cathédrale moderne, dont la dédicace solennelle eut lieu le 22 Décembre 1667, appartient à l'ordre dorique; son architecture est sévère et grandiose. L'intérieur se compose de cinq nefs, dont la hauteur décroit graduellement, de la nef centrale aux nefs latérales, qui sont occupées par quatorze chapelles. Les hautes voûtes retombent sur des colonnes cannelées; la voûte du milieu est décorée d'une coupole de la plus grande beauté, où l'on admire les peintures en détrempe du célèbre Jimeno, représentant l'Assomption de la Vierge et différents groupes composés des patriarches et des femmes les plus célèbres de l'Histoire Sainte. Le tabernacle est une œuvre moderne qui est loin d'être en harmonie avec le style sévère d'un édifice si grandiose, élevé sur un socle de quatre gradins, il est entouré d'une balustrade qui, comme la belle grille du chœuer et les balustres des tribunes, est en *tumbaga* (alliage d'or, d'argent et de cuivre en parties égales), et a été construite à Macao (Chine). La façade principale de la Cathédrale, celle qui regarde le midi, comprend trois portails, composés chacun de deux corps d'architecture, le premier d'ordre dorique et le second d'ordre ionique, ornés de statues, de bas-reliefs, de pilastres et de chapiteaux en marbre blanc. Les tours, qui s'élèvent à plus de soixante mètres au-dessus du sol, sont également composées de deux corps d'architecture, dont le premier appartient à l'ordre dorique et le second à l'ordre ionique; les voûtes, en forme de cloches, qui les couronnent, reposent sur le second corps d'architecture. Les corniches des tours et des différentes parties de l'édifice supportent de belles balustrades avec des pilastres surmontés de grandes urnes et des statues colossales; les statues des tours représentent les Docteurs de l'Église, et celles du portail central, où se trouve l'horloge, représentent les Vertus théologales. Le Sagrario est une chapelle formant dépendance de la Cathédrale; quoique sa façade de style churrigueresque, s'écarte beaucoup de la sévérité de l'édifice principal, on ne saurait s'empêcher d'admirer le luxe inouï de ses sculptures et de son ornementation. C'est un chef-d'œuvre de l'architecte Churriguera.

Les stables du chapitre, en bois de palisandre, sont superbement fouillées, elles ne sont dépassées que par celles de l'ancienne église San Agustin. Une belle peinture de Juan Correa; la vierge de l'Apocalypse décore la nef. Deux belles orgues surmontent les tribunes latérales du chœur. S'il est difficile de pouvoir admirer dans son ensemble la nef principale cela est uniquement dû à une disposition défectueuse du chœur qui selon la coutume espagnole occupe la nef principale.

L'autel de *los Reyes*, le plus remarquable de la Cathédrale occupe l'abside; il s'élève du dallage qui couvre la crypte, où sont inhumés les restes des héros de l'indépendance, jusqu'à la voûte et à été exécuté par l'artiste qui a fait celui de la cathédrale de Séville. Il est tout en bois richement fouillé et profusément doré, de style Churriguera; au milieu de détails compliqués, quelques sculptures ressortent par le fini de leur exécution; on y remarque de bonnes peintures dues au pinceau de Juan Rodríguez Juárez, citons parmi ces dernières les plus soignées qui sont: l'Epiphanie qui en occupe la partie centrale, et l'Assomption, la partie supèrieure.

L'autel du Pardon situé derrière le chœur est de même style mais moins riche que le précédent; il est également décoré de deux baux panneaux; La Chandeleur, d'Echave et un Saint Sébastien attribué à La Sumaya, femme de talent qui enseignait la peinture.

Dans le principe, la décoration intérieure de la Cathédrale était de même style; il est à regretter que cette unité aît été détruite, car elle a fait perdre à ce bel édifice son harmonie primitive.

La chapelle aux reliques renferme douze tableaux de saints martyrs, dûs au pinceau de Juan Herrera surnommé *el divino* par ses contemporains; celle de San Pedro, également décorée de peintures de grand mérite, renferme les restes du premier archevèque de Mexico, Fray Juan de Zumarraga. Selon la croyance généralement répandue elle servirait aussi de sépulture à un personage mystérieux et dévot Gregorio López, que quelques uns considèrent comme fils de Phillippe II.

La sacristie, assez vaste, est décorée de six grands panneaux qui recouvrent complétement la muraille; trois sont dûs à Cristóbal de Villalpando: la gloria de saint Michel, l'Apocalypse et le triomphe de l'Eucaristie; trois autres à Juan Correa: l'Assomption, l'Église catholique et l'entrée à Jérusalem.

Un modeste monument, renfermant les restes du libérateur Iturbide, occupe la chapelle San Felipe de Jesus.

Deux beaux tableaux de Juan Alcíbar, la Cène et le Triomphe de la foi décorent la salle des assemblées de l'Archiconfrerie, ainsi qu'une riche collection de portraits en pied de tous les archevèques qui ont gouverné l'Église mexicaine. Quelques uns d'entre eux ne sont pas sans mérite.

La salle du chapitre renferme la même collection de portraits en buste; une vierge de Pierre de Cortone, la vierge de Bethléem de Murillo et un tableau de l'école italienne, représentant D. Juan d'Autriche implorant le secours de la vierge avant de livrer la bataille de Lépante. La Cathédrale possède ainsi trois œuvres d'art d'une grande valeur.

La grande branche de la croix latine mesure, dans œuvre 118 mètres et le petite cinquante quatre. Les façades Sud et Nord sont en pierre d'appareil, les façades latérales sont en pierre basaltique. La façade principale, limitée par deux tours majestueuses qui atteignent, 62 mètres de hauteur au dessus du parvis, est formée de trois parties et de deux corps chaque: le premier est d'ordre dorique d'une grande beauté par l'hermonie des proportions, le second d'ordre ionique est gâté par le défaut d'unité dans le style et par ses colonnes torses. Les bas-reliefs, les statues, les frises, les bases, les chapitaux sont de marbre blanc qui s'harmonise avec la couleur grise de la roche d'appareil.

Les tours se composent de deux corps; l'inférieur, d'ordre dorique, le supérieur d'ordre ionique. Sur ce dernier, dont les détails architectoniques sont d'une rare beauté, repose une élégante coupole en forme de cloche; à sa partie supérieure, et comme couronnement, une sphère supporte une croix de pierre. Les corniches et les entablements des tours et des différents corps de l'édifice, supportent d'élégantes balustrades en pierre divisées en parties égales par des piliers terminés en piédouches. Les balustrades supérieures servent de piédestaux aux statues en pierre représentant les docteurs de l'Église.

L'horloge, orné des trois vertus théologales, occupe le fronton du portail central.

L'élégante coupole surmontée d'une svelte lanterne, œuvre de Tolsa, complète l'heureux ensemble de ce bel édifice.

Un jardin dont la beauté ne saurait justifier l'établissement récent devant la Cathédrale a réduit à de mesquines dimensions l'ancien parvis; une grille d'un dessin médiocre a remplacé les chaînes de fer qui étaient supportées par cent vingt quatre bornes en roche dure et donnaient au parvis l'ampleure qu'il a perdue.

Le temple fut fondé en 1530 par l'empereur Charles Quint. Son successeur, Philippe II, fit démolir en 1552 l'ancienne Cathédrale et reconstruire sur le même emplacement la nouvelle que fut commencée en 1573; elle fut complètement terminée en 1667; sous la direction de F. Márcos Ramiro del Prado, et ouverte solennellement au culte le 22 Décembre de la même année. Le coût total jusqu'à la conclusion des travaux a été de deux millions de piastres, il a été entièrement supporté par les rois Philippe II, Philippe III, Philippe IV et Charles II.

Les façades de la Chapelle principale ou *Sagrario* attenante à la Cathédrale forment contraste avec le caractère sévère du temple principal; néanmoins l'élégance et la délicatesse des ornements fouillés à jour dans la pierre de taille fixent agréablement l'attention; elles méritent d'être considérées comme des modèles du style mis à la mode par l'architecte Churriguera.

Les nefs principales dessinent symétriquement la croix grecque, l'intérieur de la chapelle est fort beau, il est décoré de colonnes et de piliers semblables à ceux de la Cathédrale; le maître autel en bois doré est richement décoré il renferme quelques bonnes copies du Dominiquin.

Les autels qui ont conservé leur style ancien contiennent plusieurs panneaux décorés par des peintres de l'école mexitcaine. Ceux qui ont été substitués aux anciens autels on-largement contribué à détruire l'harmonie de la première paroisse de la capitale qui fut consacré le 15 Septembre 1767.

La fâcheuse habitude de peindre en blanc non seulement les murs mais encore les colonnes en pierre de taille n'a heureusement pas envahi le baptistère. Il y existe une belle peinture murale à la fresque, due à José Ginés de Aguirre, premier professeur envoyé d'Espagne en qualité de directeur de l'Académie de peinture; elle représente les baptèmes de Jesus, de Constantin, de Saint Augustin et de Saint Philippe de Jesus. Un beau tableau de l'école de Murillo: Saint Jean Baptiste au désert, complete la décoration du Baptistère.

L'église de *Santo Domingo*, l'un des plus beaux monuments de la Capitale, tant par ses belles proportions que par ses imposantes dimensions, renferme plusieurs autels décorés de peintures mexicaines, un élégant tabernacle qui n'a d'égal qui celui de l'Église de la Profesa, de jolies chapelles parmi les quelles celle du Rosario décorée de peintures à la fresque par Santiago Villanueva. L'église primitive ouverte au culte en 1590, s'écroula, elle fut reconstruite ainsi que le couvent et ouverte au culte le 10 Août de 1736.

L'église de la *Profesa* ou oratoire de San Felipe de Neri est formée de trois nefs. La décoration générale blanc et or fait ressortir avantageusement les peintures murales qui embellissent l'édifice; celles de la coupole, exécutées par le professeur Pelegrin Clavé, aidé de ses meilleurs élèves Petronilo Monroy, Joaquin Ramírez y Felipe Castro, représentent les Sept Sacrements et l'Adoration de la Croix.

Parmi les autels qui en sont le principal ornement citons l'œuvre élégante de l'architecte Tolsa. A l'expulsion des jésuites, la congrégation de San Felipe Neri qui avait commencé la construction d'un grand temple dans la rue qui en conserve le nom, abandonna son projet et se transporta à la Profesa le 25 Mars 1771. De cette époque l'église devait porter le nom de San José el Real, mais elle a toutefois conservé le nom de Profesa sous lequel elle avait été ouverte au culte le 28 Avril 1720.

L'église de *Loreto* d'ordre dorique est l'œuvre de Tolsa, architecte et artiste de grand talent. Signalons une particularité de ce beau monument; les bras de la croix latine sont remplacés par quatre rotondes sur les murs desquelles s'élève une superbe coupole, la plus grande et la plus belle indiscutiblement de celles des églises de la capitale. Un beau tableau de Pino, la vierge à l'enfant, décore l'un des autels. L'église est ouverte au culte depuis 1816.

L'église *Santa Teresa*, notable par la célèbre chapelle du *Señor de Santa Teresa*; les voûtes de l'édifice sont supportées par une belle colonnade d'ordre corinthien, de bonnes copies de la Transfiguration de Raphael et de l'Assomption du Titien, dues au pinceau de Cordero décorent l'autel principal. La coupole fut l'œuvre de l'architecte Velázquez, elle était formée de deux corps d'un très bel effet tant à l'extérieur qu'à l'intérieur. Ouverte au culte le 17 Mai 1813, le tremblement de terre du 7 Avril 1845 en détruisit la superbe coupole, elle fut réédifiée par l'architecte Lorenzo Hidalga. La chute de l'abside entraîna la perte des fresques du peintre Jiménez; elles représentaient la lutte à main armée soutenue par les habitants de Cardonal afin d'empêcher le transport à Mexico d'un Christ sculpté.

L'Eglise *San Fernando*, une des plus grandes de la capitale est d'un caractère sévère. Son style a été gâté par la décoration moderne substitué à l'ancienne. Ses beaux autels de style churriguera et un grand nombre de panneaux peints ont disparu. A peine si quelques uns des nombreux tableaux qui les décoraient, ont été conservés. Parmi ceux qui décorent encore la Sacristie et les grandes murailles du chœur nous citerons: la Nativité de Notre Seigneur, et le tableau représentant l'acte scholastique (scolastique) soutenu à Paris por Escoto devant les docteurs et les légats du pape. Un autre panneau allégorique représentant le triomphe dogmatique de l'Immaculée Conception, est au dessus du précedent. Les noms des artistes sont effacés. Ce temple fut ouvert au culte le 20 Avril 1755.

L'Eglise de *Jesus Nazareno* et l'hôpital du même nom ont été fondés par Fernand Cortés dans l'endroit connu anciennement sous le nom de Huitzilan. Dans le principe elle fut placée sous l'invocation de l'Immaculée Conception; mais elle changea de nom pour celui qu'elle porte aujourd'hui, après le transfert d'un tableau —*Jesus Nazareno*,— legué par une riche indienne. Un beau tabernacle aux vastes proportions occupe la nef principale; quatre grandes colonnes d'ordre composite supportent un entablement au frontispice circulaire dans le centre duquel est logée une vierge de l'Apocalypse sculptée. Le presbitère conserve le sarcophage dans lequel furent déposés, pendant longtemps, les restes de Fernand Cortés. Signalons les beaux tombeaux et mausolées du philologue Fray Juan Crisóstomo Nájera, de l'historien Lucas Alaman, de Manuel Vilar professeur de sculpture à l'école des beaux arts, et du colonel Manuel Calderon.

L'Eglise de San Diego consacrée en 1621 es très richement décorée; la chapelle de Notre Dame des Douleurs est sans conteste la plus correcte de toutes celles qui existent dans les eglises de la capitale. Quinze grandes compositions de Vallejo (1772), en recouvrent entiérement les murs. Elles représentent certains passages de la Passion. Parmi les plus notables citons: la Prière au Jardin des Oliviers, la Cène, l'Exposition du Corps du Christi. Les tympans de la voute sont occupés par les quatre Evangélistes. Le Maître-Autel surmonté de la statue de la Foi est decoré sur les côtés de deux belles allégories, la première représente la Vierge de Guadalupe, la seconde St. Joseph.

La belle décoration du tabernacle a été achevée grâce au zêle déployé par l'illustre Père Cornago. La Sacristie renferme une collection de tableaux de mérite, représentant les principaux incidents de la vie de la Vierge.

L'Eglise de *Jesus Maria* de bonne et belle construction et d'agréable apparence tant par l'exquise propreté qui y régne que par la décoration générale en blanc et or. Un bon tableau de Cordero, Jesus parmi les docteurs, en décore l'abside; les panneaux des autels latéraux sont couverts de deux belles toiles de Jimeno, une copie du tableau de Cordero du même artiste occupe la sacristie. Cette église, jadis couvent de réligieuses a été consacrée le 7 Février 1621.

Citons encore les églises: la *Concepcion* ouverte au culte en 1655; la *Encarnacion*, en 1648; *San Bernardo*, en 1777; *Santa Clara*, en 1661; *Santa Brigida*, en 1744; *San Hipólito*, en 1777; *San Pablo*, paroisse, au commencement de ce siècle; *San Miguel*, paroisse, en 1692; *Santa Vera-Cruz*, paroisse, en 1730; la *Soledad de Santa Cruz*, aux trois nefs, en 1731; *Nuestra Señora de los Angeles*, en 1808; *Santísima*, au beau portail style Churriguera, l'un des plus remarquables de ce genre; la *Enseñanza*, décorée de belles toiles de l'ancienne école mexicaine; *Santa María la Redonda*, paroisse, en 1524. Il y existe une pierre sculptée par les anciens mexicains représentant un serpent enroulé et couvert de plumes, image de Quetzalcoatl; la pierre renversée et creusée sert aujourd'hui de bénitier. *San Cosme*, paroisse du quartier le plus agreable de la capitale, ouverte au culte en 1675 sous le nom de Santa María de la Consolacion, possède un beau tableau de J. Alcíbar représentant la gloire de Saint Joséph.

San Hipólito. Ancien couvent et église de l'Ordre hospitalier. Un monument conmémoratif occupe l'angle extérieur du parvis, il est décoré de hauts réliefs en pierre *chiluca* (espèce de porphyre pyroxènique) représentant au centre un grand aigle enlevant un indien dans ses serres; sur les côtés, des armes, des instruments de musique, des trophées, des devises des anciens mexicains; à la partie supérieure, une grande médaille de forme elliptique portant l'inscription suivante:

"Elevé par les conquérants en commémoration de la dé-

" fense héroïque des aztèques durant la nuit du 1er Juillet
" 1520, nommée la *Noche triste* à cause des grandes pertes
" qu'y firent les espagnols, obligés de se retirer précipitam-
" ment. Ils entrèrent triomphants dans la capitale un an plus
" tard et construisirent la chapelle des Martyrs, qu'ils mirent
" sous l'invocation de St. Hyppolite, en souvenir de la prise
" de la ville le 13 Août."

L'entretien de cette chapelle fût laissé à la charge de l'*Ayuntamiento* (conseil municipal), qui fit construire, sur l'emplacement de la première, l'église actuelle commencée en 1599.

Les églises de moindre importance sont les suivantes: *Santa Catarina mártir*, paroisse, consacrée en 1662; *San José*, paroisse, en 1772, *Santa Ana*, paroisse, en 1774; *San Sebastian*, paroisse, 1585; *Santo Tomás la Palma*, paroisse; *Porta-cœli*, ancien collège de dominicains; el *Cármen, Monserrate, Belen de los Padres, San Juan de Dios*, 1729; *San Camilo*, 1756; *Regina Cœli*, 1731; *Balvanera*, 1671; *San Jerónimo, Santa Catalina de Sena*, 1623; *San Juan de la Penitencia*, 1649; *San Lorenzo*, 1650; *Santa Inés*, 1790; *Santa Teresa la Antigua*, 1684; *Corpus Christi*, 1720, et la paroisse de *Santa Cruz*, église des plus anciennes renfermant trois tableaux historiques.

PALAIS.

Parmi les édifices appartenant au Gouvernement fédéral citons:

Le Palais National qui couvre la côté Est de la place de la Constitucion, la plus grande de la capitale. Il a été édifié sur l'emplacement de l'ancien palais de Motecuhzoma. A la répartition des terrains faite après la conquête, Cortés y construisit par donation spéciale du roi, cédulée le 6 Juillet 1529, la maison qu'il habita depuis. Les héritiers de Cortés conservèrent la propriété de l'édifice, qui durant les premières années qui suivirent la conquête prit le nom de *Casa nueva de Motecuhzoma,* jusqu'en 1562 époque à laquelle il fut acheté par le roi pour servir de résidence au Gouvernement du vice-roi. Depuis cette époque de nouvelles constructions y ont été anexées. Aujourd'hui le palais, de vastes proportions, couvre un immense espace. La Présidence, les différents ministères, le Trésor, le Sénat, l'Etat major de la Place, les Archives, l'Administration des Postes, celle du Timbre, le Musée National, deux casernes y sont logés amplement.

Ce vaste édifice n'offre rien de bien notable; les constructions et aménagements nouveaux s'y font sans suivre un plan fixe et bien conçu.

La cour principale et celle de la présidence sont vastes et de belle construction, la première sourtout gagnerait encore en beauté grâce à quelques réformes nécesaires. La salle des ambassadeurs, manque de proportions, elle est fort longue et très étroite. Elle renferme une bonne collection de portraits en pied, des principaux chefs de l'Indépendence et autres personnages notables, peints par les meilleurs élèves de l'Ecole des beaux arts. Citons les portraits de: Hidalgo, Iturbide, Morelos, Guerrero, Matamoros, Allende, les héroïques soldats de l'Indépendence; ceux des présidents, Arista, Juarez, Diaz et celui de Washington le père de l'indépendence américaine. Les plus remarquables, par la bonne exécution et leurs qualités solides sont celui d'Hidalgo peint par J. Ramírez et celui de D. Mariano Arista peint par Pingret. Le beau tableau allégorique de la Constitution peint par Monroy, artiste de grand talent dont nous déplorons la perte récente, décore une des galeries de la Présidence. Citons encore un tableau commémoratif, par Primitivo Miranda.

Deux observatoires, astronomique et météorologique, richement dotés d'instruments modernes occupent un des corps supérieurs du palais.

Une histoire anecdotique en passant: Il existait, encore il y a quelques années à peine, dans une lucarne logée sous le frontispice extérieur une cloche condamnée par une autorité d'une ville espagnole, à un exil perpétuel et à la perte de la langue (battant), pour avoir sonné toute seule et avoir causé une grande alarme dans la localité. Elle donnait les heures au moyen de deux marteaux extérieurs. (Voir pour de plus amples détails, le Dictionaire Mexicain d'Histoire et de Géographie.)

Citons encore parmi les édifices du Gouvernement: ex-administration de rentes, place de Santo Domingo; la Citadelle, au S. O. de la ville, transformée aujourd'hui en fabrique d'armes; le Palais de Justice, vaste monument que quelques réformes intelligentes embelliraient considérablement; et l'ancien palais archiépiscopal actuellement occupé par la Cour des Comptes et autres bureaux relevant de l'Administration des finances.

Parmi les édifices municipaux citons: le palais où sont logés les services municipaux et l'Administration du District Fédéral. Hôtel de ville. Sa salle de chapitre renferme la collection complète et fort intéressante de tous les gouvernants du Mexique depuis Fernand Cortès.

ÉTABLISSEMENTS DE L'ASSISTANCE PUBLIQUE, SOUTENUS PAR LE GOUVERNEMENT ET PAR DES FONDS SPÉCIAUX.

Hôpital de *San Andrés*, fondé en 1779 par l'archevêque D. Alonso Núñez de Haro y Peralta.

Hôpital de la Maternité et des enfants assistés, fondé en 1865 par l'Archiduchesse Marie Charlotte.

Hôpital del *Divino Salvador*, asile d'aliénés pour femmes, fondé par un charpentier du nom de José Sáyago et par sa femme avec l'aide de l'Archevêque D. Francisco de Aguiar y Seijas. La Congrégation del *Salvador* le prit à sa charge et le transféra Rue de la Canoa. A la dissolution de la Congrégation en 1824 il passa sous le patronage du Gouvernement.

Hôpital *San Hipólito* asile d'aliénés pour hommes, fondé en 1564 par Bernardino Alvarez. Il est établi près de l'Eglise du même nom.

Hôpital Juárez, inauguré en 1847 pour les blessés de la bataille de Padierna, livrée aux américains. On y établit un hôpital municipal d'après les plans et projets de D. José Urbano Fonseca.

L'Hôpital Morelos, anciennement hôpital de San Juan de Dios, sur la place de ce nom, fut fondé par le docteur Pedro López, qui se consacra l'un des premiers à l'enseignement de la Médecine à Mexico. Les religieux de l'ordre de San Juan de Dios se chargèrent de l'établissement en 1624.

L'hospice des pauvres établi dans un vaste édifice de l'Avenue Juárez. Il fut fondé en 1763 par D. Fernando Ortiz Cortès et agrandi par D. Francisco Zúñiga; huit cents enfants y sont assistés.

L'Ecole industrielle d'orphelins, fut fondée comme maison de correction par D. Manuel Eduardo de Gorostiza. Elle compte treize cents élèves.

L'Ecole correctionnelle des arts et métiers, établie en 1871 par le ministre de l'Intérieur Lic. José María del Castillo Velasco, sous la présidence de Benito Juárez.

L'Ecole des aveugles fondée par M. Ignacio Trigueros et transférée en 1871 dans un des logis du vaste et bel édifice *Enseñanza*.

L'hospice des enfants trouvés, fondé par l'archevêque Lorenzana sur ses propres ressources.

L'Ecole des Sourds et muets, fondée en 1861 par Benito Juárez sur l'initiative de D. Ramon Alcaraz.

Le collège de la Paz, vaste institution pour demoiselles, occupe un des plus élégants et vastes édifices de la capitale, connu généralement sous le nom de *Vizcainas*. Il fut fondé par trois riches commerçants espagnols. La pose de la première pierre remonte au 31 Juillet 1734, et le coût total de l'édifice monta à près de deux millions de piastres. L'établissement dispose pour son entretien de fonds spéciaux, il est d'ailleurs subventionné par le Gouvernement.

ÉTABLISSEMENTS DE CHARITÉ ET DE BIENFAISANCE.

L'Hôpital de Jesus, annexé à l'Eglise du même nom, est entretenu par une donnation leguée par son fondateur Fernand Cortés.

Le Mont de Piété, fondé par D. Pedro Romero de Terreros, comte de Regla, par autorisation royale cédulée le 2 Juin 1774, à seule fin de secourir, au moyen de prêts sur gages à très bas intérêts, les familles nécessiteuses. Il est installé dans un bel édifice construit sur l'emplacement de l'ancien palais de Cortès.

L'asile des pauvres, fondé en 1879 par D. Francisco Diaz de Leon, est situé Colonie de los Arquitectos.

La Maison de Santé et asile de bienfaisance de la colonie espagnole, fondée en 1842, elle est soutenue par la dite société.

L'Hôpital St. Louis des français soutenu par l'association française, suisse et belge de bienfaisance. Il est situé dans le riant quartier de San Cosme.

ÉTABLISSEMENTS D'INSTRUCTION PUBLIQUE.

La ville de Mexico se distingue tout spécialement par ses grands et beaux établissements scientifiques et littéraires.

L'Ecole préparatoire établie dans les bâtiments de l'ancien collège de San Ildefonso, l'édifice de vastes dimensions, de style sévère très solidement construit, remarquable par ses grandes cours aux arcades élevées, ses salles, cabinets de physique, de chimie, d'histoire naturelle, son musée paléontologique, sa bibliothèque choisie et son jardin botanique. L'Ecole preparatoire possède, dans l'ancienne sacristie du collège, deux toiles de Vallejo, véritables joyaux de l'art Mexicain; la Sainte Famille et la Pentecôte.

L'Ecole de Jurisprudence installée dans le bel et ancien couvent de la *Encarnacion;* elle possède une riche bibliothèque.

L,Ecole de Médecine occupe les bâtiments de l'ancien tribunal de l'Inquisition, place Santo Domingo. Elle contient un magnifique amphithéâtre, deux cabinets de chimie et d'histoire naturelle, une bibliothèque. La salle de concours est décorée d'une statue en marbre, de St. Luc.

L'Ecole des ingénieurs, occupe les superbes bâtiments de l'ancienne Ecole des mines, l'un des édifices les plus beaux et les plus vastes de la capitale, construit par Manuel Tolsa habile architecte et artiste auquel on doit d'autres euvres notables parmi les quelles nous citerons l'église de *Loreto* et la statue équestre de Charles IV. Le monument qui menaçait ruine fut sauvé en 1829 par l'ingénieur Villard. L'extérieur et l'intérieur sont d'un style sévère d'une grande beauté; les cours, les escaliers, les galeries en sont vastes, la salle des concours est décorée avec autant de goût que de simplicité; l'ancienne chapelle avec son autel de marbre et de bronze somptueusement décorée, possède plusieurs peintures murales à la fresque de Jimeno. Nous considérons que cette chapelle doit être conservée par amour de l'art bien qu'elle ait été écartée de sa destination première. L'école renferme deux observatoires météorologique et astronomique, une belle bibliothèque, de riches cabinets de Minéralogie, de Géologie, de Paléontologie, un musée d'instruments et de machines.

L'école de commerce esté tablie dans un bâtiment voisin de l'école des mines; avec une |bibliothèque spéciale et un musée renfermant les échantillons d'objets de toutes espèces.

Le Ministère de Travaux Publics à été installé dans une partie de ce magnifique édifice.

L'Ecole d'Agriculture est installée hors de la ville, dans la ferme de San Jacinto, elle possède également des cabinets de physique, de chimie, un jardin d'acclimatation et de vastes terrains pour la pratique agricole.

L'école des arts et métiers dans l'ancien couvent de San Lorenzo avec ses beaux ateliers de serrurerie, de charpenterie, de typographie, de photographie, de photolithographie, de galvanoplastie, de taille des pierres, de modelage et de sculpture sur bois.

Le Conservatoire de Musique occupe l'édifice de l'ancienne Université; la grande cour a été transformée en un élégant jardin. Citons aussi la salle des concerts, et un fort bel escalier aux rampes en fer forgé parfaitement ouvragées. Les murs de ce dernier sont décorées de trois belles fresques. L'une d'elles executée par Vallejo mérite une mention spéciale. Cette peinture votive fut faite à l'occasion de l'invocation *Mater immaculata* introduite dans la litanie de la Vierge sur les instances de Charles III et autorisée par le pape Clément XIV. Le fond du tableau laisse voir en perspective un vaste édifice au bas duquel le pape, le roi Charles III, l'archevèque Lorenzana, le vice roi Bucarelli sont agenouillés, Escoto est debout près d'eux. Au second plan on aperçoit à gauche et à droite des groupes d'étudiants. Dans la partie supérieure, et en pleine lumière l'image de la Vierge et des quatre docteurs au milieu d'un groupe d'anges; dans le bas, les belles figures de Saint Paul et de Ste. Catherine, protecteurs de l'Université, et celles de St. Thomas, de St. Jean Népomucène et de St. Louis de Gonzague. L'ensemble en est harmonieux et cette œuvre ainsi que celles mentionnées précédement justifient le grande réputation acquise par le peintre Vallejo.

Le Conservatoire possède une bibliothèque et un répertoire musical des plus complets.

L'Académie des beaux arts, l'établissement le plus remarquable dans son genre de toute l'Amérique latine. D. Jerónimo Antonio Gil graveur de la maison de monnaie, fut chargé par lettre patente du roi Charles III en date du 15 Mars 1778, d'établir à Mexico une école de gravure. Peu après son établissement, D. Fernando Mangino, surintendant, proposa la création d'une école des beaux arts. Cette idée fut bien accueillie du vice-roi D. Martin de Mayorga qui la mit à exécution; les cours comencèrent le 4 Novembre 1781. Le monarque donna son approbation par une cédule royal date du 25 Décémbre 1783. L'architecte D. Antonio Velazquez, qui érigea en 1803 le beau piédestal de la statue équestre de Charles IV ainsi que d'autres travaux sur la place principal; le peintre José Ginés de Aguirre auquel on doit la fameuse décoration de la voûte du baptistère de la chapelle métropolitaine, un autre peintre, Acuña et un sculpteur furent envoyés d'Espagne comme les premiers professeurs de l'Académie des beaux arts. L'éminent architecte D. Manuel Tolsa et le peintre D. Rafael Jimeno arrivérent à Mexico dans le courant de 1791; le premier fut chargé d'accompagner la belle collection de plâtres que l'illustre Charles III destinait à cet établissement. Nous avons fait connaître dans le cours de cet ouvrage les travaux remarquables dûs à ces deux intelligents artistes.

Les événèments politiques qui se sont précipités peu après la création de l'Académie, en retardèrent le développement; mais depuis grâce à la protection de diverses administrations, les études ont repris leur cours méthodique. A cet effet on fit venir d'Europe dans le courant de 1846 deux artistes espagnols chargés des cours de peinture et de sculpture, Pelegrin Clavé et Manuel Vilar, un artiste intalien, Landesio, chargé du cours de paysage et MM. Bagali et Perian chargés des cours de gravure en creux et sur métaux.

Les peintures hiéroglyphiques mexicaines, ne se recommandaient ni par le dessin ni par la couleur; elles représentaient grossièrement les objets sans se préoccuper de la forme, objet essentiel, objet unique de l'art. La puissante influence de la religion, qui s'imposait par la terreur et inspirait une horreur profonde, éloignait de la culture des arts. La peinture était plutôt une écriture symbolique, aussi les aztèques étaient ils peu artistes, c'est ce qui explique la difformité de leurs peintures et de leurs sculptures.

C'est pour cette raison que les superbes constructions d'une autre race, supérieure et plus ancienne, seront toujours l'objet d'une véritable admiration. Les ruines de Mitla (Oaxaca) de Palenque, d'Uxmal et autres du Yucatan resteront comme des modèles dans l'art de l'ornementation.

De l'époque de la conquête à celle de la naissance de l'art mexicain, avec Baltasar de Echave, la tradition rapporte que deux artistes espagnols vinirent se fixer dans le pays; le premier Rodrigo de Cifuentes, en 1523, auquel on devrait quelques bons portraits de Cortés, le second très notable Alonso Vazques vint à la fin du XVI siècle. L'Académie conserve un beau tableau qui lui est attribué.

La première et la seconde galeries réservées à l'école mexicaine possèdent entre autres tableaux les suivants:

Alonso Vazquez.—La purification.

Baltasar de Echave.—La prière au jardin des Oliviers.—L'adoration des Rois.—Une Madeleine.—Un Saint Jean Baptiste.—Une Ste. Cécile.—L'assomption.—St. Apronien.—Un St. Lanrent.—Sainte Anne et la Vierge.—La Visitation.—Le Martyr de St. Poncien.—La vision de St. François.—St. Jean l'évangéliste.

Baltasar de Echave, le jeune.—La descente de croix.—Les quatre évangélistes.

Sébastian de Arteaga.—Le mariage de la Sainte Vierge.—Jesus Christ, Saint Thomas et les apôtres.

Luis Juarez.—La Sainte Familie.—St. Antoine de Padoue.—St. Michel terrassant le démon.—La prière au jardin.—St. Ildefonse.—La Visitation.—L'Annonciation.—Ste. Catherine.

José Juarez.—L'adoration des rois mages.—L'apparition de la Vierge à St. François, et les grands tableaux de St. Alexis, de St. Juste et le martyre de St. Laurent.

Juan Rodríguez Juarez, surnommé l'Apelles mexicain.—L'adoration des rois et l'Annonciation, esquisses des peintures murales exécutées dans la cathédrale.—Un portrait, celui de l'auteur.—St. Jean de Dieu.—St. Philippe Néri.

Br. Nicolás Rodríguez Juarez, frère du précedent.—Portrait de l'enfant Joaquin Miguel de Santa Cruz.—Ste. Gertrudis.

Antonio Rodríguez.—St. Augustin.

Nicolás Correa.—Ste. Catherine.

Nicolás Enriquez.—St. François et St. Dominique.

Antonio Vallejo.—La Purification.

José Ibarra.—Vie de la Vierge en huit tableaux.—La naissance de Jesus.—La Purification.—La Circoncision.—On lui attribue les quatre beaux tableaux suivants: Madeleine.—La femme adultère.—La Samaritaine et la femme guérie par la tunique du Sauveur.

Cárlos Villalpando.—Intérieur du temple de Béthléem.

Miguel Cabrera, le plus fécond des peintres mexicains.—L'Apocalypse.—L'Intercession de St. Joseph.—St. Bernard.—St. Anselme.—La Vierge.

José Alcíbar.—St. Louis de Gonzague.—La Vierge de l'Apocalypse.

Il éxiste nombre de tableaux des maîtres que nous venons d'énumérer dans les églises de la capitale ainsi que dans la cathédrale.

Nous ne partageons pas l'opinion prévenue d'un critique autorisé, qui ne voit dans toutes les œuvres de nos peintres mexicains, que des figures sans vie et sans couleur.

Nous devons nous rappeler que les XVII et XVIII siécles furent l'âge d'or de la peinture mexicaine, que les artistes protégés presque exclusivement par le clergé et inspirés par une foi sincère réduisaient toutes leurs conceptions à des sujets purement religieux. Ce genre était d'ailleurs le seul qui convint à l'ornementation des temples érigés comme une manifestation de la nouvelle foi.

La troisième galerie est destinée aux écoles européennes. Elle renferme un grand nombre de tableaux parmi lesquels nous citerons les plus notables.

Ecole espagnole.—Le Christ au château d'Emaus attribué par ses disciples à F. Zurbaran.—Saint Jérôme d'Alonso Cano.—Saint Jérome en buste et St. Isidor le laboureur de

Rivera (l'Espagnolet).—Un Christ dépouillé de ses vêtements pour la mise en croix, de l'école de Rivera.—St. Jean Baptiste au désert, de Zurbaran.—Deux portraits de Charles III et de Charles IV, de Salvador de Maella.—Marie Anne d'Autriche, seconde femme de Philippe IV, de Carreño.—Les Anges au sépulcre, de Cárlos Rivera, école moderne espagnole. —St. Jean de Dieu, reproduction de l'original appartenant à l'église de la Charité de Séville, de Murillo.

Le pays possède encore quelques toiles de cet éminent artiste. La Vierge de Bethléem appartenant à la Cathédrale de Mexico, et la Purification à celle de Guadalajara. La collection de tableaux du même artiste qui existait à Puebla a disparu. L'Académie des beaux arts posséde quatre beaux panneaux de l'école de Séville: Le Christ couronant Ste. Catherine; La Vierge à l'enfant et Ste. Anne; l'Apparition de l'enfant Jésus à St. Antoine de Padoue; un passage de la vie de St. François d'Assisse.

Ecole florentine.—Les sept vertus, de Léonard de Vinci.

Ecole bolonaise.—Sainte Barbe, Ste. Catherine, du Guide. —Sainte Catherine de Sène, du Gueschin.—Une copie d'Herodias en présence de la tête de St. Jean Baptiste, du Gueschin, par un élève de l'école de Rome, Ignacio Vázquez.

Ecole romaine.—La Vierge à l'enfant, de Pierre de Cortone.

Ecole napolitaine.—St. Gregoire le Grand, et St. Augustin, d'André Bacard.

Ecole venitienne.—Deux bonnes copies des noces de Cana et de la Madeleine dans la maison de Simon le Pharisien, de Paul Véronèse.—Une copie de la mise au tombeau, du Titien.

Ecole romaine.—Copie de la bataille de Constantin, de Raphael, par Vázquez.

Ecole italienne, moderne.—La vertu recompensée et le vice puni, allégorie de Podesti.—Un épisode du déluge, de Coguetti.—Portrait du Général Bustamante, de Podesti.

Ecole flamande.—Le martyre de St. Sébastien, attribué à

Van Dyck.—La Descente de croix, de l'école de Rubens.—La Vierge à l'enfant, de Hemmelinck.—L'adoration des Rois, auteur inconnu.—Portrait d'une famille flamande, de Van Dyck (copie).—Deux petits tableaux fort beaux de David Teniers, le vieux.

Ecole française.—St. Jean Baptiste, d'Ingres.—L'Odalisque, de Ducaisne.—Courses romaines, de Charles Vernet.

Ecole allemande.—La résurrection de Lazare, présentant tous les caractères du style d'Albert Durer.

Ecole anglaise.—Portrait d'un prince.

Les deux belles galeries consacrées à l'école moderne mexicaine, sont habilement aménagées et bien éclairées elles sont décorées des portraits d'artistes éminents et de ceux des fondateurs et des protecteurs de l'Académie. La seconde galerie doit relier une troisième en construction parallèle à la première et d'égales dimensions. Un grand nombre de tableaux couvrent les murs. Citons parmi ces derniers:

Jeanne la folle, le portrait de l'écrivain Andrés Quintana Roo, de Pelegrin Clavé.—Colomb à la cour des Rois catholiques, à sont retour d'Amérique, par Juan Cordero.—L'Académie des beaux arts devrait faire acquisition du beau tableau du même artiste, dont nous déplorons la mort récente.

La mort de Socrate, Jésus cheminant vers le château d'Emaus, par Sagredo.—St. Charles Borromée, Ste. Anne, Agar, Abraham et Isaac, par Salomé Pina, Directeur de la section de peinture.

Le Christ crucifié, le sacrifice d'Abraham, par Santiago Rebull, professeur.

Les Hébreux au désert, l'Arche de Noé, Moïse au mont Oreb, par Joaquin Ramírez.

Un ange au sépulcre, par Pétronile Monroy.

La Sainte Famille, Dante et Virgile, La tentation du Christ, le bon Pasteur, par Rafael Flores.

Cimabué, Agar, Colomb, par Obregon.

L'Ange déchu, par Figueroa.

Un miracle de St. Pierre, le retour de Tobie, par Manchola.

Portrait du peintre Cordero, par Mata.

La Vierge en présence des instruments de la Passion, par Bribiesca.

Atala, la charité romaine, l'Enfant Prodigue, par Louis Monroy.

Arianne abandonnée, un Pêcheur, par Rodríguez Gutierrez.

Job, par González Carrasco.

La veuve du martyr, le premier chrétien, par J. M. Ibarraran.

Fray Bartolomé de las Casas, la tuerie de Cholula, Galilée, une nature morte, par Félix Parra.

Le lys brisé, l'amour empoisonnant une fleur, par Ocaranza. Il éxiste en dehors de l'Académie quelques tableaux notables dûs à cet intelligent artiste que la mort vient d'enlever à la fleur de l'âge, citons: les scènes d'atelier, l'Amour et l'Intérêt, le châtiment, l'Erreur, une nature morte.

La section des paysages renferme quelques bons tableaux, parmi lesquels nous citons:

Une bergerie de l'école flamande.—Un Intérieur de l'Eglise Ste. Marie de Toscanella, par le peintre milanais Broca.

Quatre paysages bibliques, par Marko. L'Abaye de Westminster, un temple dans le désert, par Broca.

La Vallée de Mexico, un tronc d'arbre, la Sacristie de l'ex-couvent de S. Francisco, par Landesio.

La cour de l'ex-collège de S. Gregorio, par Jiménez.

Deux vues de la Vallée de Mexico, par Velasco.

La "Villa de Guadalupe."—Le parc de Chapultepec.—Un épisode de la vie de Netzahualcoyotl en Tetzcutzinco, par Coto.

Les cimes de Maltrata.—La Cour de l'ancien hôpital royal.—Etude d'un rocher de porphyre, de Cárlos Rivera.

La chaussée de Chapultepec, par Dumain.

Indépendamment des galeries mentionnées, il en existe encore plusieurs réservées au dessin, à l'architecture et à la gravure sur métaux et sur bois. Le musée renferme encore une collection de médailles et de monnaies nationales et étrangères, une bibliothèque choisie. Le salon du jury dont la décoration n'est pas encore achevé renferme quelques tableaux dont les principaux sont: les Courses Romaines, de Charles Vernet, et le Martyre de St. Laurent, de Joseph Suárez.

Les galeries et ateliers de sculpture, ainsi que la fameuse collection de plâtres offerté par Charles III, occupent la partie inférieure de l'édifice. Citons parmi les œuvres principales:

MARBRES.

Le faune et Psyché, par Tennerani.
Arianne, par Pradier.
Deux gladiateurs, par Labastida.
St. Sébastien, par Joseph Valero.
David, par Thomas Pérez.
L'Orphelin du laboureur, par Antoine Péatti.
Buste de la Justice, par G. Guerra.
Un buste de Vierge, par Calvo.
Les deux orphelines, par T. Dumaine.
Vénus, et le Pasteur Olymp de Galli, deux copies de Pérez et Valero.
Une collection de bustes anciens.
Une collection de bustes des directeurs et des protecteurs de l'Académie.

PLATRES.

Une moquerie faite à l'Amour, par G. Guerra.
St. Charles Borromée, Christophe Colomb, Moteuczoma Doña Marina, Iturbide, le Gladiateur aztèque, St. Joachin, Ste Anne, par Vilar.

St. Isidore le laboureur, par Bellido.

St. Luc, par Soriano. La même statue, en marbre, décore ainsi que nous l'avons dit plus haut, la salle du jury de l'Ecole de Médecine.

MUSÉE NATIONNAL.

Le musée occupe un des plus beaux départements du Palais Nacional sur la rue de l'Archevêché.

Il est divisé en deux grandes sections: La section d'Histoire naturelle et la section des antiquités. La première occupe l'étage supérieur de l'édifice; elle renferme les collections de Minéralogie, de Paléontologie, de Zoologie et de Botanique. La seconde, comprenant une curieuse et importante collection d'objets archéologiques, occupe une vaste galerie dans la partie inférieure de l'édifice.

La section d'Histoire naturelle renferme des échantillons de tous les minéraux, parmi lesquels abondant les minerais d'argent, de mercure, de cuivre, de fer, de plomb, d'étain, etc.; ainsi que de grandes variétés de roches, de beaux exemplaires de charbon de terre, d'argiles et de pierres précieuses. La section de zoologie renferme des exemplaires de tous les auimaux; mammifères, oiseaux, reptiles indigènes et étrangers; des squelettes de mammifères, oiseaux et reptiles; une collection entomologique; une collection de poissons et de mollusques, etc.

La section de Paléontologie renferme une riche collection de fossiles, et celle de Botanique, une multitude de plantes.

La section d'Archéologie mexicaine possède un grand nombre d'objets curieux, tels que: ses manuscrits, hiéroglyphes, armes, devises, utensiles, idoles, bas–reliefs, bijoux, et ornements divers.

Les antiquités mexicaines occupent la grande galerie de la partie inférieure du musée et deux salons à l'étage supérieur.

1? La grande galerie qui occupe la partie inférieure de l'édifice est réservée aux statues de grande dimension dont quelques unes ont été acquises tout dernièrement. Citons parmi ces dernières acquisitions: La statue de Chac-Mool, roi des Itzaez, ou encore Kinich Kakmó (dieu du feu). Le dieu est représenté couché avec un plat sur le ventre. La ressemblance qui existe entre cette dernière statue et un grand nombre d'autres trouvées en divers endroits laisse supposer que le culte de cette divinité était très répandu. Deux têtes de serpents, l'une couverte de plumes et l'autre d'écailles, trouvées par l'auteur de cet ouvrage dans les grandes excavations faites près du parvis de la cathédrale. Elles formaient probablement partie de la grande muraille de Coatepantli (serpents) qui entourait la cour du grande Teocalli.—La croix de Palenque, beau monument apporté dans ces derniers temps des célèbres ruines du même nom; remarquable surtout par le beau dessin en relief représentant une figure humaine. Cette galerie renferme des objets intéressants, nous y reviendrons dans la section de cet ouvrage réservée à l'archéologie.

2º. Le premier salon de l'étage supérieur renferme diverses idoles du Yucatan, des dieux pénates, ainsi qu'une collection d'objets divers provenant des ruines de Mitla.—Une idole peint en rouge, le dieu soleil *Izcozauhqui* selon Chavero. Une autre idole en terre cuite, très probablement *Huitzilopochtli*. Une urne cinéraire: la déesse de la mort. Une statue en tuf trachytique, représentant la déese *Totec*. Une autre urne cinéraire. Un fourneau en terre cuite pour l'entretien du feu sacré. Une statue de *Tlaloc*, dieu des eaux.—Il éxiste dans cette galerie, indépendamment des objets que nous venons d'enumérer, plusieurs peintures hiéroglyphiques, parmi lesquelles la plus notable est celle connue sous le nom de "Peregrination des Tribus Aztèques," dont nous avons reproduit le facsimile dans notre premier Atlas, avec une notice du celèbre antiquaire Fernando Ramírez.

Dans cette même galerie sont conservés les meilleurs et plus beaux monuments de l'antiquité, qui sont: ce que l'on appelle le "Calendrier mexicain," la statue allégorique de la déesse "Teoyaomiqui" et la pierre de Tizoc, généralement connue sous le nom de "Pierre des sacrifices."—Voir ce qu'il est dit, sur ces objets antiques, dans ce même ouvrage, à la section correspondante des notes historiques, 1ère partie, n.os 2, 19 et 35.

Des copies de peintures hiéroglyphiques, représentant des actions militaires, des sacrifices de gladiateurs, des villes, etc. Mentionnons encore des plans anciens de la ville de Mexico, des vues de ruines anciennes telles que celles de Teotihuacan, des dessins allusifs aux tributs etc., etc.

Le second salon renferme des armes offensives et défensives, des drapeaux, des coins, des navettes, des instruments de musique, des ornements, des amulettes, des sceaux, pipes, masques, miroirs, vases pour le service du culte, ainsi que divers ustensiles en terre cuite, exposés dans des vitrines. Mentionnons aussi une collection d'objets provenant des tribus prè-historiques des Etats Unis; des crânes humains trouvés dans les ruines anciennes du pays. Citons encore un bouclier de Moctecuhzoma II, une reproduction de la Pierre du soleil ainsi qu'une bonne collection photographique des ruines les plus célèbres de la République.

Une idole en or vient d'être acquise par le musée.

La section historique comprend:

1º Différents objets ayant appartenu au curé Hidalgo, père de l'Indépendance; tels que: l'étendard de la Vierge de Guadalupe, un fauteuil, un fusil, une étole, une canne et un foulard.

2º l'Etendard de la Conquête.

3º Les armes de la ville de Texcoco.

4º Les Portraits de quelques uns des héros de l'Indépendance.

5º Les armes de la République, mosaïque faite en plumes.

6º Un portrait de Fernand Cortés.

7º Une collection complète des vice-rois de la Nouvelle-Espagne.

8º Différents objets d'une service de table incomplet, ayant appartenu à l'archiduc Maximilien, ainsi que plusieurs décorations.

9? Objets usuels des indiens Sioux des États-Unis.

10. Différents objets espagnols du temps de la Conquête.

11. Des armures entières et des pièces isolées ayant appartenu aux soldats conquérants. Fine cuirasse et un casque ayant appartenu à Pedro de Alvarado.

Le beau carrosse de Maximilien.

La bibliothèque du musée possède 2,000 volumes d'Histoire Naturelle, Archéologie et d'histoire.

BIBLIOTHEQUES.

Bibliothèque Nationale.—Elle occupe l'ancienne église de Saint Augustin, l'un des plus beaux monuments de la capitale. Elle avait été consacrée au culte en 1692.

L'édifice de construction solide est aussi élégant à l'intérieur qu'à l'extérieur. Les colonnes, consoles, bas-reliefs, frises ainsi que tous les détails architectoniques qui le décorent sont d'une exécution parfaite. Le haut-relief représentant Saint Augustin, qui occupe le fronton du second corps du portail, mérite une mention spéciale.

L'édifice est entouré sur deux de ses côtés d'une jolie grille en fer forgé reliée par des piliers sur lesquels reposent les bustes de quelques mexicains célèbres, dont les noms suivents.

Manuel Carpio, François Manuel Sánchez de Tagle, Joseph Joachim Pesado, Fr. Manuel Navarrete, Netzahualcoyotl, poëtes.—Manuel Eduardo de Gorostiza, auteur dramatique.—Fernando A Tezozomoc, Fernando A. Iztlilxochitl, François Xavier Clavijero, M. Veytia. Lúcas Alaman, Fernando Ramírez, historiens.—Manuel de la Peña y Peña, jurisconsulte.—Fr. Jean Chrysostome Nájera, philologue et orateur sacré.—Charles de Sigüenza y Góngora, humaniste. —Joseph A. Alzate, naturaliste.—Léopold Rio de la Loza, chimiste.—Joachin Cardoso, Joseph M. Lafragua, littérateurs et directeurs de la Bibliothèque.

L'ancien parvis a été transformé en jardin. Une statue de

Minerve occupe une grande niche au centre de la façade latérale.

Une élégante porte grillée donne accès au vestibule dallé en marbre et sur lequel s'élève la belle colonnade d'ordre ionique qui supporte la voûte de l'ancien chœur.

Après avoir franchi le vestibule, on admire, dans toute sa munificence, la vaste nef.

Des piliers élancés soutiennent un riche entablement d'où naissent les arcs en plein cintre de la voûte. Cet élégant ensemble est complété par la gracieuse abside sous laquelle s'ouvre une grande baie vitrée.

Les armes nationales et autres attributs en décorent sa balustrade.

Au côté opposé s'élève l'ancien chœur; la partie centrale est surmontée d'un arc gracieux servant d'encadrement à la statue du temps.

Au dessus des arcs des chapelles latérales s'ouvrent des baies vitrées qui distribuent la lumière dans l'énorme salon. Les chapelles, séparées par des cloisons en bois de cèdre, constituent autant de sections et de départements de la Bibliothèque, destinés à l'histoire, aux belles lettres, à la jurisprudence, à la phylosophie, aux sciences médicales, etc.

La Bibliothèque possède 150,000 volumes.

Au pied des piliers seize grandes statues sur les piédestaux représentant les personnages suivants: Valmiki, Confucius, Isaie, Homère, Platon, Aristote, Ciceron, Virgile, St. Paul, Origène, Dante, Alarcon, Copernic. Descartes, Cuvier et Humboldt.

Au deux côtés de l'entrée principale deux médaillons avec les bustes en relief de Benito Juárez président de la République qui décréta la fondation de la Biblioteque Nationale, et Antonio Martínez de Castro, ministre de la justice qui confirma le décret.

L'ancien église du Troisième Ordre de Saint Augustin, est adossée à la Bibliothèque.

Sa construction lourde et massive forme un contraste frappant avec l'élégance et la beauté de style du précédent monument. Néanmoins l'intérieur en est beau et la croix grecque du plan de l'édifice, quoique de moindres dimensions, est semblable à celle de la paroisse de l'archêvéché.

La Bibliothèque du 5 Mai, établie dans l'ancienne église de Béthlémite, possède 9,000 volumes.

La Bibliothèque de l'École Préparatoire possède de 7 à 8,000 volumes.

La Bibliothèque de l'École de Droit 14,000 volumes.

La Bibliothèque de l'École du Génie, 6,000.

Les Ministères, les collèges, le Musée National, les sociétés scientifiques, la Société de Géographie et de Statistique possèdent des bibliothèques choisies d'œuvres spéciales aux différentes branches cultivées. Il existe encore de nombreuses bibliothèques particulières, quelques unes d'entre elles possèdent de curieux monuments, des collections de tableaux d'antiquités, de minerais, etc.

Les publications quotidiennes et périodiques s'élèvent au nombre de centquinze dans la capitale de la République; desquels 27 journaux sont quotidiens; 3 bi-hebdomadaires; 3 sont publiés trois fois par semaine; 52 hebdomadaires; 19 journaux de quinzaine; 9 mensuels et 1 trimestriels. Indépendamment de ces dernières publications, l'Observatoire Astronomique publie ses annales. Citons encore quelques almanachs: l'Almanach Universel de Philomène Mata, l'Almanach Statistique de Pérez, celui du Padre Cobos d'Irénée Paz.

Douze de ces publications sont scientifiques, quatre sont religieuses et trois sont littéraires. Presque tous les journaux politiques consacrent une section aux belles lettres.

La capitale de la République compte un certain nombre de sociétés scientifiques et littéraires, telles sont: la Société de Géographie et de Statistique, celle d'Histoire Naturelle, l'Academie de Médecine, de la langue espagnole correspondante de l'Académie de Madrid, la Société Médicale "Pedro Escobedo," celles des ingénieurs "Andrés del Rio," les sociétés Pharmaceutique, Agricole-Vétérinaire "Ignace Alvarado," Agricole Mexicaine, Littéraire, Philarmonique, etc.

Disons pour terminer l'exposition du monument scientifique et littéraire de Mexico, qu'il existe dans la capitale plus de 50 imprimeries et 6 lithographies.

HÔTELS DES MONNAIES.

Fondé en 1535, pendant les premières années qui suivirent la conquète, il existait à l'angle de la rue Monterille et de la maison de ville, un laboratoire pour la fonte des métaux, connu sous le nom de *Audiencia de los Alcaldes ordinarios*. Les métaux précieux or et argent, y étaient soumis au titrage afin d'en déterminer la valeur et de prélever la contribution royale du cinquième. Les lingots titrés circulaient sur le marché en guise d'argent monnayé car celui qui venait d'Espagne était insuffisant aux échanges.

Dès l'établissement de l'hôtel des monnaies la fonte des métaux fut soumise à une legislation spéciale. En 1562, la monnaie fut installée dans un département du Palais. De nouveaux aménagements y furent faits vers 1734, leur coût total s'éleva à 1.004,493 piastres.

La création de nouveaux hôtels des monnaies depuis l'Indépendance réduisit considérablement la frappe de l'Hôtel de Mexico; depuis cette époque leur fermage à des particuliers se fait par soumissions sous plis cachetés. Le nouvel hôtel des monnaies transféré en 1850, rue de l'Apartado, occupe un vaste édifice parfaitement aménagé, digne d'être visité Toutes les machines de construction moderne, et réalisant tous les progrès désirables, sont mues par le vapeur.

Depuis sa fondation, l'Hôtel des Monnaies a frappé jusqu'à la fin de 1883, la somme de 2,374.328,581 piastres: en argent 2,289.917,500 et 84.411,081 en or.

MARCHÉS.

Le marché central, le plus important de la capitale, est situé en partie sur l'emplacement de l'ancien édifice connue sous le nom de Château-neuf de Motecuhzoma. Le terrain en était fangeux et sale, dernière condition qu'il a malheureusement conservé et qui fait regretter qu'il se trouve dans le voisinage du Palais National et du Conservatoire de Musique. Dès son origine il fut connu du public, sous le nom de "Volador." Les autres marchés sont ceux de la "Merced," "San Juan," "Santa Catarina," etc.

HÔTELS.

Parmi les nombreux hôtels de la Capitale, celui qui mérite une mention toute spéciale est sans contradit l'hôtel Iturbide, qui occupe le vaste local connu sous le nom de "Palais de l'Empereur Iturbide." Sa construction est remarquable à tous égards par la beauté et l'élégance de son architecture extérieure et intérieure. Cet élégant édifice fut construit au dix-huitième siècle pour la marquise de Valparaiso; el devint plus tard la propriété du marquis de Moncada et servit de résidence impériale durant le règne fort court d'Iturbide.

L'école des mines y fut transféré temporairement durant les réparations du bâtiment de l'École. Il fut transformé en Hôtel et ouvert au public en 1855.

Depuis lors il a reçu de nombreux agrandissements, aujourd'hui il occupe trois des façades de l'Hôtel dont il fait partie. L'entrée principale, au Nord, donne sur la rue de San Francisco; au Sud, une seconde entrée sur la rue de l'Indépendance; à l'Est une troisième entrée sur la rue du Colisée et à l'Est une quatrième et dernière entrée donne sur la rue de Gante. La cour principale fort vaste fixe tout particulièrement l'attention par la hardiesse de ses colonnes élancées, qui soutiennent de vastes arceaux ainsi que par la beauté et la sobriété de son ornementation. Les chambres et appartements sont confortablement meublés et offrent au voyageur tout le bien-être désirable; l'hôtel possède un vaste salon de conversation, des bains, un des meilleurs restaurants de la capitale, de vastes salles de billards, un café, etc., etc.

Les principaux hôtels qui suivent en importance l'hôtel Iturbide, sont:

2. L'hôtel du Bazar, rue de l'Espíritu Santo.

3. L'hôtel Gillow, à l'angle des rue San José el Real et Cinco de Mayo.

4. L'hôtel Comonfort, rue de Cinco de Mayo.

5. L'hôtel Universel, à l'angle des rues du Refugio et de Puente del Espíritu Santo.

6. L'hôtel de la Bella Union à l'angle des rues du Refugio et de la Palma.

7. L'hôtel de l'Europe, rue du Coliseo Viejo.

8. L'hôtel du Refugio, rue des Tlapaleros.

9. L'hôtel Lafayette, rue de Gante.

10. L'hôtel de la Gran Sociedad, à l'angle des rues du Coliseo et de l'Espíritu Santo.

11. L'hôtel Nacional, 3ª rue de San Francisco.

12. L'hôtel Boche, rue de l'Espíritu Santo.

13. L'hôtel Vergara, rue de Vergara.

14. L'hôtel Alphonse XII, Mirador de la Alameda.

15. L'hôtel Delahaye, rue du Colegio de Niñas.

16. L'hôtel Continental, rue du Cinco de Mayo.

17. L'hôtel de Viena, rue du Seminario.

18. L'hôtel de Guardiola, place du même nom.

19. L'hôtel Central, rue de Escalerillas.

20. L'hôtel San Agustin, à l'angle des rues de los Bajos de San Agustin.

Il existe indépendamment de ces hôtels de nombreuses maisons meublées et quelques hôtels en construction.

AQUÉDUCS.

Les sources de Chapultepec et celles de "Los Leones" et le "Desierto" alimentent en eau potable la capitale de la République.

"Les eaux des sources Chapultepec, captées à leur origine sont amenées par un bel aquéduc en maçonnerie qui longe la chaussée de Chapultepec, l'avenue de Belem, jusqu'à l'élégant fontaine connue sous le nom de "Salto del Agua" au S. O. de la place du même nom. Cette fontaine de style churrigueresque, qui caractérise toutes les anciennes constructions espagnoles au Mexique, porte les deux inscriptions suivantes qui en font connaître l'histoire. Ces arcs ont disparu.

"Cet aquéduc a été terminé le 20 Mars de l'année mill sept cent soixante dix neuf, sous le règne de Sa Majesté Catholique Charles III que Dieu garde, et sous l'administration de S. E. Don Antonio Bucareli y Ursua, Vice-roi, Gouverneur, Capitaine général de la Nouvelle Espagne, et président de l'Audience Royale, chevalier grand-croix et commandeur de l'Ordre de San Juan, gentilhomme de la chambre de S. M. et lieutenant général des armées; de D. Miguel de Acevedo, juge conservateur des biens et des contributions de la ville, conseiller privé et auditeur près au conseil de S. M.; et de Don Antonio de Mier y Terán, juge commissaire et régisseur perpétuel de la ville."

L'autre inscription dit:

"Le nombre d'arcs des sources de Chapultepec au réservoir est de 904, la longueur totale de l'aquéduc est de 4,663 varas (0^{m}84). Après une série d'expériences, entreprises à l'effet d'obtenir une meilleure distribution on a dû élever de une vare trois quarts, l'ancien aquéduc rehaussé par les Gouverneurs antérieurs d'une vare au dessus de son ancien niveau. D'où l'on croit que l'aquéduc actuel atteint une hauteur de deux vares trois quarts au dessus de son premier niveau."

Il a été tracé sur l'emplacement de l'ancien aquéduc aztèque, ouvert sous le règne de Chimalpopoca, par concession moyennant tribut de l'eau de la source de Chapultepec par le roi d'Atzcapotzalco, auquel les mexicains restèrent soumis jsqu'au règne de Itzcohuatl (1422-1436) où ils devinrent indépendants.

Les sources des monts Leones et du Desierto se trouvent à 30 kilomètres au S. O. de la capitale.

Les eaux qui proviennent de ces deux sources s'unissent à une courte distance de leur origine, au point connu sous le nom de Tres Cruces et entrent dans l'aqueduc à canal ouvert sur les flancs des collines qu'elles parcourent. Elles passent près du village de San Pedro Cuajimalpa, par Molino Viejo, et reçoivent celles des sources de Santa Fé près de Casa Mata; elles continuent par Molino del Rey, passent au nord du parc de Chapultepec, traversent la chaussée de ce nom et entrent en ville par le faubourg de San Cosme. L'aqueduc comptait anciennement plus de 900 arcs en maçonnerie, et aboutissait au Puente de la Mariscala. Les démolitions successives entreprises depuis peu d'années pour l'embellissement des avenues de Buenavista et Ribera de San Cosme ont fait disparaître quelques centaines d'arcs. Commencé, sous le vice-roi marquis de Montes Claros (1603 à 1607) il fut terminé sous l'administration du vice-roi, marquis de Guadalcázar, en 1620. Le coût des travaux a été de 150,000 piastres.

PLACES, PROMENADES ET MONUMENTS PUBLICS

La grande place de la Constitution est la plus belle et la plus vaste de la capitale; elle est fermé au Nord, par la Cathédrale, à l'Est par le Palais National, au Sud par l'Hôtel de ville à l'ouest elle est reliée à la Cathédrale par la belle avenue Empedradillo. Au centre de la place du Séminaire qui occupe le côté Est de la Cathédrale, s'élève un monument simple et élégant, consacré à la mémoire de l'habile ingénieure Henri Martínez qui exécuta la tranchée colossale de Nochistongo en vue de l'assèchement de la vallée de Mexico. Un socle en marbre supportant une belle statue représentant la ville de Mexico du sculpteur Noreña, et fondue en Europe, repose sur une plateforme dallée, fermée par une élégante grille en fer forgé aux angles de laquelle se trouvent de beaux candélabres de bronze.

Les étalons en bronze du mètre, de la vara et du yard sont incrustées sur une des faces du socle; des points de repères y indiquent les différents niveaux des eaux du lac de Texcoco aux différentes époques; ont fait donner à ce monument le nom d'hysographique.

Au centre de la Place, un joli jardin aux allées dallées de marbre blanc et noir, orné de quatre fontaines en fonte de fer, de nombreux candélabres, d'un kiosque et de huit statues en bronze, fondues en Europe, parmi lesquelles nous citerons le Mercure et la Vénus de Canova.

Parmi les principales rues qui aboutissent à la place, mentionnons celle du Cinco de Mayo dont le percement est tout récent, qui part de l'Avenue Empedradillo et aboutit à la rue de Vergara en face du grand théâtre.

Place de Santo Domingo: sur un des côtés, s'élève la belle Église du même nom et de l'autre le grand et symètrique édifice de l'Admitration des Douanes et au coin des rues Sepulcros Santo Domingo et la Perpétua, l'École de Medecine, avec sa belle façade.

La place de Loreto, au Nord de laquelle s'élève l'église de ce nom.

La petite place de Guardiola, bordée de beaux hôtels particuliers tels que les Azulejos, Escandon et l'hôtel de Guardiola.

La place San Fernando est limitée au Nord par l'église de ce nom; un joli jardin décoré, en son milieu de la statue en bronze de l'immortel Guerrero, en occupe le centre. La statue fondue à Mexico est l'œuvre du sculpteur Noreña.

La place Morelos donne sur la grande Avenue des Hommes Illustres, elle est limitée à l'Est par la façade de l'église la Santa Veracruz et à l'Ouest par celle de l'église de San Juan de Dios. Un jardin au centre duquel s'élève la statue en marbre de l'immortel Morelos due au ciseau de Piati, couvre la presque totalité de la Place.

La fameuse statue équestre de Charles IV, orgueil de la capitale, se dresse au milieu de la belle place où aboutissent, formant étoile l'Avenue Juárez, la Chaussée de la Réforme, celle de Bucareli, la large rue Rosales etc.

Ce fut le marquis de Brancifort vice-roi de la Nouvelle-Espagne, qui décréta l'érection de ce monument et chargea l'habile artiste Don Manuel Tolsa, de son exécution.

Le modèle une fois terminé, Don Salvador de la Vega habile fondeur mexicain, procéda à la fonte; il eut ainsi la bonheur de partager la gloire de Tolsa dans l'exécution d'un monument qui n'a dans son genre, d'autre rival que la statue de Marc-Aurèle à Rome. La fonte dura deux jours et le métal fondu pesaît 600 quintaux (27,614 kilogrammes). La hauteur totale du cheval et du cavalier est de 4^m75. Charles IV en empereur romain, tient un sceptre dans sa main droite, il est solidement en selle; l'allure du cheval est douce, il lève le pied antérieur gauche et le pied postérieur droit, et porte la tête inclinée à gauche par opposition à celle du roi qui regarde au côté opposé; l'attitude en est si naturelle et simple, que dupe de l'illusion, on s'attend toujours à la voir marcher et quitter son socle.

Jusqu'à la consommation de l'Indépendance, cette belle statue, fondue dans l'édifice de l'ex-collège San Gregorio, ornait la place principale; elle s'élevait au milieu d'une petite enceinte elliptique en forme de berceau parfaitement dallée et entourée d'une belle balustrade en pierre et de bancs, fermée par quatre portes en fer forgé qui furent plus tard placées aux quatre angles de l'Alameda et en dernier lieu à l'entrée du parc de Chapultepec. Les travaux énumérés plus haut, ainsi que l'érection du socle, plus élégant et artistique que l'actuel, furent dirigés par Don Antonio Velázquez, professeur d'architecture à l'École de Beaux Arts.

La Chaussée de la Réforme longue de 3 kilomètres et demi part de la place Charles IV et aboutit au parc de Chapultepec; large et parfaitement construite; elle est bordée d'arbres sur toute sa longueur. De nombreux bancs de pierre permettent au promeneur de se reposer. Au milieu du premier rondpoint s'élève un monument qui vaut en importance celui que nous venons de décrire.

MONUMENT DE CHRISTOPHE COLOMB.

Ce monument œuvre du sculpteur français Cordier, a été donné à la ville de Mexico par M. Antoine Escandon, capitaliste mexicain.

Le monument formé de deux corps en marbre des Vosges, repose sur une plateforme en marbre de couleurs variées fermé par une jolie grille ouvragée en fer forgé, dont les angles à pans coupés sont décorés de 8 candelabres à 5 becs. La plinthe du socle de la statue porte, sur la face principale, la dédicace à Christophe Colomb avec les armes de l'amiral encachées d'une guirlande de laurier en bronze, un panneau en bronze occupe la face exposée au Sud et représente la reconstruction du Monastère de Santa María la Rábida; celle du Nord est couverte par un panneau représentant la découverte de l'île Guanhani ou San Salvador, au moment où Colomb rend grâces à la Providence; une lettre de Colomb a Raphadi Sauris, et au dessous la dédicace de M. Escandon occupent la quatrième et dernière face.

Quatre consoles supportent les statues du père Marchena, du père Fray Diego Dehesa, du père Fray Pedro de Gante et du père Fray Bartolomé de las Casas et occupent le second corps ou fût du socle. Les statues placées à droite et à gauche au dessous de celle de Colomb, représentent les deux illustres personnages qui favorisèrent ses projets, le premier était supérieur du couvent de la Rábida, le second était confesseur du roi, les deux dernières placées au dos de celle de Colomb représentent les illustres religieux qui protégèrent courageusement les indiens.

Le socle est couronné par la statue de Colomb soulevant le voile qui cache le Nouveau Monde.

Le monument est entouré de bornes en basalte reliées entre elles par des chaînes de fer.

Le monument consacré à Cuauhtemotzin, occupe le centre du second rond point.

L'habile architecte Francisco Jiménez, dont nous déplorons la mort récente a intelligemment combiné l'architecture moderne au style des anciennes constructions mexicaines. Ce monument est de proportions grandioses et incontestablement l'un des plus beaux de la capitale.

PARC ET PALAIS DE CHAPULTEPEC.

La chaussée de la Réforme aboutit ainsi que nous l'avons dit plus haut à Chapultepec, un des sites les plus pittoresques des environs de Mexico, grâce à son beau parc, aux arbres séculaires (taxodium disticha), et à sa belle colline couronnée de jardins, un édifice, moitié palais, moitié forteresse en occupe le sommet; on y a établi depuis peu l'École Militaire.

Les escaliers et les galeries construits en marbre sont autant de belvédèrs d'où l'œil découvre les panoramas les plus variés. Une belle chaussée à pente douce serpente sur les flancs de la colline, elle est bordée sur les escarpements d'une balustrade en pierre.

De grands salons et de longues et belles galeries décorées de fresques dans le style pompéien sont d'un aspect charmant.

Chapultepec a été, à différentes reprises, le théâtre d'événements notables: c'est là que se réfugièrent les derniers débris des vaillants tolthèques; ce fut encore là que les mexicains vécurent avant la fondation de Mexico.

Chapultepec servit de résidence royale aux souverain aztéques, et fut témoin de l'héroïque défense des mexicains contre l'invasion américaine.

Le château commencé par ordre du vice-roi Don Matias de Gálvez, fut terminé par son fils Bernardo Gálvez en 1785. On estime qu'il a coûté près de 300,000 piastres. Le palais primitif a été modifié et embelli sous diverses administrations de la République.

PROMENADE DE LA VIGA.

Situé au Sud de la ville, sur le bord du canal qui unit les lacs de Xochimilco et de Texcoco. Durant le carême elle est très animée, les gens du peuple se promènent en canots et vont visiter les villages des environs tandis que les personnes de la classe aisée s'y transportent en voiture ou à cheval.

ALAMEDA.

Joli parc situé au centre de la ville. Il couvre un rectangle de 452 mètres de long. par 217 de largueur. Il est coupé d'allées perpendiculaires et obliques, qui débouchent sur de vastes rondpoints, décorés de fontaines et de statues.

Cette belle promenade située à l'intérieur de la ville avce son parc ombreux formé de plus de quinze cents frènes corpulents, a été malheureusement très négligée par les administrations municipales, sauf quelques rares exceptions. Disons toutefois que depuis deux ans nos édiles cherchent à réparer cette négligence. Le jugement que porteront les générations futures sur l'incurie des autorités qui auront laissé périr ce jardin aussi beau que nécessaire, fera contraste avec la mention honorable décernée au vice-roi Don Luis de Velasco que le créa en 1592 avec le concours de la municipalité sur l'emplacement de l'ancien enclos de San Hipolito et au vice-roi marquis de Croix, qui le fit agrandir lui donnant l'extension qu'il a conservée jusqu'à ce jour.

PROMENADE DE BUCARELI.

Elle porte le nom du vice-roi qui la fit ouvrir. La chaussée forme un angle aigu avec celle de la Réforma. Le rondpoint central est décoré par une ancienne fontaine au centre de laquelle se trouve une statue de la victoire. Cette promenade a été abandonnée au profit de l'avenue de la Réforme.

JARDINS ET LIEUX DE DISTRACTION.

Jardin de San Francisco.—Il est situé dans la rue de l'Indépendance.

Tivoli de San Cosme, lieu des plus agréables, ombragé de beaux frènes, agrémenté de jardins, de kiosques, de fontaines et d'étangs, jeux de boules. Son restaurant est un des meilleurs de la capitale. Il possède un grand salon pour banquets et bals.

Tivoli de l'Eliseo semblable au précédent. Il est situé sur la belle avenue des Hommes Illustres.

THÉATRES.

Le Gran Téâtre National, l'un des plus vastes et élégants du Nouveau Monde. Il peut contenir plus de trois mille spectateurs et fut construit sur l'initiative de Don Francisco Arbeu par Don Lorenzo Hidalga, architecte espagnol, et inauguré en 1844. Il est situé rue de Vergara en face de l'Avenue du Cinco de Mayo. Le salon vaste et de fort bel aspect compte quatre étages de loges et une large galerie. Les loges sont soutenues par d'élégantes colonnes stuquées. Le grand arc de l'avant scène soutenu par deux belles colonnes d'ordre corinthien ainsi que les quatre pilastres de même ordre décorées de bas reliefs sur fond d'or, dignes d'attention. Le portique, les vestibules, la cour vitrée, les couloirs, les escaliers, les passages des loges donnent à l'édifice toute l'amplitude nécessaire et permettent aux spectateurs de sortir sans difficulté sans les exposer brusquement à la violente transition entre la température intérieure et celle de l'extérieur.

La scène est de construction défectueuse, et quoique vaste elle ne se prête pas au mouvement de grandes masses chorales, de plus l'absence de fosse rend difficile pour ne pas dire impossible les changements rapides de décors. On a souvent critiqué l'attique droite qui sert de couronnement à l'édifice et qui manque de proportion avec le portique formé de grandes colonnes corynthiennes; disons en passant que la façade n'a pas été terminée d'après le plan de l'architecte et que l'entablement devait recevoir comme couronnement une balustrade, des piliers et des statues; de plus l'architecte ne pouvait guère prévoir le percement d'une large avenue qui viendrait déboucher juste en face du théâtre. Aujourd'hui quelques réformes y sont indispensables, elles embelliront notablement ce bel édifice.

Théâtre Principal.—Situé dans la rue qui porte encore le nom de Coliseo; il fut construit en 1753 en remplacement de trois autres théâtres qui fusent successivament détruits, le premier en 1722 par un incendie; il était administré par les pères de l'ordre de San Hypolite; les produits étaient destinés a secourir les malades; le second fut réedifié dans le même lieu et eut même sort, enfin à la troisième réedification il fut construit sur l'emplacement du théâtre actuel; détruit une troisième fois il fut reconstruit dans l'état où il existe encore aujourd'hui. L'entrée donnait sous les arcades de la rue du Colisée. Les pères Hypolites conservèrent le théâtre jusqu'à l'extinction de leur congrégation; en vertu du décret du 11 Octubre 1824 il fut donné au Collège Saint Gregoire; à la suppression de ce dernier il devint la propiété de particuliers. Malgré les nombreuses améliorations introduites, l'intérieur est d'un aspect désagréable; l'extérieur au contraire en est élégant grâce à la belle façade construite nouvellement par Don Ignacio de la Hidalga, architecte, et fils de celui qui dirigea la construction du Grand Théâtre.

Théâtre d'Iturbide.—Le second de la capitale par sa beauté et sa grandeur; est situé à l'angle des rues Factor et Canoa.

La salle élégamment décorée offre à la vue, un coup d'œil agréable. De jolies colonnes stuquées blanc et or soutiennent quatre rangs de loges.

Construit sur l'initiative de François Arbeu par l'ingénieur Santiago Méndez, il fut inauguré le 3 Février 1856. Aujourd'hui il sert provisoirement de Chambre des Députés.

Théâtre du Conservatoire ou salon de concerts.

L'auteur du présent a été chargé des travaux par le conseil d'administration. La décoration du salon est de style renaissance.

L'arc de l'avant scène est soutenu par quatre colonnes d'une grande légèreté; les galeries et la corniche courbe qui soutiennent le toit sont en haut relief sur or; quarante médaillons avec les bustes des auteurs dramatiques et des musiciens les plus célèbres de tous les temps sont reliés par des festons et décorent la partie inférieure de l'entablement; tels sont: à droite de la scène, Palestrina, Rameau, Haëndel, Sebastian Bach, Gluck, Haydn, Méhul, Beethowen, Auber, Fétis, Rossini, Meyerbeer, Donizetti, Bellini, Verdi, Gounod et trois compositeurs mexicains; J. Antonio Gómez, Bustamante et Beristain; à gauche Eschyle, Sophocle, Plaute, Terence, Lope de Rueda, Shakespeare, Ben Johnson, Lope de Vega, Calderon de la Barca, Corneille, Molière, Racine, Moreto, Soeur Inés de la Cruz, Moratin, Victor Hugo, Alfieri, Goëthe, Schiller et Breton de los Herreros. De chaque côté de l'avant scène quatre consoles supportent les bustes de quatre génies mexicains: Juan Ruiz de Alarcon, Manuel Eduardo Gorostiza, Ignacio Rodríguez Galvan et Fernando Calderon. Un petit vestibule décoré dans le style pompéien par Petronilo Monroy, habile artiste mexicain, donne accès au salon.

Théâtre Arbeu.—Ce théâtre situé rue San Felipe de Neri par l'architecte Téllez Giron, est d'apect agréable toutefois il a l'inconvénient d'être tout en bois.

Théâtre Hidalgo.—Situé dans la rue Corchero, il a été réédifiée dernièrement par Juan Cardona, architecte; de nombreuses améliorations ont été introduites.

Indépendamment de ceux que nous venons d'énumérer il existe encore de nombreux petits théâtres, pour la plupart construits en bois destinés aux représentations populaires du dimanche, tel sont: Les théâtres Alarcon, rue Arsinas; Merced Morales, Avenue Lerdo; Guerrero, rue Tenexpa; des Auteurs, bain du Jordain; Morelos, Avenue Lerdo, etc.

CASINOS.

Le Cercle Allemand occupe le bel édifice de l'ancien Colegio de Niñas, ou Santa María de la Caridad, adossé à l'église du même nom.

Le Casino Espagnol est installé à l'angle des rues San Francisco et Coliseo.

Le Cercle français, rue Santa Isabel.

Le Jockey Club, rue de San Francisco.

Le Casino Anglais, rue Plateros.

Le Casino Mexicain, rue Espíritu Santo.

BANQUES.

Depuis la fusion des banques Mercantil et Nationale, il n'existe plus qu'une seule banque d'émission sous la dénomination de Banco Nacional Mexicano. Elle est installée dans un beau et vaste bâtiment situé à l'angle des rues Capuchinas et Puente del Espíritu Santo.

La banque de Londres, Mexico et Sud Amérique, anciennement banque d'émission, limite aujourd'hui ses affaires à l'escompte, depuis la promulgation de la nouvelle loi sur les banques. C'est le plus ancien et le plus solide établissement de la capitale; il est situé à l'angle des rues Lerdo et Capuchinas.

Banque Hipothécaire.—Tercer Orden de S. Agustin nº 2.

CIMETIERES.

Les cimetières Campo Florido, San Pablo, San Diego, los Angeles, San Fernando ont été fermés dernièrement par disposition municipale.

Parmi les beaux monuments de ce dernier, citons particulièrement celui érigé à la mémoire du Président Juárez. Il est l'œuvre des frères Islas.

Les cimetières ouverts sont ceux de Tepeyac à Guadalupe; de Dolores sur les coteaux de Tacubaya; le Pantéon Anglais et Américain, à Tlaxpana; le Cimetière Français, Chaussée de la Piedad.

Ils renferment tous de forts beaux monuments, particulièrement les cimetières français et Dolores.

Mexico est le centre du commerce et de l'industrie de la République. Ses rues larges et bien alignées sont sillonnées de voies ferrées (tramways). Les chemins de fer suivants ont leur tête de ligne dans la capitale:

1º Le chemin de fer de Veracruz ou Mexicain; avec sa belle gare à Buenavista.

2º Le chemin de fer Central, sa gare est contigue á la précédente.

3º Le chemin de fer de Mexico au Salto, sa gare est situé Colonie des Architectes.

4º Le chemin de fer National de Mexico à Laredo (Compañía Constructora); même que le précédent.

5º Les chemins de fer du Districte Fédéral, pour Tacubaya, la Piedad, San Angel, Tlálpan, Guadalupe Hidalgo et Tlalnepantla.

6º Le chemin de fer de Morelos.

7º Le chemin de fer d'Irolo.

La population de la capitale est de plus de 450,000 âmes.

XII

APERÇU HISTORIQUE.

PREMIÈRE PARTIE.

ARCHÉOLOGIE.

Les monuments plus ou moins importants disséminés sur tout le territoire de la République Mexicaine, ainsi que des vases, ustensiles, instruments, armes et autres objets que l'on conserve, témoignent du degré de culture atteint par les mexicains. En établissant un parallèle nous voyons que, leur civilisation était supérieure en ce temps, à celle de quelques nations d'Europe, bien que la barbarie de leurs rites, et de leurs cerémonies religieuses les plaçat à un degré inférieur à celui de ces mêmes peuples.

En dehors des objets qui ont été mentionnés dans la partie qui se rapporte au Musée National où l'on ne signale que les plus remarquables, il en est un grand nombre d'autres dignes d'être mentionnés, je vais en faire la description, me servant à cet effet des études de Mr. Ferdinand Ramírez, ainsi que de mes propres observations à l'égard de quelques monuments qui ne sont pas décrits par l'illustre archéologue.

Les objets auxquels je me réfère sont ceux qui suivent. Ils sont aussi représentés dans la planche.

Numéro 1.—Vase de Tecalli (ónix) parfaitement poli, et comme tous ses pareils il était dédié au culte. Il a 0.34 cs. de hauteur par 0.004 de grosseur du côté de la gorge.

Numéro 2.—Statue en basalte gris bleuâtre qu'on appelait *Teoyamiqui;* c'était une divinité biforme suivant l'avis de Gama, composée de deux symboles, celui du dieu de la guerre et celui du dieu de la mort. Ses dimensions étaient, 2.266^{mm} de hauteur sur 1.536^{mm} de largeur.

Numéro 3.—Statue de *Tlaloc;* c'était la divinité spéciale des eaux; elle s'appelait "Le dieu le plus ancien de la Terre;" elle était l'objet d'un culte universel et constant sous différents attributs.

Numéro 4.—Fût d'une colonne de l'ancienne Tollan, il est formé de quatre tambours cylindriques ajustés ensemble deux à deux de la manière suivante: l'une des bases porte une ouverture circulaire, l'autre est garnie d'un petit cylindre en saillie, de même diamètre qui pénètre dans l'ouverture circulaire et forme un assemblage parfait. On s'étonne quand on voit la coupe des colonnes qui ont une certaine ressemblance avec celles de l'art grec.

Numéro 5.—Petit modèle d'un temple mexicain en argile d'un travail ordinaire. Le petit cadre ponctué qui lui sert de sommet est un espèce de caractère symbolique désignant le temple de *Tlaloc;* le cadre inférieur plus petit, marque l'entrée du Sanctuaire. L'espèce de socle qui est placé en face, représente la pierre des sacrifices humains.

Numéro 6.—Vase de Tecalli couvert d'ornements en relief; le bec en est creux et tout à fait pareil à ceux de nos théières. Tout fait penser qu'il était destinée aux libations.

Numéro 7.—Vase en argile de 0.40 de hauteur et d'un diamètre de 0.27 dans sa plus large partie. L'argile n'est pas tout à fait durcie, et d'un travail peu soigné; vraisemblablement ça a été une urne cinéraire.

Numéro 8.—Belle statuette de tecalli de 0.32 de hauteur parfaitement polie. Elle représente une femme accroupie, dans la position des femmes méxicaines, et dont l'identité avec maintes statuettes égyptiennes peut être constatée. Par ses caractères iconographiques, cette statuette est semblable à celle que le baron d'Humboldt a mis au frontispice de son bel Atlas, sous le titre de "Buste d'une prêtresse aztèque."

Mr. Ferdinand Ramírez au sujet de cette sculpture dit: "L'illustre savant s'est trompé sur quelques points en ce qui touche à l'identité des houppes de plume qui tombent sur les tempes de la statue, lors-qu'il la compare à la canlantique égyptienne; il est encore dans l'erreur lors-qu'il confond la bordure des franges du fichu triangulaire qu'elle porte au cou, avec les grelots et autres ornements dont les égyptiens et les hébreux faisaient usage; il se trompe encore lors-qu'il prend pour les pieds de la statuette, les mains qui sont comme appuyées sur la cuisse. L'éffigie de notre estampe est une divinité féminine fort commune parmi les antiquités méxicaines; il en existe au Musée de toutes les grandeurs, faites de différents matériaux, depuis l'argile jusqu'aux pierres fines."

Celle qui est ici décrite m'appartient; elle est du plus beau travail et la représentation la plus parfaite du type aztèque, ce qu'on note facilement quand on la regarde de profil. Cet objet a été découvert en 1852 pendant le curage d'un ancien canal du *Campo Florido;* il est de ceux que je connais l'unique ayant des yeux, ils étaient en pyrite de cuivre poli, mais l'action continuelle de l'eau pendant une période de plus de trois siècles a fortement altéré la pyrite; on a découvert dans le voisinage de la précédente deux idoles en bois de sapin les seules dans leur genre qui nous soient parvenues. L'eau qui a aidé à la destruction des uns a aidé à la conservation des autres.

Numéro 9.—Bel arc en serpentine parfaitement poli et sculpté. On l'employait, pour les sacrifices humains en l'adaptant à la gorge de la victime que l'on plaçait sur le dos; bien que condamnée à l'immobilité, quatre prêtres l'assujetissait des pieds et des mains.

Ses dimensions étaient 0.42 de hauteur et 0.10 ou 0.12 de grosseur.

Numéro 10.—Un dieu des pénates en argile très commun dans toutes les fouilles. 0.08 de hauteur. Les varietés de ce genre sont nombreuses.

Numéros 11 et 12. Groupe composé de deux objets; celui qui est à la partie supérieure est une pipe en argile blanchâtre bien cuite et fort solide, de 0.27 de longueur. Sa forme est assez semblable à l'une des espèces d'encensoirs dont faisaient usage les méxicains, sous le nom de *Tlemaitl* (feu que l'on entretient avec la main): la forme ordinaire était celle d'une grande cuiller. L'objet qui est au dessous est également un encensoir en argile poli, on en faisait usage en le tenant dans les deux mains et en posant les pouces sur les anses. Parmi les antiquités méxicaines qui ont été publiées dans l'*Illustration de Paris*, l'on voit cet objet suspendu par deux cordons à la manière de nos encensoirs actuels; addition tout à fait fantasque et sans fondement.

Numéro 13.—Masque noir en obsidienne aussi luisant et poli qu'une pièce de cristal. Ce sont précisement les circonstances qui font son mérite, et la cause de tant de mutilations que l'on y constate, car quelques personnes se disant intelligents et qui pensaient que c'était une pièce moderne faite en verre lui ont arraché quelques fragments pour les soumettre à l'analyse. Le Musée possède plusieurs de ces objets de toutes grandeurs, mais pas de la même matière, et en général d'un travail très ordinaire. "Apres l'impression de cette estampe (dit Mr. Ramírez), j'acquis un masque provenant du Sud, ouvrage le plus parfait que je connaisse dans son genre. Il est en serpentine creux à la façon des masques. Le masque en obsidienne qui est au Musée a 0.20 de longueur et 0.18 de largeur y compris ses ornements latéraux.

Numéro 14.—Pot en argile.

Numéro 15.—Petit tambour fait d'un seul morçeau en bois dur, dont faisaient usage les méxicains pendant toutes leurs fêtes civiles et religieuses. Il porte le nom de *Teponaxtli*. Le parallélogramme que l'on voit au centre divisé en quatre parties est une lame taillée dans la même souche par trois de ses côtés et fixée par l'autre extremité. Cette lame est de grosseur variable dans chacune de ses parties, produisant par conséquent quatre sons diférents. On joue en le frappant avec une baguette enveloppée de gomme élastique de n'importe quelle matière. Il a 0.44 de longueur et 0.12 de diamètre.

Numéro 16.—Instrument de musique, espèce de hautbois en argile très dure.

Numéro 17.—Bouclier dont les méxicains faisaient usage á la guerre comme arme défensive, sous le nom de *chimali*. Cette figure a été reproduite d'une des anciennes peintures appartenant à la collection de Kingsborough.

Nombre 18.—Des armes et devises mexicaines. On voit premièrement le drapeau ou guidon terminé par un panache. C'était l'enseigne d'un des quatre grands dignitaires de la couronne du Mexique, qui sous le nom *Huitznahuatl* éxerçait des fonctions civiles au palais et en même temps des hautes fonctions militaires. On s'élevait grade par grade en commençant par les inférieures. L'avancement était en raison du nombre de prisonniers que l'on faisaient. Ces devises étaient confectionnées d'un tissu de plumes fines et de couleurs naturelles. Des deux drapeaux que l'on voit au bas de la figure 19 qui représente la pierre du soleil, celui de droite était formé de raies parallèles rouges et blanches coupées par deux panaches de *Quetzalli*, qui terminait sa partie supérieure; à la naissance du panache était une plume bleue formée d'un réseau de filets rouges et jaunes. Cette enseigne était fixée sur une hampe à la manière de nos drapeaux recouverte d'une fourrure, seulement la manière de la porter était différente. Nos porte-drapeaux les portent devant, le soutenant dans l'étui en cuivre suspendu à l'extremité d'une baudrier, Les Mexicains fixaient leurs étendards si solidement sur le dos, qu'il n'était pas possible de s'en emparer sans tuer celui qui le portait. Malgré cela le soldat conservait toute la liberté de ses monuments et était en situation d'accomplir tous les exploits que son courage lui inspirait, qualité d'ailleurs très commune chez les chefs mexicains. Un fait curieux c'est que la forme du drapeau et la manière de le porter sont tout à fait les mêmes que ceux dont une certaine classe de chefs de la milice chinoise font usage. L'on trouve à chaque moment nombre d'analogies orientales quand il s'agit des antiquités mexicaines.

A la gauche de la figure 19 on voit un autre drapeau qui est de même l'enseigne d'un grand dignataire de la couronne et général dénominé *Tizoyahuacatl*; le cadre supérieure qui est plein de petits cercles, était violet foncé, et les raies de la partie inférieure, vert, jaune, rouge et bleu s'alternaient. Le bout était formé d'un *Quetzalli* attaché à un bouton comme celui que nous avons déjà décrit.

Viennent ensuite quatre espèces différentes d'armes; ce sont des lances, des arcs, des flèches, et de l'un et de l'autre côté de celles-ci la lance dentée connue pour le redoutable *Macuahuitl* ou *Macana*, que les Espagnols appelaient epée, et avec laquelle selon les témoins de la conquête, "on abattait d'un seul coup la tête d'un cheval" et tranchent un homme par le milieu du corps. Il était formé d'un gros bâton en bois dur et pesant dont les arêtes étaient armées de petites lances d'obsidienne très aiguisées de 4 à 5 centimètres de largeur pour 5 ou 6 de longueur, ainsi qu'on peut le constater sur les gravures. Clavijero donne une description assez détaillée de cette arme, mais je crois qu'il s'est trompé au sujet des petits couteaux qu'y étaient attachés. Ceux dont il fait mention sont des lances très minces et si aiguisées que les conquérants s'en servaient pour se raser. Il n'est donc pas possible que des pièces si délicates aient pu servir à la confection du *Macuahuitl*. Celles de cette arme étaient solides, semblables à celles de nôtre gravure. Ces armes, poursuit M. Ramírez, ne sont guère abondantes, je n'en ai trouvé que dans un tombeau à Tlaltelolco, elles sont de celles dont je me suis servi pour faire le modèle qui est au Musée à côté d'autres armes originales qui sont cassées.

On voit encore deux figures de forme ovale munies d'un manche, assez semblable aux éventails appelé *Mosqueador*, nom que les conquérants donnèrent à ces objets, qui portaient dans l'antiquité un nom approprié à la matière dont ils étaient confectionés et aux usages auxquels ils étaient destinés. Il servait d'enseigne aux embassadeurs et à une classe d'officiers publics qu'on appelait *Tequihua*, espèce d'émissaires et éxécuteurs des ordres du souverain. Les marchands qui formaient à Mexico une classe distinguée se servaient du *Mosqueador*, tantôt comme d'un signe distinctif, tantôt comme d'un parasol; il paraît qu'ils jouissaient des considérations reservées aux ambassadeurs, comme un privilège accordé au commerce; ils remplissaient souvent des missions ordinaires et s'acquittaient aussi du service d'espionnage. Cette accumulation de différentes fonctions devenait la source des interminables querelles sous lesquelles les rois Mexicains étaient toujours enveloppés et dont ils profitaient pour accroitre leur empire et leur puissance. Les outrages continuels faits aux marchands étaient presque toujours suivis de guerre, et l'on portait la dévastation sur les violateurs du droit public. Sous ce point de vue les Mexicains avaient des institutions que l'Europe civilisée ne mit en pratique qu'au dernier siècle. L'objet dont nous nous occupons est encore en usage sous une forme à peu près semblable, ainsi qu'on peut le voir durant certaines fêtes et sur tout pendant la procession de Corpus Christi; celle-ci a été supprimée par la loi ainsi que toutes les manifestations religieuses publiques. On en confectionne aujourd'hui comme articles d'exportation, faits de plumes et de la feuille d'un palmier nain; ils paraissent identiques à ceux que confectionnaient les Mexicains d'avant la conquête.

Nombre 19.—Pierre circulaire parfaitement taillée d'environ 3 mètres et demi de diamètre, improprement appelée *Calendrier Mexicain*. Ce monument, un des plus remarquables de notre histoire ancienne, a été décrit par Don Antonio de Leon et Gama, érudit mexicain. Il déchiffra dans les sculptures en relief la représentation de plusieurs annales mexicaines et de fêtes nationales, ce qui permit de connaître avec éxactitude l'époque de la célébration de ces fêtes. Il servait aussi de table pour observer les différentes positions du soleil en déclinaison durant la période de 260 jours de l'année lunaire, à partir de l'équinoxe pour se diriger vers le tropique du cancer, jusqu'à sa régression au même equinoxe. Enfin elle servait d'horloge solaire rappelant aux prêtres les heures des cérémonies et des sacrifices.

Cette opinion est contradictoire à celle de l'érudit et studieux Mr. Alfredo Chavero, qui affime que ce monument n'est point un calendrier, mais bien la pierre du soleil, il ne donne pas comme le *Tonalamatl*, veritable calendrier des Mexicains, les jours de l'année et les fêtes qui s'y rapportent, les semaines religieuses de 13 jours pendant lesquelles certaines divinités dominaient, l'année sacrée se composant de 260 jours, et en fin ne répétant pas la succession de 365 jours de l'année solaire. Selon M. Chavero le monument fut construit pour les sacrifices, d'après les ordres d'Axayacatl vers 1479, environ deux ans avant sa mort. La pierre fut enterrée par l'ordre de l'archevêque Montufar qui gouverna le diocèse de 1551 à 1559; déterrée le 17 Décembre 1790 elle fut placée au pied de la tour occidentale de la Cathédrale, où elle est restée jusqu'à la fin du mois de Juillet 1885. Aujourd'hui elle figure au Musée National.

Nombre 20.—Serpent enroulé en forme pyramidale; le corps revêtu da plumes longues et souples ressemble à celui d'un oiseau. Cette effigie fantasque que l'on rencontre souvent dans les anciens monuments et sous des formes colossales nous porte à croire qu'elle est la représentation symbolique d'une des plus anciennes divinités et les plus fameuses du Panthéon Américain; je dis Américain parceque son mythe se retrouve par tout le continent, différant seulement par le nom et par quelques accidents. C'est dans ce symbole que s'est conservé la mémoire d'un personnage mystérieux blanc, barbu qui prêchait la morale la plus stricte et fut l'inventeur des sciences et des arts; il fut aussi le prêtre et le civilisateur du peuple qui a gardé son souvenir. Avec d'aussi nombreuses qualités, il devait avec le temps compter au nombre des divinités. Les péruviens l'appelèrent *Manco-Capac*, les muiscas *Bochicá*, les yucatecos *Kukulau*, les mexicains *Quetzalcoatl* etc.; quant aux missionnaires chrétiens, étonnés de trouver parmi des peuples semi-barbares une morale pure et des pratiques toutes pareilles à celles du christianisme, ils s'imaginèrent que celui-là était un élève de Jesus-Christ, un de ses apôtres venu au Nouveau Monde, pour y prêcher la nouvelle foi. Un écrivain mexicain d'imagination inventive, alla si loin dans cette voie, qu'il prétendit démontrer au point de vue historique, philologique et même grammatical, que ce fut l'apôtre Saint Thomas sous le nom de *Quetzalcoatl*, car ce nom, traduit à l'espagnol veut dire Thomas.

La véritable signification ou pour mieux dire, la valeur phonétique du symbole, en le considérant comme une phrase hiéroglyphique lue comme on lit les *rébus* à la mode aujourd'hui dans certains journaux littéraires français, nous donne le mot composé *Quet-zatl-coal* qui traduit littéralement veut dire, «couleuvre ou serpent de Quetzalli;» dans l'antiquité ce dernier mot avait différentes acceptions. La racine du mot provenait du bel oiseau appelé *Quetzalcoatl*, ou Quetzalli, nom qui lui venait des deux belles et brillantes plumes qu'il portait à la queue. Ces plumes constituaient les principaux articles du tribut qu'on payait aux rois mexicains; on en confectionnait des éventails, des banderolles, des panaches etc., qui portaient aussi le nom de Quetzalli. Métaphoriquement ce mot s'appliquait à tout ce qui était beau, apprecié, de grand mérite etc. Il faisait aussi partie du langage affectueux comme un mot d'une douceur caressante. Bien que nous ayons donné diverses significations du mot, il est difficile de le traduire exactement.

Quetzalcoatl était une divinité de premier ordre; on la trouvait multipliée sous toutes les formes exerçant sa domination au ciel, sur la terre et dans les airs. L'effigie reproduite dans l'estampe est en porphyre basaltique de 0.34 de hauteur, et de 0.30 de largeur à la base.

Le Musée en possède d'autres de plus grandes dimentions.

Numéro 21.—Bouclier et carquois rempli de flèches copié d'après d'anciennes peintures mexicaines appartenant à la colléction de Kingsborough.

Numéro 22.—Masque en terre cuite d'un travail et d'un fini parfaits. L'aspect grimaçant de ce masque, les ornements et les lézards en relief qui le décorent portent à croire qu'il était destiné à l'usage de bouffons. On sait qu'ils remplissaient le premier rôle dans certaines danses, qu'une police par trop tracassière et ridicule, imbue des progrès de la civilisation moderne a cru devoir défendre.

Numéro 23.—Vase en pierre de tecalli de 0.115 de hauteur et 0,003 de diamètre. Il affecte la figure d'un singe; les yeux sont en cristal de roche poli sur fond noir. Par son caractère et son usage il est identique à celui du numéro 1.

Numéro 24.—Instrument en argile cuite encore en usage aujourd'hui chez les femmes indigènes, sous le nom de *malacate* (malacatl) ou fuseau pour filer le coton.

Numéro 25.—Figure en argile représentant l'oiseau domestique mexicain, appelé parmi le vulgaire *guajolote* (huaxolotl) ou dindon; il forme une espèce de chandelier de 0.13 de hauteur dont l'antiquité est très douteuse.

Numéro 26.—Moule en terre cuite portant une poignée à sa partie supérieure en forme de cachet. Il semblerait qu'il était spécialement destiné à imprimer les ornements dans les poteries. Le Musée compte un grand nombre de ces objets. Sa longueur est de 0.85.

Numéro 27.—Urne cinéraire en argile d'un beau travail, elle paraît être soutenue par deux figures humaines inversement placées et entourées de leur attributs; l'une d'elles est visible sur l'estampe, elle représente la déesse *Centeotl*, la *Cérès* mexicaine, protectrice des moissons et sur tout du maïs duquel nom, en mexicain *centli*, et du mot *Teotl* (dieu) est formé le nom de la déesse; elle porte encore un collier d'epis de maïs,

alternant avec la fleur appelée *cempoalxochitl*. Le Musée possède deux de ces vases qui ont été découverts accidentellement dans les fouilles de Tlaltelolco; ils étaient recouverts d'une tablette circulaire en argile, et contenaient tous deux des ossements humains, et des cendres. Leur confection soignée pousse à croire qu'ils appartenaient à quelque grand personnage, peut être bien à quelque ancien roi de Tlaltelolco. Les couleurs sont bien conservées. Ils ont 0.55 de hauteur et 0.50 de diamètre d'ouverture.

Numéro 28.—Objet en terre de 0.22 de hauteur. Le profil de cette pièce permet de voir distinctement le vase ou encensoir placé dans la partie postérieure. L'animal figuré et que l'on aperçoit indistinctement, représente une chauve-souris irritée ou épouvantée.

Numéro 29.—Cylindre en basalte taillé sous forme d'un faisceau pareil à ceux des *faisceaux* romains, lié par deux cordes dont l'une fait un double tour vers les extrémités. Une ouverture circulaire traverse le faisceau, elle était probablement destinée à le suspendre et à le maintenir dans la position horizontale au moyen d'une corde. Un relief sculpté occupe le carré du centre, il symbolise l'année *Ome-Acatl*, durant laquelle on célébrait la fête cyclique du renouvellement du feu. Le cycle mexicain était de 52 ans.

Numéro 30.—Vase en terre cuite de 0.155 de hauteur. Par son grain, sa solidité et sa légèreté il ressemble aux vases étrusques ordinaires. Les ornements en blanc et de couleur ocre de différentes nuances ont été peints avant la cuisson. Il semblerait que ce vase ainsi que ceux représentés sur la planche numéro 2 étaient de ceux destinés à l'usage du culte.

Numéro 31.—Statue parallelipipédique en porphyre trouvée dans les ruines de Teotihuacan, de 3.19 de hauteur et de 1.65 à la base. Son volume est de 8^m68 sa densité de 1.88, son poids de 16318 kils.

Numéro 32.—Statue de femme en porphire basaltique de 0.77 de hauteur. Par son travail très soigné elle est sans conteste considerée comme une des plus belles pièces du Músée. Elle est fruste de ses pieds et de ses mains, et les attributs qui pourraient guider les recherches, faisant défaut, il est impossible de connaître le nom de la divinité qu'elle représente. Les ornements en forme de houppe qui pendent au dessus des oreilles, comparés par le baron de Humboldt à la calantique de quelques divinités égyptiennes, différaient tout à fait de celle-ci, ils servaient de devise et de parure à l'ancienne noblesse et étaient confectionnés de plumes fines bigarrées.

Numéro 33.—Deux colonnes semblables provenant de l'ancienne Tollan, extraites d'un fossé ouvert sur le flanc de la colline "Tesoro" située à courte distance de la moderne Tula. Elles sont de basalte et monolithes; elles ont à la base un mètre de largeur et 2.06 de hauteur. Les fûts portent quatre nœuds ou *talpillis* qui représentent probablement la période de 13 ans, soit ensemble le siècle toltèque de 52 années. Un masque de serpentine de grandeur naturelle se trouve dans notre dessin à la base des colonnes.

Numéro 34.—Statuette en pierre de chiluca (grés à gros grains) de à 0.82 de hauteur. Par sa pose elle appartient à un genre très répandu parmi les antiquités mexicaines. On rencontre dans les Musées egyptiens d'Europe des statuettes semblables à la précédente.

Numéro 35.—La fameuse pierre connue vulgairement sous le nom de *Pierre des Sacrifices*, n'est qu'un monument commémoratif des victoires de Tizoc; le développement du cylindre porte des symboles qui ne représentent pas comme le supposait Gama, des danseurs, mais bien des groupes de vainqueurs et de vaincus; les figures sont arrangées, deux par deux, l'une saisissant l'autre par les cheveux. Le vaincu tenait dans la main gauche un faisceau de flèches dont les pointes étaient dirigées vers le sol; dans la main droite une arme qu'il offre au vainqueur en signe de soumission, en tout semblables, à ceux des monuments égyptiens et syriens. Dans chacun des groupes et vers la partie postérieure de la tête du prisonnier, on aperçoit un caractère hiéroglyphique

que indiquait phonétiquement, le nom des peuples auquel appartenait le prisonnier.

L'édifice du soleil sculpté en relief sur la section supérieure du cylindre indique que ce monument était consacré à cet astre, l'une des principales divinités de l'Empire, comme un hommage rendu pour les victoires remportées.

Les mexicains, ainsi que les romains, les grecs et tous les peuples renommés de l'antiquité comprenaient, que tous les actes nobles et courageux devaient se rapporter à la divinité.

Les curieuses investigations de Gama ont pour objet d'établir une relation entre ce monument intéressant et le culte religieux.

La cavité circulaire et le canal que s'en dégage, dit M. Ramírez, firent croire que cette pierre était destinée aux sacrifices humains, on supposait que le sang de la victime coulait dans cette cavité jusqu'à déborder.

"Ce monument découvert le 17 Décembre 1791, près de l'angle de la Cathédrale du côté de la rue de l'Empedradillo, fut placé à l'endroit où se trouve aujourd'hui une inscription sculptée sur une dalle en pierre dure, que j'ai fait placer en 1852 étant Ministre des Affaires Étrangères." M. Ramírez dit dans le mémoire en question:

"Comme l'inscription commence à s'effacer, je la copie, afin d'en conserver le souvenir: Ancienne place de la pierre appelée de sacrifices transportée au Musée National le 10 Novembre 1824."

Les travaux exécutés pour l'établissement du jardin du parvis de la Cathédrale, ainsi que le pavage de la place, feront probablement disparaître tout à fait, l'endroit designé, toutefois afin que celui-ci puisse être retrouvé à n'importe quelle époque, nous donnerons les renseignements suivants: première distance, du centre du pied de la tour occidentale de la Cathédrale en direction du Sud 48 mètres; seconde distance: du même point vers l'Ouest et perpendiculairement à la première 38 mètres.

La connaissance du lieu, poursuit M. Ramírez, sera plus

tard d'une grande utilité pour établir certains rapports encore très douteux.

A l'egard du trou de mine et de la fracture, on raconte qu'à la découverte de cette énorme masse, et vu les grandes difficultés que son déplacement présentait. on tenta de la détruire comme on le fit malheureusement avec beaucoup d'autres monuments des débris desquels on se servit pour le pavage de la place. Dans ce but, on entreprit le forage; en ce moment passait par là le chanoine Gamboa qui empêcha cet acte de vandalisme. Il réussit à se faire écouter, et la fit transporter à l'endroit designé plus haut, ou elle resta jusqu'à la fin de 1823 elle fut transportée à l'université, un ou deux jours après le transfert de la statue de Charles IV.

Au point de vue historique ce monument présente un réel intérêt car il fournit des renseignements que l'on ne saurait trouver ni dans les manustrits ni dans les livres. L'époque de son érection remonte vers 1481 à 1486 sous le règne de Tizoc, très probablement en 1482, usage religieusement observé par les souverains mexicains d'entreprendre aussitôt élus une campagne afin de se procurer des victimes humaines qui étaient sacrifiées en l'honneur de leur exaltation. Le monument est en porphyre basaltique très dur, de 2.27 de diamètre sur 0.63 de hauteur. Les reliefs du cylindre ont 0,021 de hauteur et ceux de l'effigie du soleil ont 0.025.

Numéros 36 et 37.—Deux instruments de musique différents de celui qui a été décrit au nombre 15, n'ont pas comme le teponaxtle les deux lances vibrantes en bois dans le centre de l'instrument. La sonorité est produite par les vibrations d'une peau tendue placée à sa partie supérieure à l'instar de nos tambours.

Les caisses qui sont représentées dans les figures sont en bois fin et fouillées avec un goût exquis; elles sont la propriété de l'Avocat Diaz Leal.

Numéro 38.—Un des plus beaux spécimens de l'art mexicain. Cette statue fut découverte sur la *Mesa de los Coroneles*, pendant une expédition que je fis avec Messieurs Almaraz et Hay, pour visiter les ruines de *Mitlaltoyuca*. Elle est de grandeur naturelle et frappe tout particulièrement l'attention par sa ressemblance absolue avec les momies égyptiennes. Elle est parfaitement sculptée dans un bloc de basalte. A notre retour à Mexico nous avons entrepris de la faire transporter pour en doter le Musée; à cet effet nous l'avons envoyée à Huauchinango où elle est restée jusqu'à ce jour.

Numéro 39.—Joli objet artistiquement travaillé; il représente la divinité *Tlatecolotl*, ou *Tecolotl*; l'homme hibou. Il a 0.38 de hauteur.

Numéro 40.—Statuette en terre cuite, de 0.40 de hauteur qui porte à ses pieds une ouverture en forme de tuyau produisant une sorte de sifflement lorsqu'elle est exposée à un violent courant d'air. On assure que placée dans une position, favorable et exposée aux vents régnants cette statuette, comme dans les montagnes des environs d'Orizaba, produisait le siflement dont il a été question plus haut.

Numéro 41.—Statue d'une divinité mexicaine, primitivement sur un autel, au sommet de la montagne de Tepeapulco-aujourd'hui *Peñon viejo* ou *del Maqués*. Cortés y livra une ba, taille sanglante et acharnée, Ce fut en procédant aux travaux de fortifications en 1847, qu'on trouva la statue renversée, brisée et couverte de terre. La crosse qu'elle tient dans la main droite, est cassée vers sa partie supérieure, de même que l'aile gauche de la coiffure. Elle porte une bourse sem, blable à celles dont les prêtres faisaient usage pour garder l'encens. Elle a la taille enveloppée d'un large écharpe dont les hommes faisaient usage pour cacher leur nudité, depuis les esclaves jusqu'à l'Empereur. Les tâches noirâtres de la figure ont été produites par la fumée thuriféraire, elles forment une croûte d'un milimètre d'epaisseur. Que de siècles se sont écoulés pour produire cet encroûtement, si nous tenons en compte que la statue était exposée aux intempéries et placée à une hauteur où elle était baignée par tous les vents. L'iconologie mexicaine est encore très arriérée pour fixer avec précision les noms et les attributs de cette divinité.

Il semblerait qu'elle fut une des protectrices du commerce et de la sécurité des routes. La statue mesure 1.44 de hauteur y compris le piédestal; elle est en porphyre basaltique et porte encore des traces de peinture. Elle a été badigeonnée à la chaux, très probablement par ordre des missionnaires.

SECONDE PARTIE.

IMMIGRATIONS ET HISTOIRE ANCIENNE.

Jusqu'à ce jour personne n'a encore levé le voile qui cache l'origine des premiers fondateurs de Mexico. Les ruines que l'on rencontre disséminées sur notre territoire accusent une série d'immigrations du Nord vers le Sud; fait avéré d'ailleurs par la distribution des idiomes dans cette partie du Continent Américain.

Ces ruines dont l'importance va toujours en croissant, ainsi que la division des langues, témoignent tantôt le passage des tribus cherchant des terrains appropriés à leur besoins, tantôt les lieux où elles fixèrent définitivement leur résidence pour s'y constituer en sociétés. En Amérique de même qu'en Europe, l'histoire et la tradition restent muettes sur l'origine des races qui ont primitivement peuplés ces Continents; on possède dans le nouveau aussi bien que dans l'ancien monde les débris de grands édifices détruits par le cours des siècles et qui attestent la persévérance des races primitives inconnues.

Plusieurs historiens prenant pour base l'interprétation hiérogliphyque des monuments et des papyrus indigènes, ont tracé les itinéraires suivis par les races qui peuplèrent les riches contrées de l'Anáhuac, particulièrement la marche de sept groupes ou familles que descendirent successivement du Nord, parlant tous la même langue, le *nahuatl* ou mexicain. L'histoire reste muette quant à l'origine de ces races, elle nous laisse ignorer aussi la cause de la multiplicité des langues, ainsi que les motifs pour les quels les dites races abandonnèrent leur ancienne patrie. D'après le tableau descriptif et comparatif des langues indigènes, de Pimentel, aucun des cent huit idiomes qu'il a classés n'a de rapports avec les langues asiatiques, même l'othomi langue monosyllabique que l'on croyait issue du chinois. Néanmoins son identité avec la langue exquimale nous porte à induire d'une communication directe entre l'Asie et l'Amérique, fait que je viens de corroborer par la forme générale des anciens monuments, ainsi que l'art des constructions. Les tumulis (d'après John Lubook, "L'homme avant l'histoire,") se trouvent répandus par toute l'Europe et l'Asie, des côtés de l'Atlantique aux monts ourales, couvrant une grande étendue des steppes de l'Asie, des frontières de la Russie, jusqu'au Pacifique: et des plaines de la Sibérie jusqu'à celle de l'Indostan; de la même manière au Mexique on trouve des monuments du même genre disséminés des rives du Gila jusqu'à celles de l'Usumacinta, et du littoral de l'Atlantique jusqu'à celui du grand Océan. Ces pyramides dans l'ancien comme dans le nouveau Continent, paraissent être le fruit et le résultat de la même pensée. On conjecturait de cette observation, qu'étant donnés pour tous les peuples, les mêmes besoins, la manière de les satisfaire devait être identique. Les peuples, aussi bien les anciens que les modernes avaient l'habitude d'ensevelir avec les cadavres les différents objets et ustensiles de leur usage personnel, la pensée, bien qu'uniforme était cependant indépendante de ce besoin, et selon l'opinion de Lubook, opinion que je partage à l'égard des américains, nous pouvons induire de là, que ces peuples croyaient vaguement à l'immortalité de l'âme et à une existence matérielle après la mort.

Dans mon "Essai comparatif entre les pyramides égyptiennes et mexicaines," je n'ai pas seulement fixé mon attention sur la forme de ces monuments, qui a pu parfaitement être adoptée par divers peuples malgré l'absence de toute communication, mais bien plutôt, sur ses détails et j'ai déduit d'analogies incontestables, d'identité de connaissance entre les deux peuples, sans affirmer pourtant que les premier habitants du Mexique fussent d'origine égyptienne, erreur dans laquelle tomberaient, les personnes qui ne liraient que le titre de mon livre.

Don Fernando Ramírez d'une érudition incontestable en matière historique, constate dans ses études sur les armes, emblèmes et devises, que les analogies orientales se représentent constamment dans les anciennes coutumes mexicaines; il croit même avoir trouvé une certaine ressemblance entre les relief de la pierre commémorative de Tizoc, connue sous le nom de pierre des sacrifices, et ceux du même genre des monuments égyptiens et assyriens.

Nous dirons plus; les anciens monuments de l'Inde et ceux de la presqu-île de Yucatan, et tout particulièrement ceux d'Uxmal et Chichen-Itza, qui, bien que différents, sous le rapport de la construction et de l'ornementation, conservent toutefois de nombreuses analogies.

Les nombreuses observations et analogies de ressemblance, et encore beaucoup d'autres que je pourrais invoquer, me placent au nombre de ceux qui croient à une communication directe entre les peuples des deux continents, et que ces immigrations sont venues du Nord, sans pour cela nous mettre en contradiction avec ceux qui prêtent une origine orientale aux immigrations.

On doit espérer que de nouvelles preuves viendront avec le temps confirmer l'opinion exposée par mon ami D. Alfredo Chavero dans la première partie de l'ouvrage intitulé "Mexico à travers les siècles."

L'histoire de Mexico commence, par les annales Toltèques bien que d'autres peuples comme les Ulmèques, Xicalanques,

Mayas et Othomies, soient à Icatlan en 583. Ils fondèrent Tuxpan en 590. Ils séjournèrent à Tepetla en 596 et continuèrent ensuite par Ixtachuexica en 619 et Tollancinco en 645; ils se fixèrent enfin à Tollan dont ils firent leur métropole en 661. D'après les annales de Cuautitlan, cette ville n'aurait été fondée qu'en 674. Il existe donc entre les deux chronologies une différence de 13 années. La longue pérégrination qu'ils entreprirent de l'époque où ils abandonèrent leur pays natal jusqu'à leur arrivée à Tula (Tollan) où ils jetèrent les fondements de leur puissant royaume dura 117 années.

Gouvernée par onze monarques, le peuple cultivé développa vigoureusement sa civilisation et poussa, grâce à son respect pour les lois établies, à son amour du travail et à ses différentes aptitudes pour les arts et l'agriculture, aussi loin que possible la prospérité matérielle du pays.

Malheureusement il fut totalement détruit vers l'an 1116 à la suite de querelles avec les habitants de Nextlapan, et de la malheureuse guerre de Xalisco qui se prétendait des droits au royaume.

Le rémarquable étude de Don Alfredo Chavero, qui sert d'appendice à l'ouvrage de Fray Diego Duran, "Histoire des Indes de la Nouvelle Espagne" relève les erreurs chronologiques, que nos premiers historiens transmirent à ceux qui poursuivirent plus tard les mêmes recherches historiques; d'autant plus, que les annales de Cuautitlan écrites en Mexicain vers 1563 à 1569 et sur lesquelles s'appuie Chavero, servent à détruire les dites erreurs. Les annales mentionnées sont parfaitement dignes de foi, elles sont surtout l'interprétation exacte des hiéroglyphes laissés par un indigène très versé dans la connaissance des traditions et des caractères figurés.

Dans les annales en question ces faits s'y déroulent dans leur ordre chronologique.

Les Toltèques maîtres du territoire où ils fondèrent leur royaume débutèrent par le gouvernement monarchique, en élevant au trône vers l'an 700 Mixcotzatzin; il est bon de signaler ici la différence qui existe entre la chronologie d'Ixtlixochil et celle des annales de Cuautitlan.

SELON IXTLIXOCHIL.

1	Chalchishtlanetzin	617
2	Ixrlicucchahuac	719
3	Huetzin	771
4	Totepehu	823
5	Nacaxoc	875
6	Mitl	927
7	Xiuhtlalzin (reine)	986
8	Tepancaltzin	990
9	Topiltzin	1042
	Destruction du royaume	1115

ANNALES DE CUAUTITLAN.

1	Mexcoamazatzin	700
2	Huetzin	765
3	Totepehu	765
4	Ilhuitimaitl	887
5	Tepiltzin Quetzalcoatl	925
6	Matlaexochil	947
7	Nauhyotzin	997
8	Matlacoatzin	1025
9	Huemac	1046
10	Quetzalcoatl II	1048
	Destruction du royaume	1116

Mr. Chavero s'attache à expliquer la différence chronologique, ainsi que le nombre des souverains, par l'idée systématique des anciens historiens, de régler la durée du règne de chaque souverain à une période de 52 années, selon la loi de succession des Toltèques; il croit que la différence des noms des rois provient de ce que ceux-ci, en portaient plusieurs, et que quelques uns d'entre eux sont cités par Ixtlixochil, et que d'autres figurent dans les annales de Cuautitlan.

La destruction des Toltèques fut suivie de près en 1117 par l'irruption des chichimèques, tribu de chasseurs qui se répaudit rapidement sur une vaste étendue du territoire, formant partie des Etats de Mexico, Hidalgo et Puebla. Leur point de départ fut Amaquemecan que les historiens placent dans une région situé au Nord du continent, et voisine de Huehuetlapallan.

Les chichimèques ayant en connaissance de la destruction du royaume Toltèque, fait qui leur avait été confirmé par les explorateurs dirigés vers Xalisco, résolurent d'occuper le territoire abandonné, et entreprirent dans ce but, vers 1117, leur pérégrination. De Oyame, selon Mr. Orozco et Berra, ils se dirigèrent sur Cuextecatlichocayan et Coatlicamac, lieux habités par les Mexis, ce qui les détermina à traverser Xalisco et le Michoacan. Ils se dirigèrent sur Tepenec et atteignirent Tollan, qu'ils trouvèrent détruite. Le roi Xolotl y laissa quelques habitants afin de repeupler la ville, et continua sa marche avec le gros de ses forces vers le N. E. afin d'attendre Mexiquiyahualla, puis Actopan. Ils tournèrent ensuite vers le Sud, et penetrèrent dans la vallée où ils s'établirent dans le voisinage de nombreuses grottes non loin de Xaltocan, à laquelle ils donnèrent le nom de Xoloc.

Cette fondation remonte à 1120. Les chichimèques poursuivirent leurs découvertes et s'emparèrent d'une grande extension de territoire.

Il paraît inadmisible que vu le court espace de temps écoulé entre la destruction de l'Empire Toltèque, et l'occupation du pays par les chichimèques, ceux-ci aient parcouru avec leurs familles l'enorme distance qui sépare l'Amaquemecan du territoire toltèque.

Si la relation historique et chronologique est éxacte, il est très probable qu'ils descendirent de Xalisco et non pas des lointaines régions d'Amaquemecan; ce n'est que dans cette hypothèse qu'ils purent avoir connaissance de la destruction de l'Empire Toltèque; à cet effet ils envoyèrent leurs explorateurs afin de confirmer le fait, et ils mirent en suite en mouvement toute leur tribu pour occuper le territoire perdu.

Il est même probable que le lieu en question n'est autre

que celui connu aujourd'hui sous le nom de *Valle de Ameca*, district de Sombrerete, Etat de Zacatecas. Dans ce cas le long itinéraire suivi par les chichimèques se réduirait à une pérégrination partielle. Nous conservons donc tous nos doutes au sujet du pays d'origine des tribus qui ont primitivement peuplé le territoire.

Clavijero met en doute que la destruction compléte de tous les monuments toltèques ne soit d'après le calcul de Torquemada, que l'œuvre de neuf années. S'il ne s'agissait que de l'œuvre du temps, l'observation de l'illustre historien ne serait pas sans valeur; mais ici la ruine n'est que la conséquence d'une guerre désastreuse.

On doit tenir compte de l'indication précieuse donnée par Torquemada à l'égard de la situation peu eloignée d'Amaquemecan qu'il suppose à 600 milles au Nord de Xalisco. Il appuie ses considérations sur ce que les lieux cités dans l'itinéraire, appartiénnent les uns à la vallée et les autres aux régions voisines.

Pendant leur pérégrination les chichimèques trouvèrent tristes, inhabités et ravagés les lieux que l'on voyait autrefois si peuplés et si florisants, tels que Tula et Teotihuacan. Lors qu'ils occupèrent la vallée, les Toltèques qui avaient survécus à la catastrophe l'avaient abandonnée et s'étaient disséminés au loin en petits groupes à Tehuantepec, Quautemallan, Tecocotlan, Coatzacoalcos et Tiauhcahuac, et en plus grand nombre è Quauhtitenco, Chapoltepec, Totoltepec, Tlaxcallan, Cholollan, Tepexomaco et particulièrement dans le royaume de Colhuacan, d'où le nom de Colhuis.

Vers l'an 820 de l'ère chrétienne d'après Frai Diego Duran, sept tribus nommés Nahuatlacas, (de nahua, langue, et tlacatl, personne qui parlent la langue Nahuatl) quittèrent Chicomotzoc et entreprirent une pérégrination qui dura plus de 80 ans. Ils atteignirent successivement la vallée de México. Chicomoztoc signifie, *sept grottes;* il est probable que le mot se rapporte plutôt aux sept tribus ou aux villes d'où celles-ci sortirent.

Ce furent les Xochimilcans qui les premiers atteignirent la vallée; ils la parcoururent en tous sens et firent le tour du grand lac. Ils fixèrent leur résidence dans l'endroit au Sud de la vallée qui aujourd'hui porte encore leur nom. Ils étendirent leur domaine jusqu'à Tochimilco sur le versant Sud du Popocatepetl, à Ocuituco, Tetelameyapan, Xumiltepec, Tlacotepec, Tepuxtlan, Chimalhuacan, Mixquic et Colhuacan, sur les montagnes situées entre le Popocatepetl et le volcan d'Ajusco, sans rencontrer aucune opposition de la part des chichimèques.

Les chalcans arrivèrent peu de temps après, et s'établirent à leur tour au S. E. du lac, à Tlalmanalco, dont ils firent leur capitale, puis à Amecamecan, Chalco, Atenco et l'endroit connu aujourd'hui sous le nom de St. Martin. Ils délimitèrent pacifiquement avec les Xochimilcans les lisières de leurs Etats.

Les chalcas suvirent les Tepanecas qui peuplèrent la région occidentale de la vallée entre la Sierra de Guadalupe et les collines de Naucalpan, divisant sa cour entre Azcapotzalco et Tlacopan —aujourd'hui Tacuba.— Les Tepanecas étendirent leurs domaines à Tenayuca, Tlalnepantla, au Nord, et à Atlacuihuayan, au Sud, confinant avec la Sierra habitée par les Othomies.

Après la tribu Tepaneca arriva la Texcocana, guidé par les efforts de prudents chefs et s'établit à l'orient du grand lac, fondant le fameux royaume de Acolhuacan, un des plus puissants de l'Anahuac et dont la capitale était Texcoco.

Cette tribu civilisa les chichimecas et étendit son autorité à des endroits éloignés, comme Huesotla et fonda des populations comme Tepetlaostoc, Aculman, Chiautla, Tlantepechpan, Tepexpan et Otumpan, connu aujourd'hui sous le nom d'Otumba.

Aux Texcocanos suivirent les Tlahuicas, lesquels trouvant occupées les rives du lac, continuèrent au Sud, traversant les montagnes d'Ajusco et fixèrent leur résidence à Cuaunahuac —ou Cuernavaca— et s'étendirent dans les riches et fertiles régions de Yautepec, Huastepec, Acapitetlan, Tlaquiltenango et beaucoup d'autres endroits, qui, après la Conquête, formèrent le "marquisat" de la Vallée, titre qui fut donné à Cortès.

Bien que les terrains qui environnaient le lac fussent occupés, les Tlaxcaltèques purent s'établir sans encombre sur le rivage oriental qu'ils occupèrent longtemps. Cette tribu, aussi guerrière que nombreuse, inspira des craintes sérieuses aux tribus voisines, des dissensions s'en suivirent et terminérent par les armes. La sanglante bataille de Poyauhtlan, que les Tlaxcaltèques soutinrent contre les tribus confédérées, leur fut favorable; malgré leur victoire ils préférèrent émigrer; ils traversèrent la *Sierra nevada* très accidentée et se mirent à la recherche d'une contrée où ils pourraient fixer leur résidence et s'y développer tranquillement sous la bienfaisante influence d'une liberté complète. Quelques uns se dirigèrent vers Tollancinco et Cuauchinanco, d'autres sur Quauhquechollan, toutefois le plus grand nombre d'entre eux, sous les ordres d'un chef continuèrent leur marche par Cholollan, ils contournèrent le versant escarpé du Matlacauyatl et atteignirent le village de Contla où ils firent halte. C'est de ce point qu'ils dirigèrent leurs opérations afin de conquérir le pays occupé par les Ulmèques et les Xicalancans. On voit encore à l'Ouest du Santuario de St. Miguel del Milagro, les traces de la ville de Cacaxtla. Les luttes sanglantes soutenues avec tenacité et la bataille malheureuse de Xocoyucan condamnèrent ces tribus á une nouvelle émigration, les uns se portèrent sur Zacatlan et Otlatlan á l'Orient; les autres se dirigèrent vers les plaines d'Apan, s'arrêtan á Huehuechocan, dont la traduction litterale est "où les anciens pleurèrent," c'était en effet l'endroit où les vieillards exhalaient leurs plaintes.

Les Tlaxcaltèques entrainés par leur courage aventureux étendirent leur domination et fondèrent une République oligarchique fameuse, gouvernée par un sénat composé de seigneurs et des chefs des districts. Dans le principe la Répu-

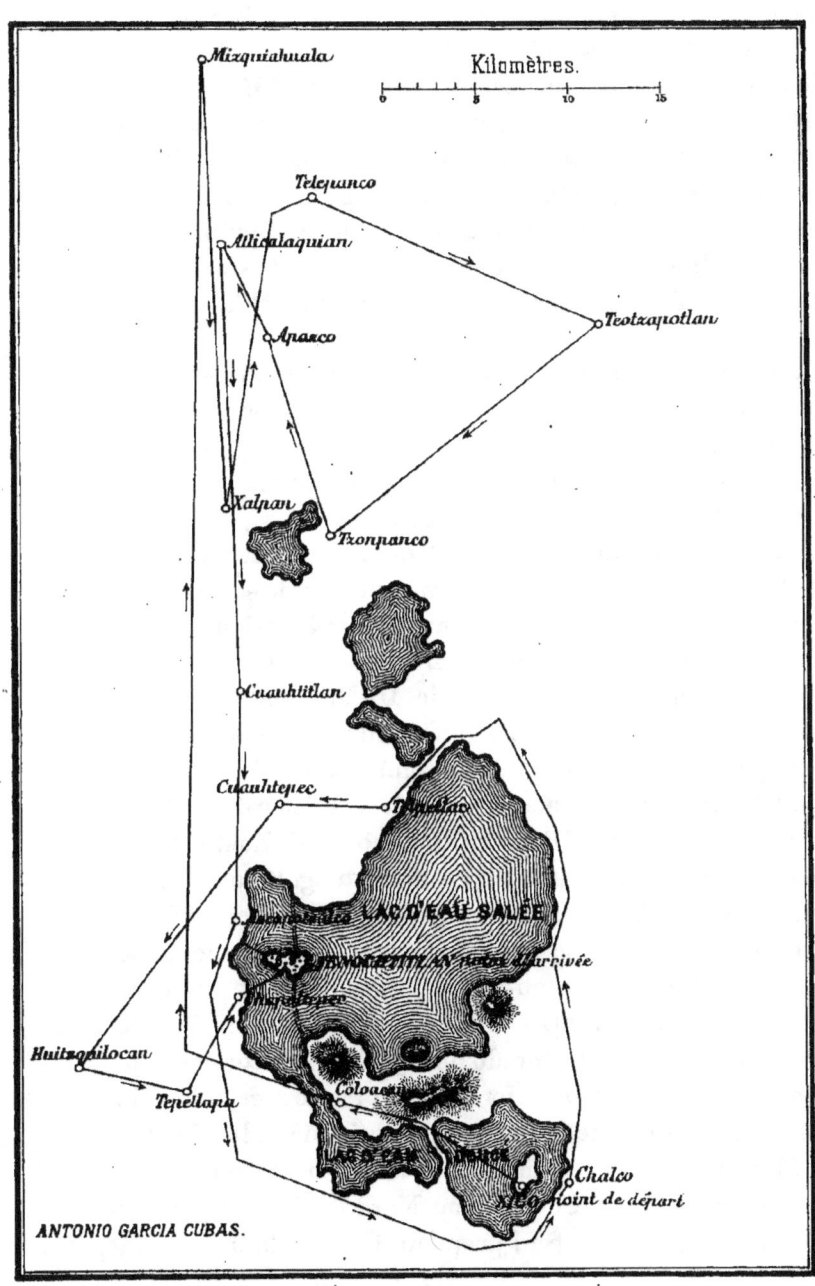

PERÉGRINATION DES AZTÈQUES, DANS LA VALLÉE DE L'ANAHUAC.

blique était divisée en deux districts, plus tard cette division fut modifiée par la création de deux nouveaux districts.

La prépondérance acquise par les Tlaxcaltèques, inspira de sérieuses craintes aux Huexocincans qui se confédérèrent avec les Etats voisins, et declarèrent une guerre d'extermination qui leur fut contraire car les Tlaxcaltèques aidés des Texcocans sortirent vainqueurs de la lutte; et grâce à la neutralité des Tepanèques ils purent reconstituer leur République sur des bases solides. La capitale aujourd'hui ruinée de cette ancienne République se trouve à peu de distance de la moderne Tlaxcala.

La dernière tribu Nahuatlaca qui se fixa dans la vallée de Mexico fut celle des Aztèques ou Mexicains dont l'histoire est pleine d'interêt, tant par les événements qui précédèrent leur établissement, que par ceux qui préparèrent et déterminèrent plus tard leur ruine complète.

Quant à l'immigration de cette tribu les anciens historiens tombèrent dans l'erreur en donnant une interprétation toute différente de la réelle, à la peinture de la pérégrination, qui commença dans une Ile et se termina à la fondation de Mexico, d'après l'intéressante étude de D. Fernando Ramírez: Ils déduisirent de cette fausse intérpretation la connaissance par ce peuple du déluge et de la confusion des langues.

De là la version des anciens historiens à l'égard du déplacement des Aztèques. D'après Clavijero les Nahuatlacas qui habitèrent Aztlan leur patrie, au nord du golfe de Californie jusqu'à l'an 1160, de l'ére vulgaire, 820 selon Frai Diego Duran, suivirent les conseils de Huitziton, seigneur jouissant parmi eux d'une grande autorité, qui les poussait à changer de résidence. Ils entreprirent leur émigration vers le Sud, traversèrent le fleuve Colorado que quelques historiens, Torquemada entre eux, croyaient être un bras de mer, selon l'interprétation donnée de la peinture mentionnée plus haut et que Clavijero croit être l'image du déluge universel.

Ils passèrent le Rio Colorado au Nord du 35°, et poursuivirent leur route ver le Sud jusqu'au fleuve Gila où existent encore des ruines de grands édifices. Ils s'y fixèrent quelque temps.

De là ils continuèrent leur route, et s'arrétèrent dans un endroit connu sous le nom de *Casas Grandes*, situé au N. E. de Chihuahua. Le nom de cette localité lui vient du grand nombre d'édifices ruinés qu'on y rencontre encore. En suite ils traversèrent les montagnes escarpées de Tarahumara, et arrivèrent à Hueycolhuacan, aujourd'hui Culiacan, où ils se fixèrent trois ans durant lesquels ils bâtirent des maisons et confectionnèrent une statue en bois de Huitzilopochtli leur dieu protecteur. Ils quittèrent Hueycolhuacan emportant leur dieu que des prêtres nommés à cet effet trainaient sur le *teoicpalli* (chaise de dieu) et arrivèrent à Chicomoztoc, aujourd'hui selon Clavijero, les ruines de la Quemada, au Sud de Zacatecas, où aboutirent ensemble les sept tribus Nahuatlacas.

Soit à la suite des dissensions qui surgirent entre elles, soit pour mieux obéir au commandement de leur dieu, selon ce que leurs disaient les prêtres, elles se divisèrent dans l'ordre suivant; en reprenant leur route vers le Sud: Xuchimilques, Tepanèques, Colhuas, Chalcans, Tlahuicans et Tlaxcaltèques, mais les Aztèques restèrent avec leur dieu et continuèrent plus tard leur peregrination du Côté d'Ameca, Cocula, Sayula, Zacatula et Malinalco pour arriver enfin à la fameuse ville de Tollan vers 1196.

Pendant le voyage la tribu se divisa à Catlicamac en deux fractions qui, malgré leur rivalité, marchèrent ensemble jusqu'à leur établissement à Texcoco. Les uns prirent le nom de Tlaltelolcos et les autres celui de Tenochcas.

D'après les peintures même des Aztèques on fait remonter à l'époque de leur passage dans le Michoacan l'horrible coutume des sacrifices humains. Ils demeurèrent neuf ans à Tula et onze ans dans d'autres localités voisines. Ils passèrent ensuite à Tzompango où le seigneur de la ville, marie son fils à une belle fille mexicaine. Huitzilihuitl naquit de ce mariage à Tizayuca. Ils quittèrent Tizayuca en passant successivement par Tolpetlac, Tepeyacac et Chapoltepec, mais s'y voyant souvent en butte aux véxations des autres tribus, ils se réfugièrent dans l'archipel d'Acocolco du côté occidental du lac.

On trouvera l'itinéraire des tribus Nahuatlacas dans la carte X de l'Atlas pittoresque dressé d'après les données des anciens historiens du Mexique.

L'ancienne peinture hiéroglyphique sur papier de *maguey*, qui paraît avoir été soustraite au Musée National et qui fidèlement reproduite est publiée dans l'Atlas général de la République, a été mal interprétée par ces historiens quant ils ont vu l'itinéraire suivi par les Aztèques depuis leur départ de la mystérieuse Aztlan leur ancienne et lointaine patrie, dont la situation si débattue reste encore ignorée.

L'illustre Don Fernando Ramírez est parvenu à démontrer que la peinture en question se rapporte seulement à une simple émigration dans les limites de la Vallée de Mexico où se trouvent encore les lieux qu'elle cite, sans quelques uns qui ont tout à fait disparu. Pour confirmer l'interprétation, vraisemblable de M. Ramírez, j'ai transcris dans notre géographie moderne l'itinéraire de l'hiéroglyphe aztèque. (Voir la carte ci-jointe.)

M. Chavero décrit un voyage effectué par les Aztèques dont le point de départ a été le lac de Mexticacan sur la côte de Xalisco. Il marque sur ce lac l'île, qui est considérée comme la mystérieuse Aztlan, patrie originaire de ce peuple. L'exode commença vers 583; elle dura 302 ans, et se termina en 883; date vers laquelle les Aztèques s'établirent dans la Vallée de Mexico, après avoir parcouru plusieurs parties de Sinaloa, de Xalisco et du Michoacan.

Après 23 ans de séjour dans la vallée les Aztèques poussés par les prêtres, bien que la puissance théocratique fût remplacée par l'autorité militaire d'un chef, entreprirent vers 908 le voyage dont le Musée et l'itinéraire ci-joint font mention.

Ils partirent de Xico sur le lac de Chalco et se dirigèrent vers le Nord en parcourant les campagnes de la vallée, mais sans aller beaucoup au-delà des limites. Après de nombreuses excursions, ils retournèrent à Chapultepec sur les frontières de la Nation Tepanèque. Dès leur arrivée commença la série des événements importants qui servirent pour préparer la fondation de la grande Tenoxtitlan.

Cette dernière pérégrination partielle qui a été fidèlement traduite de la peinture hiéroglyphique par Don Fernando Ramírez, n'exclue ni ne dément les immigrations qui ont pu avoir lieu, soit dans les régions de l'Amérique, soit dans les contrées septentrionales de Xalisco, d'où sont sortis paraît-il après un séjour plus ou moins long, les différentes tribus qui vinrent peupler la belle Vallée de l'Anáhuac.

Le caractère belliqueux et turbulent des Aztèques qui croyaient devoir faire concorder leurs actions avec les ordres divins émanés de leur dieu Huitzilopochtli, et transmis par l'intermediaire de leurs prêtres, ne leur permit pas de conserver la paix pendant leur séjour à Chapultepec; ils feignaient parfois, de se soumettre au roi de Colhuacan et en profitaient pour s'établir dans les endroits que ce monarque leur concédait, Tizapan par exemple; d'autre fois ils se révoltaient franchement et soutenaient une lutte acharnée, pour laquelle ils s'armaient d'épieux destinés à être lancés, espèces d'arbalètes de leur invention qu'ils appelaient *atatls*.

L'état de trouble dans lequel les prêtres les maintenaient et les fréquentes menaces de leurs voisins parmi lesquels se trouvaient les puissants Tepanèques dont Atzcapotzalco était la capitale, les obligèrent à élire pour chef le courageux Huitzilihuitl, et à mettre à exécution ldes lignes de circonvallation pour la défense du coteau. Dans leur premier combat contre les chalcans ils perdirent leur intrépide chef qui fut tué à Culhuacan. Les mexicains se refugièrent à Atlacuihuayan, où après s'être ralliés, ils inventèrent les épieux ou *atatls* dont nous avons parlé; ce mot est derivé de Atlacuihuaya, village qui porte aujourd'hui le nom de Tacubaya.

Après cet échec ils se soumirent au roi Culhua. Ce souverain leur assigna pour demeure Tizapan, et peu de temps après il leur permit de faire le commerce avec ses sujets; puis, soit par crainte, soit par désir de s'attacher ce peuple brave et déjà redoutable, il condescendit même à leur accorder le droit de s'allier avec les familles de ses sujets; et pour en donner lui-même l'exemple il leur livra sa propre fille pour le service du dieu Huitzilopochtli.

Ce fait qui devait être consideré comme le plus solide gage d'alliance entre les deux peuples ne servit qu'à augmenter la haine des gens de Culhuacan irrités de l'iniquité des mexicains. Ceux-ci immolèrent la princesse; un jeune homme se revêtit de sa peau. Le roi de Culhuacan avait été invité à venir présenter l'offrande de fleurs et de cailles à la nouvelle divinité que les mexicains avaient eux mêmes appelée la *femme de discorde*. En pénétrant dans le temple ténébreux il decouvrit cet abominable crime à la lueur d'un encensoir.

Les habitants de Culhuacan en furent tellement exaspérés qu'ils se ruèrent avec impétuosité sur leurs féroces ennemis et les obligèrent à se réfugier dans les joncs du lac.

Les Aztèques eurent grand peine à atteindre les rives, et serrés de près par leurs adversaires ils ne parvinrent à les faire reculer, qu'en leur lançant une grande quantité de bâtons ferrés ou atlatls. Après avoir franchi une profonde rivière qui sans doute était le canal de communication entre le lac d'eau douce et celui de l'eau salée, ils se répandirent à Iztapalapa, Acatziutitlan, Ixtacalco, Mexicalcingo, où ils construisirent un bain ou temazcalli et à Mixiuhtlan où l'une des principales dames de la tribu, mit au monde un enfant; ce qui est la signification du mot Mixiuhtlan, qui est représenté dans l'hiéroglyphique du Musée. Mixiuhtlan est aujourd'hui le faubourg de Saint Pablo.

L'aveugle obéissance des Aztèques à leurs prêtres, était la cause principale de leur fanatisme religieux et les maintenait en ces lieux choisis par leur dieu, pour l'établissement de la ville; ils croyaient trouver des merveilles dans tous les objets qu'ils observaient; tantôt c'était une claire fontaine faisant jaillir ses eaux au pied d'un beau sapin blanc, tantôt ils voyaient des roseaux blancs et même des animaux aquatiques et ils considéraient tous ces signes comme des présages favorables qui leur annonçaient la fin de leurs peines. Un archipel baigné par des eaux transparentes, un *nopal* sortant des eaux qui jaillissaient par la fente d'un rocher, un aigle énorme debout sur le *nopal* au pied duquel s'entremêlaient les superbes plumages des oiseaux dont l'aigle se nourrissait, et enfin une vipère qui se débattait entre ses serres, frappèrent tellement l'imagination des Mexicains, qu'ils se décidèrent à se fixer dans ce même endroit du lac pour y établir leur nation, qui d'esclave qu'elle était devait former ensuite un grand peuple de conquérants.

La ville fut fondée en 1325, elle fut, comme nous l'avons dit plus haut, (voir pag. 246,) d'abord nommée Tenochtitlan en l'honneur du prêtre et chef Tenoch, et peu après Mexico qui signifie, dieu de la guerre ou Huitzilopochtli qui a la même signification.

Les tenochas constituèrent leur gouvernement théocratique et militaire sous le commandement de Tenoch, homme brave et plein de sagacité, qui en payant tribut aux Tepanèques réussit à détourner les desseins de vengance des Colhuas; il mourut en 1343 après une existence orageuse et toute devouée au bien-être de son peuple.

ACAMAPICTLI. (Celui qui empoigne le pieu.) De 1376 à 1396.

Trois ans après la mort de Tenoch qui fonda la nation mexicaine, les Tenochcas changèrent la forme de leur gouvernement. Ils élirent le premier roi Acamapictli en 1376; c'était un homme noble et courageux qui lors de son élection se trouvait à Texcoco capitale du royaume d'Acolhuacan, dont le chef était le chichimèque Ixtlixochil.

Sous le règne de leur premier souverain la situation des Mexicains fut précaire et misérable, car ils étaient soumis aux Tepanèques. Le courage, l'intrépidité et la constance des nouveaux habitants, qui édifiaient une ville au milieu du lac, qui développaient leur agriculture naissante, qui construisaient leurs *chinampas*, ou îles flottantes, étaient autant de motifs pour inspirer la crainte et la méfiance à Tezozomoc roi d'Atzcapotzalco, qui pour les décourager et peut-être aussi pour les faire renoncer à leur entreprise, et les obliger à aller peupler des contrées lointaines leur infligea de nouveaux impôts, qu'il surent supporter avec résignation, car ils conservaient l'espérance de reprendre plus tard leur liberté complète.

Les Tlaltelolcos suivant l'exemple des Mexicains, changèrent aussi la forme de leur gouvernement. Ils élirent pour roi Quaquahtipitzahuac fils du tyran d'Atzcapotzalco, mais comme cette conduite était contraire à celle observée par les Mexicains, qui s'étaient donné un roi de leur propre nation, l'animosité de Tezozomoc contre les Mexicains s'accrut.

Malgré les malheurs des Mexicains leur courage ne se démentit pas, dans les combats qu'ils soutinrent en qualité d'alliés des Tepanèques contre les peuples de Mixquique, Cuitlahuac (Tlahuac), Xochimilco et Cuauhnahuac, (Cuernavaca) qui étaient toutes des nations assez puissantes.

Acamapictli épousa Texcatlamiahuatl fille du Seigneur de Tetepango car la stérilité de sa femme Ilcancuitl l'y obligea, mais il ne la repudia pas. De Texcatlamiahuatl naquirent Huitzilihuitl et Chimalpopoca; et il eut en outre Izcoatl d'une esclave d'Atzcapotzalco.

Acamapictli mourut vers 1396 sans désigner de successeur.

HUITZILIHUITL. (Plume de bel oiseau.) De 1396 á 1417.

Les nobles se rassemblèrent dans le but de régler les élections, de veiller au maintien de l'ordre établi et de régler la succession et le couronnement. Ils procédèrent à l'élection du souverain quatre mois après le decès d'Acamapictli; le choix tomba sur Huitzilihuitl et fut ratifié par le peuple; le roi, au moment de poser sur son front la couronne ou copilli, fut oint avec le baume des dieux.

Grâce à l'expérience acquise pendant la dernière royauté, les Mexicains devinrent plus prudents et plus politiques; ils tâchèrent d'affermir leur pouvoir et cherchèrent le remède à leurs maux, dans une alliance avec les autres peuples, cette idée avait été mise en pratique par Huitzilihuitl, qui envoya vers Atzcapotzalco une ambassade chargée de demander en mariage une princesse Tepanèque. La demande de Huitzilihuitl fut bien accueillie par Tezozomoc qui donna sa fille Ayauchihuatl, et le mariage eut lieu au milieu d'une joie générale et de fêtes extraordinaires. Acoluahuatl naquit de ce mariage.

La pensée qui inspirait les Mexicains se réalisa car ils obtinrent des Tepanèques la réduction des impôts et quelques autres concessions.

Malgré la bonne amitié qui régnait entre les deux peuples, Maxtla fils de Tezozomoc craignant que l'alliance avec les Mexicains pût nuire à l'ordre de succession tâcha de se défaire de Huitzilihuitl et parvint même à s'emparer de sa personne, mais se repentant de son dessein, il changea d'idée et ordonna l'assassinat secret de son neveu.

Le Monarque mexicain dans le but de s'allier avec d'autres Seigneurs, fit un autre mariage selon les habitudes du temps, avec la princesse de Quauhnahuac Mahuaxochitl, dont il eut le grand Motecuhzoma Ilhuicamina.

Huitzilihuitl prépara la future puissance de la nation mexicaine en compilant les lois de ses ancêtres, en améliorant la navigation du lac, en augmentant la ville et en donnant plus de développement à son influence et à ses relations politiques; il arrêta de sages dispositions à l'égard de l'organisation sociale, et fit les réglements religieux. Pendant son règne on substitua l'*ixtle* au coton pour la confection des costumes; et on commença aussi à employer la pierre dans les constructions.

Huitzilihuitl mourut en 1417 laissant de bons souvenirs à ses sujets, et un exemple digne d'être suivi à ses successeurs.

CHIMALPOPOCA. (Bouclier fumant.)

Le monarque, qui était frère de Huitzilihuitl, fut élu seulement par les anciens; il eut un règne malheureux. Au moment de son sacre on l'obligea à prendre son bouclier et à empoigner l'epée ou *macana*, pour indiquer par ce moyen les idées qu'il nourrissait de reconquérir par les armes la liberté du peuple. Tezozomoc, par affection pour lui, son petit-fils, accorda aux Mexicains l'autorisation de faire arriver à la ville l'eau de Chapultepec; mais les Tepanèques commencèrent à se méfier de leurs voisins lorsque ceux-ci mécontents des concessions que leur avaient été accordées jusqu'alors demandèrent avec une certaine arrogance au Monarque Tepanèque des matériaux et des travailleurs pour la construction de l'aquéduc; cette prétention ralluma la haine des deux peuples.

Tozozomoc mourut après avoir détruit le royaume d'Aculhuacan ou Texcoco, et avoir fait tuer le bon roi Ixtlixochitl dont il obligea le fils à se réfugier à Tlaxcala. Il laissait le trône à son fils Tayatzin dont Maxtla, l'énemi irréconciliable des Mexicains, usurpa les droits légitimes.

Chimalpopoca prit parti pour Tayatzin, contre l'usurpateur, qui plein de haine contre le Monarque de Mexico le déshonora d'abord en lui volant une de ses concubines, selon quelques historiens, ou sa propre femme selon d'autres; puis, en échange du tribut qu'il recevait il lui envoya des costumes de femme.

Chimalpopoca trop faible pour en tirer une juste vengance se décida à mourir en s'offrant en holocauste à son dieu, avec l'agrément de ses sujets, mais Maxtla lui-même déconcerta ce projet et s'emparant de son rival il le fit enfermer dans une cage à Atzcapotzalco. Le malheureux Monarque réussit enfin à terminer son existence en se pendant aux grilles de son étroite prison.

ITZCOATL. (Couleuvre armée de pointes d'obsidienne.)

Itzcoatl fils d'Acamapictli et frère des deux derniers rois, monta sur le trône, par l'élection faite en sa faveur à cause de son courage bien connu, et bien qu'il n'eut aucun droit au trône, puis qu'il était le fils d'une esclave.

Les idées de vengance des Mexicains contre les oppresseurs, les exhortations des anciens faites au roi pendant son sacre et l'attitude énergique d'un neveu du roi nommé Motecuhzoma Ilhuicamina, qui s'opposa à tout acte de faiblesse, et qui devint après un fameux capitaine, décidèrent les Mexicains à rassembler tous leurs éléments de guerre et à se préparer pour l'avenir.

Le roi Itzcoatl envoya Motecuhzoma près de la cour Tepanèque, premièrement avec des propositions d'amitié, puis pour lui déclarer la guerre au nom de la nation Mexicaine; dans les deux cas, le jeune homme fit preuve d'autant de hardiesse que de ruse; il réussit à traverser le territoire ennemi malgré la grande surveillance qu'on y déployait, et se présenta bravement devant le tyran d'Atzcapotzalco.

A cette époque les Texcocains avec le roi Netzahualcoyotl à leur tête, étaient rentrés en possession de leurs domaines et Motecuhzoma les avait habilement amenés à s'allier aux Mexicains, ils se préparèrent également à anéantir la puissance de leurs ennemis. Après plusieurs combats, une terrible bataille s'engagea entre les Tepanèques et les troupes alliées conduites par Itzcoatl, Motecuhzoma et Netzahualcoyotl. Ces braves généraux communiquèrent leur vaillance à leurs soldats en leur donnant l'exemple d'une bravoure sans pareille. Ils se ruèrent sur les Tepanèques, avec un élan irrésistible, les défirent, les mirent en complète déroute et pénétrèrent à Atzcapotzalco qu'ils ravagèrent de fond en comble. Maxtla y fut tué de la propre main de Netzahualcoyotl.

Cet important événement qui détermina la fin d'une nation eut lieu en 1428.

Le résultat de la victoire fut le partage du butin et des terrains, ainsi que la fondation du petit royaume de Tlacopan, formé des Tepanèques qui de seigneur qu'ils étaient devinrent tributaires. Cet événement mémorable termina par la fameuse alliance entre Mexico, Texcoco et Tlacopan, qui influa beaucoup sur l'agrandissement de la nation Mexicaine.

Après la destruction du royaume d'Atzcapotzalco, les conquêtes de Xochimilco, Mixquic et Cutlahuac, seconde capitale des Tepanèques s'en suivirent, grâce à l'indomptable courage de Motecuhzoma Ilhuicamina.

Le règne de Itzcoatl fut le commencement de la puissance de sa nation; il avait secoué le joug de ses despotiques oppresseurs, et étendu ses conquêtes. Ce monarque dont les idées furent toutes vouées à la prospérité de son peuple mourut et 1440.

MOTECUHZOMA ILHUICAMINA. (Archer du ciel.) Dès 1440 à 1469.

Motecuhzoma I monta sur le trône le 19 Août 1440, entouré du prestige de toute sa glorie passée, et plein d'espoir dans le brillant avenir auquel lui donnait droit son courage et son habilité.

Le sacre fut remis à la fin de la campagne qu'il entreprit contre les ennemis de la patrie, afin de se procurer des prisonniers, pour les sacrifier pendant l'acte solennel, c'est ainsi que fut instituée la guerre sacrée que dans l'avenir les rois Mexicains, aidés de leurs alliés devaient entreprendre avant leur couronnement.

La cruelle coutume des sacrifices humains qui comme le lecteur s'en souviendra, fut instituée par les prêtres pendant le passage des Mexicains dans le Michoacan, fut mise en pratique et fit partie des fêtes du sacre, auxquelles assistèrent des gens de tout le royaume, et même des contrées les plus lointaines.

Motecuhzoma sans négliger les affaires militaires, s'attacha avec empressement à l'organisation convenable de son gouvernement, en formant des conseils d'État composés de personnes d'une prudence éprouvée; il institua des tribunaux pour administrer promptement la justice; il décréta en même temps plusieurs lois, tendant à réprimer les vices et les abus de la société, et enfin il ordonna la construction du grand Teocalli et d'autres édifices qui contribuèrent à embellir la ville.

Il soumit les chalcans et d'autres peuplades telles que Caotlixtlahuacan, Mamalhuaztepec, Tenanco, Xiuhmolpiltepec, Chiconquiauhco, Xiuhtepecet Totolapan. Il poussa ses entreprises de conquête vers de lointaines régions, comme Atotonilco seigneurie d'Aculhuacan, Huaxtecapan sur le littoral du Golfe, Quiahuixtla, Cempoalla, Coatlaxtlan et Amilapan sur le même littoral, Coixtlahuacan et Huaxyacac (Oaxaca), et d'autres pays. Il fit également la conquête des peuples indomptables de Oaxaca; le Monarque Mexicain, sut profiter des querelles existant entre les Zapotèques et les Mixtèques qui se maintinrent toujours dans une constante rébellion.

L'excellent gouvernement de Motecuhzoma et l'éfficacité de ses lois lui attirèrent l'estime de ses sujets, et même de ses propres ennemis; mais son glorieux règne finit avec sa mort qui eut lieu à la fin d'Octobre 1496.

Motecuhzoma ternit sa gloire par sa cruauté et son aveugle fanatisme religieux; il faisait sacrifier sans pitié les prisonniers sur les autels de ses dieux. En outre du sacrifice ordinaire qui comme le lecteur ne l'ignore pas, consistait à arracher le cœur des victimes après les avoir attachées solidement à la pierre des sacrifices et à le présenter encore tout fumant au soleil, sacrifices d'ailleurs très fréquents pendant ce règne, il y en avait d'autres encore plus célèbres qu'on appelait *sacrifices des gladiateurs*.

Près du temple et en présence d'une immense foule de spectateurs, deux gladiateurs dont l'un était un prisonnier, et l'autre un guerrier Mexicain, montaient sur une grande pierre appelée "Temalacatl" soigneusement sculptée; on y attachait le prisonnier armé d'un bouclier et d'une courte epée; il devait se battre contre le guerrier mexicain auquel on permettait de porter de meilleures armes et de combattre libre. Si le guerrier obtenait la victoire, on détachait le prisonnier et mort ou vivant, il était apporté par le prêtre qu'on appelait "Chalchiuhtepehuac," sur l'autel des sacrifices où après lui avoir ouvert la poitrine on lui arrachait le cœur; si au contraire, il tromphait du Mexicain et encore de six autres guerriers dans des combats successifs, on lui accordait la vie et la liberté pour retourner dans son pays après lui avoir rendu ses armes et tous les objets dont il avait été depouillé.

Motecuhzoma laissa un fils qui s'appelait Icuahuacatzin et plusieurs filles, dont une fut la mère d'Axayacatl, Tizoc et Ahuitzotl.

AXAYACATL. (Face d'eau.) De 1469 à 1481.

Le petit-fils de Motecuhzoma I hérita du trône et reçut le copilli à son retour de Tecuantepec et de Goatzacoalco, où il avait conduit ses troupes pour faire ses preuves de courage dans la guerre sacrée, et pour se procurer un grand nombre de prisonniers, qui pendant les fêtes de son sacre devaient être sacrifiés suivant l'exemple de son prédécesseur, établissant ainsi pour toujours cette cruelle coutume.

Il défit à Tecuantepec la nombreuse armée des alliées qui lui résistait; il étendit ses conquêtes jusqu'à Cuatulco; et intrépide comme Motecuhzoma il employa les premières années de son règne dans des entreprises militaires, il reprit Coatlaxtlan et Tochtepec et battit ensuite les habitants de Huexocinco et d'Atlixco.

La rivalité qui s'était élevée entre los Tlaltelolcans et les Tenochcans remontait à la fondation de Mexico et elle éclata à la suite d'un désacord, lorsque Axayacatl monta sur le trône.

Moquihuitz quatrième monarque Tlaltelolcan, poussé par ses passions et la jalousie qui s'était allumée dans son cœur à la vue des exploits du courageux Axayacatl et de la gloire dont il s'était couvert en entreprenant la construction du grand temple, conçut le projet de surprendre la ville de Mexico. Il comptait sur la cooperation des habitants de Culhuacan, Chalco, Xilotepec, Toltitlan, Tenayucan, Mexicalcinco, Huitzilopochco, Xochimilco et Cuitlahuac; quant aux troupes de Quahpan, Huexocinco et Matlalcinco, elles devaient garnir et défendre Tlaltelolco, pendant le siége de Mexico. Le souverain de Tlaltelolco s'était acquis une réputation de bravoure et de grand capitaine dans les campagnes qu'il avait entreprises en qualité d'allié de Motecuhzoma contre Cuatlaxtlan, et Motecuhzoma pour le récompenser de ses services lui avait donnée la sœur d'Axayacatl pour femme.

Le complot fut denoncé au roi de Mexico par sa sœur même que les mauvais traitements de son mari avait obligée à chercher un refuge avec ses enfants à la cour de Mexico. Azayacatl prit vite ses dispositions et pousa ses troupes contre celles de Tlaltelolco; les Mexicains surprirent la place et pénétrèrent même jusqu'au "Tianguistli," mais ayant été repoussés par la légion Tlaltelolcane, celle-ci à son tour prit l'offensive par une attaque vigoreuse sur la ville de Mexico. Cet échec eût eu de fâcheux résultats pour les mexicains, si la nuit déjà avancée n'avait terminé le combat.

Les prisoniers faits par les Tlaltelolcans furent impitoyablement sacrifiés. Le lendemain les Mexicains rallièrent leurs alliés et suivant un plan d'opérations qui avait pour but d'affaiblir leurs adversaires, ils se ruèrent sur eux avec un grand élan, les défirent et les poursivirent jusqu'à la ville où toute défense devint impossible. La ville prise, Moquihuitz fut precipité du haut du Teocalli, où il était monté pour diriger les opérations militaires.

Avec la mort de ce roi finit le royaume des Tlaltelolcans, et ceux-ci devinrent sujets de la couronne de México.

La Monarchie Tlaltelolcane dura 135 ans, pendant lesquels régnèrent quatre souverains: Quaquauhpitzahuac, fils de Tezozomoc roi d'Azcapotzalco; Tlacateotl de 1405 à 1427; Cuauhtlatloa de 1427 à 1435; Moquihuitz de 1436 à 1473.

Axayacatl delivré de son puissant enemi établit son pouvoir en châtiant les principaux alliés des Tlaltelolcans; il soumit d'autres peuples, entre autres les Matlatzincans, (fondateurs de la ville de Toluca), et continua ses entreprises de conquête, celle de la vallée d'Ixtlahuacan où il faillit être tué dans le combat; celle de la vallée de Toluca, de Tochpan et Tlaximaloyan (Tajimaroa), Ocuila et Malacatepec.

Axayacatl heureux dans toutes ses entreprises, vit pourtant ses troupes défaites une fois par les indomptables Tarascos dans la campagne entreprise contra le royaume de Michoacan; cet événement arriva peu de temps après la construction de la fameuse pierre du soleil, qu'on admire encore au pied d'une des tours de la Cathédrale.

Le roi s'occupait d'embellir le grand Teocalli lors que la mort le surprit, peu après la campagne de Michoacan l'an de 1481. Axayacatl est une des grandes figures de l'histoire ancienne de Mexico, tant pour son énergie et son habilité dans le gouvernement, que par ses audacieuses entreprises militaires, puisque celle de Michoacan exceptée, toutes eurent pour résultat l'unification de l'Empire, l'agrandissement de la Nation et l'augmentation des pays conquis.

Parmi le grand nombre d'enfants qu'Axayacatl laissa, seulement deux devinrent Empereurs; Motecuhzoma II et Cuitlahuac.

Tizoc Chalchiutla Tona (émeraude eblouissante comme le soleil): de 1841 à 1486.

Tizoc s'étant distingué par son courage en qualité de général [*tlacaelel*] de son frère Axayacatl, fut élu et monta sur le trône; il prît la couronne au millieu d'une joie générale, et après avoir fait la campagne exigée des souverains pour faire les prisonniers dont le sacrifice était indispensable aux cérémonies du sacre. Ce furent les peuples de Mextitlan qui cette fois fournirent le fatal contingent.

Désireux d'affermir les conquêtes de ses prédécesseurs plutôt que de s'engager dans de nouvelles entreprises, Tizoc s'attacha de préférence à la bonne organisation de son gouvernement; il poussa activement les travaux d'embellissement et d'utilité publique, parmi lesquels il faut compter la construction du grand temple d'après un plan qui comportait plus d'étendue et plus de magnificence que celui qu'on avait suivi auparavant, pendant les règnes d'Itzcoatl, Motecuhzoma I et Axayacatl.

Le temple fut terminé en 1487 par Ahuizotl.

Malgré ses résolutions pacifiques le monarque fut obligé d'entreprendre quelques campagnes pour soumettre plusieurs provinces qui s'étaient révoltées, comme Coatlaxtlan, Ahuilizapan, Tollocan, Chillan, Yancuitlan, Tlapa, Mazatlan, etc. Il combattit aussi comme allié de Netzahualpilli roi de Texcoco, la République de Huexocinco: après une bataille acharnée la victoire resta aux alliés.

Après un court règne de cinq ans, Tizoc mourut empoisonné par les seigneurs de Tlachco et Ixtapalapan, qui par jalousie ou en raison d'anciens griefs, lui firent prendre le poison par l'entremise des sorcières; mais les coupables payèrent le régicide de leur vie.

AHUITZOTL (chien d'eau), 1486 à 1502.

L'élection tomba sur le plus jeune des deux derniers monarques, qui avait été le général [*Tlacaelel*] de Tizoc; selon la coutume établie il s'empressa de se mettre en campagne contre les Mazahuacans et les Otoncans; s'empara de leurs villes Xiquipilco, Xocotitlan, Cuacuahcan, et Chillan, et leur fit mille prisonniers pour les fêtes de son sacre.

L'Empire mexicain était à l'apogée de sa puissance, car outre le contraste qu'il faisait avec sa première époque de misère, il possédait maintenant un vaste territoire qui s'étendait des bords d'une mer à l'autre. Les villes étaient bien peuplées, la police, bien organisée; il avait une vaillante armée, et l'industrie était bien developpée; elle consistait en tissus de coton, en manufactures d'or, d'argent et de brillants plumages, en ouvrages de peaux et en beaucoup d'autres objets que l'on exposait dans les *tiaguistlis* ou halles; le tout bien ordonné et bien classé selon sa qualité.

Ce fut Ahuitzotl qui pendant la seconde année de son règne, termina le temple commencé sous Tizoc; les fêtes d'inauguration eurent lieu quand le roi revint de ses expéditions sur les Huastecos, les Zapotecos et d'autres peuples. A l'occasion de ces fêtes il y eut les cérémonies les plus cruelles et les plus sanglantes dont l'histoire fasse mention.[1] Pendant quatre jours consécutifs les innombrables prisonniers furent

---

[1] Atlas mexicain géographique, statistique et historique des Etats Unis Mexicains par Antonio García Cubas. (Carte et texte du District Fédéral.)

sacrifiés sur l'autel du dieu de la guerre. Le massacre commença par le roi Tizoc lui-même et les principaux seigneurs; les prêtres achevaient les victimes en leur enfonçant dans la poitrine le poignard de *pedernal;* puis après leur avoir arraché le cœur, ils le présentaient au soleil pour l'offrir ensuite à leur féroce divinité.

Tout était rouge de sang: les vêtements royaux, ceux des seigneurs et des prêtres en étaient ruisselants, ainsi que le tecatl ou pierre des sacrifices; il en coulait sur le pavé, le long des murs, et les marches des escaliers fumaient une cascade sanglante.

Le temple s'élevait au milieu d'une grande cour carrée pavée de dalles de couleur brune, et entourée d'une haute muraille dont la crête était ornée de nombreuses têtes de serpents sculptées dans de grands blocs de granit, les uns avec plumes et les autres avec des écailles. Cette muraille s'appelait *Coapantli,* ce qui signifie enclos de couleuvres; à chacun de ses quatres côtés et vers le centre, il y avait une porte qui correspondait aux quatre points cardinaux, ainsi qu'aux quatre rues principales de la ville, qui étaient: celle du nord ou avenue de Tepeyac; celle de l'Ouest ou de Tlacopan; celle du Sud ou d'Iztapalapan, et celle de l'Orient qui aboutissait à l'embarcadère du lac. A chacune de ces portes, il y avait un fort où l'on gardait les armes.

La forme du temple était celle d'une pyramide tronquée; dans sa face méridionale se trouvait l'escalier principal qui se composait de plus de cent marches, mais il y en avait d'autres de moindre importance dans les faces orientale et occidentale. La construction était solide, les murs blancs et crépis étaient en pierre et les échelons en pierre taillée.

Deux autels peints de plusieurs couleurs avec des corniches et des bouts formés d'incrustations de petites pierres noires, peut-être d'obsidiane; les autels se dressaient sur la plateforme et se détachaient de tout l'édifice, tant par leur hauteur que par les couleurs variées dont ils étaient peints. L'un d'eux était dédié à Huitzilopochtli et l'autre à Tlaloc dieu des eaux. Il y avait de chaque côté deux statues assises empoignant et tenant des drapeaux; en face l'on voyait les deux *texcatl* ou pierre des sacrifices. Dans la cour au dedans des murailles on trouvait disséminés d'autres petits temples, plus de vingt tours, et les appartements des prêtres, des prêtresses et de sacrificateurs, ainsi que beaucoup d'autres constructions destinées au service du temple. (Voir pour les détails l'Atlas mexicain.)

Ahuitzotl, énergique, sanguinaire et cruel, aidé par ses alliés les rois de Texcoco et de Tlacopan, entreprit de nouvelles campagnes contre Teloloapan, Oztoman, Chiapan, Cuautla, Tecuantepec et Quauhtemallan; il conquit de nouvelles provinces et se distingua par son courage dans les combats. Motecuhzoma fils d'Axayacatl exerçait le grade de *Tlacaelel*.

Les fautes de l'Empereur Ahuitzotl ternirent ses bonnes qualités, car il était brave, libéral et généreux, autant avec ses soldats qu'il récompensait largement, qu'avec ses sujets auxquels il venait en aide avec des provisions et des vêtements. A la cour il fut magnifique sans tomber dans le vice qui fit de Motecuhzoma II un despote. Il fit arriver á la ville les eaux de Coyoacan et peut-être aussi celles de la fontaine d'Amilco en construisant un aquéduc; la ville fut embellie par de nouvelles constructions, et il améliora le pavé des rues et des chaussées faisant servir à cet usage le *tezontle* des carrières récemment découvertes.

A l'époque de cet Empereur il y eut dans la ville une grande inondation; les eaux surprirent le roi dans son palais même; comme il s'empressait de se sauver il se blessa grièvement à la tête et mourut peu de temps après des suites de cette blessure en l'an 1502.

MOTECUHZOMA II (Seigneur emporté), de 1502 à 1520.

Motecuhzoma auquel on donna le nom de *Xocoyotzin* (le jeune) pour le distinguer de *Huehue* (le vieux), était fils d'Axayacatl comme nous avons dit; il fut élu Empereur, et suivant la pratique établie, il conduisit ses troupes contre les provinces de Nopalla et Icatepec.

Empereur et grand prêtre, d'un caractère hautain, sévère et supertitieux il rendit la monarchie absolue et despotique, en imposant des taxes onéreuses, en faisant éclater des guerres injustes et en réglant un cérémonial rigoureux, car il voulait être adoré comme un dieu. Pendant tout son règne il déploya un luxe extraordinaire dilapidant tous les revenus de l'Etat; des palais en pierre richement ornés de *tecallis* et de figures sculptées portant ses armes, un tigre déchirant une vipère, lui servaient d'appartement, ou de lieux de plaisir; il avait des bains, des ménageries, des volières splendides; le parc de Chapultepec et d'autres édifices étaient destinés à l'hospitalité des rois et des seigneurs ses alliés.

Les salons de son palais étaient tapissés de toiles et de peaux dont les plumes et les métaux en harmonieuse combinaison avec l'or et l'argent formaient de belles figures. Personne n'osait le regarder en face, et en se retirant on ne devait pas lui présenter le dos. Pour lui parler il fallait auparavant se prosterner et le traiter toujour de grand seigneur.

Il avait à son service trois mille personnes dans des emplois déterminés.

Ce monarque qui, avant son élévation au trône, couvrait un caractère hautain sous une apparente humilité, fit connaître son orgueil lorsqu'il arrêta sa première disposition, car il déclara que les roturiers étaient incapables d'exercer des emplois publics; il destituait les serviteurs du dernier roi et les remplaça par les fils des nobles auxquels il donna les offices de la cour.

Aussitôt les fêtes du sacre terminées, il entreprit par un combat contre les habitants d'Atlixco (1503,) le commencement d'une série de campagnes qui l'occupèrent pendant tout son règne. Celle qu'il entreprit l'année qui suivit son sacre, contre la République de Tlaxcala, ne lui fut pas favorable, mais quatre années plus tard il sut réparer son désastre contre la même République. Il porta ensuite ses armes victorieuses vers les lointaines contrées des Mixtecans et des Zapotecans. La tyranie de Moctecuhzoma n'eut plus de bornes, il l'exerçait sans aucun respect ni à l'égard des seigneurs, ni à celui des plébeiens, en étendant ses actes despotiques, jusqu'aux provinces de ses feudataires, d'où cette haine et cette rivalité dont l'astucieux Cortés sut profiter pour amener la ruine de l'Empire Mexicain.

Les nouvelles que le Monarque recevait des provinces orientales concernant l'apparition d'hommes d'une autre race sur les eaux territoriales, s'accordaient avec les prophéties de Quetzalcoatl, et quelques phénomènes naturels qui se produisirent pendant son règne, firent naître dans son âme superstitieuse de tristes et décourageants pressentiments; ses craintes furent encore augmentées par les déclarations sinistres, que le savant Netzahualpilli et d'autres augures firent pour expliquer les faits extraordinaires.

L'histoire des Monarques Aztèques, se trouvant parfaitement en relation avec la conquête de leur Empire par les Espagnols, il est déjà temps de nous occuper d'événements qui se rapportent à la conquête.

L'Amérique découverte en 1492 par l'intrépide Colomb, il s'en suivit beaucoup d'expéditions, tantôt dans le but de découvrir de nouvelles terres, tantôt dans celui d'amasser des richesses par l'exploitation de celles qui étaient déjà découvertes.

A celles entreprises par Diego Velázquez conquérant de Cuba, celles de Francisco Fernández de Córdova qui découvrit les côtes de Yucatan (1517) et celles de Juan Grijalva (1518) qui étendit ses découvertes jusque l'embouchure du Pánuco, et qui donna son nom à la rivière de Tabasco, il faut ajouter en 1519 celle de Cortés qui se présenta devant les côtes de Chalchiuhcuecan (Veracruz), le 21 Avril de la même année.

Cortés était originaire de Médellin (Extremadure); il quitta son pays à l'âge de dix-neuf ans, s'embarqua à San Lúcar de Barrameda (1504), et se dirigea vers l'île Espagnole découverte par Colomb. Lorsqu'il arriva au lieu de destination, suivant son caractère inquiet et querelleur il mena une vie désordonnée. Il accompagna Diego Velázquez à la conquête de l'île de Cuba pour la repeupler, et malgré les rivalités qui surgirent entre eux et de fâcheuses querelles survenues à cause de la résistance que Cortés fit à son mariage avec Dª Catalina Suárez qu'à la fin il épousa tout de même; il réussit à se faire donner par le Gouverneur de Cuba le commandement de la flotte qu'il avait préparée pour la conquête du Mexique, dont on racontait des merveilles.

Cortés fit voile le 18 Février 1519 à la tête de la flotte qui se composait de onze navires grands et petits, portant 110 matelots, 10 canons de montagne, 4 fauconaux, 535 soldats, 32 massiers et 13 arquebusiers; il avait en plus 200 indiens de Cuba et 16 cavaliers.

Cortés organisa ses troupes; il nomma capitaine d'artillerie Francisco Orozco, premier pilote Antonio de Alaminos et capitaines de compagnies à Alonso Hernández Porto Carrero, Alonso de Avila, Diego de Ordaz, Francisco Montejo, Francisco de Morla, Francisco de Saucedo, Juan de Escalante, Cristóbal de Olid, Juan Velázquez de Leon et Pedro Alvarado; arborant sur le navire capitaine le drapeau orné d'une croix rouge qui portait cette inscription "Suivons la croix et avec elle nous vaincrons."

Après avoir eu à supporter le gros temps, la petite escadre arrive à l'île de Cosumel dans laquelle Pedro de Alvarado commença ses pillages; Cortés débuta par une sage politique en ce conciliant la bonne volonté des indiens; mais cependant poussé par son zèle religieux, il abattit les idoles de leurs autels, pour mettre à leur place l'emblème du christianisme.

A Tabasco sur les rives du Grijalva, Cortés battit une nombreuse armée d'indigènes; la bataille eut lieu à l'endroit qui reçut le nom de "Santa María de la Victoria." Il prit possession du territoire, et fit des indiens les sujets du Monarque de Castille; il reçut d'eux des présents propitiatoires. Il y rejoignit la fameuse Malintzin appelée plus tard Doña Marina, laquelle devait lui être si utile dans sa dangereuse entreprise.

Cortés poursuivant son voyage, arriva près des côtes de

Chalchiuhcuecan, et se mit en face de l'îlot qu'il appela San Juan de Ulúa (21 de Avril 1519,) et il débarqua le lendemain sur ces plages sablonneuses.

Il nomma sur le champ une municipalité, fonda la ville de Veracruz et reçut en même temps de la corporation le titre de capitaine général. Une ambassade du cacique (prince) de Zempoala vint faire au chef espagnol des propositions d'amitié qui furent acceptées ainsi que l'invitation qui lui fut faite de passer à Zempoala avec ses troupes; il s'y rendit donc et y fut parfaitement reçu; il obtint d'importants renseignements qui furent très utiles à sa dangereuse entreprise; on lui fit connaître la situation tendue dans laquelle vivaient les peuples sous le joug despotique de Moctecuhzoma, et le vif désir qu'ils caressaient de s'en délivrer.

Le fils d'Extremadure plein de prudence et de prévision, s'empresse d'offrir au cacique (lui faisant savoir que délégué par le grand Empereur et puissant roi d'Espagne il anéantirait l'oppresseur et rendrait la liberté aux opprimés) son amitié, son alliance avec les zempoaltèques fut donc son premier acte politique. Cette politique fut éxercée de même avec les envoyés de Moctecuhzoma, qui étaient en prison pour avoir appelé traitres ceux de Zempoala qui négociaient avec les espagnols; Cortés les fit mettre en liberté sur le champ, et les renvoya près du Monarque Mexicain à fin d'étouffer sa méfiance.

Le zèlé Cortés qui d'un côté n'admettait pas de délai pour détruire les autels indigènes, et de l'autre connaissait la conspiration ourdie dans son propre camp, et dont le but était de faire échouer ses plans, dut conjurer le danger par son attitude énergique sur les indiens et sur ses propres gens, auxquels il fit appliquer les plus sévères châtiments, puis à fin d'ôter pour jamais toute espérance de reculer dans l'entreprise projetée il conçut une des dispositions les plus hardies qu'il ait su mener à bout; il fit démâter ses navires, et après y avoir fait pratiquer de grands trous les fit couler à fond. Cet acte qui est l'origine du proverbe "brûler ses vaisseaux," est un des traits qui servent le plus à rehausser la vie du grand conquérant.

De Zempoala l'armée Espagnole se dirigea vers Tlaxcala et suivant la route de Xacotla et Iztacamaxtitlan. La République de Tlaxcala qui malgré les efforts de son puissant ennemi l'Empereur de Mexico conservait son indépendance, poussée par l'intrépide Xicotencatl, déclara la guerre aux Espagnols qui jusqu'à ce moment n'avaient pas rencontré d'obstacles sur leur route. Quelques faits d'armes qui eurent lieu sur les frontières de la République, furent le début des hostilités des Tlaxcaltèques. Ils livrèrent ensuite une bataille dans laquelle les Espagnols, grâce à leur discipline et à la supériorité de leurs armes restèrent vainqueurs; mais dans l'affaire les Tlaxcaltèques acquirent la conviction que leurs adversaires n'étaient point des immortels et que leurs chevaux n'étaient ni des monstres ni des êtres invincibles. Les prêtres Tlaxcaltèques s'assemblèrent après la bataille et déclarèrent que les Espagnols étant enfants du soleil et puisant toute leur force des rayons de cet astre, il fallait les attaquer pendant la nuit pour les anéantir, Là dessus, les Tlaxcaltèques firent une ataque nocturne, mais ayant été repoussés avec perte, les indiens eux-mêmes, couvaincus de leur infériorité ainsi que de la fausseté des prophéties de leurs augures, sacrifièrent ces derniers sur l'autel de leurs dieux, et firent proposer la paix aux Espagnols; d'où la terrible alliance qui devait écraser l'Empire Mexicain.

Cortés fit sont entrée solennelle à Tlaxcala le 23 Septembre 1519.

Le vaillant Xicotencatl ne voulant pas obéir à la résolution pacifique des seigneurs de Tlaxcala, continua à étre l'ennemi mortel des Espagnols.

Cortés en quittant Tlaxcala se dirigea vers le grande ville de Cholollan où sous le prétexte, faux ou vrai, d'une conspiration, il ordonna un effroyable massacre, livrant en même temps à ses soldats les temples et les maisons pour les mettre au pillage et pour les incendier.

L'inflexible histoire sait distinguer les actes nécéssaires d'énergie si cruels qu'ils soient pourvu qu'ils aboutissent à l'accomplissement d'une entreprise, et réprouve ceux qui ne sont que des crimes inutiles au triômphe d'une idée.

Le courage, l'audace, la ruse et l'intrépidité furent les qualités qui distinguèrent le conquérant, et auxquelles la couronne d'Espagne dut un de ses plus riches fleurons, mais cette gloire s'est effacée jusqu'à un certain point par quelques traits de cruauté auxquels l'ambition de Cortés le porta.

Cortés poursuivit sa marche hardie vers Mexico; le 1er. Novembre il joignit ses troupes à celles de Totonacans qui lui étaient dévouées; il traversa les gorges des deux montagnes neigeuses et se trouva à la tête de son armée dans l'immense et splendide Vallée d'Anáhuac, avec son immense lac devant les eaux duquel se dressait la grande Tenochtitlan, ville qui était le but vers lequel tendaient tous les efforts du conquérant.

Moctecuhzoma le faible Monarque Mexicain laissa approcher l'armée Espagnole et se contenta d'envoyer des émissaires á Cortés pour le prier de battre en retraite, mais celui-ci bien loin d'écouter ses prières et ravi du spectacle qu'il avait sous les yeux, de ce beau panorama de la vallée avec ses richeses rêvées, poursuivit sa marche du côté d'Ameca, Culhuacan et Iztapalapan jusqu'aux environs de la capitale des Aztèques.

Quatre mille courtisans richement habillés se rendirent à la rencontre de l'armée espagnole, jusqu'au premier rentranchement de la chaussée de Iztapalapan; et Moctecuhzoma lui-même entouré de sa cour sortit aussi jusqu'à l'endroit appelé Huitzillan, où l'on bâtit plus tard, le temple et l'hôpital de la Très Sainte Vierge, et qui est aujourd'hui l'Église Jesus Nazareth. L'entrée solennelle et somptueuse de Cortés dans la ville aux côtés l'Empereur Moctecuhzoma, eut lieu le 8 Novembre 1519, et provoqua l'étonnement des Espagnols surpris du spectacle que présentait la ville avec ses vingt mille maisons, ses jardins, ses rues larges et régulières, les unes sur la terre ferme, et les autres sur les eaux; et enfin ses temples, ses marchés et sa nombreuse population.

Malgré les égards dont Cortés était l'objet, il résolut de mettre en prison le Monarque Mexicain en raison de la méfiance que Motecuhzoma et le peuple lui inspiraient, et aussi sur les instigations des Tlaxcaltèques, et sous le prétexte de l'invasion des pays confédérés par le général Mexicain Cuauhpopoca qui avait attaqué la petite garnison espagnole de Veracruz, et blessé son gouverneur Escalante, et enfin, parceque la tête coupée d'un espagnol était portée de village en village dans le but de démontrer partout, que les envahisseurs étaient bien des mortels. Motecuhzoma demeura prisonnier dans la caserne des espagnols, et les fers ne lui furent retirés que lorsque Cuauhpopoca et quinze autres Mexicains furent brûlés vivants par les espagnols. Peu de temps après cet événement Cortés mit en prison les rois de Culhuacan et de Tlacopan, et obligea Motecuhzoma à reconnaître pour son souverain le roi d'Espagne, ainsi qu'à lui livrer une grande quantité d'or.

Le général espagnol était maître de la ville et percevait les impôts. Il s'attacha d'abord à supprimer les rites sanguinaires des Mexicains; cette décision le plaça dans une situation dangereuse capable de le faire échouer dans son entreprise. Une semblable profanation souleva les prêtres et le peuple si bien, que Motecuhzoma lui-même parla à Cortés avec la plus grande fermeté, lui intimant de retourner dans sa patrie, puisqu'il avait accompli la mission que son souverain lui avait confiée. Cortés dont la politique astucieuse ne fut jamais démentie, déclara être prêt à se rendre aux désirs des Mexicains aussitôt après la construction des navires dont il avait besoin pour remplacer ceux qui avaient été brûlés à Veracruz.

Cortés était occupé à la construction des navires, mais il en retardait l'achèvement complet dans le but de ne pas abandonner son entreprise, lorsqu'il reçut la nouvelle de la descente sur la côte mexicaine, de Pánfilo de Narváez, qui à la tête de mille quatre cents hommes, avait été envoyé par Diego Velázquez pour le dépouiller de sa conquête, le faire prisonnier et le conduire à Cuba pour y être jugé.

Dans une si grave situation Cortés montra toute son activité et sa hardiesse, laissant par là à l'histoire une de plus éclatantes pages de sa vie. Il laissa Alvarado à la tête de 80 soldats seulement pour la conservation de la ville, et se mettant d'accord avec Gonzalo de Sandoval le nouveau gouverneur de Veracruz, il se mit en marche avec 250 hommes. Profitant d'une nuit orageuse, il surprend Narváez, le fait prisonnier et il retourne à Mexico le 24 Juin 1520, augmentant ainsi ses troupes de celles du vaincu et de quelques alliés. Sa petite armée atteignit le nombre de 1,300 fantassins, 100 cavaliers, 18 canons et 2,000 Tlaxcaltèques.

Sur ces entrefaites l'imprudence d'Alvarado, qui peu avant le retour de Cortés avait ordonné le massacre inhumain des Mexicains, en les surprenant au milieu d'une fête, fit éclater un grand conflit dans la ville, de sorte que Cortés la trouva en pleine révolte et les Espagnols assiégés dans leur caserne même. La présence de Cortés n'effraya pas les Mexicains, pas plus que l'attitude de ceux-ci ne fit hésiter ni ne découragea le chef espagnol, qui pénétra dans la ville pour protéger les siens, contre la rage de ceux qui combattaient pour leur liberté. La lutte acharnée trainait en longueur, lorsque Motecuhzoma s'engagea à servir de médiateur entre ses sujets et les Espagnols. A cet effet, se parant des insignes royaux, il monta sur la terrase de l'édifice qui lui servait de prison, pour adresser la parole à son peuple; mais aux premières paroles il tomba mortellement blessé par une pluie de pierres et de traits lancés par les Mexicains eux-mêmes, il mourut trois jours après, le 30 Juin 1520.

CUITLAHUAC (1520).

Dans sa prison Motecuhzoma était accompagné de quelques seigneurs parmi lesquels se trouvait le brave et astucieux Cuitlahuac, digne rival de Cortés, qui ne dut sa liberté qu'à la nécessité que les Espagnols avait de se nourrir, ce qui le fit nommer pour faire ouvrir les marchés. Hors du pouvoir des Espagnols, il sut profiter de cette circonstance inespérée, et se mit à la tête des défenseurs de la patrie.

Ce triste événement avait tout d'abord frappé les Mexicains de stupeur, mais ensuite, encouragés par la présence de leur brave chef, ils renouvelèrent l'attaque avec la plus grande vigueur, et la lutte devint de plus en plus acharnée, au point que les Espagnols dûrent se résoudre à battre en retraite pendant la nuit du 1er. Juillet 1520.

Le temps orageux et le grand nombre de tranchées que l'on avait ouvertes sur les chaussées rendirent cette retraite très difficile et extrêmement pénible, mais grâce à de remarquables traits de courage, les Espagnols et les Tlaxcaltèques sous une pluie d'épieux et de traits se rendirent maîtres du terrain de l'une à l'autre tranchée, et pendant que les uns tombaient morts, les autres se sauvaient à la nage; tout cela se passait au milieu d'un effroyable vacarme; Cortés fallit périr et eut la douleur de voir tomber à ses côtés Juan Velázquez de Leon, un de ses plus braves capitaines.

Les débris des troupes Espagnoles et Tlaxcaltèques réussirent enfin à se placer sur la chaussée qui était déjà hors de l'enceinte de la ville, ils y firent halte; il paraît que ce fut sur l'endroit même du Teocalli de Tlacopan qui étant un point stratégique pouvait leur servir pour se rallier et pour se défendre, et non à l'arbre de Popotla, qui ne fut que le témoin de cette malheureuse retraite connue dans l'histoire sous le nom de "la noche triste" (la triste nuit).

La ville, libre de ses dominateurs le dût à l'héroïque courage de Cuitlahuac; ce brave chef fut proclamé Empereur, et il developpa dans sa nouvelle mission autant de hardiesse et d'activité, qu'il en avait deployé auparavant.

Il fit poursuivre de très près les Espagnols, qui continuèrent leur retraite vers Tlaxcala; il s'occupa immédiatement d'augmenter ses troupes, et il les arma de son mieux pour continuer la campagne; aussi vers le sixième jour les Espagnols qui marchaient lentement à cause de leurs blessés et de leur détresse, furent surpris par quarante mille indiens dans les plaines d'Otumba.

Dans de si graves circonstances Cortés toujours courageux, prit la résolution de vaincre ou de mourir, et il se lança audacieusement dans la melée; il voit le drapeau impérial et son esprit lui fait comprendre que son salut ou sa perte tient au succès de la bataille.

Aussitôt l'idée conçue Cortés suivi de ses principaux capitaines se rue contre le nombre redoutable des ennemis qui entouraient l'enseigne impériale; il se saisit du drapeau et que le général qui le portait. Les indiens superstitieux s'en fuient aussitôt dans toutes les directions laissant un riche butin, au pouvoir de leurs ennemis. La bataille d'Otumba eut lieu le 18 Juillet 1520.

Les Espagnols s'étant arrêtés à Tlaxcala, y furent parfaitement accueillis par leurs alliés.

Pendant ce temps Cuitlahuac ne bornant pas ses travaux à la réparation des désastres que les siens avait soufferts, se voua à la mise en état de défense de la ville; il envoya aussi des secours aux provinces de l'Empire, en leur faisant offrir des franchises; il essaya en même temps de se concilier l'amitié des Tlaxcaltèques, ce qui faillit s'effectuer au préjudice des Espagnols.

Cuitlahuac mourut après 80 jours d'un règne héroïque, victime de la petite vérole, peste apportée à Mexico par un nègre de l'expédition de Narváez.

Cuauhtemoc. (Aigle qui descendit.) De 1520 à 1521.

Cuauhtemoc jeune homme de 25 ans et fils d'Ahuizotl, fut consideré comme digne d'être élu pour succéder à l'intrépide Cuitlahuac; son courage, son grand patriotisme et son caractère indomptable se revélèrent dès les premières dispositions toutes de nature qu'il prit pour opposer aux Espagnols la plus redoutable résistance; il fortifie la ville, il organisa son armée et pourvut activement à tout ce dont le pays avait besoin dans les circonstances difficiles qu'elle traversait.

Pendant ce temps Cortés cantonné à Tlaxcala, s'apprêtait

à reprendre ses opérations pour la conquête définitive de la capitale des Aztèques; à cet effet il renouvelle son alliance avec les Tlaxcaltèques, mettant à profit l'expérience acquise pendant le désastre de la "noche triste." Il fit construire 13 brigantins sous la direction du charpentier Martin López.

Il quita Tlaxcala le 28 Décembre 1520 à la tête de 750 fantassins, 120 arquebussiers et plus de 150,000 indiens alliés de Tlaxcala, de Cholollan et de Huexocingo. Il prit le chemin de Texmelúcan et Coatepec et arriva à Texcoco le 31 du même mois.

Pendant son séjour dans cette ville, il augmenta ses forces de nouveaux alliés; il fit pendre le courageux Xicotencatl à cause de sa haine pour les Espagnols, et il étouffa une conspiration organisée par les siens mêmes, contre sa vie et contre celle de ses meilleurs capitaines. Il fit venir les brigantins construits à Tlaxcala et préaleablement démontés pour les transporter à dos d'indiens; après les avoir armés de canons il les lança à l'eau, et termina tous ses prèparatifs préliminaires.

Il quitta Texcoco et se dirigea vers la capitale de l'Empire des Aztèques.

Pendant qu'il poussait différentes reconnaissances aux envisons de la ville, il soumit plusieurs provinces qui auparavant obéissaient au Monarque Mexicain. Il dût engager à chaque moment des escarmouches plus ou moins importantes jusqu'au 30 Mai, époque à laquelle il commença le siège de la ville. Il occupa d'abord le fort de Xoloc, point d'union des chaussées d'Iztapalapan et Coyoacan; en même temps que les divisions d'Alvarado et d'Olid s'emparaient des chaussées de Tlacopan et de Tepeyac.

A partir de ce moment les escarmouches devinrent de vrais combats, qui se généralisèrent sur tous les points de la ville. Au bruit des canons et de l'arquebusade des Espagnols, se mêlait les immenses cris dont les Mexicains accompagnaient toujours les combats. Les attaques se renouvelaient sans cesse; les Espagnols chargeaient avec ardeur mais ils étaient repoussés avec la même énergie par les Aztèques; les premiers retournaient à la mêlée, et ils étaient de nouveau repoussés par leurs adversaires dont la bravoure était inébranlable.

Cortés pour en finir, ordonna un assaut général et se porta lui-même en avant par un des points les plus dangereux, dépassant les fossés et les tranchées, pendant que les Aztèques chargeaient avec un tel élan qu'il fut attaqué lui-même, renversé et blessé, il ne dût son salut qu'au dévouement du capitain Olea qui paya de sa vie cet acte de courage.

Une circonstance rendit extrêmement difficile et dangereuse la situation de l'armée Espagnole, car les alliés ayant en connaissance de la prophétie des prêtres mexicains qui annonçaient que dans huit jours la destruction des Espagnols serait complète selon l'ordre de Huitzilopochtli, les confédérés essayèrent d'abandonner les conquérants et de les livrer à leur propre sort, mais la ruse de Cortés coupa court á une si fatale resolution; il dit à ses alliés: "Attendez, nous resterons huit jours sans combattre, et vous vous convaincrez de la fausseté des oracles."

Le delai expiré les indiens furent tous convaincus de la fausseté de la prophétie des prêtres mexicains, et s'empressèrent de resserrer leur alliance avec le conquérant.

Pour mettre fin à la désastreuse guerre déjà si longue, et dans laquelle, grâce au caractère indomptable de Cuauhtemoc, tous les efforts des Espagnols échouaient, Cortés ordonna la destruction complète des quartiers de la ville, au fur et à mesure qu'ils tomberaient au pouvoir des assaillants, c'était dans le but de rétrécir les lignes de défense des Mexicains; et grâce à ce nouveau plan d'opérations, les défenseurs ne possédaient plus, vers le commencement d'Août, que la partie nord de la ville, et quelques canaux sur lesquels circulaient un grand nombre de barques remplies de gens armés.

La situation des Mexicains n'était plus supportable tant par le siège vigoureux des conquérants, que par les horreurs de la peste et de la famine dont ils étaient atteints. Leur courageux chef Cuauhtemoc résolut d'abandonner l'enceinte de la ville pour continuer plus aisément la guerre sur la chaussée du Nord. Il s'y dirigeait à cet effet avec sa famille dans un canot, suivi de beaucoup d'autres barques qui portaient la suite de l'Empereur. Les embarcations mexicaines furent poursuivies par le bâtiment que commandait Holguin, et qui était le meilleur voilier de la flotte espagnole sous le commandement de Gonzalo de Sandoval. Lorsque le jeune Monarque vit les massiers le mettre en joue, il leur dit d'un accent noble: "Je suis Cuauhtemoc, conduisez-moi vers votre général, je ne vous demande que d'épargner ma femme et ceux qui m'accompagnent."

Conduit en présence du général espagnol le malheureux Monarque, dont l'héroïsme était digne d'un meilleur sort, il adressa dans ces termes la parole à son vainqueur: "J'ai fait mon devoir en défendant ma patrie, et il n'a pas été dans mon pouvoir de faire devantage; je viens vers toi poussé par la force, et puisque je suis en ton pouvoir, fais de moi ce qu'il te plaira," et s'emparant du poignard que Cortés portait à la ceinture, il reprit: "Prends ce poignard et tue-moi puisque je n'ai point pu mourir en défendant mon pays."

Le conquérant essaya de le consoler, il vanta son courage et les efforts extraordinaires qu'il avait fait pour la défense de la patrie; il lui fit aussi plusieurs promesses et il ordonna qu'on lui amenât sa femme ainsi que les personnes qui l'avaient accompagné dans sa fuite.

Les Mexicains suspendirent le combat aussitôt qu'ils eurent connaissance de la capture de leur souverain. Les Espagnols s'emparèrent de la ville après un siège de soixante quinze jours le 13 Août 1521.

La soumission des provinces suivit de près la prise de la capitale, et un peu plus tard celle des autres peuples de l'Anáhuac, dont les différentes nationalités furent ensevelies sous les ruines de l'Empire Mexicain.

Les considérations dont Cuauhtemoc fut l'objet au début

de sa captivité et qui d'ailleurs lui étaient bien dûes en vertu de ses éminentes qualités, ne durèrent par long temps; l'avidité des conquérants ne connaissait par de bornes, et une nouvelle tache ineffaçable rejaillit sur la mémoire de Don Hernand Cortés, qui permit de tourmenter l'illustre Empereur Mexicain et Tetlepanquetzal roi de Tlacopan. Il leur fit brûler les pieds pour les obliger par la torture à déclarer où étaient cachés les trésors de la cour; le roi de Tlacopan à bout de souffrances, adressa un regard supliant á l'Empereur comme pour lui demander la permission de révéler le secret, mais Cuauhtemoc prenant une attitude hautaine lui dit: "Est ce que je suis au milieu du plaisir ou dans un bain?" Une pareille force d'âme, fit repentir Cortés de sa cruauté et il ordonna de suspendre le supplice des deux souverains.

La ville fut complètement détruite et l'on éleva sur ses ruines celle qui devait être la capitale de la Nouvelle Espagne; les trésors et les terrains furent partagés entre les conquérants, aux quels on assigna un certain nombre d'indigènes; cette mesure reçut le nom de "repartimientos;" les idoles et d'autres objets du culte furent détruits.

On procéda à l'élection du Maire et des officiers municipaux de la ville, qui fut divisée entre les Espagnols et les indigènes; le temple catholique fut construit sur les ruines mêmes du Teocalli. Les troupes furent expédiées à la conquête de Oaxaca et de Tehuantepec, ils furent les premiers travaux dont Cortés s'occupa avant son expédition contre les Hibueras, afin d'etouffer la revolte d'Olid; il amenait avec lui les rois prisonniers de Mexico et d'Acolhuacan; mais gené par leur présence pendant sa longue et pénible marche, il s'en débarrassa en les faisant pendre à Izancahnac le 28 Février 1525, et il ternit par ce double crime encore une fois sa renommée.

L'illustre Cuauhtemoc fut le dernier roi de la dynastie Mexicaine qui avait été fondée en 1376 par Acamapictli.

XIII

TROISIÈME PARTIE.

DOMINATION ESPAGNOLE DE 1521 À 1821.

L'immense territoire occupé dans cette partie de l'Amérique par les différentes nations conquises et soumises à la couronne de Castille, fut connu sous le nom de Nouvelle Espagne. Ces nations qui constituèrent une des plus riches colonies espagnoles furent: 1º Les trois couronnes; celle de Mexico avec son grand nombre de provinces; celle d'Acoulhuacan ou Texcoco et celle de Tlacopan, auparavant libres et indépendantes, mais toujours d'accord dans les affaires importantes et toujours alliées en cas de guerre.

2º Un grand nombre de Républiques dont les principales étaient celle de Tlaxcala, Cholollan et Huexocingo.

3º Les puissants royaumes de Michoacan, Tonalan et Xalisco à l'Ouest et au Nord-Ouest; ceux de Mixtecapan, Zapotecapan, Tehuantepec et Mayapan (Yucatan) vers l'Est et le Sud-Est.

Les expéditions successives des conquérants étendirent la domination espagnole vers les régions septentrionales, qui étaient habitées par d'autres tribus; la conquête des braves et indomptables Tarasques se fit sans coup férir, grâce à la soumission volontaire du roi de Michoacan.

L'arrivée des premiers moines de l'ordre de St. François, fut l'époque la plus remarquable de l'histoire des premières années de la domination espagnole. Ces vertueux et dignes missionnaires, vinrent couper court aux désordres des conquérants, et protégèrent les indiens; ils se dévouèrent avec ardeur á leur instruction et leur enseignèrent différents arts et métiers; ils élevèrent des temples, des écoles et des hôpitaux; ils offrirent aux indiens l'éxemple frappant d'une humilité vraiment chrétienne; et leur firent abandonner leurs anciens rites; ils adoucirent aussi la rigueur des dominateurs, et enfin ils menèrent à bout la conquéte spirituelle en affermissant pour toujours celle qui avait été faite par les armes.

Cette conduite évangélique ne fut malheureusement pas de nature à empêcher les crimes du tristement célèbre Nuño de Guzman, qui pendant son expédition de Xalisco en passant par le Michoacan fit brûler vif le roi Caltzotzin.

Les moines dont les noms sont dignes d'un éternel souvenir, sont Fray Martin de Valencia provincial; Fray François de Soto, Fray Martin de la Coruña, Fray Jean de Juarez, Fray Antoine de Ciudad Rodrigo, Fray Toribe de Benavente connu aussi sous le nom de Motolinia, Fray García de Cisneros, Fray Luis de Fuensalida, Fray Jean Rivas; Fray François Jiménez et les laïques Andrés Córdoba et Jean de Palos qui remplaça Bernardino de la Torre jugé indigne d'appartenir à cette corporation.

Ces religieux rencontrèrent au Mexique cinq autres co-religionnaires, qui étaient arrivés avant eux sans autorité apostolique, mais avec la permission de leurs provinciaux. Deux d'entre eux s'appelaient Fray Jean Tecto et Fray Jean de Aora. Il y eut encore d'autres religieux dont les noms devinrent illustres tant pour leurs vertus, que par les efforts qu'ils firent pour adoucir la triste condition des indiens. Quelques uns nous ont laissés dans leurs ouvrages de véritables monuments historiques; nous citerons Fray Bernardino de Sahagun, Fray Bartolomé de las Casas, Fray Pierre de Gante, Fray Jerónimo de Mendieta, Fray Diego Durán, l'illustrissime Seigneur Jean de Zumárraga, premier Archevêque de Mexico; l'illustrissime Seigneur Vasco de Quiroga, premier evêque de Michoacan qui remplaça dans cette haute dignité le religieux Fray Luis de Fuensalida après la démission de ce dernier; Fray Jean de Torquemada, Fray Junípero Serra, Fray Sebastian de Aparicio, Fray Domingo de Betanzos, Fray Diego Basalenque et beaucoup d'autres encore qu'il serait trop long d'énumerer.

Le pays fut d'abord administré par des gouvernements et des Audiences; mais les actes despotiques, les rivalités, les déréglements et les intrigues des espagnols à l'époque orageuse de la première Audience présidée par Nuño de Guzman furent tels, que la cour d'Espagne dût constituer la Nouvelle Espagne en Vice-Royauté.

Dans la série de soixante deux vice-rois qui gouvernèrent la colonie, on ne peut mentionner que les noms de ceux qui par leur sagesse et par leurs améliorations sont dignes d'être cités; ce sont:

D. ANTONIO DE MENDOZA, premier vice-roi fut celui qui coupa court aux désordres des commissaires, en empêchant les vexations dont les indiens étaient victimes; il établit l'imprimerie et donna à Mexico la gloire d'être la première ville du nouveau monde où l'on fit usage de cette merveilleuse invention; ce fut en 1535 que Jean Pablos imprima le premier ouvrage "Echelle Spirituelle de St. Jean Clímaco," traduit du latin par le prêtre Jean de Estrada. Pendant le gouvernement de l'intêgre Don Antonio de Mendoza, eut lieu la fondation des collèges de la Sainte Croix à Tlaltelolco, des filles et de Letran dûe à l'activité de Fray Pierre de Gante. On commenç aussi à frapper la monnaie, à exploiter les mines de Zacatecas et de Guanajuato, et l'on poussa en même temps les découvertes des regions septentrionales. Vers la même époque Nuño de Guzman fut exilé, puis mourut en prison (1537.)

Le protecteur des indiens Fray Bartolomé de las Casas, arriva dans le pays. Beaucoup d'événements remarquables eurent lieu à cette époque; les plus importants sont la mort de

Pierre d'Alvarado dans les défiles de Mochitiltic, celle d'Hernand Cortés (1547) à Castilleja de la Cuesta (Espagne), et celle de l'Archevêque Zumàrraga (1548); vers la même époque le Popocatepetl fit éruption et les cendres détruisirent les récoltes et les moissons. On fonda les villes de Guadalajara (1541) et de Valladolid aujourd'hui Morelia, la première à la même place qu'elle occupe aujourd'hui et la seconde dans la vallée de Guayangareo.

En 1550 le vice-roi se rendit au Pérou pour s'acquitter de la mission de pacification dont il était chargé.

D. Louis de Velasco, successeur de D. Antoin de Mendoza.

Les faits les plus remarquables de son excellent gouvernement furent: l'émancipacion de 15,000 indiens; la réponse, qu'il adressa à ceux qui lui faisaient remarquer qu'une telle disposition serait la ruine des entreprises minières, est mémorable: "la liberté des indiens, dit-il, est encore bien plus importante que toutes les mines du monde." Il fonda l'Université de Mexico (1553); il décréta l'établissement d'un tribunal pour juger les voleurs; il fit construire l'Hôpital Royal pour les créoles; il fonda plusieurs colonies et partagea les terrains incultes entre les indiens. C'est de son temps que l'on découvrit les mines du Fresnillo et de Sombrerete; Bartolomé de Medina inventa à Pachuca un système pour exploiter les minerais connu sous le nom de "patio" (1557); la ville de Durango fut fondée, el la ville de Mexico fut inondée pour la première fois depuis le gouvernement des Espagnols.

D. Luis de Velasco mourut à Mexico le 31 Juillet 1564, et mérita par sa bonne administration et ses vertus le titre de Pére de la patrie.

D. Martin Enriquez de Almanza, 4.e vice-roi.

L'établissement du sinistre tribunal de l'Inquisition (1571) contrasta pendant cette administration, avec les actes de sagesse et de bienfaisance du vice-roi; il soumit les indiens huachichiles, et fit tous ses efforts pour arrêter les terribles ravages de la peste (matlazahuatl), fièvre dévorante qui ne s'attaquait qu'aux indiens et dont il périt plus de deux millions. Ce fut sous son gouvernement que l'on fonda le temple de St. Hippolyte et que la Compagnie de Jésus s'établit au Mexique; c'est de cette époque que datent également l'ouverture du Séminaire de St. Pierre et St. Paul; la fondation du collège des Saints et la pose de la première pierre (1573) de la Cathédrale.

Le gouvernement de D. Martin Enríquez finit en 1580 lorsqu'il fut appelé à la vice-royauté du Pérou.

D. Louis de Velasco fils du second vice-roi.

Possédant les mêmes vertus et suivant l'éxemple de son père, il poussa la Nouvelle Espagne, vers le progrès par une bonne administration. Il fonda des fabriques pour les cotons; il fit la paix avec les chichimèques et envoya des familles de tlaxcaltèques et des religieux de St. François vers les colonies de St. Louis de Mezquitic, de Saint André et de Chololan; il transplanta la belle allée de peupliers (Alameda) de Mexico, et enfin il arrêta des dispositions très favorables à l'égard des indiens. D. Louis de Velasco originaire du Mexique, ayant été nommé vice-roi du Pérou, ne gouverna la Nouvelle Espagne que jusqu'en Novembre 1595.

Le révérend Payo de Rivera 27º vice-roi et Archevêque de Mexico.

Les paroles suivantes d'un historien, témoignent des vertus de cet illustre personnage.

Il sut si bien accorder la justice avec la douceur, la libéralité avec l'économie que son administration deviendra l'exemple des siècles futurs.

Au temps de ce vice-roi l'hôtel de Monnaie commença la frappe de la monnaie d'or (1675) et l'on construisit la chaussée en pierre de Guadalupe; on éleva l'aquéduc pour faire arriver l'eau au même village; la bâtisse du palais du vice-roi fut terminée; on construisit des ponts sur les canaux; on considéra comme terminée l'œuvre de l'écoulement et on fonda l'hôpital de Bethlemitas.

Le temple de St. Augustin ayant été détruit par un accident, le vice-roi se fit présenter de nouveaux plans pour le réedifier d'une manière encore plus somptueuse.

En 1678 les pirates saccagèrent Campeche et s'emparant de l'île du Carmen ils menacèrent même le port d'Alvarado.

La pressante démission que le révérend Payo Enriquez de Rivera avait envoyée à la cour d'Espagne ayant été acceptée, il quitta Mexico le 30 Juin 1681; mais avant son départ il partagea entre les différents établissements de charité, l'argent qu'il possédait et fit don de sa bibliothèque au couvent de St. Philippe de Neri.

D. Gaspar de la Cerda Sandoval Silva y Mendoza, Comte de Galve, 30.e vice-roi.

L'administration de ce vice-roi fut une des plus remarquables, par sa prudence et sa justice, aussi que par les importants évènements qui eûrent lieu à cette époque.

En 1689, une reconnaissance fut dirigée du côté de la baie de St. Bernard dans la province de Téxas pour en chasser les français, mais tous avaient été tués par les indiens. Dans la même année les Tarahumares se révoltèrent et massacrèrent les missionnaires de St. François, ainsi que trois Jésuites qui les accompagnaient. La révolte fut etouffée par un prêtre du même ordre appelé Jean Marie Salvatierra.

En 1690 les français furent battus par des troupes mexicaines, envoyées par le vice-roi en qualité d'auxiliaires du gouvernement de Saint Domingue.

En 1691 la province de Texas fut soumise; on y fonda Penzacola et on y établit des prisons.

Pendant une grande famine, le peuple de Mexico se révolta et mit le feu au palais du vice-roi, à l'Hôtel de Ville et aux boutiques de la place; une grande partie des archives fut perdue, mais le reste fut sauvé par les soins du savant D. Charles de Sigüenza y Góngora qui faillit perdre la vie dans l'incendie; le vice-roi dut se refugier dans le couvent de St. François. Le lendemain on fit une enquête, et huit des promoteurs de l'émeute furent executés, quelques autres subirent la peine du fouet, et les indiens révoltés furent condamnés à **perdre leurs chevelures.**

L'année suivante les espagnols et les anglais attaquèrent les français de l'île l'Espagnole, détruirent leurs forts et leur enlevèrent 81 canons. Dans la même année mourut Sor Jeanne Inés de la Cruz, poète célèbre et religieuse.

D. JEAN DE ACUÑA, Marquis de Casa Fuerte, 37° vice-roi.

Ce fut un des meilleurs vice-rois, tant pour ses vertus civiles et personelles que par son génie dans les affaires et par sa bonne administration. Il gouverna depuis le 15 Octobre 1722 jusqu'à sa mort qui eut lieu le 17 Mars 1734. Les édifices de la Douane et de la Monnaie furent construits sous son règne.

D. AGUSTIN DE AHUMADA ET VILLALÓN, Marquis des Amarillas, renommé pendant la guerre d'Italie.

Le 42° vice-roi de la Nouvelle Espagne, se fit remarquer pendant son administration, par son désintéressement et par les réformes qu'il fit pour corriger des abus. On solemnisa par des cérémonies splendides la bulle papale qui déclarait la Vierge de Guadalupe patronne de la ville de Mexico. Les mines de la Iguana dans le royaume de Nuevo Leon furent découvertes, mais bientôt la renommée de leurs richesse s'évanouit; en 1758 le volcan de Jorullo fit éruption dont les cendres atteignirent Querétaro.

Le vice-roi mourut à Cuernavaca à la suite d'une attaque d'apoplexie le 5 Fevrier 1760.

D. CHARLES FRANÇOIS DE CROIX, Marquis de Croix, 45° vice-roi. Il succéda au Marquis de Cruillas. Son administration est remarquable par son intégrité. Ce fut de son temps qu'en obéissance aux ordres de la Cour, les Jésuites furent chassés de Mexico le 25 Juin 1767; ils quittèrent la maison de la Profesa après avoir communié et chanté le *Te Deum*. Parmi les mexicains qui illustrèrent cette Compagnie on compte les prêtres Alegre, Clavijero, Landívar, Maneiro, Cabo, Lacunza et Márquez.

D. ANTOIN MARIE BOUCARELI Y URSUA, 46ème vice-roi.

Son gouvernement est remarquable par l'assiduité et la sagesse qu'il apporta dans tous les actes de son administration. D'après le Dictionnaire d'Histoire et de Géographie son règne fut un bonheur pour la Nouvelle Espagne. On en rapporte les faits suivants: il fit au commerce un emprunt pour établir le capital nécessaire aux opérations de la Monnaie; l'emprunt monta à 2.800,000 piastres, 400 lingots du comte de Regla compris, dont celui-ci destiña 300 à la fondation du Mont de Pieté; on dota la maison de recluses; on ouvrit l'Hospice de pauvres et la maison des enfants exposés; on pressa la construction presque jusqu'à sa conclusion de l'importante œuvre de dessèchement; on termina la forteresse de Perote; on construisit en outre celle de St. Diego à Acapulco, et des améliorations furent faites à celle de St. Jean d'Ulúa; le tribunal de mines fut établi et l'on entreprit de travaux pour la recherche des mines de mercure que l'on exploita pour le compte du trésor royal; on termina l'aquéduc du "Salto del Agua" et on mena encore à bout d'importantes améliorations.

Pendant la durée de ce gouvernement le savant D. Joachin Velázquez de Leon fit en Basse Californie des observations relatives au passage de Vénus sur le soleil; et le prêtre Alzate fut chargé de la recherche des mines de mercure.

Le vice-roi Bucareli laissa de bons souvenirs aux mexicains, il mourut le 9 Avril 1779, et ses restes furent ensevelis dans le Sanctuaire de Guadalupe.

D. MARTIN GALVEZ, 48ème vice-roi.

Le désintéressement et l'activité dans les améliorations matérielles distinguèrent le gouvernement de ce vice-roi. Il fit réparer les rues, nettoyer les canaux et encouragea l'Académie des Beaux Arts, fondée par son prédécesseur le vice-roi D. Martin de Mayorga. Il arriva d'Europe les statues en plâtre représentant les chefs d'œuvre les plus remarquables de la Grèce et de Rome; on les plaça dans les galeries de l'Académie où elles se trouvent encore. Ce vice-roi perfectionna la police et accorda le privilège de publier un journal à l'imprimeur D. Manuel Valdés.

D. Bernardo Galvez, fils et successeur du précédent, 49ème vice-roi.

Le vice-roi fit connaître son dévouement au bien public, et sa libéralité par les sommes importantes de sa fortune personnelle, qu'il fit partager entre les indigents pendant l'époque de la disette produite par la perte des récoltes; l'Archevêque de Mexico et les evêques de Puebla et Michoacan s'associèrent à cet acte d'humanité.

Pendant son administration et dans le but de donner du travail aux pauvres, on dut procéder à la réparation du beau palais de Chapultepec, et des tours ainsi que du parvis de la Cathédrale, sans négliger la construction des chaussées.

Cet illustre gouvernant mourut encore très jeune, dans la maison de l'Archevêque à Tacubaya le 30 Novembre 1786.

D. Juan Vicente de Güemes Pacheco de Padilla, 2ème comte de Revillagigedo, 52ème vice-roi.

Ce fut peut-être le plus remarquable de ceux qui gouvernèrent la Nouvelle Espagne. Il prit des dispositions complètes pour la propreté et l'embellissement de la capitale. Il améliora la police, et il établit l'éclairage public; il fit poursuivre les malfaiteurs et tâcha d'améliorer les conditions du peuple; il fit des réglements pour la coupe des arbres, et ordonna la construction des routes de Veracruz, de Toluca et d'Acapulco; il établit deux courriers par semaine; il prêta main forte à l'expédition maritime dont le but était la reconnaissance des côtes et des détroits de Behring et de Fuca; il protégea l'instruction publique, l'enseignement de la Géographie et de l'histoire du pays. C'est de son temps que le savant Martin Sessé commença ses leçons de botanique dans le jardin du palais. Les instructions reservés qu'il laissa à son successeur, sont la preuve de sa sagesse et du profond savoir de cet illustre vice-roi.

Tels sont les vice-rois dont les actes administratifs ont droit à une mention spéciale. (Voir la notice chronologique des gouverneurs.)

La Nouvelle Espagne qui comprenait tout le territoire qui

constitue aujourd'hui la République Mexicaine, ainsi que celui qui en vertu des traités de Guadalupe et de la Mesilla a été cédé aux Etats-Unis, s'étendait du 15° 30′ au 42° 12′ de latitude nord, ses limites avec les Etats-Unis étaient les fleuves Rouge et Arkansas qui séparaient le nouveau Mexique et la provence du Texas de la Louisiana qui est aujourd'hui plus étendue. Elle comprenait au Sud les territoires de Oaxaca, de Veracruz, de Tabasco et de Yucatan, et était bornée par le royaume de Guatemala ou Quauhtemallan des anciens.

La Nouvelle-Espagne était autrefois divisée de la manière suivante:

1º Royaume de Mexico; 2º Royaume de la Nouvelle-Galicie (Xalisco); 3º Royaume de Nuevo-Leon; 4º Colonies du Nouveau-Santander (Tamaulipas); 5º Province de Texas, ou Nouvelles-Philippines; 6º Province de Coahuila; 7º Province de la Nouvelle-Vizcaya (Durango); 8º Province de Sonora et Sinaloa; 9º Province du Nouveau-Mexique et 10º Province des deux Californies.

En 1776 D. José de Gálvez, Marquis de Sonora et Visiteur, divisa la vice-royauté en douze Intendances et trois provinces y compris celle de Coahuila, qu'on appela aussi Nouvelle-Extremadure, l'Intendance de San Luis Potosí. En voici la nomenclature: 1º L'Intendance de la Nouvelle-Vizcaye formée de Durango et Chihuahua; 2º l'Intendance de Sonora et Sinaloa; 3º l'Intendance de St. Louis Potosí, qui comprenait les provinces du Texas, de Coahuila, Nouveau-Santander, Nouveau royaume de Leon, et les districts de Charcas, Altamira y Catorce; 4º l'Intendance de Zacatecas; 5º l'Intendance de Guadalajara; 6º l'Intendance de Guanajuato; 7º l'Intendance de Valladolid; 8º l'Intendance de Mexico; 9º l'Intendance de Puebla; 10º l'Intendance de Veracruz; 11º l'Intendance de Oaxaca; 12º l'Intendance de Yucatan; 13º la Province du Nouveau-Mexique; 14º la Province de la Nouvelle-Californie; 15º la Province de la Vieille-Californie.

Une autre division plus récente encore est celle connue par

le Baron d'Humboldt, pendant son voyage dans la Nouvelle-Espagne; elle établissait les provinces intérieures dont les unes dépendaient de la vice-royauté, et les autres d'un commandant que résidait à Chihuahua.

La Nouvelle-Espagne proprement dit, comprenait les royaumes de Mexico, Michoacan et la Nouvelle Galicie y compris les entités politiques suivantes:

1. Intendance de Mexico.
2. Intendance de Puebla.
3. Intendance de Veracruz.
4. Intendance de Oaxaca.
5. Intendance de Mérida ou Yucatan.
6. Intendance de Valladolid.
7. Intendance de Guadalajara.
8. Intendance de Zacatecas.
9. Intendance de Guanajuato.
10. Intendance de San Luis Potosí, sans y comprendre le Nouveau-Santander.
11. Intendance de l'Ancienne-Californie.
12. Intendance de la Nouvelle-Californie.

Les provinces intérieures étaient divisées en orientales et en occidentales.

Les premières étaient celles comprises dans l'Intendance de Saint Louis, et les autres formaient les Intendances de Sonora et de la Nouvelle-Vizcaye, le Nouveau-Mexique et la Californie.

Du vice-roi dependaient directement:

1º Le Nouveau royaume de Leon.
2º Le Nouveau-Santander.
3º Les Californies.

Les provinces qui dépendaient du Gouverneur de Chihuahua étaient:

4º Intendance de la Nouvelle-Vizcaye.
5º Intendance de Sonora.
6º Intendance de Coahuila.
7º Intendance de Texas.

8º Intendance du Nouveau-Mexique.

Telles étaien les divisions politiques compliquès qui régirent le pays pendant la domination espagnole.

Voici maintenant la notice chronologique des gouvernants de la Nouvelle-Espagne.

MAISON D'AUTRICHE.

Règne de Charles V, Empereur d'Allemagne et d'Espagne.
1521 à 1556.

1.—Don Hernand Cortés Gouverneur et Capitaine général. En 1524, lors de son expédition vers les Hibueras contre Cristophle d'Olid, il laissa chargés du gouvernement le tresorier Alonse d'Estrade et l'avocat Alonse de Zuazo, auxquels il adjoignit le comptable de première clase Albornoz. Puis Salazar y Chirino, et l'avocat Zuazo formèrent le gouvernement. En 1525 Estrada et Albornoz reprirent le gouvernement.................................... 1521 à 1526
2.—L'avocat Luis Ponce gouverneur chargé de demander des comptes à Cortés........... 1526
3.—L'avocat Márcos de Aguilar à qui l'avocat Ponce conféra le pouvoir avant de mourir... 1526
4.—Alonso de Estrada et Gonzalo de Sandoval gouvernèrent ensemble pour assurer la paix, bien que l'avocat Aguilar dans le même but que son prédecesseur ait nommé Estrada pour lui succéder............... 1527
5.—Alonso de Estrada gouverneur................ 1527

Audiences.

6.—Première audience.—Président Nuño de Guzmán; Conseiller ou Auditeurs, Juan Ortiz de Matienzo et Diego de Delgadillo; ¡Alonso de Parada et Francisco Maldonado. Ces deux derniers moururent peu de temps après leur arrivé à Mexico................................. 1528 à 1531

7.—Seconde audience.—Président Don Sebastian Ramírez de Fuenleal, Evêque de Santo Domingo; Don Vasco de Quiroga devenu Evêque de Michoacan; l'avocat Juan de Salmeron; l'avocat Alonso Maldonado, et l'avocat Francisco Ceinos..... 1531 à 1535

8.— *Vice-rois.*

1º Don Antonio de Mendoza Comte de Tendilla... 1535 à 1550
2º Don Luis de Velasco, chevalier de la maison du connétable de Castille............... 1550 à 1564

Règne de Philippe II.—1556 à 1598.

3º Don Gaston de Peralta Marquis de Falces. 1566 à 1568
4º Don Martin Enríquez de Almanza.......... 1568 à 1580
5º Don Lorenzo Suárez de Mendoza, Comte de la Coruña.................................. 1580 à 1583
6º Don Pedro Moya de Contreras, Archevêque de Mexico................................. 1584 à 1585
7º Don Alvaro Manrique de Zúñiga, Marquis de Villa Manrique........................... 1585 à 1590
8º Don Luis de Velasco fils du second Vice-roi... 1590 à 1595

9º Don Gaspar de Zúñiga y Acevedo, Comte
de Monterey.................................... 1595 à 1603

Règne de Philippe III.—1598 à 1621.

10º Don Juan de Mendoza y Luna, Marquis
de Montesclaros............................. 1603 à 1607
11º Don Luis de Velasco pour la deuxième fois,
où il reçut le titre de Marquis de Salinas. 1607 à 1611
12º Le révérend García Guerra de l'ordre de
Prédicateurs, Archevêque de Mexico... 1611 á 1612
13º Don Diego Fernández de Córdova, Marquis de Guadalcázar........................ 1612 à 1621

Règne de Philippe IV.—1621 à 1651.

14º Don Diego Carrillo de Mendoza y Pimentel, Marquis de Gelves et Comte de
Priego......... .... 1621 à 1624
15º Don Rodrigo Pacheco y Osorio, Marquis de
Cerralvo.. 1624 à 1635
16º Don Lope Diaz de Armendariz, Marquis
de Cadereyta.................................. 1635 à 1640
17º Don Diego López Pacheco Cabrera y Bobadilla, Duc d'Escalona et Marquis de
Villena, Grand d'Espagne................. 1640 à 1642
18º Don Juan de Palafox y Mendoza, Evêque
de Puebla...................................... 1642
19º D. García Sarmiento de Soto Mayor, Comte de Salvatierra, Marquis de Sobroso... 1642 à 1648
20º Don Márcos de Torres y Rueda, Evêque de
Yucatan......... .... 1648 à 1649
21º Don Luis Enríquez de Guzmán, Comte
d'Alva, de Liste et Marquis de Villaflor... 1650 à 1653

22º Don Francisco Fernández de la Cueva,
Duc d'Alburquerque, Grand d'Espagne. 1653 à 1660
23º Don Juan de Leiva y de la Cerda, Marquis
de Leiva y de Labrada, et Comte de Baños... 1660 à 1664
24º Don Diego Osorio de Escobar y Llamas,
Evêque de Puebla... 1664
25º Don Antonio Sebastian de Toledo, Marquis de Mancera... 1664 à 1673

Règne de Charles II.
De 1665 à 1667 Régence.—De 1667 à 1700 le Roi.

26º Don Pedro Nuño Colon de Portugal y
Castro, Duc de Veraguas, Marquis de Jamaïque, Grand d'Espagne... 1673
27º Le révérend Payo Enríquez de Rivera de
l'ordre de Saint Augustin, Archevêque
de Mexico... 1673 à 1680
28º Don Thomas Antonio Manrique de la Cerda, Marquis de Laguna et Comte de Paredes... 1680 à 1686
29º Don Melchor Portocarrero Lazo de la Vega,
Comte de Monclova... 1686 à 1688
30º Don Gaspar de la Cerda Sandoval Silva y
Mendoza, Comte de Galve... 1688 à 1696
31º Don Juan Ortega Montañez, Evêque de
Michoacan... 1696
32º Don José Sarmiento y Valladares, Comte
de Moctezuma et de Tula... 1696 à 1701

MAISON DE BOURBON.

Règne de Philippe V.—De 1700 à 1746.

(Le roi abdique la couronne en faveur de son fils Luis I en 1724, et il la reprit à la mort de celui-ci dans la même année.)

33º Don Juan de Ortega Montañez, pour la deuxième fois.................................... 1701 à 1702
34º Don Francisco Fernández de la Cueva Enríquez, Duc de Alburquerque............. 1702 à 1711
35º Don Fernando de Alencastre Noroña y Silva, Duc de Linares, Marquis de Valdefuentes .... 1711 à 1716
36º Don Baltasar de Zúñiga Guzmán Sotomayor y Mendoza, Marquis de Valero...... 1716 à 1722
37º Don Juan de Acuña, Marquis de Casa Fuerte... 1722 à 1734
38º Don Juan Antonio Vizarron y Eguiarreta, Archevêque de Mexico................... 1734 à 1740
39º Don Pedro de Castro Figueroa y Salazar, Duc de la Conquête et Marquis de Gracia Real... 1740 à 1741
40º Don Pedro Cebrian y Agustin, Comte de Fuen Clara..................................... 1742 à 1746

Règne de Ferdinand VI.—De 1746 à 1759.

41º Don Juan Francisco de Güemes y Horcásitas, premier Comte de Revillagigedo.. 1746 à 1755
42º Don Agustin d'Ahumada y Villalon, Marquis de las Amarillas....................... 1755 à 1760

Règne de Charles III.—De 1759 à 1788.

43º Don Francisco Cajigal de la Vega........... 1760
44º Don Joachin de Monserrat, Marquis de Cruillas.. 1760 à 1766

45º Don Cárlos Francisco de Croix, Marquis de Croix.. 1766 à 1771
46º Don Antonio Marie Boucareli y Ursua, Bailli de l'ordre de Saint Jean............ 1771 à 1779
47º Don Martin de Mayorga........................ 1779 à 1783
48º Don Matías de Gálvez.......................... 1783 à 1784
49º Don Bernardo de Gálvez, Comte de Gálvez et fils de l'antérieur...................... 1785 à 1786
50º Don Alonso Núñez de Haro y Peralta, Archevêque de Mexico........................ 1787
51º Don Manuel Antonio Flores................. 1787 à 1789

Règne de Charles IV.—De 1788 à 1808.

52º Don Juan Vicente de Güemes Pacheco de Padilla, Comte de Revillagigedo......... 1789 à 1794
53º Don Miguel de la Grua Talamanca, Marquis de Branci–Forte........................ 1794 à 1798
54º Don Miguel José de Azanza................. 1798 à 1800
55º Don Félix Berenguer de Marquina........ 1800 à 1803
56º Don José de Iturrigaray....................... 1803 à 1808

Règne de Ferdinand VII.—De 1808 à 1821.

(Ce roi survécut douze ans à la proclamation de l'indépendance mexicaine.)

57º Don Pedro Garibay, Maréchal de Camp... 1808 à 1809
58º Don Francisco Javier de Lizana y Beaumont, Archevêque de Mexico............. 1809 à 1810
59º Don Francisco Javier de Venegas........... 1810 à 1813
60º Don Félix María Calleja, Comte de Calderon.. 1813 à 1816
61º Don Juan Ruiz de Apodaca, plus tard Comte de Venadito.............................. 1816 à 1821
62º Don Juan O'Donojú. Celui-ci ne parvint pas à éxercer ses fonctions.

QUATRIÈME PARTIE.

LE MEXIQUE INDEPENDANT.

Sous le Vice-roi Don Miguel de Azanza, on commença à constater certains symptômes menaçants pour le gouvernement du royaume. La conspiration denoncée au Vice-roi et que celui-ci étouffa en 1798, vint démasquer les idées d'indépendance que fermentaient contre la Métropole et que l'émancipation des colonies anglo-américaines ne fit que dé velopper et favoriser davantage. La situation incertaine et précaire où l'invasion des français avait plongé l'Espagne, ainsi que les scandaleuses querelles qui surgirent entre Charles IV et son fils Ferdinand, se compliquaient de la violente destitution et de l'emprisonnement du Vice-roi Iturrigaray décretée par les membres du conseil (Audiencia), aidés de quelques Espagnols qui crurent, ou feignirent de croire, que la résistance opposée par le Vice-roi à la reconnaissance de l'Assemblée de Seville, était faite dans le but de proclamer l'Indépendance.

Les idées d'émancipation continuèrent à se manifester sous les gouvernements suivants; elles causèrent l'arrestation et la mort de l'avocat Verdad, qui fut étranglé dans sa prison au palais de l'Archevèché à Mexico, sous l'administration du Vice-roi Don Pedro de Garibay; elle causèrent aussi l'arrestation de quelques individus compromis dans une conspiration découverte à Morelia à la fin de 1809 et ayant pour but la création d'une assemblée exécutive chargée du gouvernement de la Colonie. Enfin, sous l'administration du Vice-roi, le lieutenant général Don Francisco Javier Venegas, survint la proclamation de l'Indépendance, le 16 Septembre 1810, par le Curé de Dolores Miguel Hidalgo y Costilla.

Les travaux des assemblées tenues à Querétaro sous la

protection du Corregidor Don Miguel Domínguez et de son illustre épouse Doña Josefa Ortiz, préparèrent cette glorieuse proclamation. La culture des lettres servit de prétexte aux réunions qui comptaient parmi leurs assistants les capitaines Don Ignacio Allende, Don Juan Aldama, Don Mariano Abasolo alors en garnison à *San Miguel el Grande*; le lieutenant Don Francisco Lanzagorta, le capitaine Don Joaquin Arias, Don Emeterio y Don Epigmenio González et autres personnes notables, parmi lesquelles se trouvaient quelques ecclésiastiques.

La conspiration découverte, le corregidor et sa femme furent emprisonnés, mais toutefois celle-ci, femme énergique, en put donner avis à Allende par l'intermédiaire d'un courrier. Ce dernier, ne rencontrant pas le capitaine à S. Miguel, mit Don Juan Aldama au courant de la situation. Sans perte de temps le capitaine Aldama se mit en route pour Dolores où il arriva le 16 Septembre à deux heures du matin. Il se présenta sans retard à Hidalgo déjà mis au courant de ce qui se passait, par des dépêches interceptées par lui; il était en conférence avec Allende. Au lever du jour qui tombait un dimanche, Hidalgo, suivi de son frère Don Mariano, de deux capitaines et de dix hommes armés, mit en liberté les prisonniers, fit sonner le tocsin, à l'appel duquel répondirent environ 300 hommes des campagnes environnantes.

A la tête de cette petite troupe il se dirigea vers *San Miguel el Grande* arborant pour drapeau une bannière avec l'image de la Vierge de Guadalupe.

En traversant Celaya et d'autres localités la petite armée grossit tellement, que lors qu'elle se présenta devant Guanajuato pour intimer à l'Intendant Riaño l'ordre de mettre bas les armes, elle atteignait déjà le chiffre respectable de 50,000 hommes.

L'Intendant de la province fut tué pendant un combat acharné qui eut pour théâtre la halle de Granaditas, où succombèrent tous les Espagnols abandonnant aux mains du vainqueur un riche butin.

Les insurgés occupèrent le fort et passèrent leurs prisonniers au fil de l'epée.

Hidalgo se dirigea de Guanajuato sur le Michoacan occupant sans coup ferir Valladolid (aujourd'hui Morelia) le 17 Octobre. Il y augmenta ses forces de trois bataillons de troupe provinciale et du Régiment de Pátzcuaro, et nomma Intendant de la province Don José Mariano Anzorena. Il créa plusieurs emplois et obligea le gouverneur du diocèsse à lever l'excommunion lancée contre lui par l'Evêque Abad y Queipo.

Il quitta Valladolid le 19 du même mois, s'arrêtant à Acambaro pour passer la revue des troupes qui le proclamèrent Généralissime. Ensuite il continua sa marche du côté de Toluca. A la hauteur du mont de *las Cruces*, il livra le 30 du même mois un sanglant combat aux troupes royalistes; malgré leur bonne discipline elles abandonèrent le gain de la bataille à l'armée d'Hidalgo aussi nombreuse que mal armée.

Les insurgés manquaient de munitions et en même temps menacés par les troupes de Callejas, qui avaient quitté Saint Louis à la hâte pour venir à leur rencontre, durent battre en retraite, mouvement malheureux, car ils furent complètement défaits tout près d'Aculco, abandonnant aux mains de l'ennemi leur artillerie et un grand nombre de prisonniers.

Après cet échec, Hidalgo se retire vers Valladolid; Allende, Aldama, Abasolo et Jiménez se retranchèrent dans Guanajuato, où Calleja les assiègea les obligeant à abandoner la place.

Peu après, Hidalgo avec les forces qu'il put rallier à Valladolid, marcha sur Guadalajara qui venait de tomber au pouvoir du patriote Don José Antonio Torres. Il y rejoignit Don Ignacio Allende, et déploya une grande activité afin d'augmenter son armée, et de réunir tous les éléments dont il avait besoin pour continuer la campagne.

Il tâcha en même temps de constituer un gouvernement nommant à cet effet l'Avocat José María Chico Ministre de la Justice et l'avocat Ignacio López Rayon Ministre d'État.

Au fur et à mesure que l'insurrection s'étendait dans les provinces du nord, les efforts du gouvernement croissaient dans le but de l'écraser.

Les troupes du brigadier Calleja, renforcées de celles du général Cruz se dirigèrent vers Guadalajara, pendant que l'armée d'Hidalgo, dont l'avis prévalut malheureusement sur celui d'Allende, marcha à la rencontre de l'ennemi, qu'elle atteignit le 16 Janvier 1811 au Pont de Calderon.

Elle était forte de 80,000 fantasins, de 20,000 cavaliers et de 96 canons et attendit de pied ferme le choc. La lendemain les troupes disciplinées de Calleja bien equipées et mieux armées engagèrent le combat par une attaque vigoureuse, sur trois colonnes.

Après six heures d'une lutte opiniâtre pendant laquelle la victoire resta longtemps indécise, les royalistes remportèrent la victoire après avoir détruit pendant l'action les munitions des insurgés.

Après leur désastre ceux-ci se dispersèrent dans toutes les directions. Hidalgo et les autres chefs se dirigèrent vers Zacatecas dans le but de s'y rallier et de s'y réorganiser. Les royalistes vainqueurs à Guadalajara, San Blas, Tepic et Sinaloa, les chefs de l'insurrection se refugièrent à Saltillo où il refusèrent l'amnistie que le général Cruz leur avait offerte, déclarant leur inébranlable résolution de poursuivre la guerre à outrance.

Hidalgo suivi des principaux chefs Ignacio López Rayon et Liceaga exceptées qui restèrent à Saltillo, à la tête de quelques troupes, se dirigea vers la frontière afin de se procurer de l'argent et des armes aux États-Unis. Ils étaient déjà en marche lorsque trahis par le chef Elizondo ils furent surpris à Acatita de Baján (le 21 Mai 1811) et conduits à Chihuahua, où ils furent fusillés, Allende, Aldama Jiménez le 26 Juin 1811; Hidalgo peu de temps après (le 31 Juillet 1811).

Tous subirent leur sort avec le plus grand courage laissant à la postérité la renommée de leurs illustres noms. Ainsi la première période de la guerre de l'indépendance prit fin, avec l'exécution de ses principaux chefs.

Les chefs insurgés Rayon et Liceaga qui restèrent à Saltillo, surent conserver vivace l'idée de la liberté, tantôt en opposant leurs forces à celles des royalistes, tantôt en établissant à Zitácuaro l'assemblée suprême dont Liceaga et Don José Sixto Verduzco furent les membres et Rayon le Président.

C'est alors que l'illustre personage, la grand figure de notre histoire nationale, DON JOSÉ MARÍA MORELOS Y PAVON, apparut. Il était curé de Carácuaro. Son courage, son audace et ses qualités militaires le placent au premier rang parmi les principaux chefs de l'indépendance.

Pendant cette seconde période une pléiade de patriotes aidèrent Morelos dans son œuvre et furent les dignes satellites de l'homme illustre qui devait faire briller sur les champs de bataille son génie militaire et donner à l'insurrection une impulsion extraordinaire: tels furent Matamoros, les Galeana, les Bravo, Martínez, Mier et Terán, Victoria et beaucoup d'autres encore.

Une série non interrompue de campagnes presque toujours favorables aux armes insurgées, marque la vie militaire de Morelos. Il assiègea le port d'Acapulco (Novembre 1810); repoussa le gouverneur de la province, au *Veladero* et mit en déroute à *Tres Palos* le chef royaliste Páris (le 4 Février 1811); contraint de lever le siège d'Acapulco, il se retira vers Chilpancingo dont il s'empara après avoir taillé en pièces à Chichihualco les troupes du Commandant Garrote.

Après avoir fait sa jonction avec les insurgés, Leonardo Bravo, Miguel et Nicolás Bravo à Chichihualco, il tourne sur Tixtla et y défait le royaliste Fuentes qu'il poursuit jusqu'à Chilapa.

Durant cette première campagne de neuf mois il défit constamment les royalistes dans la région au sud de Mescala. Il poursuivit avec succès ses opérations et défit encore à Chiautla le chef Musitu; il organisa solidement ses troupes, les divisant en trois corps; le premier sous le commandement de Don Miguel Bravo, le second sous celui de Don Hermenegildo Galeana, et se réserva le commandement du troisième. Il se dirigea ensuite vers Izúcar où il rejoignit l'intrépide Matamoros; il traversa Cuautla et confia le commandement de cette place à Leonardo Bravo. A San Gabriel il réunit quelques canons et entra à Tasco déjà occupé par Galeana. Accompagné de Bravo et de Matamoros, il courut au secours de quelques unes de ses troupes qui avaient été battues à Tecualoya, et battit à son tour Porlier, l'obligeant après une poursuite acharnée à enclouer ses canons à Tenancingo.

Maître de toute la terre chaude, il revint à Cuautla avec 3,000 hommes qu'il confia au commandement de Bravo et de Galeana, et pousa ses postes avancés jusqu'à Chalco.

Le Vice-roi Venegas voyant l'ennemi presque aux portes de la capitale, dirigea Calleja avec 12,000 hommes sur Cuautla. Les insurgés mettent la place en état de défense, l'arment avec 30 canons; le siège ouvert le 19 Février 1812; Calleja lance ses colonnes à l'attaque des retranchements, elles sont repoussées par le courage héroïque des défenseurs après un sanglant combat de six heures; les attaques se renouvellent chaque jour; les insurgés lèvent des redoutes et les assiègeants renforcés par les troupes qui avaient été repoussées près d'Izúcar par le général Bravo, activent le siège; Morelos, poussé à bout, perce les lignes ennemies avec une audace extraordinaire le 2 Mai 1812, de grand matin et lève le siège qui avait duré soixante dix jours.

Ce fait, mémorable dans notre histoire, accrût le prestige du célèbre Morelos.

Don Leonardo Bravo fait prisonnier fut conduit à Mexico, où il fut fusillé malgré la proposition des insurgés qui offraient bon nombre de prisonniers en échange de sa liberté. L'histoire enregîstre au sujet de la mort de ce grand patriote un de ses faits les plus héroïques. Lorsque Morelos communica la fatale nouvelle à Don Nicolás Bravo fils de l'illustre victime, il lui ordonna de faire fusiller à titre de represailles

les 300 prisonniers qu'il avait en son pouvoir; Nicolas Bravo fit former ceux-ci, et leur fit connaître l'ordre formel de Morelos; mais n'obéissant en ce moment qu'aux généreux sentiments qui l'animaient, il leur fit grâce et leur rendit la liberté.

Morelos poursuivra dans d'autres nouvelles campagnes la série de ses succés. Il occupa Chilapa après avoir défait les chefs royalistes Cerro et Añorve; courut au secours de Trujano assiégé depuis longtemps dans Huajuapan où il se défendait héroïquement, et y tailla en pièces les assiégeants Régules et Caldera (le 23 Juillet). De Tehuacan il ordonna à Don Nicolás Bravo d'attaquer un convoi qui se dirigeait vers Puebla, sous le commandement du colonel Lavaqui qui fut tué durant l'action. Le convoi resta au pouvoir des insurgés.

Il attaqua et prit Orizaba (le 26 Octobre), et bien qu'il eut perdu toute son artillerie durant le combat des *Cumbres de Aculcingo* livré au capitaine Aguila, il réorganisa très vite ses forces, si bien, qu'en quittan Tehuacan il se trouvait à la tête d'une petite armée, avec laquelle il attaqua et prit Oaxaca le 25 Novembre. Don Guadalupe Victoria, Galeana, Matamoros, Bravo, Sesma et Mier y Terán, se distinguèrent par leur activité et leur courage durant cette campagne.

Le vice-roi D. Francisco Javier Venegas rappelé en Espagne fut remplacé dans ses fonctions par le Lieutenant géneral D. Félix María Calleja (1813).

Après la prise de Oaxaca, Morelos marcha sur Acapulco (le 12 Avril 1813) terminant, avec succés sa campagne par l'occupation definitive de cette place importante. Peu après, eût lieu à Chilpancingo l'installation du premier Congrès mexicain (le 14 Septembre) qui proclama deux mois après (le 6 Novembre) l'indépendance du Mexique et decrèta l'abolition de l'esclavage.

Le commencement de la troisième et dernière campagne de Morelos, eut pour but l'occupation de Valladolid afin d'y installer le Congrès et d'en étendre l'action aux provinces de Guanajuato, Guadalajara et San Luis.

Il intima l'ordre à la garnison de la place de Valladolid, de mettre bas les armes (23 Décembre 1813); mais vigoureusement attaqué lui-même par les royalistes Llano et Iturbide, il fut complétement défait, et dut se retirer sur Puruaran, où il laissa Matamoros avec 3,000 hommes. Ce dernier, attaqué et battu par Iturbide tomba prisonnier. Conduit à Valladolid il y fut fusillé le 3 Février 1814.

Poursuivi sans trêve ni merci par les royalistes, le Congrès changeait sans cesse de résidence; il put cependant, d'Apatzingan lancer la Constitution provisoire, conférant le pouvoir exécutif à Liceaga, Morelos et Cos.

La défaite et la mort de Galeana, l'emprisonnement à Puebla de l'intrépide D. Miguel Bravo qui y fut fusillé, et la perte irréparable de Morelos, suivirent de près le désastre et l'éxécution de Matamoros, et la suite de plusieurs revers, provoqués par l'activité d'Iturbide et par les divisions du parti des insurgés. Ce chef courageux voulant sauver les membres du Congrès, en leur donnant le temps de fuir, il fit face aux troupes de Concha et Armijo à Texmalaca, mais ayant été battu et livré traitreusement par Carranco, déserteur de son armée, il fut conduit à Mexico. Condamné à être passé par les armes, il subit sa peine à S. Cristóbal Ecatepec le 22 Décembre 1815; avec lui s'éteignit le chef le plus illustre de l'insurrection.

Après la mort de Morelos la cause de l'indépendance fut soutenue énergiquement par plusieurs chefs qui guerroyaient par tout le pays. Mier y Teran à Tehuacan, Victoria au Nord et sur le littoral de Veracruz, Osorno et autres dans les plaines d'Apan, Guerrero et Bravo dans les Mixtèques et au Sud de Mexcala; Rayon se fortifiait sur la montagne de Cóporo; Vargas à Michoacan, le prêtre Torres à l'intérieur du pays (el bajío), Víctor Rosales à Zacatecas.

Appuyé sur une armée disciplinée de 40,000 hommes, le vice-roi Calleja poursuivait avec énergie, et multipliait sans relâche des attaques, afin d'étouffer la révolution. Il rétablit la Compagnie de Jésus et l'Inquisition, bannit plusieurs personnes notables, enferma dans un couvent la femme du Corregidor de Querétaro Dª Josefa Ortiz, ainsi que Dª Leona Vicario, épouse du patriote distingué D. Andrés Quintana Roo; il frappa de nouveaux impôts. Ses violentes éxactions et ses actes tyraniques, furent de telle nature, que la cour d'Espagne se vit obligée de le rappeler. Il fut remplacé par D. Juan Ruiz de Apodaca, qui prit possesion du gouvernement le 20 Septembre 1815.

Les forces des patriotes essuyaient souvent des revers, lorsque l'intrépide soldat espagnol D. Francisco Javier Mina vint prêter l'appui de son bras à la cause de l'indépendance, après avoir combattu bravement l'invasion étrangère, et quitté l'Espagne lassé de la tyrannie de Ferdinand VII.

Son expédition rapide et éclatante comme un météore fut, depuis son débarquemente à *Soto la Marina*, jusqu'à sa mort en vue de l'hauteur de San Gregorio une série de succés.

Le 15 Avril 1817 il débarque à la tête de 500 hommes recrutés aux Etats-Unis; il marcha en hâte vers l'intérieur du pays défaisant successivement sur sa route, les royalistes Villaseñor et Armiñan; il atteignit le fort Sombrero où il s'unit au brave insurgé Pedro Moreno; puis il tailla en pièces les troupes d'Ordoñez près de S. Felipe; ce dernier fut tué ainsi que le chef Castañon. Ayant tenté de surprendre la ville de Leon mais sans succés il battit en retraite vers le fort du Sombrero, et y fut assiegé peu de temps après par la division de Liñan, il réussit à percer les lignes des assiégeants et continua ses expéditions vers l'intérieur du pays et la *Sierra Gorda*, fatigant sans cesse les royalistes par ses mouvements rapides. Il fut malheureusement surpris au *Rancho del Venadito* par Orrantia, qui le fit d'abord conduire à Silao, et après au camp de Liñan où il fut passé par les armes devant le fort de los *Remedios*, le 11 Novembre 1817. Le curé Torres continua de défendre le fort, jusqu'au 1er Janvier, où il fut pris par les royalistes, qui firent un grand carnage des prisonniers. Le curé Torres reussit à s'échapper.

Les insurgés éprouvaient de nombreux revers, comme le

désastre de Bravo à Cóporo, celui du curé Torres à l'intérieur, l'emprisonnement de Verduzco et de Rayon et les éxécutions d'autres patriotes comme Pagola et Bermeo.

Pendant que de nouvelles forces étaient envoyées de la Métropole pour combattre et écraser l'insurrection; la cause de la liberté semblait compromise; il restait pourtant l'indomptable Guerrero pour la soutenir dans les montagnes du Sud. Ce chef, qui avait servi sous les ordres de Morelos dés 1811, combattait sans relâche remportant successivement vingt victoires en 1819.

Le rétablissement de la Constitution de 1812 en Espagne, pour laquelle il fut prêtré serment à Mexico le 31 Mai 1820, qui déclarait abolie l'Inquisition, et proclamait la liberté de la presse, divisa les Espagnols; quelques uns devinrent partisans de la Constitution tandis que d'autres s'en déclaraient ennemis. Ces discords profitèrent à la cause de l'indépendance.

Après avoir conféré à Iturbide le grade de brigadier, le vice-roi Apodaca, lui confia la direction de la campagne qui devait s'ouvrir contre les forces du Sud sous les ordres de Guerrero.

Iturbide quitta Mexico le 16 Novembre 1820; après plusieurs rencontres qui ne furent pas défavorables aux insurgés, il entra en correspondance avec l'illustre Guerrero; une entrevue fut décidée, elle eut lieu à Acatempa (le 10 Janvier 1821); les deux chefs s'y mirent d'accord pour proclamer l'indépendance. Iturbide promulgua le *Plan de Iguala* le 24 Janvier 1821.

Ce programme accepté et secondé par beaucoup de villes et de villages, Filisola, Bustamante, Domínguez, Barragan, Negrete et autres chefs y adhérèrent. Iturbide ouvrit la campagne et fit capituler Valladolid, Querétaro et Puebla; il assiégea ensuite Mexico où les officiers aidés de quelques émeutiers déposèrent le vice-roi Apodaca, qu'ils remplacèrent par le Sousinspecteur d'Artillerie D. Francisco Novella (le 5 Juillet 1821).

D. Juan O'Donojú 62ème et dernier vice-roi de la Nouvelle-Espagne débarqua à Veracruz le 30 du même mois. Renseignée à l'égard des derniers événements, il lança une proclamation et entra en pourparlers avec les insurgés. Iturbide se dirigea vers Córdoba où il eut une conférence avec O'Donojú; il en résulta le traité de Córdoba qui, avec quelques modifications confirmait le *Plan de Iguala*.

Iturbide à la tête de l'armée insurrectionnelle, fit son enentrée trionphale à México le 27 Septembre 1821, jour où prit fin après 300 ans la domination espagnole.

Le triomphe de l'indépendance une fois assuré, les partisans d'Iturbide réussirent à le faire proclamer Empereur par l'assemblée qu'il avait constituée. L'Empire fut de courte durée; l'année suivante (1822) Iturbide fut renversé par le général Santa-Ana, qui s'était mis à la tête du mouvement révolutionaire et proclama la forme du gouvernement républicain. Iturbide, qui, bien qu'exilé conservait encore l'espérance de ressaisir le sceptre quitta son exil, mais à peine débarqué à Soto la Marina, il y fut arrêté et conduit à Padilla où il fut fusillé (1823).

La République fédérale s'établit sur les débris de l'Empire éphemère d'Iturbide; son prémier Président fut le général D. Guadalupe Victoria (1824). On promulgua une Constitucion pareille à celle des Etats-Unis de l'Amérique du Nord le 4 Octobre 1824.

L'indépendance une fois consommé deux partis surgirent dans le pays; le parti espagnol devint centralisateur et le républicain devint fédéral. La division éxistant entre les deux partis, explique assez la succession de personnes au commendement suprême de la República, ainsi que les troubles constants du Mexique. L'un de ces partis voulait faire rétrograder le pays aux temps coloniaux; l'autre par contre, voulait le pousser dans la voie des réformes politiques et sociales dans le sens libéral. Les deux partis se disputèrent et occupèrent tour à tour le pouvoir au moyen des révolutions depuis 1828 jusqu'à 1846.

Le gouvernement des États-Unis profita de ces troubles pour déclarer la guerre au Mexique la même année.

Affaibli par ses discordes civiles et fort inférieur à la nation voisine, tant au point de vue de la population qu'au point de vue des ressources, le Mexique accepta cependant la lutte, et après un an de combats acharnés et de toute espéce de sacrifices, dut signer la paix avec la République du Nord, lui cédant une grande partie de son territoire à peine peuplé.

La paix une fois signé avec le gouvernement des États-Unis, le parti libéral du Mexique prit le dessus; en se plaçant à la tête du gouvernement, et put mettre à exécution ses théories gouvernementales (excepté les années écoulées de 1853 à 1855 où le général Santa-Anna gouverna en dictateur.)

Une nouvelle constitution, celle qui régit aujourd'hui, fut promulguée par l'Assemblée constituante en 1857; elle proclama la liberté religieuse, réalisa la séparation de l'Église et de l'État; les congrégations religieuses furent dissoutes; les biens du clergé déclarés nationaux; le registre civil fut établi.

Les réformes du parti libéral furent conquises au milieu des discordes civiles, et acceptées par la majorité des mexicains.

En 1861 le gouvernement de la République Mexicaine, occupé de la réorganisation de l'administration; l'Angleterre, l'Espagne et la France coalisées, déclarèrent la guerre au Mexique tâchant de s'immiscer dans ses affaires. L'alliance à peine conclue, les deux premières puissances se désistèrent de leur projet, mais la France dont le souverain cherchait à établir une monarchie au Mexique, resta seule à la tête de l'entreprise.

Le Mexique accepta la lutte et se battit contre son puissant adversaire de 1862 à 1866, que les français purent devenir maîtres du sol qu'ils foulaient. L'armée française maitresse de la capitale et d'un très grand nombre des villes du pays, fonda un Empire en mettant la couronne sur la tête de Maximilien d'Hapsbourg, Archiduc d'Autriche; mais épuisée par les attaques continuelles des troupes Mexicaines, elle dut abandonner le pays au commencement de 1867.

Après la retraite des français Maximilien se retrancha dans la ville de Querétaro, où il fut fait prisonnier par les républicains et fusillé le 19 Juin 1867.

Don Benito Juárez, indien d'origine, doté d'une solide intelligence et d'une grande énergie, fut le Président de la République pendant les orageuses périodes de la Réforme et de la guerre contre la France. Il fit son entrée triomphale à Mexico le 15 Juillet 1867.

Juárez resta au pouvoir jusqu'à sa mort vers le milieu de 1872. Don Sebastian Lerdo de Tejada lui succéda et conserva cette haute magistrature jusqu'à la fin de 1876. Il fut renversé par la révolution de Tuxtepec. Le général Porfirio Diaz élevé à la suprême magistrature en Mai de 1877, conserva le pouvoir jusqu'au 1er. Décembre 1880, époque à laquelle il le transmît au nouvel élu Don Manuel González.

La période Présidentielle du général González ayant terminé en 1884, le géneral Diaz entra à exercer le pouvoir le 31 Décembre de la même année pour 4 ans et continue une deuxiéme période, pour avoir été réélu, de 1888 à 1892.

Nous donnons ci-dessous la liste des gouvernants du Mexique dépuis la déclaration de l'indépendance jusqu'à nos jours.

Régence.

La première fut formée par le généralissime Don Agustin de Iturbide, Don Juan O'Donojú, Don Manuel de la Bárcena, Don Isidro Yáñez et Don Manuel Velázquez de Leon; de... 1821 à 1822

La seconde par Don Agustin de Iturbide, Don Isidro Yáñez, Don Miguel Valentin, le compte de Heras, et le Brigadier D. Nicolás Bravo... 1822

Empire.

Iturbide sous le titre de Iturbide I................. 1822 à 1823

Gouvernement provisoire.

L'assemblée chargée du pouvoir éxécutif est formée de Nicolas Bravo, Guadalupe Victoria et Pedro C. Negrete membres titulaires, et José María Michelena et Miguel Domínguez, membres suppléants............ 1823 à 1824

République Fédérale.

Général Guadalupe Victoria....................... 1824 à 1829
Général Vicente Guerrero.......................... 1829
Licencié José M. Bocanegra....................... 1829
Pedro Vélez, Président de la Suprême Cour de Justice, Général Luis Quintanar et Lúcas Alamán.. 1829
Général Anastasio Bustamante..................... 1830 à 1832
Général Melchor Múzquiz........................... 1832
Général Manuel Gómez Pedraza.................. 1832 à 1833
Valentin Gómez Farías............................... 1833
Général Antonio López de Santa–Anna......... 1833
Valentin Gómez Farías............................... 1833 à 1834
Général Antonio López de Santa–Anna......... 1834 à 1835
Général Miguel Barragan........................... 1835 à 1836
José Justo Corro...................................... 1836 à 1837

République unitaire.

Général Anastasio Bustamante..................... 1837 à 1839
Général Antonio López de Santa–Anna, *par interim*.. 1839

Général Nicolás Bravo par intérim................ 1839
Général Anastasio Bustamante..................... 1839 à 1841
Javier Echeverría....................................... 1841

Dictature.

Général Antonio López de Santa-Anna......... 1841 à 1842
Général Nicolás Bravo............................... 1842 à 1843
Général Antonio López de Santa-Anna......... 1843
Général Valentin Canalizo.......................... 1843 à 1844

République unitaire.

Général Antonio López de Santa-Anna......... 1844
Général Valentin Canalizo.......................... 1844
General José Joaquin de Herrera................. 1844 à 1845
Général Mariano Paredes y Arrillaga............ 1846
Général Nicolás Bravo............................... 1846

République Fédérale.

Général Mariano Salas............................... 1846
Valentin Gómez Farías.............................. 1846 à 1847
Général Antonio López de Santa-Anna......... 1847
Général Pedro M. Anaya............................ 1847
Général Antonio López de Santa-Anna......... 1847
Licencié Manuel de la Peña y Peña, Président
   de la Suprême Cour de Justice.............. 1847
General Pedro María Anaya........................ 1847 à 1848
Manuel de la Peña y Peña.......................... 1848
Général José Joaquin de Herrera................. 1848 à 1851
Général Mariano Arista.............................. 1851 á 1853
Don Juan B. Ceballos................................ 1853

Dictature.

Général Manuel María Lombardini............... 1853
Général Antonio López de Santa-Anna......... 1853 à 1855

Général Rómulo Diaz de la Vega.................. 1855
Général Martin Carrera............................ 1855
Général Juan Alvárez.............................. 1855
Général Ignacio Comonfort........................ 1851 à 1857

Présidents constitutionnels.

Général Ignacio Comonfort........................ 1857 à 1858
Licencié Benito Juárez, Président de la Suprê-
  me Cour de Justicie. .... 1858 à 1861
Licencié Benito Juárez............................ 1861 à 1872
Licencié Sebastian Lerdo de Tejada, Président
  de la Suprême Cour de Justice............... 1872
Licencié Sebastian Lerdo de Tejada.............. 1872 à 1876
Général Porfirio Diaz (provisoire)................ 1876
Général Juan N. Méndez, comme provisoire... 1876
Général Porfirio Diaz............................. 1877 à 1880
Général Manuel González......................... 1880 à 1884
Général Porfirio Diaz............................. 1884 à 1888
Le même réélu..................................... 1888 à ......

Pendant la période écoulée de 1863 à 1867, le gouvernement impérial fut établi par l'intérvention ~~éenne. L'evêque Juan B. Ormachea, le géneral Juan N. Almonte et le général Mariano Salas, fonctionnèrent en q~~ ~~té de régents jusqu'à l'arrivée de l'Archiduc Maximilien le 12 Juin 1864.

De 1857 á 1860 la capitale de la République était au pouvoir du parti conservateur, les personnes dont nous donnons les noms ci-après fonctionnèrent comme Présidents:

Général Félix Zuloaga............................. 1857
Général Don Manuel Robles Pezuela............ 1858
Licencié José Ignacio Pavon..................... 1858
Général Miguel Miramon.......................... 1858

Général Félix Zuloaga.................................. 1859
Général Miguel Miramon........................ 1859 à 1860

Empire.

L'Archiduc Maximilien d'Autriche sous le ti-
tre de Maximilien 1er........................... 1864 à 1867

On trouvera dans l'album que j'ai publié, les portraits de tous les gouvernants, ainsi que ceux des principaux héros de l'indépendance.

Afin de faire connaître l'organisation de l'armée mexicaine et les progrès realisés par l'art militaire dans le pays, nous donnons l'intéressante étude due à la plume du Général Sósthènes Rocha, un de nos chefs militaires les plus distingués.

L'ARMÉE ET LA MARINE DE LA RÉPUBLIQUE MEXICAINE.

Si le courage des individus qui composent une armée, est une des qualités qui peut lui donner un haut prestige, et justifier sa bonne réputation, sous ce point de vue, sans aucun doute, l'armée mexicaine peut prétendre à l'honneur d'être comptée parmi les meilleures puisqu'elle joint à la solide qualité dont nous avons parlé plus haut, une bonne organisation, une discipline et une instruction, qui si elle laisse encore à désirer, est relativement assez étendue et lui permet de soutenir une comparaison avec l'armée la mieux constitué.

L'armée mexicaine dont l'origine remonte aux époques les plus prospères de l'Empire Aztèque, acquit depuis ce temps la renommée de brave; ce furent nos conquérants qui les premièrs lui rendirent justice et confessèrent, que sans le génie politique et entreprenant de Fernand Cortés, sans l'adresse qu'il mit en jeu pour profiter des discordes qui divisaient les differents peuples du grand Empire de l'Anahuac, le drapeau de Castille n'aurait peut-être jamais été arboré sur le palais de Moctezuma, si au lieu de ce monarque faible et supersticieux, un Cuitlahuac ou un Guatimotzin, se fût trouvé à la tête des armées aztèques, dès les premiers jours de la conquête; celle-ci aurait été rendue à peu-près impossible, et les intrépides aventuriers espagnols auraient en á déplorer beaucoup de *noches tristes*, avant d'être sacrifiés sur l'autel du dieu de la guerre de ce peuple belliqueux.

Fernand Cortés et ses lieutenants, furent si frappés de cette vérité qu'ils se servirent des vaincus en qualité de troupes auxiliaires afin de poursuivre leurs conquêtes sur tout le vaste territoire qui aujourd'hui forme la République Mexicaine.

Ce fut ainsi que Cortés á la tête de 40,000 mexicains d'après l'affirmation des historiens, se dirigea sur le Pánuco pour y combattre Garay député par Velázquez pour s'emparer de la contrée. Il entreprit dans les mêmes circonstances la malheureuse expédition des Hibueras qui avait pour but l'étouffement de la révolte de Cristóbal de Olid.

Nuño de Guzman entreprit plus tard avec des troupes mexicaines les expeditions de Pánuco, Jalisco et Michoacan. Celles de Vázquez Coronado ayant pour but la conquête du royaume mythique de Quivira, se firent avec des forces indigènes. Pedro d'Alvarado termina avec les mêmes troupes, la conquête de Guatemala, et la malheureuse expédition de Nochistlan dans laquelle il trouva la mort.

Les opérations sur le Michoacan executés d'après les ordres du vice-roi D. Antonio Mendoza; la conquête de la ville de Querétaro prise sans coup férir par D. Fernand de Tapia; l'expédition d'Orozco sur Oaxaca, celle de Diego de Godoy pour Chiapas, celle de Francisco Ibarra sur Durango, celle d'Oñate S. Luis Potosí, et beaucoup d'autres que nous pourrions rapporter ici, sont autant de campagnes entreprises par des chefs Espagnols á la tête de troupes mexicaines. Celles-ci, déployèrent un tel courage durant ces différents combats, que les conquérants en prirent peur.

Aussi vers le commencement du XVII siècle, toutes opérations militaires étaient-elles confiées à des troupes espagnoles parfaitement aguerries, que les vice-rois demandaient instamment au roi d'Espagne.

Au commencement de ce siècle, on organisa cependant des milices créoles, qui atteignirent le chiffre de 30,000 hommes au moment de la guerre de l'indépendance.

Le courage de ces troupes, leur solidité dans la campagne et leur discipline tout à fait espagnole, firent échouer pendant onze années les sacrifices héroïques que nos patriotes accomplissaient pour la cause sacrée de l'indépendance.

A cette époque les troupes créoles étaient commandées par des officiers mexicains, soldats intelligents et expérimentés qui savaient les conduire à la victoire.

Citons parmi ces derniers, Armijo, Bustamante, Quintanar, Iturbide et autres qui, dévorés d'une soif ardente de gloire militaire, étouffaient honteusement dans leur âme le feu de l'amour de la patrie qui brûlait à leur insu dans leur cœur. A la fin ce sentiment triompha, et lors qu'ils se décidèrent à arborer le drapeau national, la grande œuvre politique de notre indépendance se consomma.

Malgré leur renommée consacrée depuis des siècles de troupes aguerries, les troupes espagnoles furent battues á Atzcapotzalco, Xuchi, Pánuco, Córdoba, Tampico, et d'autres endroits, ils succombèrent devant les soldats issus du peuple guerrier des aztèques.

L'armée mexicaine possède une réputation justifiée de courage; mais cette qualité á été parfois stérile sur les champs de bataille, la faute en remonte á l'incapacité et á l'ignorance des chefs qui ont malheureusement commandés les troupes aux époques les plus difficiles de notre histoire.

L'armée mexicaine est vigoureuse et sobre; les guerres nationales de 46 et 47 ainsi que celles de 62 jusqu'á 67 en sont la preuve, nos adversaires se sont toujours plu á le reconnaitre.

Que de fois en effet, avons nous fait supporter á nos soldats une étape de quatre vingt kilomètres, en ne leur donnant pour toute nourriture pendant la nuit qu'une poignée de maïs, pour les conduire le lendemain de nouveau au combat, où ils allaient sans murmurer, calmes et tranquilles remplissant les devoirs que la patrie impose!

Il faut espérer que lorsque les chefs et les officiers de l'armée mexicaine seront entiérement á la hauteur de leur mission, ils pourront transmettre á leurs subordonnés l'instruction qu'ils acquièrent aujourd'hui; grâce à un travail soutenu, notre armée quoique numériquement faible, sera aussi solide et aussi disciplinée et apte pour la guerre que les meilleurs troupes du monde entier.

Ces réfléxions une fois faites, nous allons nous occuper de l'organisation actuelle de notre armée.

Selon la Constitucion de 1857, qui est notre loi suprême, le Président de la République est de fait général en chef de l'armée, mais occupé exclusivent de l'administration du pays, il peut conférer le commandement de l'armée durant une campagne, á un général de division, grade le plus élevé de l'armée.

L'armée mexicaine se divise en:

Grand Etat-Major de l'armée.
Corps d'Etat-Major spécial.
Corps du génie.
Corps spécial d'artillerie, auquel appartiennent les bataillons, les compagnies fixes, le train d'artillerie et d'équipages, et les ateliers de l'armée.
Infanterie.
Cavalerie.
Corps Médical-Militaire.
Corps d'Administration militaire.

Le grand Etat-Major de l'armée se compose de:

5 Généraux de Division.

22 Généraux de Brigade.

5 Généraux de Division en non activité, pouvant être appelés au service actif le cas echéant.

16 Généraux de Brigade eu non activité pouvant être appelés au service actif.

Le Corps-spécial d'Etat-Major se divise en deux services:

1.er Service des troupes, dans les bataillons d'infanterie, dans les régiments de cavalerie, et dans les Etats-Majors des divisions, brigades et sections composées des trois armes.

2.ème Service cartographique ayant pour but de lever la Carte de la République, de faire des études sur les reconnaissances en général et sur la formation des itinéraires.

Le personnel comprend:

26 Chefs.

44 Capitaines.

48 Lieutenants (eléves).

1 Compagnie de chemin de fer.

1 Escadron de Gendarmes pour le service de police en campagne.

Tous les chefs et les officiers doivent servir pendant une année pour la formation de la carte, et une autre dans les rangs des corps des différentes armes.

Les officiers qui en sortant du collège militaire, viennent au corps d'Etat Major doivent demeurer six mois dans les bureaux du corps pour connaître l'organisation des troupes et pour apprendre le service en campagne.

On est en train de former une compagnie télégraphique.

Le corps spécial du génie se compose de:

1 Général (ou Colonel)

4 Colonels.

4 Lieutenants Colonels.

4 Majors.

7 Capitaines en 1.er

7 Capitaines en 2.^e

6 Lieutenants.

Il peut y avoir un nombre illimité de sous-lieutenants surnuméraires.

Un Collège militaire composé de:
    1 Directeur.
    1 Sous-directeur.
    1 Secrétaire.
    1 Médecin.
  45 Professeurs.
    8 Professeurs de langues étrangères, gymnastique, natation, etc.
    1 Maître d'Armes.
    2 Préparateurs de physique et chimie.
    1 Caporal clairon.
    3 Compagnies, se composant de:
    1 Capitaine en 1.er
    1 Capitaine en 2.^{e}
    2 Lieutenants.
    1 Sérgent major.
    4 Sergents en 2.^{e}
  10 Caporaux.
  82 Elèves.
    3 Clairons.

BATAILLON DU GÉNIE.

    1 Colonel.
    1 Lieutenant Colonel.
    1 Major.
    1 Major.
    1 Adjudant, capitaine en 1.er
    1 Sous-adjudant, lieutenant.
    4 Capitaines en 1.er
    4 Capitaines en 2.^{e}
  24 Lieutenants.
    1 Tambour major.
    4 Sergents en 1.er

36 Sergents en 2.ᵉ
1 Caporal clairon.
20 Clairons et tambours.
35 ou 40 Musiciens.
72 Caporaux.
4 Caporaux porte-guidons.
576 Soldats.

ARTILLERIE. DIRECTION.

1 Général ou Colonel.
1 Lieutenant Colonel, chef de la première section.
1 Lieutenant Colonel, chef de la seconde section, et contrôleur de matériel.
1 Capitaine en 1.ᵉʳ traducteur archiviste.
4 Comptables.

ETAT-MAJOR GÉNÉRAL DE L'ARMÉE.

2 Colonels sous-inspecteurs.
2 Lieutenants.

PARC-GÉNÉRAL.

1 Colonel.
1 Capitaine en 1.ᵉʳ chef du détail.
1 Lieutenant adjudant.
1 Contrôleur, payeur.
8 Gardes d'Artillerie.
6 Ouvriers.
2 Garçons.
1 Portier.

COMPAGNIES D'OUVRIERS.

1 Capitaine en second.
1 Lieutenant adjudant.
2 Mécaniciens.

1 Contre-maître chargé de la construction des affuts.
7 Sergents ouvriers.
12 Caporaux ouvriers.
20 Ouvriers de première clase.
20 Ouvriers de 2.ᵉ
20 Ouvriers de 3.ᵉ
12 Apprentis.

ARSENAL.

1 Directeur Colonel ou Lieutenant Colonel.
1 Capitaine en 1ᵉʳ chef du détail.
1 Lieutenant, Adjudant.
1 Garde-magassin.
1 Controleur, payeur.
1 Garde-parc.
1 Garçon.
1 Portier.

FABRIQUE NATIONAL D'ARMES.

1 Directeur, Colonel ou Lieutenant Colonel.
1 Capitaine en 1.ᵉʳ chef du détail.
1 Lieutenant Adjudant.
1 Garde-magasin.
1 Controleur payeur.
3 Gardes-Parc.
1 Garçon.
1 Portier.

COMPAGNIE D'ARMURIERS.

1 Capitaine en 2.ᵉ
1 Lieutenant.
2 Ouvriers mécaniciens.
1 Maître-armurier.

6 Sergents–ouvriers.
14 Ouvriers de premiére clase.
12 Ouvriers de 2.e
8 Apprentis.

FONDERIE DE CANONS.

1 Directeur Colonel ou Lieutenant Colonel.
1 Capitaine en premier, chef du détail.
1 Lieutenant adjudant.
1 Garde–magasin.
1 Contrôleur, payeur.
1 Garde–parc.
1 Garçon.
2 Portiers.

COMPAGNIE D'OUVRIERS.

1 Capitaine en 2.e
1 Lieutenant.
1 Mécanicien de première classe.
1 Mécanicien de 2.ème
1 Maître fondeur.
4 Sergents ouvriers.
6 Caporaux ouvriers.
12 Ouvriers de 1.ère clase.
12 Ouvriers de 2.ème
12 Ouvriers de 3.ème
12 Apprentis.

POUDRERIE NACIONALE.

1 Directeur Lieutenant Colonel.
1 Capitaine en 1.er chef du détail.
1 Capitaine en 2.e
1 Lieutenant.

1 Garde-magasin.
1 Contrôleur payeur.
1 Garde-parc.
2 Garçons.
3 Portiers.

COMPAGNIE D'OUVRIERS.

1 Lieutenant.
1 Mécanicien de $1.^{ère}$ clase.
1 Mécanicien de $2.^{ème}$
2 Sergents ouvriers.
3 Caporaux ouvriers.
3 Ouvriers de première clase.
6 Ouvriers de $2.^{ème}$
12 Ouvriers de $3.^{ème}$
6 Apprentis.

MAGASINS FORAINS.

1 Garde-magasin pour la place de Veracruz.
1 Garde-par de la forteresse d'Ulúa.

Fortesses de Loreto et Guadalupe.

1 Garde-parc.
1 Garçon.

ECOLE THÉORIQUE-PRATIQUE.

1 Colonel Directeur.
1 Lieutenant Colonel ou un Comandant.
1 Capitaine sous-directeur (ou lieutenant secrétaire.
1 Sergent major, comptable.
1 Sergent concierge.
1 Portier.

FORTERESSE DE PEROTE.

1 Garde parc;
1 Garçon.

ÉTAT-MAJOR.

Chacun des quatre batalllons d'Artillerie est composé de:
1 Colonel;
1 Lieutenant Colonel;
1 Major;
1 Adjudant, capitaine en 1er;
1 Sous-adjudant, lieutenant;
4 Capitaines en 2e. au service de batterie;
8 Lieutenants, au service des mêmes parcs;
1 Maréchal des logis, trompette;
2 Maréchaux des logis en 1er. vétérinaires;
1 Brigadier trompette;

TROIS BATTERIES D'ARTILLERIE DE CAMPAGNE.

3 Capitaines en 1er. (Commandants);
3 Capitaines en 2e;
12 Lieutenants;
3 Maréchaux des logis (chefs);
13 Maréchaux des logis (en 2e.);
36 Brigadiers;
9 Trompettes;
144 Artilleurs;
3 Instructeurs de cavalerie;
3 Maîtres Bourreliers;
18 Brigadiers du train;
27 Conducteurs de première classe;
36 Conducteurs de 2ème;
3 Garçons.

UNE BATTERIE DE MONTAGNE.

1 Capitaine en 1er. (Commandant);
1 Capitaine en 2e.;
4 Lieutenants;
1 Maréchal des logis (chef);
6 Maréchaux des logis;
12 Brigadiers;
3 Taompettes;
48 Artilleurs;
1 Maréchal des logis, instructeur de cavalerie;
1 Maître bourrelier;
6 Brigadier de train;
24 Conducteurs de 1ère, classe;
1 Garçon.

BATAILLON DE RÉSERVE.

1 Colonel;
1 Lieutenant Colonel;
1 Major;
1 Adjudant, Capitaine en 1er;
1 Sous-adjudant. Lieutenant;
2 Capitaines en 2e. Commandants de parc de batteries;
4 Lieutenants au service du parc;
1 Maréchal des logis, trompette;
1 Maréchal des logis chef vétérinaire;
1 Brigadier trompette.

BATTERIE DE CAMPAGNE.

1 Capitaine 1er.;
1 Capitaine 2e.;
4 Lieutenants;
1 Maréchal des logis, (chef);

6 Maréchaux des logis;
12 Brigadiers;
3 Trompettes;
48 Artilleurs;
1 Maréchal des logis instructeur de cavalerie;
1 Maître bourrelier;
6 Brigadiers de train;
9 Conducteurs de première classe;
12 Conducteurs de 2e.;
1 Garçon.

BATTERIE DE MONTAGNE.

1 Capitaine en 1er;
1 Capitaine en 2e.;
4 Lieutenants;
1 Maréchal des logis (chef);
6 Maréchaux des logis;
12 Brigadiers;
3 Trompettes;
48 Artilleurs;
1 Maréchal des logis instructeur de cavalerie;
1 Maître bourrelier, maréchal du logis;
6 Brigadiers du train;
24 Conducteurs de premiére classe;
1 Un Garçon.

UN ESCADRON DU TRAIN.

État Major.

1 Commandant;
1 Capitaine en 1er. chef du détail;
1 Adjudant, Lieutenant;
2 Vétérinaires;
1 Brigadier, trompette.

DEUX COMPAGNIES.

2 Capitaines en 2e.;
6 Lieutenants;
2 Maréchaux des logis, (chef);
10 Maréchaux des logis en 2e.;
20 Brigadiers du train;
4 Trompettes;
100 Conducteurs de première classe;
2 Maréchaux instructeurs de cavalerie;
2 Maîtres bourreliers.
2 Garçons.

COMPAGNIES FIXES.

De Veracruz.

1 Capitaine en 1er.;
1 Capitaine en 2e.;
5 Lieutenants;
1 Garde-parc;
1 Maréchal des logis, (chef);
12 Brigadiers;
3 Trompette;
100 Artilleurs;
1 Ouvrier de deuxième classe;
2 Brigadiers du train;
10 Conducteurs de première classe.

De Tampico.

1 Capitaine en 1er.;
4 Lieutenants;
1 Garde-parc;
1 Maréchal des logis (chef);

5 Maréchaux des logis;
6 Brigadiers;
2 Trompettes;
32 Artilleurs;
1 Ouvrier de 2ème. classe;
1 Brigadier du train;
6 Conducteurs de 1ère. classe;

Les compagnies de Matamoros, Yucatan Campeche et Mazatlan ont le même effectif.

N. B.—Le corps d'Administration militaire a été supprimé tout récemment.

ESCADRONS DE GENDARMES.

1 Colonel ou Lieutenant-Colonel de cavalerie;
1 Major, chef du détail;
1 Sous-adjudant, Porte-étandard;
2 Capitaines en 1er.;
2 Capitaines en 1e.;
6 Lieutenants;
6 Sous-lieutenants;
2 Maréchaux des logis, (chefs):
10 Maréchaux des logis;
20 Brigadiers;
7 Trompettes;
162 Gendarmes;
1 Maréchal des logis, vétérinaire;
1 Maître bourrelier;
2 Garçons.

INFANTERIE.

1 Général ou Colonel, Directeur des bureaux d'infanterie et de Cavalerie.
2 Colonels d'infanterie sous-inspecteurs;
2 Lieutenants-Colonels:

2 Majors;
3 Capitaines en 1er.;
6 Capitaines en 2e.;
12 Lieutenants.

TRENTE SIX BATAILLONS,

comprenant chacun:
1 Colonel;
1 Lieutenant-Colonel;
1 Major;
1 Capitaine, Adjudant-mayor;
1 Sous-adjudant, sous-lieutenant;
1 Tambour major,
1 Caporal clairon;
Musique;
4 Muletiers;
4 Capitaines en 1er.;
4 Capitaines en 2e.;
12 Lieutenants;
12 Sous-lieutenants;
4 Sergents majors;
56 Sergents en 2e.;
72 Caporaux;
4 Caporaux porte-guidons,
20 Clairons;
504 Soldats;

CAVALERIE.

Direction de la cavalerie.

1 Colonel sous-inspecteur;
1 Lieutenant-Colonel;
2 Majors;
4 Capitaines eu 1er.;

4 Capitaines en 2e.;
7 Lieutenants;

DOUZE RÉGIMENTS;

comprenant chacun:
1 Colonel;
1 Lieutenant-Colonel;
1 Major;
1 Capitaine adjudant-major;
1 Sous-adjudant, porte-drapeau;
1 Maréchal des logis, trompette;
1 Maître bourrelier;
2 Vétérinaires;
1 Brigadier trompette;
Fanfare;
4 Garçons;
4 Capitaines en 1er.;
4 Capitaines en 2e.;
12 Lieutenants;
12 Sous-lieutenants;
4 Maréchaux des logis (chefs);
24 Maréchaux des logis;
12 Trompettes;
52 Brigadiers;
384 Soldats;
8 Muletiers.

L'armée comporte vingt bataillons d'infanterie et douze régiments de cavalerie, comprenant chacun.

CADRE DE BATAILLON.

1 Colonel ou Lieutenant-Colonel;
1 Major;
1 Capitaine, Adjudant-major;
1 Tambour-major;

1 Caporal clairon;
4 Capitaines en 1er. ou 2e.;
4 Lieutenants;
4 Sous-lieutenants;
4 Sergents majors;
18 Sergents en 2e.;
38 Caporaux;
154 Soldats.

CADRE DE RÉGIMENT.

1 Colonel ou Lieutenant-Colonel;
1 Major;
1 Capitaine, Adjudant-major;
1 Maréchal des logis, trompette;
1 Maître bourrelier, maréchal des logis;
1 Brigadier trompette;
1 Vétérinaire;
4 Garçons;
4 Capitaines en 1er. ou en 2e.;
4 Lieutenants;
4 Sous-lieutenants;
4 Maréchaux des logis (chefs);
4 Maréchaux des logis;
24 Brigadiers;
12 Trompettes;
100 Soldats.

CORPS MÉDICAL MILITAIRE.

Direction.

1 Médecin principal de 1ère. classe chef du corps, (colonel);
1 Médecin principal de 2ème. classe inspecteur, (colonel);
1 Chirurgien major de 1ère. classe;
1 Chirugien major de 2ème. classe (capitaine);
2 Comptables (sous-lieutenants).

ECOLE PRATIQUE A MEXICO.

1 Directeur et Médecin principal, (Général ou Colonel);
1 Médecin principal (Sous-Inspecteur);
5 Professeurs chirurgiens-majors; (Lieutenants Colonels);
1 Chirurgien-major;
2 Majors, (Capitaines);
2 Aides-majors (Capitaines en 2e);
12 Lieutenants, Aspirants;
1 Pharmacien-major;
1 Officier d'Administration, (Capitaine);
1 Comissaire d'entrées; (Capitaine en 2e.)

HÔPITAL DE VERACRUZ.

1 Lieutenant-Colonel, Médecin principal;
1 Major, Sous-directeur;
1 Major, Capitaine en 1er.;
1 Pharmacien, Capitaine en 1er.;
1 Officier d'administration, Capitaine;
1 Commissaire, Capitaine en 2e.

Les hôpitaux de Puebla, Guadalajara et San Luis Potosí, ont le même personnel.

Les hopitaux de Matamoros, Tepic, Mazatlan et Tampico se composent de:

4 Directeurs, Chirurgiens-Majors;
4 Chirurgiens-Majors, Capitaines;
4 Pharmaciens, Capitaines en 2e.;
4 Capitaines Trésoriers;
4 Commissaires, lieutenants;

Les bataillons, régiments, vaisseaux de guerre etc., ont chacun leur Médecin-major.

SERVICE D'AMBULANCE.

1 Sous-lieutenant;
5 Sergents en 2e.;
18 Muletiers;
40 Conducteurs;

COMPAGNIE D'INFIRMIERS.

1 Capitaine en 2e.;
1 Lieutenant;
1 Sous-lieutenant;
15 Sergent-majors;
18 Sergents en 2e., infirmiers de première classe;
39 Caporaux, infirmiers de 1ère. classe;
86 Infirmiers de 2ème., soldats.

CORPS DES INVALIDES.

1 Général ou Colonel, chef du corps;
1 Lieutenant-Colonel;
3 Capitaines, Adjudants;
1 Capitaine en 2e.;
4 Lieutenants;
8 Sous-lieutenants;
6 Sergents majors;
13 Sergents en 2e.;
8 Tambours;
21 Caporaux;
186 Soldats.

MARINE NATIONALE.

Direction.

1 Chef;
2 Officiers;
4 Comptables.

La Marine nationale comprend les commandances et capitaineries principales suivantes:
Commandance du Golfe;
Capitainerie du Port de Veracruz;
„ „ „ „ Tampico;
„ „ „ „ l'Ile du Cármen;
„ „ „ „ Campeche;
„ „ „ „ Frontera;
„ „ „ „ Goatzacoalcos;
„ „ „ „ Túxpan;
„ „ „ „ Progreso;
„ „ „ „ Matamoros;
„ „ „ d'Alvarado.

COMMANDANCE PRINCIPAL DU PACIFICO.

1 Commandant;
1 Inspecteur des Capitaineries du Pacifique;
1 Secrétaire, comptable;
Les capitaineries du Pacifique sont:
Capitainerie du Port de Mazatlan;
„ d'Acapulco;
„ de San Blas;
„ de Guaymas;
„ de la Paz;
„ de Manzanillo;
„ de Soconusco;
„ de Tonalá;
„ de la Bahía de la Magdalene;
„ de Puerto Angel;
„ du Cap Saint Lúcas;
„ de Todos Santos;
„ d'Altata;
„ des Iles Marias;
„ de l'Ile de Guadalupe.

Le service de ces capitaineries est couvert par le personnel suivant:

Service.

1 Capitaine;
1 Pilote;
4 Marins.

Six vaisseaux à vapeur, deux vaisseaux à voile, quelques canonnières, etc.

Les commandances militaires sont:
Du District Fédéral;
De Veracruz;
De Campeche.

La Marine compte encore trois bataillons auxiliaires se composant du même effectif que ceux de l'armée de terre; ainsi que les compagnies fixes de:
Campeche;
De la Basse Californie.

La cavalerie auxiliaire comprend les cadres de:
Chihuahua;
Sonora;
Durango;
Coahuila.

L'armée se divise en:
Armée active;
Réserve de l'armée active;
Réserve générale.

Nous aurons donc pour nous résumer comme force total:

Infanterie	67,000h...	
Artillerie	25,000	7,235 mulets.
,,	,,	de trait et de somme.
Cavalerie	13,312	13,312 cheveaux.

RÉSERVE DE L'ARMÉE ACTIVE.

24,000 hommes...................... 1,500 chevaux.

RÉSERVE GÉNÉRAL.

70,000 hommes.................................... 10,000 cheveaux.

DISPONIBLE EN TÉMPS DE GUERRE.

Infanterie... 131,523
Artillerie... 3,650
Cavalerie.. 25,790
                                                          ———
                                                        160,963

L'armée active couvre les frontières et autres points stratégiques du territoire national qui est divisé en onze zones ou subdivisions.

1ère. Sonora, Sinaloa et Basse Californie;
2ème. Durango et Chihuahua;
3ème. Coahuila et Nuevo-Leon;
4ème. Tamaulipas;
5ème. Jalisco, Colima, Territoire de Tepic;
6ème. San Luis Potosí, Zacatecas et Aguas Calientes;
7ème. Michoacan, Querétaro et Guanajuato;
8ème. Dictrict Fénéral, Mexico, Hidalgo, Morelos et Guerrero.
9ème. Puebla, Tlaxcala et Veracruz.
10ème. Oaxaca et Chiapas;
11ème. Yucatan, Campeche et Tabasco.

Afin de faciliter en temps de guerre la concentration rapide de l'armée, les États-Majors et les parcs généraux sont designés par anticipation, ainsi que le lieu de la concentration.

Nous donnerons avant de terminer cet article quelques indications concernant l'armement et le matériel de l'armée, ainsi que des différents réglements en usage pour l'instruction des troupes.

L'Infanterie est armée du fusil Remington (du calibre 43). Le gouvernement n'ignore pas qu'il existe de meilleures armes pour la guerre, entre elles le fusil Gras, le Peabody-Martini, le Martini-Henry, etc., des circonstances exceptionnelles ne lui ont malheureusement pas encore permis d'en doter l'armée. Il faut espérer que ces circonstances se modifieront et que nous pourrons atteindre le degré de perfection désiré.

La Cavalerie est armée de la carabine de même système et de même calibre, et du sabre des chasseurs à cheval (bancal); les officiers et les maréchaux de logis, sont autorisés par le réglement à faire usage du révolver à six coups du système Colt. La lance est supprimée dans l'armée.

L'armement des artilleurs est identique à celui de la cavalerie, il consiste en une carabine du même système et du même calibre que les précédentes; ces armes sortent des ateliers du gouvernement, et ne sont inférieures ni en qualité ni en solidité à celles établiées dans les fabriques des États-Unis. Les officiers d'Artillerie, les maréchaux des logis, ainsi que les soldats du train de première classe sont armés du revolver de cavalerie.

Les canons de campagne et de montagne (système de Bange) de l'artillerie mexicaine de 80^{mm} se chargeant par la culasse. Ils sont en acier et rayés. La trajection du proyectil est si tendue pour la pièce de campagne qu'à la distance de 5 kilomètres l'ordonnée maximum est de 600^m. La vitesse est de 480^m.

Les canons comportent trois espèces de projectiles tous à fussée, percutantes: 1º Obus ordinaire dont l'effet est produit par l'éclatement du projectile; 2º Schrapnell ou obus à balle contenant plus de deux cents balles en fer forgé; 3º boites à mitraille pour le tir à petites distances.

Pour les réserves d'Artillerie seulement nous faisons usage de canons en bronze rayés de 0.07 et de 0.12 de calibre, et de canons-obusiers de 0.12 et des obusiers de 0.06 à âmes lisses.

Nos places de guerre ainsi que les littoraux sont armés de canons et de mortiers en fonte de gros calibre.

Au début de l'administration du général Diaz on a mis l'étude les réformes à apporter aux régléments des différentes armes imposées d'ailleurs par les perfectionnements de l'artillerie et des armes portatives.

Une assemblée composée de militaires compétents fut chargée de cette importante mission. Après de sérieuses études et des discussions approfondies, la comission adopta pour l'infanterie et le cavalerie, le réglement français avec une légère modification. Ils substituèrent à l'ordre binaire de la tactique française, l'ordre ternaire conseillée par le général Lewal dans ses "Études de Guerre."

Quant à la tactique d'artillerie on attendit pour la modifier l'adoption faite sous l'administration du général González du modèle français; à cet effet on adopta le réglement de l'artillerie française, en s'efforçant néanmoins d'établir un parfait accord dans toutes les manœuvres des trois armes.

La paix dont actuellement jouit la république, a répandu ses bienfaits jusqu'aux rangs de l'armèe; dans tous les corps dont elle se compose les méthodes de l'instruction théorique et pratique sont excellents; l'école militaire a vu augmenter sa force au-delà de 300 élèves; elle s'est améliorée considérablement, et elle a atteint un perfectionnement tel, que l'on peut assurer qu'elle est la meilleure pépinière de jeunes militaires du continent. A la fin de chaque anné escolaire, beaucoup d'officiers du génie vont augmenter le nombre de ceux des armes spéciales, beaucoup d'autres encore sortent pour entrer dans les bataillons et régiments de l'armée.

Le Président actuel de la République aidé de quelques chefs s'est devoué à la reforme des ordonnances militaires, il a taché surtout de mettre d'accord les prescriptions dont elles s'occupent avec les lois civiles et les nouveaux réglements de guerre.

Enfin le Ministre de la Guerre a ordonné à des commissions spéciales, de compléter tous les réglements militaires et s'est attaché à expédier lui-même les ordonnances nécessaires au perfectionnement de l'armée. A la fin de chaque année, il fait publier un livre contenant le personnel des chefs et des officiers eu y ajoutant les noms de ceux qui ont eu la gloire de mourir pour la patrie. Cet important document peut être considéré comme le livre de l'histoire de l'armée.

Nous avons passé sous silence quelques détails à l'égard de la Marine nationale; car étant de nouvelle formation, elle n'a pas encore atteint le perfectionnement que le gouvernement a le droit d'en attendre.

L'armée de la République marche vite sur la voie de son amélioration; si son instruction correspond aux belles qualités qu'elle possède naturellement, elle deviendra sans aucun doute le plus solide soutien de nos institutions politiques.

TABLE DES MATIÈRES.

	PÁG.
I.—Situation et limites..	1
Institutions..	3
Extension et division politique...	8
Villes principales, leur population...	9
Recettes et dépenses du Gouvernement fédéral...................	12
Revenus des Etats...	13
Valeur de la propriété foncière...	14
II.—Partie Etnographique..	17
Distribution des familles indigènes.......................................	21
Industrie..	24
III.—Partie Ecclésiastique, Division des diocèses de l'Eglise mexicaine...	33
IV.—Voies de communication: Chemins de fer.........................	37
,, ,, Télégraphes............................	52
,, ,, Postes.....................................	65
,, ,, Lignes de vapeurs...................	68
Commerce exterieur: Douanes...	70
,, ,, Phares.....................................	70
,, ,, Importation.............................	72
,, ,, Exportacion.............................	75
,, ,, Mouvement de navires dans les ports......	78
V.—Instruction publique..	85
,, ,, Etat de l'instruction primaire................	87
,, ,, Instruction secondaire et professionnelle..	88
,, ,, Bibliothèques.........................	92
,, ,, Musées....................................	93
,, ,, Associations...........................	94
,, ,, Publications periodiques........	96
,, ,, Observatoires.........................	98

			PAG.
VI.—Orographie: Configuration et aspect physique			99
,,	Plaines principales		101
,,	Roches dominantes		102
,,	Montagnes principales		104
VII.—Partie hydrographique: Rivières			105
,,	,,	Lacs	110
,,	,,	Extension des côtes	112
,,	,,	Eaux minérales	113
VIII.—Partie agricole: Climat et productions			117
,,	,,	Productions vegétales	121
,,	,,	Plantes textiles	127
,,	,,	Principaux produits annuels de l'agriculture	129
Colonies			130
Monnaies			135
Poids et mesures			136
Règne animal			136
Correspondance par ordre alphabétique des noms des animaux cités			141
IX.—Mines: Nomenclature des lieux où se trouvent les principales mines			157
,,	Productions minérales dans les Etats		159
,,	Système de réduction des métaux		171
,,	Frappe dans les maisons de monnaie depuis leur établissement		173
,,	Notice par ordre alphabétique des mines en exploitation et paralysées, ainsi que de beaucoup de terrains qui contiennent des substances minérales		183
X.—Vallée de Mexico: Montagnes, plaines, rivières et lacs. Extension			217
,,	,,	Pyramides	220
,,	,,	Description des sites les plus intéressants de la Vallée	237
,,	,,	District Fédéral	217
XI.—Ville de Mexico: Situation et son histoire			242
,,	,,	Eglises	253
,,	,,	Palais	262
,,	,,	Etablissements de bienfaisance	266
,,	,,	Etablissements d'instruction publique	266
,,	,,	Académie des Beaux-arts	268
,,	,,	Musée national	276
,,	,,	Bibliotèques	279
,,	,,	Maison de monnaie	282
,,	,,	Marchés	282

			PAG.
Ville de México:	Hôtels		283
„	„	Aquéducs	284
„	„	Places, promenades et monuments publics...	286
„	„	Théâtres	292
„	„	Cercles	295
„	„	Banques	295
„	„	Cimetières	295
„	„	Chemins de fer qui partent de la ville	296
XII.—Résumé historique:		1ère partie, Archéologie	297
„	„	2ème partie. Immigrations, Histoire antique et Conquête	312
XII.— „	„	3ème partie. Domination espagnole	253
„	„	4ème partie. Indépendance	370
Armée et Marine de la République			386

ERRATAS.

Page 1	ligne 12	dit	37° 31′ 47″	doit dire	31° 47′
„ 41	„ 13	„	Voie large	„	Voie étroite.
„ 55	„ 27	„	23.903,950	„	23.903,990.
„ 65	„ 11	„	125962.45	„	126962.45.
„ 71	„ 21	„	94° 27′ 07″	„	94° 20′ 07″
„ 71	„ 39	„	11° 54′ 14″	„	110° 54′ 14″
„ 123	„ 15	„	sacarum	„	saccarum
„ 237	„ 8	„	A l'Ouest	„	A l'Est.